Engels
Prozeßkostenhilfe

Prozeßkostenhilfe

von
Curt Engels
Rechtsanwalt
in Hamburg

Luchterhand

CIP-Titelaufnahme der Deutschen Bibliothek

Beratungshilfegesetz, Prozesskostenhilfe. – Frankfurt am Main
: Luchterhand
Bd. 2. Prozesskostenhilfe / Curt Engels. – 1990
  NE: Engels, Curt [Mitverf.]
  ISBN 3-472-14302-9

Alle Rechte vorbehalten.
© 1990 by Hermann Luchterhand Verlag, Neuwied und Frankfurt.
Das Werk einschließlich aller seiner Teile ist urheberrechtlich geschützt.
Jede Verwertung außerhalb der engen Grenzen des Urheberrechtsgesetzes ist ohne Zustimmung des Verlages unzulässig und strafbar.
Das gilt insbesondere für Vervielfältigungen, Übersetzungen, Mikroverfilmungen und die Einspeicherung und Verarbeitung in elektronischen Systemen.
ISBN 3-472-14302-9
Printed in Germany

Vorwort

Prozeßkostenhilfe ist neben der Beratungshilfe heute für breite Bevölkerungskreise die unabdingbare Voraussetzung der Gewährung gerichtlichen Rechtsschutzes. Dementsprechend hoch ist die Anzahl jener Verfahren, in denen über die Bewilligung von Prozeßkostenhilfe zu entscheiden ist. Das hiermit vorgelegte Erläuterungsbuch will dem Richter, dem Rechtspfleger, den am gerichtlichen Verfahren Beteiligten sowie ihren Bevollmächtigten Hilfe sein, sich über die inzwischen gewachsene Zahl von Zweifelsfragen und Problemen sowie deren Beantwortung zu informieren. Menschenwerk ist nie vollkommen. Anregungen und Kritik seitens der Benutzer dieses Buches werden daher stets Berücksichtigung finden.

Hamburg, im November 1989   Curt Engels

Inhaltsverzeichnis

	Seite
Abkürzungsverzeichnis	IX
Einleitung	3
Gesetzliche Vorschriften und Erläuterungen	7
Bestimmungen der Zivilprozeßordnung über Prozeßkostenhilfe (§§ 114–127 ZPO)	7
Bestimmungen der Bundesrechtsanwalts-Gebührenordnung über Prozeßkostenhilfe (§§ 121–130 BRAGO)	179
Anhang	233
Sachverzeichnis	265

Abkürzungsverzeichnis

a. A.	anderer Ansicht
a. a. O.	am angegebenen Ort
abl.	ablehnend
Abs.	Absatz
AG	Ausführungsgesetz
AmtlAnz	Amtlicher Anzeiger
AmtsBlBerl	Amtsblatt für Berlin
Anh.	Anhang
AnwBl	Anwaltsblatt
ArbGG	Arbeitsgerichtsgesetz
Art.	Artikel
AV	Allgemeine Verfügung
BaFöG	Bundesausbildungsförderungsgesetz
BayGVOBl	Bayerisches Gesetz- und Verordnungsblatt
BayJMBl	Bayerisches Justizministerialblatt
Bgr.	Begründung
BDO	Bundesdisziplinarordnung
BerHG	Beratungshilfegesetz
BerlAnwBl	Berliner Anwaltsblatt
BGB	Bürgerliches Gesetzbuch
BGBl	Bundesgesetzblatt
BGH	Bundesgerichtshof
BGHZ	Entscheidungen des Bundesgerichtshofs in Zivilsachen
BRAGO	Bundesrechtsanwaltsgebührenordnung
BRAK	Bundesrechtsanwaltskammer
BSHG	Bundessozialhilfegesetz
BT	Bundestag
BVerfE	Entscheidungen des Bundesverfassungsgerichts
BVerwGE	Entscheidungen des Bundesverwaltungsgerichts
BVG	Bundesversorgungsgesetz
bzw.	beziehungsweise
CDU	Christliche Demokratische Union
CSU	Christlich Soziale Union
DJ	Deutsche Justiz
DRiZ	Deutsche Richterzeitung
Drucks.	Drucksache
Durchf.	Durchführung
EGBGB	Einführungsgesetz zum Bürgerlichen Gesetzbuch

Abkürzungsverzeichnis

f, ff	folgende
FGG	Gesetz über die freiwillige Gerichtsbarkeit
FGO	Finanzgerichtsordnung
GebO	Gebührenordnung
GBlBrem	Gesetzblatt für die Freie Hansestadt Bremen
GG	Grundgesetz
GMBlSaarl	Gesetz- und Ministerialblatt für das Saarland
GVOBlHamb	Hamburgisches Gesetz- und Verordnungsblatt
GVG	Gerichtsverfassungsgesetz
InfAuslR	Informationsbrief Ausländerrecht
JM	Justizminister
JW	Juristische Wochenschrift
JWG	Jugendwohlfahrtsgesetz
JZ	Juristenzeitung
MJ	Minister der Justiz
NdsRpfl	Niedersächsische Rechtspflege
NDV	Nachrichtendienst des Deutschen Vereins für öffentliche und private Fürsorge
NJW	Neue Juristische Wochenschrift
NRW	Nordrhein-Westfalen
NVwZ	Neue Zeitschrift für Verwaltungsrecht
NZA	Neue Zeitschrift für Arbeitsrecht
ÖRA	Öffentliche Rechtsauskunfts- und Vergleichsstelle
OVG	Oberverwaltungsgericht
OWiG	Gesetz über Ordnungswidrigkeiten
pp.	perge perge (usw.)
Prot.	Protokoll
Rz	Randziffer
RpflG	Rechtspflegergesetz
RegE	Regierungsentwurf
Rspr	Rechtsprechung
Rpfl	Der Deutsche Rechtspfleger
RichtlRA	Grundsätze des anwaltlichen Standesrechts
S.	Seite
s.	siehe
sog.	sogenannte(r)
SGG	Sozialgerichtsgesetz
SPD	Sozialdemokratische Partei Deutschlands
StPO	Strafprozeßordnung
StrEG	Gesetz über die Entschädigung für Strafverfolgungsmaßnahmen

Abkürzungsverzeichnis

StGB	Strafgesetzbuch
StV	Strafverteidiger
StVollzG	Strafvollzugsgesetz
u.	und
u. a. m.	und anderes mehr
UIA	Union Internationale des Advocats
usw.	und so weiter
VO	Verordnung
VwGO	Verwaltungsgerichtsordnung
WoGG	Wohngeldgesetz
z.	zum
zit.	zitiert
z. T.	zum Teil
zust.	zustimmend
ZfS	Zeitschrift für Schadensrecht
ZZP	Zeitschrift für den Zivilprozeß

Prozeßkostenhilfe

Einleitung

Die Durchsetzung des Rechts mit Hilfe des Gerichts bedarf der Inanspruchnahme eines staatlich organisierten, personalintensiven Dienstleistungs-Apparates, dessen Aufrechterhaltung für den Justiz-Fiskus mit erheblichen Aufwendungen für zum Teil hoch qualifizierte Mitarbeiter (Richter, Rechtspfleger, Geschäftsstellenpersonal) verbunden ist. Zur teilweisen Deckung dieser Aufwendungen werden Gebühren erhoben, deren Höhe sich zum einen am Streitwert, zum anderen am Umfang der gerichtlichen Tätigkeit orientiert. Im Verfahren vor den Landgerichten und den höheren Gerichten sowie in Ehesachen vor den Familiengerichten können die Parteien kraft Gesetzes den Prozeß nur unter Inanspruchnahme anwaltlicher Hilfe führen. Aber auch im Amtsgerichtsprozeß ist nicht selten wegen der Schwierigkeit der Sach- und Rechtslage anwaltlicher Beistand unentbehrlich. Die Inanspruchnahme anwaltlicher Vertretung durch die Parteien ist naturgemäß nur um den Preis der dem Anwalt für seine Tätigkeit zustehenden Vergütung zu erhalten. Da die Kosten der Prozeßführung relativ umso höher sind, je niedriger der Streitwert ist, kann für finanziell schwache Bevölkerungskreise schon bei geringen Streitwerten die Höhe der Prozeßkosten eine unüberwindliche Barriere des Zugangs zu gerichtlichem Rechtsschutz darstellen mit der Folge, daß die Durchsetzung berechtigter oder die Abwehr unberechtigter Ansprüche unterbleibt. Der Verfassungsgrundsatz, wonach gleiches Recht für alle zu gelten hat, kann daher insbesondere im Zivilprozeß nur dort verwirklicht werden, wo nicht nur im Bereich des materiellen Rechts, sondern auch bei der Rechtsverwirklichung im Prozeß und in der ihr folgenden Zwangsvollstreckung Chancengleichheit für die Parteien gewährleistet ist.

Schon ältere Rechtsordnungen kannten für die nicht begüterte Prozeßpartei das *beneficium paupertatis*.

Mit der Einführung des damals sogenannten Armenrechtes durch den Gesetzgeber der Civilprozeß-Ordnung vom 30. 1. 1877 wurden die modernen Grundlagen eines Rechtsschutzes für finanziell Minderbemittelte gelegt. Im Hinblick auf die von Verfassungs wegen gegebene Rechtsweg-Garantie (Artikel 19 Abs. 4 GG), den Grundsatz der Gewährung rechtlichen Gehörs (Artikel 103 Abs. 1 GG), nicht zuletzt aber auch den Umstand, daß die Bundesrepublik Deutschland sich nach Artikel 20 Abs. 1 GG als soziales Staatswesen versteht und damit dem Schutze des sozial Schwachen verpflichtet ist, wurden erstmals im Jahre 1961 durch eine vom Bundesjustizministerium eingesetzte Zivilprozeß-Kommission

Gedanken über eine Änderung des Armenrechts laut. Überlegungen dieser Art waren dann Gegenstand der Verhandlungen des 51. Deutschen Juristentages 1976 in Stuttgart. Eine zweite vom Bundesjustizministerium eingesetzte ZPO-Kommission legte im Jahre 1977 Vorschläge zur Änderung des Armenrechts vor, die im Jahre 1979 zur Grundlage des Entwurfs eines Gesetzes über die Prozeßkostenhilfe wurden (Bundestags-Drucksache 8/3068). Das vom Deutschen Bundestag beschlossene Prozeßkostenhilfe-Gesetz vom 13. 6. 1980 (BGBl I, 677) schuf eine Neu-Fassung der §§ 114 ff. ZPO. Zusammen mit dem zur Verbesserung des vor- und außergerichtlichen Rechtsschutzes erlassenen Beratungshilfe-Gesetz (BGBl 1980 I, 689) trat es mit dem 1. 1. 1981 in Kraft.

Das neue Recht der Prozeßkostenhilfe hat nicht nur den Begriff des Armenrechts beseitigt, sondern zugleich eine grundlegende Neuordnung im Interesse des Schutzes wirtschaftlich hilfsbedürftiger Bevölkerungskreise geschaffen. Prozeßkostenhilfe ist heute Sozialhilfe im Bereich der Rechtspflege (BVerfG NJW 1974, 229) mit einem jährlichen Aufwand zu Lasten der öffentlichen Kassen von mehr als DM 400 Millionen.

a) War nach bisherigem Recht der Anspruch auf Bewilligung des Armenrechts an die Voraussetzung gebunden, daß die Partei ohne Beeinträchtigung des für sie und ihre Familie notwendigen Unterhalts die Prozeßkosten nicht zu bestreiten vermochte, so ist unter der Geltung des Prozeßkostenhilfe-Gesetzes der Kreis der Prozeßkostenhilfe-Berechtigten auch auf jene Personen mit mittlerem Einkommen ausgedehnt worden, die die Kosten der Prozeßführung nicht ohne Einschränkung einer angemessenen Lebensführung aufbringen können.

b) Um eine gleichförmige Handhabung der Prozeßkostenhilfe zu gewährleisten, ist ein Tabellensystem entsprechend ähnlichen Vorbildern in England, Schweden und Frankreich geschaffen worden. Es sieht eine zeitlich befristete, der Höhe nach begrenzte Selbstbeteiligung des Hilfsbedürftigen vor. Damit ist der zuvor in der Rechtsprechung zum Teil praktizierte Gedanke des Ratenarmenrechts aufgenommen worden. Dieses war so ausgestaltet, daß einer Partei mit mittlerem Einkommen, deren Lebenshaltung durch die Kosten der Prozeßführung beeinträchtigt werden würde, Armenrecht bewilligt wurde, verbunden mit einer gleichzeitigen Anordnung über die ratenweise Zurückzahlung derjenigen Beträge, von deren Zahlung sie durch das Armenrecht einstweilen befreit war (BGHZ 10, 139, 140 f.). Diese Praxis unterlag der Kritik zum einen, weil eine Armenrechtsbewilligung mit gleichzeitiger Nachzahlungsanordnung in sich widerspruchsvoll erschien, zum anderen, weil diese Praxis den Gerichten mangels gesetzlicher Regelungen einen Freiraum für die unterschiedliche Handhabung bei der Nachzahlungsanordnung gewährte; dieser Zustand war für die Parteien nicht überschaubar, eine Gleichbehandlung nicht gewährleistet.

c) Um das Bewilligungsverfahren zu vereinfachen, ist die Notwendigkeit der Vorlage eines »Armutszeugnisses« der zuständigen Behörde abgeschafft worden. Statt dessen hat die hilfsbedürftige Partei dem Gericht auf einem hierfür eingeführten Formblatt eine Erklärung über ihre persönlichen und wirtschaftlichen Verhältnisse vorzulegen. Es soll dem Gericht einen Einblick insbesondere in die finanziellen Verhältnisse sowie die Prüfung ermöglichen, ob die Partei zur Bestreitung der voraussichtlich anfallenden Prozeßkosten in der Lage ist.

d) Das Recht der Prozeßkostenhilfe hält wie das frühere Armenrecht daran fest, daß positive sachliche Voraussetzung der Prozeßkostenhilfebewilligung die hinreichende Erfolgsaussicht der beabsichtigten Rechtsverfolgung oder Rechtsverteidigung ist; diese darf auch nicht mutwillig sein. Bestrebungen, Prozeßkostenhilfe dem Hilfsbedürftigen stets zuzubilligen, es sei denn, die beabsichtigte Prozeßführung habe keine hinreichende Erfolgsaussicht, hat der Gesetzgeber eine Absage erteilt.

e) Die Rechtsstellung der hilfsbedürftigen Partei ist dem Gericht gegenüber durch das Prozeßkostenhilfegesetz auch insoweit erheblich verbessert worden, indem sie nunmehr das Recht der Auswahl eines Rechtsanwalts ihres Vertrauens sowie den Anspruch auf dessen Beiordnung hat. Sie ist somit nicht mehr darauf angewiesen, den vom Gericht ausgewählten Rechtsanwalt als beigeordneten Prozeßbevollmächtigten zu akzeptieren. Insoweit hat für die hilfsbedürftige Partei ein wichtiges Stück Freiheit in das Gesetz Eingang gefunden. Wo im Partei-Prozeß vor dem Amtsgericht eine Vertretung durch Rechtsanwälte nicht geboten ist, ist der hilfsbedürftigen Partei ein Rechtsanwalt auch dann beizuordnen, wenn zwar die Schwierigkeit der Sache dies nicht erforderlich erscheinen läßt, indessen der Prozeßgegner anwaltlich vertreten ist. Auf diese Weise wird durch Waffengleichheit zugleich Chancengleichheit geschaffen.

f) Das Prozeßkostenhilfe-Recht gewährt Ausländern und Staatenlosen die gleichen Möglichkeiten der Inanspruchnahme von Prozeßkostenhilfe wie dem Inländer. Es hat damit für diesen Personenkreis die Voraussetzung der Verbürgung der Gegenseitigkeit beseitigt, um auf diese Weise auch hier die verfassungsrechtlichen Garantien der Artikel 19 Abs. 4, 103 Abs. 1 GG zu verwirklichen, die für jedermann gelten.

g) Die Grundsätze des Prozeßkostenhilfe-Rechts sind unter der Bezeichnung »Verfahrenskostenhilfe« auch für Patenterteilungs-, Gebrauchsmuster- und ähnliche Verfahren eingeführt worden.

h) Mit dem Inkrafttreten des Prozeßkostenhilfe-Rechts ist erstmals auch im sozialgerichtlichen Verfahren, welches bis dahin das Institut des Armenrechts nicht kannte, den dort in der Regel hilfsbedürftigen Personen die Möglichkeit gegeben worden, mittels Beiordnung eines Anwalts qualifizierten Beistand in Anspruch zu nehmen.

i) Das Prozeßkostenhilfe-Gesetz 1980 hatte im Interesse der Vermeidung unnötigen Verwaltungsaufwandes die nach dem bisherigen Recht vorhanden gewesene Möglichkeit beseitigt, die hilfsbedürftige Partei für den Fall einer Verbesserung ihrer wirtschaftlichen Lage auf Nachzahlung jener Prozeßkosten in Anspruch zu nehmen, von deren Zahlung sie durch die Gewährung des Armenrechts einstweilen befreit war. Diese nicht selten als unangemessen empfundene, den Justizfiskus im Übermaß belastende Regelung hat der Gesetzgeber mit der Novelle vom 9. 12. 1986 (BGBl I, 2326) mit Wirkung vom 1. 1. 1987 korrigiert, indem er durch Einführung des § 120 Abs. 4 ZPO dem Gericht für einen Zeitraum von vier Jahren ab Prozeßbeendigung die Möglichkeit eröffnet hat, die Entscheidung über die zu leistenden Zahlungen zu ändern, wenn sich die für die Prozeßkostenhilfe maßgebenden persönlichen oder wirtschaftlichen Verhältnisse wesentlich geändert haben.

Die Novelle 1987 hat im übrigen § 115 ZPO geändert, indem sie die Berücksichtigung von Unterhaltspflichten sowie von eigenem Einkommen Unterhaltsberechtigter neu geregelt hat.

Die Prozeßkostenhilfe hat inzwischen für breite Bevölkerungskreise Bedeutung erlangt, in erster Linie im Bereich des Familienrechts, wo die überwiegende Zahl der Verfahren mit Prozeßkostenhilfe geführt wird. Sie hat dem rechtsuchenden Bürger die Durchsetzung seines Rechts und damit die Verwirklichung eines wesentlichen Bestandteils seiner Freiheit gesichert.

§ 114 ZPO (Voraussetzungen)

Eine Partei, die nach ihren persönlichen und wirtschaftlichen Verhältnissen die Kosten der Prozeßführung nicht, nur zum Teil oder nur in Raten aufbringen kann, erhält auf Antrag Prozeßkostenhilfe, wenn die beabsichtigte Rechtsverfolgung oder Rechtsverteidigung hinreichende Aussicht auf Erfolg bietet und nicht mutwillig erscheint. Für die Bewilligung der Prozeßkostenhilfe sind die nachfolgenden Vorschriften und die diesem Gesetz als Anlage 1 beigefügte Tabelle maßgebend.

§ 115 ZPO (einzusetzendes Einkommen und Vermögen)

(1) Soweit aus dem Einkommen Raten aufzubringen sind, ergibt sich deren Höhe aus der Tabelle. Zum Einkommen gehören alle Einkünfte in Geld oder Geldeswert. § 76 Abs. 2 des Bundessozialhilfegesetzes ist entsprechend anzuwenden; von dem Einkommen sind weitere Beträge abzusetzen, soweit dies mit Rücksicht auf besondere Belastungen angemessen ist.
(2) Die Partei hat ihr Vermögen einzusetzen, soweit dies zumutbar ist; § 88 des Bundessozialhilfegesetzes ist entsprechend anzuwenden.
(3) Eine gesetzliche Unterhaltspflicht wird bei Anwendung der Tabelle nicht berücksichtigt, soweit eine Geldrente gezahlt wird; die Geldrente wird vom Einkommen der Partei abgezogen, soweit dies angemessen ist.
(4) Hat ein Unterhaltsberechtigter eigenes Einkommen, wird er bei der Anwendung der Tabelle nicht berücksichtigt. Dies gilt nicht, wenn bei einer Zusammenrechnung der Einkommen der Partei und des Unterhaltsberechtigten eine geringere oder keine Monatsrate zu zahlen ist.
(5) Eine Partei, deren Einkommen die in der Tabelle festgelegte Obergrenze übersteigt, erhält Prozeßkostenhilfe, wenn die Belastung mit den Kosten der Prozeßführung ihren angemessenen Lebensunterhalt erheblich beeinträchtigen würde. Die in der Tabelle festgesetzte Höchstrate ist in diesem Falle um den Einkommensteil, der die Obergrenze übersteigt, zu erhöhen.
(6) Prozeßkostenhilfe wird nicht bewilligt, wenn die Kosten vier Monatsraten und die aus dem Vermögen aufzubringenden Teilbeträge voraussichtlich nicht übersteigen.

Literatur

Behn	Probleme der Prozeßkostenhilfe, 1985 (bespr. v. *Schneider* Rpfleger 1985, 260).
Biebrach	Einsatz der Arbeitskraft und Hilfsbedürftigkeit in der Prozeßkostenhilfe NJW 1988, 1769.
Birkl	Prozeßkosten- und Beratungshilfe, Kommentar, 2. Aufl. 1981.
Bischof	Praxisprobleme des Prozeßkostenhilferechts, AnwBl 1981, 369.
Burgdorf	Prozeßkostenhilfe im Ehescheidungsverbundverfahren, 1984, Diss. Göttingen.
Christl	Einkommen und Vermögen in der Prozeßkostenhilfe, NJW 1981, 785.
ders.	Unterhalt und Kindergeld als Einkommen in der Prozeßkostenhilfe, JurBüro 1982, 1441.
ders.	Keine Teilung der Unterhaltsfreibeträge in der Prozeßkostenhilfe-Tabelle, Rpfleger 1983, 95.
ders.	Nochmals: Rückwirkende Beweilligung von Prozeßkostenhilfe einschließlich rückwirkender Anwaltsbeiordnung, MDR 1983, 537 ff., 624 ff.
Finger	Prozeßkostenhilfe für das Bewilligungsverfahren? AnwBl 1983, 17.
Gottwald	rechtsvergleichend, ZZP 89, 136.
Grunsky	Die neuen Gesetze über die Prozeßkosten- und Beratungshilfe, NJW 1980, 2041.
Herget	MDR 1985, 617. Rechtsprechungsübersicht.
Herpers	Über die Erstreckung der für die Scheidungssache bewilligten Prozeßkostenhilfe auf die Folgesachen (§ 624 II ZPO), FamRZ 1981, 734.
Kalthoener/Büttner	Prozeßkostenhilfe und Beratungshilfe, 1988.
Kohte	Die wirtschaftlichen Voraussetzungen der Prozeßkostenhilfe – unter besonderer Berücksichtigung des arbeitsgerichtlichen Verfahrens –, DB 1981, 1174.
Künkel	Probleme aus (mit) dem Recht der Prozeßkostenhilfe, DAVorm 1983, 335.
Leser	Prozeßkostenhilfe in arbeitsgerichtlichen Verfahren, NJW 1981, 791.
Mümmler	Zweifelsfragen zum Prozeßkostenhilfegesetz, JurBüro 1985, 1613.

Pentz	Keine Prozeßkostenhilfe für das Prozeßkostenhilfeverfahren, NJW 1982, 1269.
Putzier/Derleder	Die Inadäquanz des Prozeßkostenhilfegesetzes für das Scheidungskostenrecht, ZRP 1982, 9.
Schmidt	Auswirkungen des Prozeßkostenhilfegesetzes auf das arbeitsgerichtliche Verfahren, RdA 1981, 222.
Schneider	Prozeßkostenhilfe, MDR 1981, 1.
ders.	Prozeßkostenhilfe – eine Zwischenbilanz, MDR 1981, 793.
ders.	Prozeßkostenhilfe für Hauseigentümer, Rpfleger 1985, 49.
ders.	Die neuere Rechtsprechung zum Prozeßkostenhilferecht, MDR 1985, 441.
ders.	Die Abwehr von Gehörvertretungen durch verspätete Versagung von Prozeßkostenhilfe AnwBl 1987, 466.
ders.	Prozeßkostenhilfe – Reformziel und Realität, Festschrift für Wassermann (1984) S. 819.
ders.	MDR 1985, 444 u. 529, Rechtsprechungsübersicht.
Schuster/Streinz	Probleme der Prozeßkostenhilfe für im Ausland lebende Ausländer, SGb 1988, 534.

Inhaltsübersicht

	Rz
I. Allgemeines	1–2
II. Erläuterungen	
A. Anwendungsbereich der Prozeßkostenhilfe	
1. Persönlicher Anwendungsbereich	
a) Partei, Streitgenosse	3–4
b) andere Verfahrensbeteiligte	5
c) Ausländer, Staatenlose	6–9
d) Juristische Personen, Parteien kraft Amtes	10
e) Prozeßstandschafter	11
f) Rechtsnachfolger	12–13
2. Sachlicher Anwendungsbereich der Prozeßkostenhilfe	
a) inländische staatliche Gerichtsbarkeit	14–16
b) Verfahrensarten	17–20
c) Arbeitsgerichtsverfahren	21
d) Verwaltungsgerichtsverfahren	22
e) Finanzgerichtsverfahren	23
f) Sozialgerichtsverfahren	24
g) Patentverfahren, Gebrauchs-, Geschmacksmuster-, Sortenschutzverfahren	25
h) freiwillige Gerichtsbarkeit	26

Inhaltsübersicht

		i)	Landwirtschaftssachen	27
		k)	Verfassungsbeschwerdeverfahren	27a
		l)	Notariatsgeschäfte	28
	3.	\multicolumn{2}{l}{Zeitlicher Anwendungsbereich der Prozeßkostenhilfe}	29–32

      i) Landwirtschaftssachen — 27
      k) Verfassungsbeschwerdeverfahren — 27a
      l) Notariatsgeschäfte — 28
   3. Zeitlicher Anwendungsbereich der Prozeßkostenhilfe — 29–32
B. Voraussetzungen der Prozeßkostenhilfe — 33–36
   1. Persönliche Voraussetzungen
      a) Kostenlast, Kostenprognose — 37–43
      b) persönliche Verhältnisse — 44
      c) wirtschaftliche Verhältnisse — 45–46
         aa) Hilfsbedürftigkeit — 47–50
         bb) Belastungen — 51–53
      d) Einkommen – Begriff und Ermittlung — 54
         aa) Einkommensarten — 55–69
         bb) Absetzungen vom Einkommen — 70–78
      e) aufzubringende Zahlungen aus dem Einkommen — 79–89
      f) Berücksichtigung von Unterhaltsleistungen des Antragstellers — 90–91
         aa) Barunterhalt — 92
         bb) Naturalunterhalt — 93
         cc) Freibeträge — 94–96
         dd) Unterhaltsberechtigte mit eigenem Einkommen — 97
      g) Vermögen – Begriff und Ermittlung — 98–105
         aa) Rechtsschutzversicherung; gewerkschaftlicher Rechtsschutz — 106–107
         bb) Prozeßkostenvorschuß – Anspruch — 108–113
         cc) nicht realisierbare Vermögenswerte — 114
      h) Zumutbarkeit des Vermögenseinsatzes — 115–122
   2. Sachliche Voraussetzungen — 123
      a) Absicht der Rechtsverfolgung, Rechtsverteidigung — 124
      b) Erfolgsaussicht — 125–129
      c) Einzelheiten — 130–166
      d) Mutwilligkeit der Rechtsverfolgung, Rechtsverteidigung — 167–169
C. Beurteilungszeitpunkt – Rückwirkung — 170–174

I. Allgemeines

§§ 114, 115 ZPO sind der eigentliche Kernbereich der Prozeßkostenhilfe, indem sie die Voraussetzungen der Inanspruchnahme dieser Sonderform sozialer Hilfe regeln, und zwar sowohl hinsichtlich der sachlichen Voraussetzungen (hinreichende Erfolgsaussicht; fehlender Mutwillen) als auch der persönlichen Voraussetzungen (Bedürftigkeit, Belastbarkeit). 1

Mit Gesetz vom 9. 12. 1986 ist durch Einfügung der Absätze 3 und 4 in § 115 ZPO die Frage der Berücksichtigung von Unterhaltspflichten des Hilfsbedürftigen sowie des eigenen Einkommens unterhaltsberechtigter Personen neu geregelt worden. Damit wurden zugleich Streit- und Zweifelsfragen auf diesem Gebiet ausgeräumt. 2

II. Erläuterungen

A. Anwendungsbereich der Prozeßkostenhilfe

1. Persönlicher Anwendungsbereich

a) Partei, Streitgenosse

Prozeßkostenhilfe kann nur erhalten, wer als natürliche oder juristische Person (für letztere siehe auch § 116 ZPO) Partei des Rechtsstreits bzw. des Verfahrens ist. Wo die Partei als Streitgenosse am Verfahren beteiligt ist und Prozeßkostenhilfe beantragt, ist allein auf ihre persönlichen und wirtschaftlichen Verhältnisse sowie die hinreichende Erfolgsaussicht ihrer Rechtsverfolgung oder Rechtsverteidigung abzustellen. Die Verhältnisse anderer Streitgenossen haben dabei außer Betracht zu bleiben (siehe auch unter Rz 11 ff.; 46). Werden Streitgenossen bei gleichem Sachverhalt und gleicher Interessenlage von demselben Prozeßbevollmächtigten vertreten, erstreckt sich die Bewilligung der Prozeßkostenhilfe auf diejenigen von dem Hilfsbedürftigen dem Rechtsanwalt zu zahlenden Gebühren, die er zusätzlich als Erhöhungsgebühr des § 6 Abs. 1 Satz 2 BRAGO zu zahlen hat (Frankf./M. BB 1974, 1458; Zöller/Schneider § 114 Rn. 3; Kalthoener/Büttner Rz 48 f.). 3

4

b) andere Verfahrensbeteiligte

Der Partei stehen andere am Verfahren Beteiligte gleich wie zum Beispiel Streithelfer (Nebenintervenient), die Mutter im Kindschaftsprozeß (Bremen AnwBl 1981, 71), Beigeladene im Verwaltungsgerichtsverfahren, nicht aber im Vorverfahren, nach § 640 e ZPO Beigetretene (Frankfurt FamRZ 1984, 1041; Koblenz FamRZ 1966, 1233), ferner der Nebenkläger im Strafverfahren (BGH AnwBl 1987, 55), für den nunmehr § 397 a StPO, eingeführt auf Grund des Opferschutzgesetzes v. 18. 12. 1986, eine eigenständige Sonderregelung geschaffen hat, sowie der Privatkläger im Strafverfahren (§ 379 Abs. 3 StPO); für ihn gilt § 121 Abs. 2 ZPO nicht (BVerfG NJW 1983, 1599). Siehe hierzu auch § 117 ZPO Rz 7; § 121 ZPO Rz 21; § 127 ZPO Rz 29 a. 5

c) natürliche Personen *ausländischer Staatsangehörigkeit,* solche mit mehrfacher Staatsangehörigkeit sowie *Staatenlose* sind für die Prozeßkostenhilfe wie Inländer zu behandeln (LAG Frankfurt/M. EzA § 114 ZPO Nr. 4; Bundestagsdrucksache 8/3694). Für einen Prozeß vor inländischen Gerichten kommt es auf die Verbürgung der Gegenseitigkeit nicht an, 6

d. h. es ist nicht danach zu fragen, ob nach dem Heimatrecht des Ausländers ein Deutscher Prozeßkostenhilfe oder ähnliches in Anspruch nehmen kann. Siehe hierzu auch § 116 ZPO Rz 21 und Anhang zu § 116 ZPO.

7 Hätte der Ausländer nach deutschem Recht Anspruch auf Prozeßvorschuß gegen einen ihm zum Unterhalt Verpflichteten, so kann er Prozeßkostenhilfe nicht erhalten; er kann im Verfahren der einstweiligen Anordnung den Prozeßkostenvorschuß-Anspruch auf der Grundlage deutschen Rechts geltend machen (Karlsruhe MDR 1986, 48).

8 Ausländer, die unter das Gesetz über die Rechtsstellung heimatloser Ausländer im Bundesgebiet vom 25. 4. 1951 (BGBl I Seite 269) fallen, stehen nach § 11 des Gesetzes bei der Inanspruchnahme von Prozeßkostenhilfe inländischen Personen gleich.

9 Für Mitglieder der in der Bundesrepublik stationierten ausländischen Truppen siehe Artikel 31 des Zusatz-Abkommens zum NATO-Truppenstatut vom 3. 8. 1959 (BGBl 1961 II Seite 1218).

10 d) Für *inländische juristische Personen* sowie *Parteien kraft Amtes* wird Prozeßkostenhilfe unter den besonderen Voraussetzungen des § 116 ZPO gewährt. Einzelheiten siehe unter den Erläuterungen zu § 116 ZPO.

11 e) Werden Rechte Dritter im eigenen Namen (*Prozeßstandschaft*) geltend gemacht, müssen die Voraussetzungen der Bewilligung von Prozeßkostenhilfe sowohl in der Person des Dritten als auch der Partei vorliegen (BGH LM Nr. 4 zu § 114 ZPO; Koblenz FamRZ 1988, 637; Köln FamRz 1984, 304; Celle NJW 1987, 783; Zöller/Schneider ZPO 15. Auflage § 114 Rz 7; Baumbach-Lauterbach-Albers-Hartmann ZPO 46. Auflage § 114 Anm. 2 A c; Thomas/Putzo ZPO 15. Auflage § 114 Anm. 5; a. M. Stein/Jonas/Leipold ZPO 20. Auflage § 114, Rz 15, 16). Dies gilt auch, wenn Rechte des Mitversicherten durch den Versicherungsnehmer gegen den Versicherer geltend gemacht werden (Hamm VersR 1982, 381). Hat der materiell Berechtigte wegen der ihm gewährten Sicherheiten kein Interesse an der Rechtsverfolgung, kommt es allein auf die Verhältnisse des prozeßbefugten Klägers an (Celle NJW 1987, 783). Gleiches gilt, wenn der Pfändungsschuldner gegen den Drittschuldner klagt, um mittels der verlangten Leistung den Pfändungsgläubiger zu befriedigen (BGHZ 36, 280). Nach Karlsruhe (16. Sen.) FamRZ 1988, 636 (gegen (2. Sen.) FamRZ 1987, 1062) kommt es bei Prozeßstandschaft nach § 1629 Abs. 3 BGB in erster Linie auf die Bedürftigkeit des klagenden Elternteils, nicht die des Kindes an. Siehe auch unter Rz 152.

12 f) Tritt im Laufe des Rechtsstreits *Rechtsnachfolge,* zum Beispiel durch *Tod* der Partei ein, wirkt die der bisherigen Partei bewilligte Prozeßkostenhilfe nicht weiter; der Rechtsnachfolger kann Prozeßkostenhilfe nur erhalten, wenn deren Voraussetzungen in seiner Person ebenfalls vorliegen (Celle JurBüro 1987, 1237; Stuttgart VersR 1987; 1048). Bereits geleistete Raten auf die Prozeßkosten sind auf die Kostenschuld des Rechtsnachfolgers anzurechnen. Nach Düsseld. MDR 1987, 1031; KG Rpfl 1986, 605; LG Bielefeld Rpfl 1989, 113 wirkt für die den Rechtsstreit aufnehmenden Erben die dem Erblasser gewährte Prozeßkostenhilfe hinsichtlich der vor dem Erbfall entstandenen Kosten weiter; a. M.: Celle JurBüro 1987, 1237; Frankf. JurBüro 1985, 605; Kalthoener/ Büttner Rz 553 unter Hinweis darauf, daß mit dem Tod der Partei die Prozeßkostenhilfe erlischt. Stirbt der Antragssteller, bevor über seinen Prozeßkostenhilfeantrag entschieden worden ist, kann ihm in der Regel Prozeßkostenhilfe nicht mehr bewilligt werden (BSG MDR 1988, 610; Düsseldorf AnwBl 1988, 125). Hat jedoch zu Lebzeiten des Antragsstellers dem Gericht ein bewilligungsfähiger Antrag vorgelegen, über den nicht alsbald entschieden worden ist, kann dem Antragssteller auch noch nach seinem Tod Prozeßkostenhilfe bewilligt werden (BSG aaO).

Führt bei Erbfolge der Nachlaßpfleger den Rechtsstreit für die unbekannten Erben weiter, sind für die Beurteilung der Hilfsbedürftigkeit allein die Verhältnisse des Nachlasses maßgebend (BGH NJW 1964, 1418).

Die *Abtretung* eines streitigen Rechts an eine hilfsbedürftige Person zum **13** Zwecke der Inanspruchnahme von Prozeßkostenhilfe ist wegen Sittenwidrigkeit unwirksam und führt mangels Wirksamkeit der Abtretung zur Versagung der Prozeßkostenhilfe (BGHZ 47, 289; LM Nr. 11 zu § 114 ZPO a. F.; Schneider DB 1978, 288). Gleiches gilt bei nur treuhänderischer Abtretung an eine hilfsbedürftige Partei oder bei Übertragung der Rechtsstellung mehrerer Mitberechtigter (Miterben, Mitgesellschafter) auf einen Minderbemittelten, damit dieser im Wege der Prozeßstandschaft unter Inanspruchnahme von Prozeßkostenhilfe Klage erhebe.

Umstritten ist die Wirksamkeit der Rückabtretung der nach §§ 90, 91 **13a** BSHG, 37 BAFöG, 140 AFG übergeleiteten Ansprüche auf den ursprünglichen Berechtigten und der angebliche Mißbrauch der Inanspruchnahme von Prozeßkostenhilfe durch ihn. Zöller/Schneider § 114 Rz 6, OVG Hamburg, FamRZ 1988, 529 sehen hier Mißbrauch zum Vorteil der Sozialhilfeträger; a. M. Kalthoener/Büttner Rz 38.

2. Sachlicher Anwendungsbereich der Prozeßkostenhilfe

a) Prozeßkostenhilfe wird bewilligt für Rechtsverfolgung und Rechts- **14** verteidigung im Prozeß vor *inländischen staatlichen Gerichten*, nicht vor einem Schiedsgericht (LAG Düsseldorf JurBüro 1987, 1238; OLG Stuttg. BauR 1983, 486.

15 Für außergerichtliche Rechtsverfolgung und Rechtsverteidigung gewährt das Beratungshilfegesetz Mittellosen kostenfreie Beratung und Vertretung (ausgenommen in den Ländern Bremen und Hamburg, wo die dort eingeführte öffentliche Rechtsberatung nach § 14 BerHG an die Stelle der Beratungshilfe tritt.)

16 Für Prozeßführung vor ausländischen Gerichten, zum Beispiel für eine Vollstreckbarkeitsklage aus einem inländischen Titel vor einem US-amerikanischen Gericht kann Prozeßkostenhilfe nicht bewilligt werden (Braunschweig IPRax 1987, 236).

17 b) Im *Zivilprozeß* kann Prozeßkostenhilfe bewilligt werden für jede Art von Verfahren (Stuttgart NJW 1985, 207) einschließlich Ehe-, Kindschafts- und Entmündigungsverfahren, Arrest- und einstweilige Verfügungsverfahren, einstweilige Anordnungsverfahren in Ehe- und Kindschaftssachen sowie in Zwangsvollstreckungsverfahren (vgl. Beer DAVorm 1981, 718; Beer/Handtke Rpfl 1981, 265; Bobenhausen Rpfl 1984, 394; Brehm DAVorm 1982, 497). Dies gilt auch für das isolierte *Beweissicherungsverfahren* (Köln NJW RR 1987, 319; LG Düsseldorf MDR 1986, 857; LAG Aurich MDR 1986, 504; a. M.: unrichtig LG Bonn MDR 1985, 415, denn entscheidend ist die Erfolgsaussicht nicht der Klage, sondern des Beweissicherungsantrages, so auch Köln aaO).

18 Prozeßkostenhilfe kann für das gerichtliche *Mahnverfahren* bewilligt werden, nur entfällt dort die Prüfung der hinreichenden Erfolgsaussicht, da nur eine Schlüssigkeitsprüfung stattfindet.

19 Für das *Prozeßkostenhilfeverfahren* einschließlich des Verfahrens der Beschwerde gegen den die Prozeßkostenhilfe versagenden Beschluß kann nach herrschender Auffassung Prozeßkostenhilfe nicht bewilligt werden (grundlegend BGHZ 91, 312; BayObLG FamRZ 1988, 210; LAG München JurBüro 1984, 174; anders BFH NJW 1986, 456 wegen des Vertretungszwanges nach Artikel 1 Nr. 1 BFH-EntlastungsG; a. M. auch Hamm NJW 1982, 287). Nach AG Wuppertal, AnwBl 1984, 459, kann im Prozeßkostenhilfeverfahren dem Antragsgegner Beratungshilfe gewährt werden. Nach herrschender Auffassung kann jedoch im Prozeßkostenhilfeverfahren ausnahmsweise Prozeßkostenhilfe gewährt werden, soweit bereits in diesem Verfahren die Hauptsache durch *Vergleich* geregelt wird Zweibrücken JurBüro 1988, 221; Hamm FamRZ 1987, 1062; Stuttgart Justiz 1986, 456; Schlesw SchlHA 1984, 116 (auch ohne hinreichende Erfolgsaussicht); Hamburg JurBüro 1983, 287; Bamberg JurBüro 1985, 602 und 1983, 454; Frankfurt/M. FamRZ 1982, 1225; offengelassen BGHZ 91, 312; siehe auch Finger AnwBl 1983, 19). Nach Köln, Rpfl 1983, 124, kann darüber hinaus Prozeßkostenhilfe für das Prozeßkostenhilfeverfahren auch dort bewilligt werden, wo im Prozeßkostenhilfeverfahren eine Beweisaufnahme stattfindet, die die Entscheidung in der Hauptsache möglicherweise präjudiziert. Die Bewilligung erstreckt sich in diesen Fällen auf das gesamte Bewilligungsverfahren, wenn der Beschluß mit Rückwirkung ab Antragstellung ergeht (Bamberg JurBüro 1987, 1373). Siehe auch §§ 114–115 ZPO Rz 151; § 118 Rz 12ff.; § 119 ZPO Rz 11, 38ff.

Soweit im Prozeßkostenhilfeverfahren eine Prozeßkostenhilfe-Bewilligung unter Beiordnung eines Rechtsanwalts stattfindet, gelangen eine $5/10$ Gebühr gemäß § 32 Abs. 2 BRAGO sowie eine $10/10$ Gebühr gemäß § 23 BRAGO zur Erstattung (München AnwBl 1987, 101), nach LG Kleve, AnwBl 1987, 291, auch eine $5/10$ Erörterungsgebühr nach §§ 51, 31 Abs. 1 Nr. 4 BRAGO. Hat im Prozeßkostenhilfeverfahren eine Beweisaufnahme stattgefunden, kann im Falle anwaltlicher Beiordnung auch eine $5/10$ Beweisgebühr nach §§ 51, 31 Abs. 1 Nr. 3 BRAGO erstattungsfähig sein (Bamberg Rpfl 1988, 334). Siehe auch ZPO § 127, Rz 22; BRAGO § 122 Rz 7. **20**

c) Für das *Arbeitsgerichtsverfahren* sieht § 11 Abs. 1 ArbGG in seiner noch heute geltenden Fassung aus der Zeit vor dem Inkrafttreten des Prozeßkostenhilfegesetzes vor, daß einer Partei, die außerstande ist, ohne Beeinträchtigung des für sie und ihre Familie notwendigen Unterhalts die Kosten des Prozesses zu bestreiten und die nicht durch ein Mitglied oder einen Angestellten einer Gewerkschaft oder einer Vereinigung von Arbeitgebern vertreten werden kann, auf Antrag ein Rechtsanwalt beizuordnen ist, wenn die Gegenpartei durch einen Rechtsanwalt vertreten ist. Die Beiordnung kann unterbleiben, wenn sie aus besonderen Gründen nicht erforderlich ist oder die Rechtsverfolgung offensichtlich mutwillig erscheint. Nach § 11a Abs. 3 ArbGG gelten die Vorschriften der ZPO über die Prozeßkostenhilfe entsprechend. Der Gesetzgeber hat die aus der Zeit des alten Armenrechts stammenden persönlichen Voraussetzungen einer Beiordnung nach § 11a Abs. 1 ArbGG unverändert bestehen lassen und gleichzeitig in einem neuen Absatz 3 auf die entsprechende Anwendung des Rechts der Prozeßkostenhilfe verwiesen. Diese Regelung ist wenig glücklich. Man wird indessen mit Leser (NJW 1981, 791 f.) § 11a Abs. 1 ArbGG durch Abs. 3 hinsichtlich der persönlichen Voraussetzungen der Beiordnung als inhaltlich überholt ansehen müssen. Siehe ferner § 121 ZPO Rz 2a. **21**

d) Nach § 166 VwGO gelten die Vorschriften über die Prozeßkostenhilfe für alle Verfahren vor dem *Verwaltungsgericht* entsprechend; jedoch entfällt die Mitwirkung des Rechtspflegers mangels gesetzlicher Zuständigkeit. **22**

e) Im Verfahren vor dem *Finanzgericht* gelten nach § 142 FGO die Vorschriften über die Prozeßkostenhilfe entsprechend. Sie kann auch für Neben- und Zwischenverfahren bewilligt werden. Als Prozeßbevoll- **23** mächtigter kann der Partei auch ein Steuerberater beigeordnet werden. Siehe auch §§ 114–115 ZPO Rz 19; § 121 ZPO Rz 2.

24 f) Im Verfahren vor den *Sozialgerichten* ist Bewilligung der Prozeßkostenhilfe und Beiordnung eines Rechtsanwalts nach § 73 a SGG möglich. Prozeßkostenhilfe wird nicht bewilligt, wenn Verfahrensbeteiligte von Mitgliedern und Angestellten von Gewerkschaften und Verbänden, sofern sie kraft Satzung oder Vollmacht zur Prozeßvertretung befugt sind, vertreten werden (nicht: vertreten werden könnten); desgl. nicht für die Anhörung eines Arztes nach § 109 Abs. 1 SGG. Zur Verfassungsmäßigkeit der Versagung von Prozeßkostenhilfe im Sozialgerichtsverfahren erster und zweiter Instanz vgl. BVerfG AnwBl 1986, 211.

25 g) Vor den *Patentbehörden* und den *Patentgerichten* kann nach Maßgabe der §§ 129 bis 138 PatG *Verfahrenskostenhilfe* in entsprechender Anwendung der §§ 114 ff. ZPO gewährt werden. Siehe Anhang Nr. 2. Gleiches gilt nach § 21 Abs. 2 GebrauchsMG (BPatG GRUR 1986, 734), nach § 10 b GeschmacksmusterG und nach § 44 Abs. 5 Satz 2, 46 § 3 Satz 2 SortenschutzG. Im Einspruchsverfahren (§ 35 a bei § 35 d PatG) ist nicht zu prüfen, ob die Rechtsverteidigung hinreichende Aussicht auf Erfolg bietet (§ 46 d Abs. 1 PatG). Siehe hierzu Gesetz über die Beiordnung von Patentanwälten bei Prozeßkostenhilfe, Anhang Nr. 2.

26 h) Für das Verfahren der *freiwilligen Gerichtsbarkeit* verweist § 14 FGG auf die ZPO und ermöglicht somit auch hier die Bewilligung von Prozeßkostenhilfe (vgl. hierzu BayObLG NJW RR 1986, 395; Köln FamRZ 1986, 1015; Hamm FamRZ 1986, 82; Schleswig SchlHA 1985, 29).

27 i) Für die Bewilligung von Prozeßkostenhilfe in *Landwirtschaftssachen* siehe § 20 Abs. 1 Nr. 6 Landwirtschafts-VerfG.

27a k) Im Verfahren der *Verfassungsbeschwerde vor* dem Bundesverfassungsgericht kommt wegen dessen Kostenfreiheit und fehlenden Anwaltszwanges die Beiordnung eines Rechtsanwalts im Wege der Prozeßkostenhilfe nur unter strengen Voraussetzungen in Betracht, nämlich dort, wo sie unbedingt erforderlich ist, etwa weil nach Lage des Falles der Beschwerdeführer sein Anliegen nicht ohne Hilfe eines Rechtsanwalts in einer den gesetzlichen Vorschriften genügenden Form vorbringen kann (BVerfGE 27, 57). Im *Normenkontrollverfahren* müssen besondere Gründe eine Vertretung erforderlich erscheinen oder eine Anhörung der Beteiligten in der mündlichen Verhandlung eine Förderung der Sachentscheidung erwarten lassen (BVerfG NJW 1989, 1723).

Prozeßkostenhilfe §§ 114–115 ZPO

l) Zum Verfahren vor dem *Europäischen Gerichtshof* siehe EuGH VerfO 27 b
Art. 104, § 3 vom 4. 12. 1974 i. d. F. v. 8. 5. 1987 (Amtsbl. I 199/1).

m) Nach § 17 Abs. 2 BNotO haben *Notare* einem Beteiligten, dem nach 28
den Vorschriften der ZPO Prozeßkostenhilfe zu bewilligen wäre, ihre
Urkundstätigkeit (Beurkundungen, Beglaubigungen, Bescheinigungen
über Vertretungsberechtigung anhand von Registereintragungen,
Abnahme von Eiden nach ausländischem Recht oder zur Wahrnehmung
von Rechten im Ausland, Aufnahme eidesstattlicher Versicherungen
nach §§ 20 bis 22 a BNotO) in sinngemäßer Anwendung der Vorschriften der ZPO vorläufig gebührenfrei oder gegen Zahlung der Gebühren
in Monatsraten zu gewähren.
Für das Strafverfahren siehe §§ 379, 397 a StPO. Auch im Anklageer- 28 a
zwingungsverfahren nach § 172 StPO sowie im Adhäsionsverfahren
nach § 404 Abs. 5 StPO kann Prozeßkostenhilfe bewilligt werden, im
Verfahren nach dem Strafvollzugsgesetz sieh §§ 109 ff., 120 Abs. 2
StVollzG mit Ausschluß der Beschwerde (BayVerfGH NJW 1987, 314
m. w. N.).

3. Zeitlicher Anwendungsbereich der Prozeßkostenhilfe

Die Bewilligung der Prozeßkostenhilfe erstreckt sich stets auf die beab- 29
sichtigte Rechtsverfolgung oder Rechtsverteidigung in der bevorstehenden oder schon anhängigen gerichtlichen *Instanz*. Sie erstreckt sich nicht
auf weitere Verfahren oder Instanzen. Für sie kann Prozeßkostenhilfe
nur auf Grund eines gesonderten Antrags bewilligt werden (§ 119 ZPO).
Werden im anhängigen Verfahren die angekündigten *Sachanträge erwei-* 30
tert, so werden sie im Umfange der Erweiterung von der bisherigen
Bewilligung der Prozeßkostenhilfe nicht umfaßt; insoweit bedarf es
eines neuen Antrages und der Prüfung der Erfolgsaussicht des erweiterten Prozeßbegehrens. Gleiches wird zu gelten haben für eine echte
Klagänderung.
Wird Prozeßkostenhilfe vor oder zugleich mit Prozeßbeginn beantragt, 31
wirkt die Bewilligung der Prozeßkostenhilfe auf den Beginn des Hauptsacheverfahrens zurück. Wird der Antrag erst später gestellt, erstreckt
sich die Bewilligung in der Regel auf den *Zeitpunkt der Antragsstellung*
(BGH NJW 1982, 446; 1985, 921; LAG München JurBüro 1984, 774;
Blümler MDR 1983, 97 f.). Auch wenn die Rückwirkung nicht ausdrücklich bestimmt ist, wird die Prozeßkostenhilfebewilligung mangels
anderer Anhaltspunkte wirksam vom Zeitpunkt des Antrags (Bamberg
JurBüro 1988, 892; Karlsruhe NJW RR 1989, 1465). Wird die Bewilligung der Prozeßkostenhilfe ohne Verschulden des Antragsstellers oder
seines Prozeßbevollmächtigten verzögert, kann Prozeßkostenhilfe rückwirkend ab Antragstellung bewilligt werden, sofern der Antragsteller

mit dem Antrag alles für die Bewilligung Erforderliche getan hat (Köln VersR 1989, 408; LAG Hamburg LAGE § 119 ZPO Nr. 4). Dies gilt auch für den Fall der Abänderung einer für den Beschwerdeführer ungünstigen Entscheidung (LAG Köln LAGE § 119 ZPO Nr. 3). Selbst nach Beendigung der Instanz kann Prozeßkostenhilfe rückwirkend bewilligt werden. Die Rechtskraft der in der Hauptsache ergangenen Entscheidung steht dem nicht entgegen, sofern der Antrag nebst den dafür erforderlichen Unterlagen so rechtzeitig gestellt worden war, daß hierüber noch vor Beendigung der Instanz positiv hätte entschieden werden können. Ist die Entscheidung in der Hauptsache jedoch zu Ungunsten des Antragsstellers ergangen, wird seinem Prozeßkostenhilfeantrag dann nicht mehr stattgegeben werden können, denn das Gericht kann im Prozeßkostenhilfeverfahren entgegen der inzwischen getroffenen Entscheidung in der Hauptsache hinreichende Erfolgsaussicht nicht bejahen. Die Prüfung der Erfolgsaussicht ist aus der Sicht des Zeitpunktes der Entscheidung (Beschwerdeentscheidung) über das Prozeßkostenhilfegesuch vorzunehmen (s. hierzu OLG Hamm Jur-Büro 1988, 645 sowie unten §§ 114, 115 ZPO Rz 170f.). Verzögert der Antragssteller schuldhaft die Vervollständigung seines Prozeßkostenhilfeantrags, findet eine rückwirkende Bewilligung der Prozeßkostenhilfe nur auf den Zeitpunkt statt, zu dem er die Antragsunterlagen vollständig beigebracht hat. Siehe hierzu auch unten Rz 172.

32 Zum maßgeblichen Zeitpunkt für die Beurteilung der Erfolgsaussichten sowie der Wirksamkeit der Prozeßkostenhilfe-Bewilligung siehe unten Rz 170 ff.

B. Voraussetzungen der Prozeßkostenhilfe

33 Sie unterscheiden sich nach formellen und materiellen Voraussetzungen, letztere nach solchen subjektiver und objektiver Art.

34 Formell nötig ist ein an das Gericht gerichteter Antrag auf Bewilligung von Prozeßkostenhilfe (siehe hierzu § 117 ZPO).

35 Materielle Voraussetzungen sind zum einen die persönlichen und wirtschaftlichen Verhältnisse des Antragsstellers, die es ihm nicht gestatten, die Kosten der Prozeßführung ohne weiteres aufzubringen (Bedürftigkeit, »Kostenarmut«), vgl. Rz 47 ff., ferner hinreichende Erfolgsaussicht der beabsichtigten Rechtsverfolgung oder Rechtsverteidigung (vgl. Rz 124 ff.) sowie schließlich fehlender Mutwille (vgl. Rz 167 ff.).

36 Auch ohne ausdrücklichen Antrag und ohne festgestellte Bedürftigkeit der Partei ist Prozeßkostenhilfe ohne Ratenzahlung zu bewilligen, wenn ein sogenanntes eingehendes Gesuch nach dem Auslands-Unterhaltsgesetz gestellt wird (§ 9 AUG; siehe hierzu auch Böhmer IPRax 87, 139; Uhlig/Berard NJW 1987, 1521).

Prozeßkostenhilfe §§ 114–115 ZPO

1. Persönliche Voraussetzungen der Prozeßkostenhilfe

a) Kostenbelastung, Kostenprognose

Prozeßkostenhilfe kann nur gewährt werden, wenn die Partei nach ihren 37
persönlichen und wirtschaftlichen Verhältnissen die Kosten der Prozeßführung nicht, nur zum Teil oder nur in Raten aufbringen kann. Dazu bedarf es zunächst der Feststellung, in welcher Höhe Prozeßkosten anfallen.
Die Prozeßkosten setzen sich zusammen aus anfallenden Gerichtsgebüh- 38
ren, den Gebühren anwaltlicher Vertretung, eigenen Aufwendungen der Partei für Reisen zu Gerichtsterminen sowie für Auslagen, die den Zeugen und Sachverständigen zu erstatten sind. Gerichts- und Rechtsanwaltsgebühren sind in ihrer Höhe abhängig vom Streitwert, aber auch vom Gang des Verfahrens. Ist eine Entscheidung des Rechtsstreits voraussichtlich nicht ohne Durchführung einer Beweisaufnahme möglich, so entstehen für die Tätigkeit des prozeßbevollmächtigten Rechtsanwalts eine Beweisgebühr gemäß § 31 Abs. 1 Nr. 3 BRAGO ferner Auslagen für Zeugen und/oder Sachverständige, für die die beweispflichtige Partei gemäß § 68 Abs. 1 GKG Vorschuß zu leisten hat, ferner eigene Aufwendungen für Reisen zu gerichtlichen Terminen.
Der Gesamtbetrag dieser Kosten ist im Wege einer Prognose zu ermit- 39
teln. Unberücksichtigt bleiben die beim Prozeßgegner voraussichtlich anfallenden Kosten, selbst wenn sie im Falle einer dem Antragssteller ungünstigen Entscheidung in der Hauptsache nach §§ 91, 123 ZPO von ihm zu tragen sind. Somit sind in Ansatz zu bringen in Anwendung der gesetzlichen Tabellen zum GKG sowie zur BRAGO:
aa) drei Gerichtsgebühren (eine Verfahrens- und eine doppelte Urteils- 40
gebühr nach Nr. 1010, 1016 des Kostenverzeichnisses zu § 11 GKG zuzüglich je DM 6,– Kosten notwendiger Zustellungen an jeden Beklagten/Antragsgegner);
bb) drei Rechtsanwaltsgebühren (Prozeß-, Verhandlungs-, Beweisge- 41
bühr gemäß § 31 Abs. 1 Nr. 1–3 BRAGO, eine Auslagenpauschale bis zur Höhe von DM 40,– gemäß § 26 BRAGO, sowie Mehrwertsteuer auf Gebühren und Pauschale gemäß § 25 Abs. 2 BRAGO,
cc) ein zu schätzender angemessener Betrag für Zeugen- und Sachver- 42
ständigen-Auslagen,
dd) evtl. auch Reisekosten. 43
Siehe hierzu auch die folgende Tabelle (S. 22 ff.): 43a

Kostenvoranschlag zur Bewilligung von Prozeßkostenhilfe (§ 115 VI ZPO)

Streitwert	Bürgerliche Rechtsstreitigkeiten ohne Scheidungs- und Folgesachen						Verfahren in Scheidungs- und Folgesachen	
	I. Instanz				II. Instanz		I. Instanz	II. Instanz
	nach Mahnverfahren		ohne Mahnverfahren					
	nur GKG	GKG + BRAGO	nur GKG	GKG + BRAGO	GKG + BRAGO		GKG + BRAGO	GKG + BRAGO
1	2	3	4	5	6		7	8
DM	DM	DM	DM	DM	DM		DM	DM
300	36	194	51	209	264		194	256
600	63	280	78	295	372		271	360
900	89	364	105	381	479		348	462
1200	111	446	132	467	577		425	556
1500	134	522	159	547	675		496	650
1800	155	595	186	625	773		565	743
2100	179	669	213	704	872		635	837
2400	201	743	240	782	970		704	931
2700	224	817	267	860	1068		773	1024
3000	246	891	294	939	1166		843	1118
3500	269	1002	321	1055	1313		950	1261
4000	291	1113	348	1170	1460		1056	1403
4500	314	1225	375	1286	1607		1163	1546
5000	336	1336	402	1402	1755		1270	1689
5500	359	1448	429	1518	1902		1377	1831
6000	381	1559	456	1634	2049		1484	1974
6500	404	1671	483	1750	2196		1591	2116
7000	426	1782	510	1866	2343		1698	2259
7500	449	1893	537	1982	2490		1805	2402

Prozeßkostenhilfe   §§ 114–115 ZPO

1 DM	2 DM	3 DM	4 DM	5 DM	6 DM	7 DM	8 DM
8000	471	2005	564	2098	2637	1912	2544
8500	494	2116	591	2214	2784	2019	2687
9000	516	2228	618	2330	2931	2126	2829
9500	539	2339	645	2446	3078	2233	2972
10000	561	2450	672	2561	3225	2339	3114
11000	591	2586	708	2703	3405	2469	3288
12000	621	2723	744	2846	3585	2600	3462
13000	651	2859	780	2988	3765	2730	3636
14000	681	2995	816	3130	3945	2860	3810
15000	711	3131	852	3272	4125	2990	3984
16000	741	3267	888	3414	4304	3120	4157
17000	771	3403	924	3556	4484	3250	4331
18000	801	3539	960	3698	4664	3380	4505
19000	831	3675	996	3840	4844	3510	4679
20000	861	3811	1032	3982	5024	3640	4853
25000	951	4123	1140	4312	5439	3934	5250
30000	1041	4435	1248	4642	5854	4228	5647
35000	1131	4748	1356	4973	6269	4523	6044
40000	1221	5060	1464	5302	6684	4817	6441
45000	1311	5372	1572	5633	7099	5111	6838
50000	1401	5684	1680	5963	7514	5405	7235
55000	1491	5997	1788	6294	7929	5700	7632
60000	1581	6309	1896	6624	8344	5994	8029
65000	1671	6621	2004	6954	8759	6288	8426
70000	1761	6934	2112	7285	9174	6583	8823
75000	1851	7246	2220	7615	9589	6877	9220

§§ 114–115 ZPO — Prozeßkostenhilfe

Streitwert	Bürgerliche Rechtsstreitigkeiten ohne Scheidungs- und Folgesachen						Verfahren in Scheidungs- und Folgesachen	
	I. Instanz				II. Instanz		I. Instanz	II. Instanz
	nach Mahnverfahren		ohne Mahnverfahren					
	nur GKG	GKG + BRAGO	nur GKG	GKG + BRAGO	GKG + BRAGO		GKG + BRAGO	GKG + BRAGO
1	2	3	4	5	6		7	8
DM	DM	DM	DM	DM	DM		DM	DM
80000	1941	7558	2328	7945	10004		7171	9617
85000	2031	7871	2436	8276	10419		7466	10014
90000	2121	8183	2544	8606	10834		7760	10411
95000	2211	8495	2652	8954	11249		8054	10808
100000	2301	8807	2760	9266	11664		8348	11205
115000	2526	9289	3030	9793	12312		8785	11808
130000	2751	9770	3300	10319	12960		9221	12411
145000	2976	10252	3570	10846	13609		9658	13015
160000	3201	10733	3840	11372	14257		10094	13618
175000	3426	11215	4110	11899	14906		10531	14222
190000	3651	11696	4380	12425	15554		10967	14825
205000	3876	12178	4650	12952	16203		11404	15429
220000	4101	12659	4920	13478	16851		11840	16032
235000	4326	13151	5190	14005	17500		12277	16636
250000	4551	13622	5460	14531	18148		12713	17239
265000	4776	14104	5730	15058	18797		13150	17843
280000	5001	14585	6000	15584	19445		13586	18446
295000	5226	15067	6270	16111	20093		14023	19049
310000	5451	15548	6540	16637	20742		14459	19653

Prozeßkostenhilfe   §§ 114–115 ZPO

1 DM	2 DM	3 DM	4 DM	5 DM	6 DM	7 DM	8 DM
325000	5676	16030	6810	17164	21390	14896	20256
340000	5901	16511	7080	17690	22039	15332	20860
355000	6126	16993	7350	18217	22687	15769	21463
370000	6351	17474	7620	18743	23336	16205	22067
385000	6576	17956	7890	19270	23984	16642	22670
400000	6801	18437	8160	19796	24633	17078	23274
430000	7251	19298	8700	20747	25796	17849	24347
460000	7701	20158	9240	21697	26960	18619	25421
490000	8151	21019	9780	22648	28123	19390	26494
520000	8601	21879	10320	23598	29287	20160	27568
550000	9051	22739	10860	24548	30450	20930	28651
580000	9501	23600	11400	25499	31614	21701	29715
610000	9951	24460	11940	26449	32777	22471	30788
640000	10401	25321	12480	27400	33941	23242	31862
670000	10851	26181	13020	28350	35104	24012	32935
700000	11301	27041	13560	29300	36268	24782	34009
730000	11751	27902	14100	30251	37431	25553	35082
760000	12201	28762	14640	31201	38595	26323	36156
790000	12651	29623	15180	32152	39758	27094	37229
820000	13101	30483	15720	33102	40922	27864	38303
850000	13551	31343	16260	34052	42085	28634	39376
880000	14001	32204	16800	35003	43249	29405	40450
910000	14451	33064	17340	35953	44412	30175	41523
940000	14901	33925	17880	36904	45576	30946	42597
970000	15351	34785	18420	37854	46739	31716	43670
1000000	15801	35645	18960	38804	47903	32486	44744

b) Persönliche Verhältnisse

44 Sie sind nicht identisch mit den wirtschaftlichen Verhältnissen, jedoch häufig mit ihnen eng verknüpft. Eine vorhersehbare langwierige Erkrankung des Antragsstellers kann zur Beeinträchtigung seiner wirtschaftlichen Verhältnisse führen mit der Folge, daß es geboten ist, dem zur Zeit noch nicht mittellosen Antragsteller vorhandene Vermögenswerte zu belassen zur Bestreitung erhöhten Bedarfs sowie als Mittel zur Vorsorge.

c) Wirtschaftliche Verhältnisse

45 Sie werden gekennzeichnet durch Einkommen und Vermögen, aber auch durch Belastungen und Verbindlichkeiten des Antragsstellers.

46 Umstritten ist, ob und wieweit die wirtschaftlichen Verhältnisse Dritter, insbesondere von unterhaltspflichtigen Familienangehörigen die wirtschaftlichen Verhältnisse des Antragsstellers mitbestimmen. Zum Durchgriff bei Abtretung, Streitgenossen, juristischen Personen, Konkurs siehe §§ 114–115 ZPO Rz 3 ff., 11 ff., § 116 ZPO Rz 1 ff. Nach LAG Köln MDR 1987, 964, soll die Hälfte des Mehreinkommens des leistungsstärkeren Ehegatten dem Einkommen der hilfsbedürftigen Partei hinzuzurechnen sein. Siehe hierzu Vollkommer Anm. zu LAGE § 115 ZPO Nr. 12. Nach LAG Berlin, MDR 1982, 436; LAG Düsseldorf JurBüro 1986, 1415 ist der vom Ehegatten zu leistende Unterhalt zu berücksichtigen; ebenso LAG Köln NZA 1989, 823 bei bestehender Haushaltsgemeinschaft nicht verheirateter Paare, LAG Düsseldorf LAGE § 115 ZPO Nr. 18 im Verhältnis des klagenden Kindes zum Vater. Nach OLG Hamburg, FamRZ 1986, 187, ist bei gemeinschaftlicher Prozeßführung von Ehegatten von jedem Ehegatten die Hälfte des nach dem Familieneinkommen bemessenen Ratenbetrages aufzubringen; ähnlich Schuster, Rn 13; kritisch hierzu Bischof, AnwBl 1981, 369; dagegen Zöller/Schneider § 115 ZPO, Rz 11; Kalthoener/Büttner Rz 202. Nach herrschender Auffassung (Hamburg, DAVorm 1988, 188; Köln FamRZ 1988, 306; VGH Hessen, JurBüro 1988, 1216; Hamm FamRZ 1987, 80; LAG Baden-Württemberg BB 1984, 1810; LAG Nürnberg, JurBüro 1984, 1577; LAG Düsseldorf AnwBl 1984, 162; München JurBüro 1982, 321; Christl.Rpfl 1983, 97), nunmehr bestätigt vom BVerfG, AnwBl 1988, 539, ist grundsätzlich allein auf die wirtschaftlichen Verhältnisse des einzelnen Antragsstellers abzustellen; ein Familieneinkommen darf der Einkommensermittlung nicht zugrunde gelegt werden; dies gilt insbesondere bei Sozialhilfeleistungen. Dies schließt indessen nicht aus, daß ein familienrechtlicher, alsbald durchsetzbarer Unterhalts- oder Prozeßkostenvorschußanspruch als einzusetzendes Vermögen der Bewilligung von Prozeßkostenhilfe entgegensteht. Siehe hierzu unten Rz 54 ff., 108 ff.

aa) Hilfsbedürftigkeit

Prozeßkostenhilfe kann versagt werden, wo Hilfsbedürftigkeit trotz **47** Fehlens finanzieller Mittel für die Prozeßführung in Wahrheit nicht besteht oder auf Umstände zurückzuführen ist, die eine Inanspruchnahme öffentlicher Mittel im Wege der Prozeßkostenhilfe unangemessen erscheinen lassen. Siehe hierzu auch unten Rz 69 a.

Eine bestehende, jedoch nicht genutzte *Arbeitsfähigkeit* kann als solche **48** nicht als vorhandenes Vermögen oder fiktives Einkommen bewertet werden, denn das Sozialhilferecht sieht unterlassene Einkünfte nicht als Einkommen oder Vermögen an (Düsseldorf, FamRZ 1987, 398; Karlsruhe NJW 1985, 1787). Liegen indessen besondere Voraussetzungen vor, die eine Unterlassung der Arbeitsaufnahme und die darauf gegründete Inanspruchnahme von Prozeßkostenhilfe als Rechtsmißbrauch erscheinen lassen, kann Arbeitsfähigkeit als bewertbares Einkommen zur Anrechnung kommen (Karlsruhe, FamRZ 1987, 613; Koblenz FamRZ 1986, 1014; Köln FamRZ 1983, 637). Indessen kommt es stets auf die Umstände des Einzelfalls an, da nicht jede schuldhaft herbeigeführte Bedürftigkeit die Versagung von Prozeßkostenhilfe rechtfertigt (Bamberg JurBüro 1987, 130). Zur Hilfsbedürftigkeit eines Klägers (Unterhaltsschuldners), der zusammen mit der Lebensgefährtin eine Gaststätte betreibt, deren Alleininhaberin nach außen die Lebensgefährtin ist, während er als deren Angestellter geführt wird, siehe Koblenz, FamRZ 1987, 612. Zur Versagung der Prozeßkostenhilfe bei Kreditaufnahmemöglichkeit siehe Frankfurt/M., NJW RR 1987, 320; siehe auch Rz 115.

Führt der Antragsteller seine Bedürftigkeit selbst herbei, steht dies der **49** Bewilligung von Prozeßkostenhilfe nicht entgegen, es sei denn, sie wäre grob fahrlässig (Karlsruhe, JurBüro 1986, 126) oder böswillig verschuldet, um auf Kosten des Staates prozessieren zu können (Bamberg JurBüro 1987, 130 und FamRZ 1985, 1068; Zweibrücken JurBüro 1986, 289). Die Rechtsprechung hat Prozeßkostenhilfe versagt, wo die Partei zu einem Zeitpunkt, in dem der Rechtsstreit bereits anhängig war oder erkennbar bevorstand (zur Unzeit), über ausreichende Mittel zur Bestreitung der Prozeßkosten verfügte, es aber vorgezogen hat, diese Mittel für Zwecke der Vermögensbildung oder andere nicht notwendige Ausgaben zu verwenden (Düsseldorf JurBüro 1987, 769 und 1715; Karlsruhe NJW RR 1986, 799; Bamberg JurBüro 1986, 1414) oder Verpflichtungen einzugehen, für die ein unabweisbares Bedürfnis nicht bestand (Bamberg JurBüro 1987, 1712). Nach Frankfurt/M., FamRZ 1982, 416, ist nicht hilfsbedürftig, wer erhebliche Mittel unentgeltlich weg gibt, davon ausgehend, daß ihm weitere Ansprüche zustehen und er diese unter Umständen im Prozeßwege wird durchsetzen müssen. Auch wenn die Partei größere Barmittel ausgibt und ihr lediglich noch ein Rest von weniger als DM 4 500,- (§ 1 Ziff. 1 b der VO zu § 88 BSHG) verblieben sind, kann sie ausnahmsweise darauf verwiesen werden, diese ihr noch verbliebenen Mittel für die Aufbringung der Prozeßkosten einzusetzen (Düsseldorf FamRZ 1987, 729). Vermindert die Partei Vermögen oder Kreditwürdigkeit in Kenntnis der Tatsache, Mittel für einen Prozeß zu benötigen sowie in der Absicht, Prozeßkostenhilfe in Anspruch zu nehmen, ist ihr diese zu versagen (Karlsruhe FamRZ 1985, 414; Köln FamRZ 1983, 634; Frankfurt/M., AnwBl 1982, 491).

50 Eine Partei, die in Kenntnis eines bevorstehenden Scheidungsverfahrens den Erlösanteil aus dem Verkauf eines Hausgrundstücks wieder in Grundvermögen anlegt, ohne daß hierfür ein unabweisbares Bedürfnis besteht, kann nach Bamberg, FamRZ 1985, 503, keine Prozeßkostenhilfe erhalten; sie muß ihre Dispositionen vielmehr so treffen, daß sie die Prozeßkosten aufbringen kann, a. M.: Zweibrücken, JurBüro 1985, 1109. Auch hier ist indessen zu beachten, daß nicht jede schuldhaft herbeigeführte Bedürftigkeit die Versagung von Prozeßkostenhilfe rechtfertigt, da jeweils die Umstände des Einzelfalls zu berücksichtigen sind (Bamberg, JurBüro 1987, 130). Siehe auch unten Rz 102f.

50a Hilfsbedürftig ist nicht, wer im Haftpflichtprozeß vom Versicherer einer mitversicherten Person im Rahmen des § 10 Abs. 1 AKB vertreten werden kann (KG MDR 1984, 852; zur Beiordnung KG NZV 1988, 228).

bb) Belastungen

51 Die wirtschaftlichen Verhältnisse der Partei werden unter anderem auch durch bestehende Belastungen geprägt. Dies können zum Beispiel laufend erbrachte Zahlungen auf hohe *Tilgungsverpflichtungen* oder Schulden aus Ratenzahlungsverträgen sein, die schon vor dem Rechtsstreit abgeschlossen worden sind und das verfügbare Einkommen dauerhaft mindern (Hamm JurBüro 1987, 1416, KG FamRZ 1984, 412). Vgl. auch oben Rz 49. Sie können entstanden sein aus Anlaß familiärer Ereignisse (Geburt, Heirat, Tod); Arztkosten, Umzugskosten. Hierzu gehören auch durch eine Geldrente zu erfüllende Unterhaltsverpflichtungen (s. § 115 Abs. 3 ZPO), die über die Freibeträge der Tabelle hinausgehen, die Erhöhung der Lebenshaltungskosten durch Preissteigerungen (BFHE 142, 27), ferner Kosten der Beschaffung einer angemessenen *Unterkunft* (Tilgungen, Mietrückstände, Bausparkassenbeiträge), aus Miete oder Finanzierung eines kleinen Hausgrundstücks, Versicherungsbeiträge (LAG Baden-Württemberg, JurBüro 1988, 898).

51a Zur Änderung von Belastungen (Wegfall oder Hinzutritt) siehe § 120 Abs. 4 ZPO.

52 Steht eine sichere künftige, noch nicht fällige Forderung der Kreditverpflichtung des Antragstellers gegenüber, ist sie gleichwohl nicht zu berücksichtigen, da die Lebensführung des Antragstellers durch die Kreditbelastung aktuell beschränkt wird und ihm nicht zugemutet werden kann, wegen seiner Außenstände die Wahrnehmung seiner Rechte zurückzustellen (Hamm AnwBl 1985, 385).

Unangemessene Belastungen, die in einem krassen Mißverhältnis zu Einkommens- und Vermögensverhältnissen des Antragstellers stehen, wie zum Beispiel Luxusausgaben, Spekulationsgeschäfte, sind zu seinen Gunsten als Belastungen nicht zu berücksichtigen, denn dies würde dem Sinn und Zweck der Prozeßkostenhilfe zuwiderlaufen (Bamberg, FamRZ 1987, 133 und 1986, 699; München NJW 1981, 2128). Ebenso bleiben Versicherungsbeiträge unangemessenen Umfangs unberücksichtigt (Bamberg JurBüro 1987, 1712). Zur Berücksichtigung von Wohnkostenbelastungen siehe im übrigen unten Rz 73 ff., zu Ausgaben zur Unzeit siehe oben Rz 49.

53

d) Einkommen – Begriff und Ermittlung
Unter Einkommen versteht das Gesetz (§ 115 Abs. 1 Satz 2 ZPO) Einkünfte aller Art in *Geld* oder Geldeswert, also auch *Sachbezüge.*
Obgleich § 115 Abs. 1 Satz 3 ZPO nur § 76 Abs. 2 BSHG, nicht auch dessen Abs. 1 für entsprechend anwendbar erklärt und auf die VO zu § 76 BSHG nicht ausdrücklich verwiesen wird, haben sich in Rechtsprechung (Bamberg FamRZ 1984, 721 und JurBüro 1982, 293; KG FamRZ 1982, 623) und Literatur (Kalthoener/Büttner Rz 204; Zöller/Schneider § 115 Rz 10) Stimmen erhoben, wonach eine sinngemäße Anwendung dieser Bestimmungen sowie des § 77 BSHG (Schutz zweckbestimmter öffentlich-rechtlicher Zuwendungen sowie von Schmerzensgeldern) im Einzelfall geboten sein kann.

54

54a

aa) Einkommensarten
Zum Einkommen gehören sämtliche Einnahmen
- aus selbständiger (gewerblicher oder freiberuflicher) Tätigkeit,
- unselbständiger Tätigkeit einschließlich Urlaubs-, Weihnachts- und Sonderzuwendungen (Frankfurt/M., FamRZ 1982, 814),
- aus Vermietung und Verpachtung,
- aus Kapitalvermögen,
- aus öffentlich-rechtlichen oder privatrechtlichen Renten und sonstigen Einkommensquellen gleich welcher Art.

55

Entscheidend ist allein das Einkommen des Antragstellers, nicht ein etwaiges Familieneinkommen (s. oben Rz 46).
Insbesondere sind als Einkommen zu berücksichtigen
- Wohngeld (Bamberg, FamRZ 1984, 606; Düsseldorf MDR 1984, 150; LSG Bremen MDR 1984, 613; LSG Berlin MDR 1984, 612; LAG Freiburg NJW 1982, 847).
  Wird es einer Bedarfsgemeinschaft gewährt, ist es nach Kopfteilen zuzurechnen, zwischen Erwachsenen und Kindern im Verhältnis 2:1.
- Leistungen nach dem Bundesausbildungs-Förderungs-Gesetz (BAföG).

56

57

58

59 – Vom Arbeitsamt als Darlehen gewährtes Unterhaltsgeld (LAG Bremen DB 1988, 1067).
60 – Berlin-Zulagen (LAG Berlin ARSt 1986, 190; Bremen FamRZ 1984, 1244).
61 – Arbeitnehmer-Sparzulagen (OVG Bremen JurBüro 1985, 1411), nicht jedoch vermögenswirksame Leistungen des Arbeitgebers (Bamberg FamRZ 1987, 1282; Frankfurt FamRZ 1982, 412; Düsseldorf NJW 1981, 1791; a. M. Bamberg JurBüro 1987, 1414), weil über diese zweckgebundene Zuwendung nicht frei verfügt werden kann.
62 – Sozialhilfe zum Lebensunterhalt (Frankfurt/M., JurBüro 1986, 767; LG Hildesheim JurBüro 1988, 899).
62a – Blindenhilfe, jedoch unter Berücksichtigung von § 76 Absatz 1 BSHG (Saarbrücken, FamRZ 1988, 118).
62b – Pflegegeld für Pflegekinder, soweit es Leistungsentgelt für die Pflegeperson ist (Hamburg Beschl. v. 6. 10. 1988, 15 UF 79/87).
63 – Barunterhaltsleistungen des getrennt lebenden Ehegatten (Schleswig SchlHA 1987, 185; Düsseldorf, JurBüro 1988, 1059).
64 – Freiwillige Zuwendungen der Eltern des Antragstellers (Bamberg JurBüro 1985, 1108).
65 Umstritten ist, ob das dem Antragsteller zufließende *Kindergeld* als Einkommen zu berücksichtigen ist. Dagegen haben sich ausgesprochen Celle AnwBl 1987, 55; LAG Bremen Rpfl 1986, 319; Bremen (5. Sen.) FamRZ 1984, 411; LSG Bremen MDR 1984, 613; Schleswig SchlHA 1983, 139, Düsseldorf FamRZ 1982, 513; Frankfurt/M. FamRZ 1982, 418, ebenso für den Fall des Kindergeldzuschusses zur Rente LAG Hamm JurBüro 1982, 451; LAG Düsseldorf LAGE § 115 ZPO Nr. 13, und zwar mit der Begründung, das Kindergeld solle den Eltern die Unterhaltslast erleichtern. Für eine Berücksichtigung des Kindergeldes bei der Einkommensermittlung sind Hamburg, JurBüro 1988, 897, Bremen (2. Sen.) JurBüro 1987, 767 m. Anm. von Mümmler; LAG Baden-Württemberg JurBüro 1988, 365; LAG München VersR 1987, 394; LAG Köln LAGE § 115 ZPO Nr. 11; Nürnberg FamRZ 1984, 408; OVG Münster FamRZ 1984, 603; KG FamRZ 1982, 625; Düsseldorf NJW 1981, 1791. Nach OVG Bremen JurBüro 1985, 1411 und Bamberg FamRZ 1984, 606 ist Kindergeld lediglich insoweit als Einkommen zu berücksichtigen, als es dem Antragsteller im Verhältnis zum anderen Elternteil zusteht. Da die Unterhaltslast des Antragstellers in §§ 114, 115 ZPO zu seinen Gunsten Berücksichtigung findet, besteht kein Grund, Zuwendungen, die diese Belastung mindern, bei der Einkommensermittlung nicht zu berücksichtigen.
65 a *Erziehungsgeld, Mutterschaftsgeld* sowie von den Ländern gewährte ähnliche Leistungen sind bei der Einkommensberechnung gemäß § 8 Abs. 1 Satz 1 des Gesetzes über die Gewährung von Erziehungsgeld und Erziehungsurlaub vom 6. 12. 1985 (BGBl I Seite 2154, geändert durch

Gesetz vom 19. 12. 1986 BGBl I Seite 2586) nicht zu berücksichtigen (vgl. auch HessVGH AnwBl 1989, 178).

Dem Einkommen der hilfsbedürftigen Partei nicht zuzurechnen ist der 66 ihm für ein Kind zufließende Unterhalt (Hamm FamRZ 1987, 80; Bamberg JurBüro 1986, 1871; Koblenz FamRZ 1985, 725). Hinsichtlich der Berücksichtigung des Familieneinkommens, welches der Antragsteller zusammen mit Angehörigen bezieht, s. oben Rz 46, 56.

Naturalleistungen wie Verpflegung, Unterkunft und sonstige Sachleistun- 67 gen, die als Einkünfte in Geldeswert nach § 115 Abs. 1 Satz 2 ZPO zum Einkommen des Antragstellers gehören, sind nach § 2 der Verordnung zur Durchführung des § 76 BSGH vom 28. 11. 1962 in der Fassung der VO vom 23. 11. 1976 (s. Anhang) zu bewerten. Die von Vollkommer in der Anmerkung zu LAGE § 115 ZPO Nr. 12 vertretene Auffassung, im Rahmen bestehender Haushaltsgemeinschaften arbeitsloser Ehegatten und arbeitsloser Partner eheähnlicher Gemeinschaften sei die Ermittlung derartiger Sachwerte zu kompliziert und es sei daher auf eine Zurechnung der Hälfte des Unterschiedsbetrages zwischen dem Einkommen des Antragstellers und dem höheren Einkommen des anderen Partners auszuweichen, kommt der Berücksichtigung eines Familieneinkommens gleich und widerspricht dessen Ablehnung durch das Bundesverfassungsgericht in AnwBl 1988, 539, und der herrschenden Auffassung (s. oben Rz 46).

Abfindungen, siehe unten Rz 118 ff. 67a

Verschleiertes Arbeitseinkommen ist wie in § 850h Abs. 2 ZPO mit einem 67b angemessenen Betrag anzusetzen (Zöller/Stöber § 850h Rz 2ff.), sofern entsprechende Ansprüche gegen den Leistungsempfänger durchsetzbar sind. Bei familienrechtlichen Beziehungen kann Mitarbeit geboten sein.

Unterlassener Arbeitseinsatz des Antragstellers ist kein Arbeitseinkom- 68 men, kann jedoch bei mutwilligem Verhalten wie fiktives Einkommen zu berücksichtigen sein (vgl. oben Rz 48f.).

Der Wert der Betreuungsleistungen des Antragstellers für den mit ihm in 69 Lebens- und Versorgungsgemeinschaft befindlichen Lebensgefährten kann anrechenbares Einkommen darstellen (Hamm FamRZ 1984, 409); dieser Wert sowie der Wert von freiwilligen Zuwendungen innerhalb von Haushaltsgemeinschaften ist zu schätzen (Kalthoener/Büttner Rz 202, 221; Hamm FamRZ 1984, 409; Köln FamRZ 1984, 304; Zöller/Schneider § 115 Rz 14).

Das Gericht hat die Möglichkeit, auf Grund des *Lebenszuschnitts* des 69a Antragstellers (aufwendige Reisen, teures Kraftfahrzeug) auf fehlende Hilfsbedürftigkeit zu schließen und entsprechende Darlegungen des Antragstellers als nicht hinreichend glaubhaft anzusehen (Frankfurt Rpfl 1982, 159; NJW – RR 1987, 320). Der Einwand, es werde dieser Aufwand von Dritten durch deren freiwillige Zuwendungen getragen, enthält das Geständnis von anrechnungsfähigem Einkommen!

bb) Absetzungen vom Einkommen

70 Vom Bruttoeinkommen *abzusetzen* sind nach § 115 Abs. 1 Satz 3 ZPO i. V. m. § 76 Abs. 2 BSHG (siehe Abdruck im Anhang Nr. 1)
1. auf das Einkommen geleistete Steuern (Einkommen-, Lohn-, Kirchensteuer; nicht Vermögens- und Erbschaftsteuern, die aus der Substanz vorhandenen Vermögens zu entrichten sind (Zöller/Schneider § 115 Rz 18); Steuerstattungen sind zu berücksichtigen;
2. Pflichtbeiträge zur Sozialversicherung (Renten-, Kranken-, Unfallversicherung) sowie zur Arbeitslosenversicherung (bei unselbständiger Tätigkeit nur Arbeitnehmeranteil!). Hierzu rechnen auch Beiträge zu gesetzlichen Versicherungseinrichtungen selbständiger Berufe (Ärzte, Apotheker, Rechtsanwälte), der Handwerker, der Landwirte. Freiwillige Beiträge zu diesen Einrichtungen, für deren Entrichtung eine gesetzliche Verpflichtung nicht besteht, fallen unter die nachfolgende Ziffer 3;
3. Beiträge zu öffentlichen oder privaten Versicherungen oder ähnlichen Einrichtungen, soweit diese gesetzlich vorgeschrieben oder nach Grund und Höhe angemessen sind. Hierzu gehören Prämien zu Lebensversicherungen (LAG Baden-Württemberg, JurBüro 1988, 898; Frankfurt/M., FamRZ 1982, 418; Bamberg JurBüro 1981, 611), privaten Krankenversicherungen, Unfallversicherungen, gesetzlichen und freiwilligen Haftpflichtversicherungen, auch zu Rechtsschutzversicherungen *in angemessenem Umfang*; OVG Bremen ZfSH 1980 verlangt für die Absetzungsfähigkeit von Kraftfahrzeughaftpflichtprämien die Notwendigkeit beruflicher Fahrzeugnutzung. Bei einer kapitalbildenden Lebensversicherung kann dem Hilfsbedürftigen die vorübergehende Aussetzung der Prämienzahlung zuzumuten sein (Kalthoener/Büttner Rz 254);
4. die mit der Einkommenserzielung verbundenen notwendigen Ausgaben wie Beiträge zu Kammern, Berufsverbänden und Gewerkschaften, Aufwendungen für Arbeitsmittel und Arbeitskleidung, Aus- und Weiterbildungskosten, Fahrtkosten zwischen Wohnung und Arbeitsstätte.

71 Die zu § 76 BSHG ergangene Rechtsverordnung (siehe Anhang Nr. 1) wird zwar in § 115 Abs. 1 ZPO nicht ausdrücklich erwähnt, ist jedoch wegen ihres engen Zusammenhangs mit den Grundsätzen der Einkommensermittlung auch bei der Einkommensfeststellung im Prozeßkostenhilfeverfahren mit heranzuziehen, um zu sachgerechten Ergebnissen zu gelangen (Bamberg, FamRZ 1984, 721; Zweibrücken JurBüro 1982, 295 m. Anm. Mümmler).

72 Nach § 115 Abs. 1 Satz 3 Halbsatz 2 ZPO sind vom Einkommen weitere Beträge abzusetzen, soweit dies mit Rücksicht auf *besondere Belastungen* angemessen ist.

73 Zur Berücksichtigungsfähigkeit von Belastungen im allgemeinen s. oben Rz 51 ff.

Belastungen aus *Wohnungsmiete* oder *Finanzierung* eines kleinen Haus- **74** grundstücks sind in der Regel insoweit als besondere Belastungen anzuerkennen, als sie 18 Prozent des Einkommens der Partei übersteigen entsprechend einer in die Tabelle zu § 114 ZPO eingerechneten Wohnkostenbelastung (Celle NdsRpfl 1985, 311; Frankfurt/M. FamRZ 1984, 304; KG FamRZ 1983, 1265; LAG Köln LAGE § 115 Nr. 11). LAG Hamm EzA § 115 ZPO Nr. 10 setzt im Hinblick auf die Berücksichtigung von Wohnkosten mit DM 156,- bei Einführung der Tabelle zu § 114 ZPO zwecks Realisierung der Absicht des Gesetzgebers denjenigen Teil der Wohnkostenbelastung vom Einkommen des Antragstellers ab, welcher DM 156,- übersteigt (vgl. hierzu Anmerkung von Schneider EzA § 115 ZPO Nr. 10 m. w. N.). Dabei ist Einkommen der Betrag, welcher der Partei nach Abzug aller nach § 115 ZPO berücksichtigungsfähigen Belastungen, wie zum Beispiel beruflich bedingter Aufwendungen, verbleibt (Frankfurt MDR 1984, 409; Kalthoener/Büttner Rz 263). Eine Einkommensminderung wegen Zahlung von Miete-Nebenkosten (Heizung, Warmwasser) kommt nicht in Betracht (KG FamRZ 1984, 412; Frankfurt/M. FamRZ 1984, 304). Nach anderer Auffassung sind als besondere Wohnkostenbelastung diejenigen Beträge anzuerkennen, die 20 bis 25 Prozent des Nettoeinkommens der Partei ohne Abzug von Schuldzinsen übersteigen (OVG Bremen JurBüro 1985, 1411; Bamberg FamRZ 1984, 721; Celle JurBüro 1981, 1576; LG Dortmund JurBüro 1982, 1282). Unangemessener Mietaufwand bleibt jedoch unberücksichtigt (Vgl. oben Rz 53).

LAG Nürnberg LAGE § 115 ZPO Nr. 17, erkennt Aufwendungen für **75** den Erwerb eines Einfamilienhauses als besondere Belastungen an, jedoch unter Abzug von zehn Prozent des sonstigen Einkommens des Antragstellers für ersparte Mietaufwendungen.

Aufwendungen für den Bau eines Hauses, welches wegen der Höhe der **76** Belastungen nicht verwertbar ist, finden als besondere Belastungen keine Berücksichtigung (Bamberg JurBüro 1981, 611). Gleiches gilt für Zins- und Tilgungsbelastungen eines Eigenheims, soweit damit ein unter sozialen Gesichtspunkten nicht vertretbarer, weil übermäßiger (luxuriöser) Wohnbedarf befriedigt wird (Bamberg JurBüro 1986, 1871; München NJW 1981, 2128). Aufwendungen zum Erwerb einer Ferienwohnung sind nicht zu berücksichtigen (LAG Baden-Württemberg JurBüro 1988, 898).

Aufwendungen des Antragstellers für *vermögenswirksame Leistungen* kön- **77** nen als besondere Belastungen abzugsfähig sein, wenn ihm diese Beträge nicht zur Verfügung stehen und eine Kündigung des Vertrages nicht zumutbar ist (Düsseldorf NJW 1981, 1792).

Schon *bestehende Prozeßkostenhilfe-Ratenverpflichtungen* sind als besondere **78** Belastungen abzugsfähig (Düsseldorf JurBüro 1984, 931; LG Verden NdsRpfl 1983, 159; Zöller/Schneider § 115 Rz 24).

78a Kosten der *allgemeinen Lebenshaltung*, sind als besondere Belastungen nicht absetzbar (Frankfurt MDR 1984, 409).

e) Aufzubringende Zahlungen aus dem Einkommen

79 Nach Feststellung des Einkommens des Antragstellers, der hierauf ruhenden Lasten für Steuern, Vorsorgeaufwendungen und besonderen Belastungen entscheidet sich die Frage, ob und in welchem Umfange der Antragsteller zu den Kosten der Prozeßführung Beiträge aus seinem Einkommen aufzubringen hat, nach § 115 Abs. 1 Satz 1 ZPO i. V. m. der in Anlage 1 zu § 114 ZPO enthaltenen Tabelle.

80 Bei geringem Einkommen hat der Antragsteller sich an den Prozeßkosten nicht zu beteiligen. Überschreitet sein Einkommen die in der Tabelle enthaltene Untergrenze, hat er grundsätzlich die Prozeßkosten in Raten aufzubringen, jedoch begrenzt auf insgesamt 48 Monatsraten, mit deren Erfüllung die Deckung dann etwa noch offener Prozeßkosten durch ihn entfällt; insoweit bleibt die Staatskasse Kostenträger.

81 Die Anlage 1 zu § 114 hat folgenden Wortlaut:

Unabhängig von der Zahl der Rechtszüge sind höchstens 48 Monatsraten nach der folgenden Tabelle aufzubringen:

Nettoeinkommen auf volle Deutsche Mark abgerundet monatlich							Monatsrate
bei Unterhaltsleistungen auf Grund gesetzlicher Unterhaltspflicht für							
	0	1	2	3	4	5 Personen	Deutsche Mark
bis 850	1 300	1 575	1 850	2 125	2 400		0
900	1 350	1 625	1 900	2 175	2 450		40
1 000	1 450	1 725	2 000	2 275	2 550		60
1 100	1 550	1 825	2 100	2 375	2 650		90
1 200	1 650	1 925	2 200	2 475	2 750		120
1 300	1 750	2 025	2 300	2 575	2 850		150
1 400	1 850	2 125	2 400	2 675	2 950		180
1 500	1 950	2 225	2 500	2 775	3 050		210
1 600	2 050	2 325	2 600	2 875	3 150		240
1 800	2 250	2 525	2 800	3 075	3 350		300
2 000	2 450	2 725	3 000	3 275	3 550		370
2 200	2 650	2 925	3 200	3 475	3 750		440
2 400	2 850	3 125	3 400	3 675	3 950		520

Bei Unterhaltsleistungen für mehr als 5 Personen erhöhen sich die in dieser Spalte angeführten Beträge um 275 Deutsche Mark für jede weitere Person.

Ergibt sich, daß die vom Antragsteller aufzubringenden Prozeßkosten 82 den Betrag von vier Monatsraten nach der Tabelle und die von ihm aus dem Vermögen aufzubringenden Teilbeträge voraussichtlich nicht übersteigen, wird nach § 115 Abs. 6 ZPO Prozeßkostenhilfe nicht bewilligt. Für diese Fälle hat der Gesetzgeber die Kostenbelastung als dem Antragsteller zumutbar und ihn daher als nicht hilfsbedürftig angesehen. Nachträgliche Gewährung von Prozeßkostenhilfe aber ist geboten, wo höhere Aufwendungen für Zeugen und Sachverständige entstehen, die nicht vorhergesehen worden waren.

Bei Anwendung der Tabelle ergeben sich *zwei Gruppen von Begünstigten*. 83 Die eine Gruppe besteht aus jenen Antragstellern, deren Nettoeinkommen den in der obersten Zeile der Tabelle ausgewiesenen Betrag nicht übersteigt. Sie erhalten Prozeßkostenhilfe ohne die Verpflichtung, die Kosten ganz oder zum Teil in Raten aufzubringen. Hinsichtlich der Berücksichtigung von Unterhaltsverpflichtungen und der damit verbundenen Einordnung in die verschiedenen Tabellengruppen s. unten Rz 90 ff. Die Tatsache, daß die Partei Sozialhilfe erhält, entbindet das Gericht nicht von der Verpflichtung, die Voraussetzungen der §§ 114, 115 ZPO zu prüfen; es darf in diesem Fall nicht grundsätzlich von Ratenzahlungen absehen (SG Hildesheim JurBüro 1988, 899).

Die andere Gruppe, deren Nettoeinkommen in den Gesamtrahmen der 84 Tabelle fällt, hat die in der Tabelle ausgewiesenen monatlichen Raten auf die Prozeßkosten entsprechend der zu treffenden Kostenprognose (vgl. oben Rz 37 ff.) in höchstens 48 Monatsraten aufzubringen. Bei Anwendung der Tabelle findet eine Veränderung der ausgewiesenen Raten im Wege der Interpolation bei Annäherung an Grenzwerte nicht statt (Karlsruhe FamRZ 1986, 1126; OVG Bremen JurBüro 1985, 411; München MDR 1982, 761; Düsseldorf NJW 1981, 1791; a. M.: LAG Bremen AnwBl 1988, 78; Köln Rpfl 1981, 319, wonach die geringfügige Überschreitung einer Tabellenstufe unberücksichtigt bleibt und der geringere Ratenbetrag festgesetzt wird).

Eine Herabsetzung der in der Tabelle zu § 114 ZPO festgesetzten Netto- 85 einkommensbeträge wegen der seit 1980 eingetretenen Geldentwertung ist den Gerichten nicht erlaubt, sondern ist nur durch den Gesetzgeber möglich (Oldenburg, FamRZ 1989, 199; Hamm, FamRZ 1989, 523; Köln FamRZ 1989, 524; LAG Hamburg LAGE § 114 ZPO Nr. 12; Bamberg FamRZ 1987, 1282; Koblenz FamRZ 1986, 1230; a. M.: Celle, FamRZ 1988, 1076; BFH BB 1985, 386; Hamburg Beschluß vom 26. 6. 1985, 12 WF 77/85). Auf keinen Fall aber darf die Kostenbeteiligung einer bedürftigen Partei deren Existenzminimum gefährden (BVerfG NJW 1988, 2231).

Die Höhe der Raten sowie ihre Anzahl können bei erneuter Bewilligung 86 von Prozeßkostenhilfe in der nächsten Instanz anders festgesetzt werden. Dabei kann eine Änderung der persönlichen und wirtschaftlichen Verhältnisse des Antragstellers Berücksichtigung finden. Hat der BGH Prozeßkostenhilfe mit Ratenzahlungsanordnung bewilligt, so wird bei Zurückverweisung des Rechtsstreits seine Anordnung durch eine Bewilligung seitens des OLG gegenstandslos (BGH NJW 1983, 944). Dem Antragsteller können gleichzeitig für mehrere Instanzen desselben Rechtsstreits Raten auferlegt werden (Behn Rpfl 1983, 341). Zur Festsetzung der Raten sowie Änderung der Ratenhöhe vgl. im übrigen § 120 ZPO Rz 3 ff.

87 Die untere Tabellengrenze orientiert sich an der Einkommensgrenze für Hilfe in besonderen Lebenslagen nach § 79 Abs. 1 BSHG. Nach dem 2. Entwurf der Bundesregierung (BT-Drucksache 8/3068, Seite 9 f.) wurde der Freibetrag der Tabelle von DM 850,- berechnet mit dem Doppelten des Regelsatzes für die Hilfe zum Lebensunterhalt eines Alleinstehenden von DM 297,-. Dem Doppelten dieses Satzes von DM 594,- rechnete der Gesetzgeber eine Pauschale von DM 156,- für Kosten der Unterkunft hinzu. Der sich somit ergebende Betrag von DM 750,- wurde erhöht auf DM 850,-, um die Ratenzahlungsverpflichtungen erst beginnen zu lassen, wenn das Einkommen des Hilfsbedürftigen den Grenzbetrag deutlich überschreitet. Trotz zwischenzeitlicher Anhebung der Sozialhilfe-Regelsätze (September 1987: DM 403,-) ist die bislang unterbliebene Anpassung der Tabellenwerte nach Auffassung des Bundesverfassungsgerichts (NJW 1988, 2231) solange nicht als verfassungswidrig anzusehen, als durch die Kostenbeteiligung einer bedürftigen Partei deren Existenzminimum nicht gefährdet wird; eine unterschiedliche Bemessung der Einkommensgrenzen für Hilfen in besonderen Lebenslagen sei sachlich gerechtfertigt auf Grund der unterschiedlichen Regelungsgegenstände. Wo Sozialhilfeleistungen nach § 1 Abs. 2 BSHG der Sicherung einer menschenwürdigen Existenz dienen, könne es nicht als willkürlich angesehen werden, wenn der Gesetzgeber ihr einen höheren Stellenwert zumißt, indem er hierfür andere Einkommensgrenzen ansetzt als im Bereich der Prozeßkostenhilfe.

88 An der pauschalierten Bemessung der Kosten der Unterkunft ist Kritik geübt worden (Zöller-Schneider ZPO § 115 Anm. VIII 5; Bültzingslöwen DAVorm 1980, 871). Nach den Vorstellungen des Gesetzgebers (Bericht des Rechtsausschusses in BT-Drucksache 8/3694 S. 16) können jedoch hohe oder besonders hohe Mieten als besondere Belastungen über die Härteklausel des § 115 Abs. 1 Satz 3 Hs. 2 ZPO einkommensmindernd berücksichtigt werden. Nach Düsseldorf NJW 1981, 1792, ist diese Einschränkung jedoch nicht mehr sachgerecht im Hinblick auf die Tatsache, daß nach Inkrafttreten der §§ 114 ff. ZPO die Sozialhilfe-Regelsätze mehrfach angehoben worden sind, so daß ein Freibetrag von DM 850,- den Regelsatz, wie er dem Gesetzgeber vor Augen stand, längst nicht mehr deutlich übersteigt; folglich sei in der Regel ein monatlich DM 156,- übersteigender Aufwand für die Kaltmiete vom

Prozeßkostenhilfe §§ 114–115 ZPO

Einkommen des Antragstellers abzuziehen; dies entspreche auch § 79 Abs. 1 Satz 2 BSHG, wonach die tatsächlichen Kosten des Unterhalts zusätzlich zu berücksichtigen sind. Schleswig JurBüro 1988, 1537 und Köln, FamRZ 1983, 633, nehmen vor Anwendung der Tabelle einen Abzug der Kaltmiete vor, soweit sie 18 Prozent des jeweiligen Netto-Einkommens übersteigt. Wird Wohngeld gewährt, sind Mietkosten nicht als besondere Belastungen absetzbar (LAG Freiburg, NJW 1982, 847). Zu Mietkosten als besonderen Belastungen s. auch SchlHA 1981, 147).

Die Gewährung von Prozeßkostenhilfe mit Verpflichtung zu Ratenzahlungen endet dort, wo die Partei ein Einkommen oberhalb der Sätze der untersten Zeile der Tabelle erzielt. Es ist dies bei einem nicht zu Unterhaltsleistungen verpflichteten Antragsteller ein Betrag von DM 2400,–, erhöht um DM 450,– für die erste und je DM 275,– für jede weitere Person, die kraft gesetzlicher Verpflichtung von ihm Unterhalt erhält. Ausnahmsweise kommt bei einem Einkommen oberhalb jener Grenze die Gewährung von Prozeßkostenhilfe mit Ratenzahlung dann in Betracht, wenn die Belastung mit den Prozeßkosten den angemessenen Lebensunterhalt des Antragstellers (§ 1610 BGB) erheblich d. h. für eine gewisse Dauer (Kalthoener/Büttner Rz 395) beeinträchtigen würde. Das ist dort anzunehmen, wo der Selbstbehalt (z. Zt. DM 1400,– oder geringer gemäß den Unterhaltsleitsätzen der Oberlandesgerichte) um mindestens 10% unterschritten wird; siehe hierzu Zöller/Schneider § 115 Rz 63; Schoreit/Dehn Rz 47, welche die Grenze im Bereich zwischen angemessenem und notwendigem Unterhalt ziehen. Die Höchstrate der Tabelle ist in diesem Fall um den Einkommensteil, der die Obergrenze übersteigt, zu erhöhen (§ 115 Abs. 5 ZPO). **89**

f) Berücksichtigung von Unterhaltsleistungen des Antragstellers
Bei der Prüfung der Hilfsbedürftigkeit des Antragstellers berücksichtigt das Gesetz über die Tabelle zu § 114 ZPO vorrangige Unterhaltslasten. § 115 ZPO in der seit dem 1. Januar 1987 geltenden Fassung enthält im Vergleich zum bisherigen Rechtszustand eine differenziertere Regelung und hat damit zugleich bisherige Schwierigkeiten und Unsicherheiten in der Rechtsanwendung beseitigt. **90**

Unterhaltsbelastungen des Antragstellers finden nur insoweit Berücksichtigung, als sie gesetzlicher Natur sind; vertragliche Unterhaltsverpflichtungen ohne gleichzeitige gesetzliche Grundlage, zum Beispiel im Rahmen nichtehelicher Gemeinschaften, bleiben unberücksichtigt (LAG Nürnberg, LAGE § 115 ZPO Nr. 22). **91**

37

aa) Barunterhalt

92 Berücksichtigungsfähig ist nur der vom Antragsteller *kraft Gesetzes geschuldete* und *tatsächlich geleistete* Barunterhalt, soweit er angemessen ist. Titulierter Unterhalt ist stets angemessen (Kalthoener/Büttner Rz 275). Übertrieben hohe Unterhaltsleistungen bleiben somit unberücksichtigt, soweit sie den Rahmen des Angemessenen überschreiten. Unberücksichtigt bleibt jedoch eine Unterhaltsverpflichtung, die nicht erfüllt wird. Dies folgt aus dem Wortlaut der Tabelle, die von Unterhaltsleistungen spricht (vgl. Schneider zu LAG Bremen EzA § 114 ZPO Nr. 3). Sie sind auch dort zu berücksichtigen, wo mehrere Personen, zum Beispiel der Antragsteller und der Ehegatte, als Doppelverdiener dem Unterhaltsberechtigten den Unterhalt leisten (LAG Köln JurBüro 1989, 1434; LAG Mannheim NZA 1985, 788; a. M.: Bremen FamRZ 1984, 411; LAG Bremen NJW 1982, 2462, wonach bei Unterhaltsgewährung durch Eltern, die beide eigenes Einkommen erzielen, die Tabellenfreibeträge prozentual entsprechend dem Einzeleinkommen der Elternteile aufzuteilen und von dem jeweils errechneten Einkommen abzuziehen sind). Für Mischfälle von Bar- und Versorgungsunterhalt siehe Köln FamRZ 1989, 524. Neben dem Barunterhalt gewährter Naturalunterhalt ist mit seinem Wert hinzuzurechnen und der Gesamtbetrag vom Einkommen abzuziehen (Zöller/Schneider § 115 Rz 27).

bb) Naturalunterhalt

93 Berücksichtigungsfähige Unterhaltsleistungen sind sowohl solche in natura als auch in Geld, denn sie sind nach § 1606 Abs. 3 Satz 2 BGB grundsätzlich gleichwertig (KG FamRZ 1985, 194; Bamberg FamRZ 1983, 204; Karlsruhe FamRZ 1982, 948; Bremen FamRZ 1982, 831; Frankfurt/M. FamRZ 1982, 418; BGH FamRZ 1980, 994). Naturalunterhalt findet als *besondere Belastung* seine Berücksichtigung (Hamm FamRZ 1988, 308), und zwar mit den *Pauschalen der Tabelle*. Bloße Betreuungsleistungen ohne gleichzeitige Unterhaltsgewährung in bar oder in natura bleiben unberücksichtigt (Oldenburg FamRZ 1983, 1265). Diese Entscheidungen sind indessen im Einzelfall zu überprüfen, ob sie mit der Neufassung von § 115 Abs. 3 und 4 ZPO noch vereinbar sind. Wird neben Betreuung zusätzlich Barunterhalt vom Betreuenden geleistet ist er als besondere Belastung nach § 115 Abs. 2 ZPO zu berücksichtigen (s. hierzu Köln FamRZ 1988, 191). Dagegen berücksichtigt Düsseldorf, FamRZ 1988, 414 eine abzugsfähige Betreuungspauschale von 200–250 DM monatlich für ein neunjähriges Kind, wenn die Partei nur wegen beengter wirtschaftlicher Verhältnisse der Parteien berufstätig ist. Der Tabellenfreibetrag kann von beiden Elternteilen voll in Anspruch genommen werden (Kalthoener/Büttner Rz 383 m. w. N.), auch bei gemeinschaftlicher Prozeßführung.

cc) Freibeträge

Natural- und Geldunterhalt werden in unterschiedlicher Weise vom Einkommen des Antragstellers abgesetzt: 94

Lebt der Unterhaltsberechtigte nicht im Haushalt des Antragstellers und wird ihm der Unterhalt in Form einer Geldrente gewährt, so findet dies bei Anwendung der Tabelle zunächst keine Berücksichtigung; statt dessen wird das zugrunde zu legende Einkommen des Antragstellers um den Betrag der Unterhaltsleistung *gekürzt,* soweit dies angemessen ist. Wo der Unterhalt in natura gewährt wird, sind die in der Tabelle ausgewiesenen Freibeträge vom Nettoeinkommen des Antragstellers pauschal abzuziehen. 95

Zahlt der Vater einen nach der »Düsseldorfer Tabelle« berechneten angemessenen Bar-Unterhalt, so kann das Kind nicht berücksichtigt werden, wenn die Mutter, die es betreut, Prozeßkostenhilfe beantragt, der Bar-Unterhalt aber hinter den Freibeträgen der Tabelle zu § 114 ZPO zurückbleibt (Koblenz FamRZ 1985, 725; Hamburg FamRZ 1984, 188). 96

dd) Unterhaltsberechtigte mit eigenem Einkommen

Hat ein Unterhaltsberechtigter eigenes Einkommen, z. B. aus Unterhaltsgewährung (Köln FamRZ 1988, 191; Bamberg, JurBüro 1987, 1094), so wird er bei Anwendung der Tabelle nicht berücksichtigt. Hingegen bleibt bei Gewährung von Natural-Unterhalt die Tabelle anwendbar, wenn bei einer Zusammenrechnung der Einkommen des Antragstellers und des Unterhaltsberechtigten eine geringere oder keine Monatsrate zu zahlen ist (§ 115 Abs. 4 ZPO). Dabei wird es sich um jene Fälle handeln, in denen dem Unterhaltsberechtigten aus eigenem Einkommen geringere Beträge als die für ihn geltend zu machenden Freibeträge von DM 450,- bzw. DM 275,- zur Verfügung stehen, denn in diesen Fällen kann die Zusammenrechnung der Einkommen durch volle Ausschöpfung der Freibeträge zu Vorteilen bei der Festsetzung von Raten oder deren Höhe führen. Beispiel: Der Antragsteller, der ein Nettoeinkommen von DM 1 200,- erzielt, gewährt der Ehefrau, die eigene Einkünfte von DM 300,- hat, Natural-Unterhalt. Da die Ehefrau nach § 115 Abs. 4 ZPO bei Anwendung der Tabelle unberücksichtigt bleibt, hat der Antragsteller nach der ersten Spalte der Tabelle monatliche Raten auf die Kosten von DM 120,- zu zahlen. Wird das Einkommen beider Eheleute zusammen gerechnet mit DM 1 500,-, ergibt sich in Anwendung der zweiten Spalte der Tabelle eine Ermäßigung der Rate auf DM 90,-. Weitere Beispiele siehe Mümmler JurBüro 1987, 15 f. 97

g) Vermögen – Begriff und Ermittlung

98 Der Antragsteller hat zur Bestreitung der von ihm aufzubringenden Prozeßkosten neben seinem Einkommen (es dient der Deckung des laufenden Bedarfs für einen bestimmten Zeitraum) auch sein Vermögen (einschließlich Ersparnissen aus Einkommen) einzusetzen, soweit dies zumutbar ist; § 88 des Bundessozialhilfe-Gesetzes ist entsprechend anzuwenden. Dieser hat folgenden Wortlaut:

99   § 88 BSHG. Einzusetzendes Vermögen, Ausnahmen.
(1) Zum Vermögen im Sinne dieses Gesetzes gehört das gesamte verwertbare Vermögen.
(2) Die Sozialhilfe darf nicht abhängig gemacht werden vom Einsatz oder von der Verwertung
1. eines Vermögens, das aus öffentlichen Mitteln zum Aufbau oder zur Sicherung einer Lebensgrundlage oder zur Gründung eines Hausstandes gewährt wird,
2. (weggefallen)
3. eines angemessenen Hausrats; dabei sind die bisherigen Lebensverhältnisse des Hilfesuchenden zu berücksichtigen,
4. von Gegenständen, die zur Aufnahme oder Fortsetzung der Berufsausbildung oder der Erwerbstätigkeit unentbehrlich sind,
5. von Familien- und Erbstücken, deren Veräußerung für den Hilfesuchenden oder seine Familien eine besondere Härte bedeuten würde,
6. von Gegenständen, die zur Befriedigung geistiger, besonders wissenschaftlicher oder künstlerischer Bedürfnisse dienen und deren Besitz nicht Luxus ist,
7. eines kleinen Hausgrundstücks, besonders eines Familienheims, wenn der Hilfesuchende das Hausgrundstück allein oder zusammen mit Angehörigen, denen es nach seinem Tode weiter als Wohnung dienen soll, ganz oder teilweise bewohnt,
8. kleinerer Barbeträge oder sonstiger Geldwerte; dabei ist eine besondere Notlage des Hilfesuchenden zu berücksichtigen.

(3) Die Sozialhilfe darf ferner nicht vom Einsatz oder von der Verwertung eines Vermögens abhängig gemacht werden, soweit dies für den, der das Vermögen einzusetzen hat, und für seine unterhaltsberechtigten Angehörigen eine Härte bedeuten würde. Dies ist bei der Hilfe in besonderen Lebenslagen vor allem der Fall, soweit eine angemessene Lebensführung oder die Aufrechterhaltung einer angemessenen Alterssicherung wesentlich erschwert würde.

Prozeßkostenhilfe §§ 114–115 ZPO

(4) Der Bundesminister für Jugend, Familie und Gesundheit kann durch Rechtsverordnung mit Zustimmung des Bundesrates die Höhe der Barbeträge oder sonstigen Geldwerte im Sinne des Absatzes 2 Nr. 8 bestimmen.

Hierzu ist die nachstehende Verordnung ergangen: 100
VO zur Durchführung des § 88 Abs. 2 Nr. 8 BSHG
(v. 11. 2. 1988)
(1) Kleinere Barbeträge oder sonstige Geldwerte im Sinne des § 88 Abs. 2 Nr. 8 sind,
1. wenn die Sozialhilfe vom Vermögen des Hilfesuchenden abhängig ist,
   a) bei der Hilfe zum Lebensunterhalt 2 500 Deutsche Mark,
   b) bei der Hilfe in besonderen Lebenslagen 4 500 Deutsche Mark, im Falle des § 67 und des § 69 Abs. 4 Satz 2 des Gesetzes jedoch 8 000 Deutsche Mark
   zuzüglich eines Betrages von 500 Deutsche Mark für jede Person, die vom Hilfesuchenden überwiegend unterhalten wird,
2. wenn die Sozialhilfe vom Vermögen des Hilfesuchenden und seines nicht getrennt lebenden Ehegatten abhängig ist, der nach Nummer 1 Buchstabe a oder b maßgebende Betrag zuzüglich eines Betrages von 1 200 Deutsche Mark für den Ehegatten und eines Betrages von 500 Deutsche Mark für jede Person, die vom Hilfesuchenden oder seinem Ehegatten überwiegend unterhalten wird,
3. wenn die Sozialhilfe vom Vermögen eines minderjährigen unverheirateten Hilfesuchenden und seiner Eltern abhängig ist, der nach Nummer 1 Buchstabe a oder b maßgebende Betrag zuzüglich eines Betrages von 1 200 Deutsche Mark für einen Elternteil und eines Betrages von 500 Deutsche Mark für den Hilfesuchenden und für jede Person, die von den Eltern oder vom Hilfesuchenden überwiegend unterhalten wird.
Im Falle des § 67 und des § 69 Abs. 4 Satz 2 des Gesetzes tritt an die Stelle des in Satz 1 genannten Betrages von 1 200 Deutsche Mark ein Betrag von 3 000 Deutsche Mark, wenn beide Eheleute (Nummer 2) oder beide Elternteile (Nummer 3) blind oder behindert im Sinne des § 24 Abs. 1 Satz 2 oder Abs. 2 Satz 1 des Gesetzes sind.
(2) Ist im Falle des Absatzes 1 Satz 1 Nr. 3 das Vermögen nur eines Elternteils zu berücksichtigen, so ist der Betrag von 1 200 Deutsche Mark, im Falle des § 67 und des § 69 Abs. 4 Satz 2 des Gesetzes von 3 000 Deutsche Mark, nicht anzusetzen. Leben im Falle der Hilfe in besonderen Lebenslagen die Eltern nicht

zusammen, so ist das Vermögen des Elternteils zu berücksichtigen, bei dem der Hilfesuchende lebt; lebt er bei keinem Elternteil, so ist Absatz 1 Satz 1 Nr. 1 anzuwenden.

§ 2

(1) Der nach § 1 Abs. 1 Satz 1 Nr. 1 Buchstabe a oder b maßgebende Betrag ist angemessen zu erhöhen, wenn im Einzelfall eine besondere Notlage des Hilfesuchenden besteht. Bei der Prüfung, ob eine besondere Notlage besteht, sowie bei der Entscheidung über den Umfang der Erhöhung sind vor allem Art und Dauer des Bedarfs sowie besondere Belastungen zu berücksichtigen.

(2) Der nach § 1 Abs. 1 Satz Nr. 1 Buchstabe a oder b maßgebende Betrag kann angemessen herabgesetzt werden, wenn die Voraussetzungen des § 92a Abs. 1 Satz 1 des Gesetzes vorliegen.

§ 3

Diese Verordnung gilt nach § 14 des Dritten Überleitungsgesetzes vom 4. Januar 1952 (BGBl I S. 1) in Verbindung mit § 152 des Gesetzes auch im Land Berlin

§ 4

Diese Verordnung tritt am 1. April 1988 in Kraft. Gleichzeitig tritt die Verordnung zur Durchführung des § 88 Abs. 2 Nr. 8 des Bundessozialhilfegesetzes vom 9. November 1970 (BGBl I S. 1529), zuletzt geändert durch die Verordnung vom 6. Dezember 1979 (BGBl I S. 2004), außer Kraft.

101 Zum Einsatz eines kleinen *Hausgrundstücks* (auch *Eigentumswohnungen*) im Sinne von § 88 Abs. 2 Nr. 7 BSHG, insbesondere von *Familienheimen*, hat die Rechtsprechung zur Verhütung von Mißbräuchen Grenzziehungen versucht. Anstelle von absoluten Wertgrenzen stellt sie auf persönliche und sachliche Kriterien ab, die insgesamt zu würdigen sind. (BVerwGE 59, 295; VG Berlin FamRZ 1986, 96; Hamburg, JurBüro 1984, 614; OVG Münster KostRspr ZPO § 115 Nr. 54; München NJW 1981, 2128; siehe auch OVG Berlin NJW 1985, 161; VGH Kassel NJW 1985, 165 und VG München NJW 1985, 163). Ein Hausgrundstück mit einer Fläche von 12 000 qm ist kein kleines Hausgrundstück im Sinne von § 88 Abs. 2 Nr. 7 BSGH und somit nicht geschützt (LG Passau JurBüro 1987, 1097), desgleichen nicht ein Zweifamilienhaus (Zweibrücken JurBüro 1982, 294), wohl aber ein steuerrechtlich als Zweifamilienhaus zu bewertendes Einfamilienhaus mit Einliegerwohnung; Mieteinnahmen aus der Einliegerwohnung sind berücksichtigungsfähige Einkünfte. Eine nicht bewohnte, im Ausland belegene Wohnung (LAG Nürnberg JurBüro 1985, 141), ein Miteigentumsanteil an einem Einfamilienhaus, wenn es vom Antragsteller nicht allein oder zusammen mit Angehörigen bewohnt wird (Hamm FamRZ 1984, 432) rechnen nicht zum Schonvermögen. Grundvermögen, welches gemäß § 88 Abs. 2 Nr. 7 BSHG nicht geschützt wird, ist zur Bestreitung der Kosten der Prozeßführung einzusetzen, selbst wenn es nicht sofort liquidiert werden kann, die Partei sich aber auf die Verwertung einstellen konnte (Bremen FamRZ 1982, 832).

Nach § 88 Abs. 2 Nr. 7 BSHG ist auch ein noch nicht fertig gestelltes 102a Haus geschützt, wenn der Antragsteller den alsbaldigen Einzug geplant hat (Kalthoener/Büttner Rz 321; a. M. Frankfurt FamRZ 1986, 925 für den Fall, daß vor Bezug das Scheidungsverfahren eingeleitet wurde).

Ist der Partei aus der Zwangsversteigerung eines kleinen Hausgrund- 102 stücks ein Erlös zugeflossen, aus dem sie die Prozeßkosten bezahlen kann, ist ihr Prozeßkostenhilfe zu versagen (Hamm JurBüro 1984, 929). Im Falle des beabsichtigten oder durchgeführten Verkaufs ist nach Schleswig, JurBüro 1984, 1249; Bamberg JurBüro 1984, 1580, Kalthoener/Büttner Rz 321 der Verkaufserlös auch dann zumutbar einzusetzen, wenn mit seiner Hilfe eine neue Wohnung beschafft werden soll. Diese Auffassung dürfte im Hinblick auf die Entscheidung des Gesetzgebers in § 88 Abs. 2 Nr. 7 BSHG bedenklich sein, da sie im Ergebnis dazu führt, daß die hilfsbedürftige Partei im Falle eines notwendigen Verkaufs des Familienheims zum Beispiel nach Scheidung oder Tod eines Angehörigen oder bei beruflich bedingtem Wohnsitzwechsel und der Absicht der alsbaldigen Beschaffung eines anderen Familienheims plötzlich schutzlos gestellt wird. Zuzustimmen ist daher auch Zweibrücken, JurBüro 1985, 1109, wonach eine Prozeßpartei, die in einem Ehescheidungsverfahren den Miteigentumsanteil an einem ehemals gemeinsamen ehelichen Hausanwesen veräußert und den Erlös für den Erwerb einer Eigentumswohnung verwandt hat, wegen ihres Prozeßkostenbedarfs nicht auf dieses Kapital als Vermögen verwiesen werden kann.

Ist der Verkauf eines selbstgenutzten Einfamilienhaus aus Anlaß einer 103a bevorstehenden Ehescheidung noch nicht sicher, kann seine Verwertung nicht zwecks Finanzierung der Prozeßkosten verlangt werden (Schleswig AnwBl 1987, 54; Kalthoener/Büttner Rz 320).

Grundsätzlich verwertbare Vermögensbestandteile sind auch dem- 103 nächst fällige Darlehnsrückzahlungsansprüche, deren Zahlung an die Gerichtskasse zum Zeitpunkt ihrer Fälligkeit angeordnet werden kann (Köln FamRZ 1988, 740), ferner *Sparguthaben* (OVG Bremen, JurBüro 1985, 1411), insbesondere Bausparguthaben, jedoch unter Berücksichtigung der Freigrenzen nach § 88 Abs. 2 Nr. 8 BSHG in Verbindung mit § 1 der Durchführungsverordnung (Koblenz FamRZ 1986, 82; Hamburg FamRZ 1984, 71). Nach VG Freiburg, NJW 1983, 1926, und OLG Düsseldorf, JurBüro 1984, 930, ist auch im Falle des § 1 Ziff. 1a der DVO zu § 88 Abs. 2 Nr. 8 BSGH ein Freibetrag von DM 4000,- entsprechend Ziff. 1b jener Bestimmung anzuerkennen.

Im Falle späterer Fälligkeit von Forderungen kann eine Änderung der Zahlungsanordnung gem. § 120 Abs. 4 ZPO in Betracht kommen.

104 Wird die bevorstehende Verwendung eines nach diesen Bestimmungen nicht geschützten Guthabens für ein Bauvorhaben des Antragstellers belegt, kommt der Einsatz für die Finanzierung eines Rechtsstreits nicht in Betracht (Koblenz FamRZ 1986, 82).

105 Hat der Antragsteller einen größeren Geldbetrag in Kenntnis eines bevorstehenden Rechtsstreits bis auf einen Rest von weniger als DM 4 500,– verbraucht, so hat er diesen Rest zur Bestreitung der Prozeßkosten einzusetzen und ist ihm Prozeßkostenhilfe zu versagen (Düsseldorf FamRZ 1987, 729). Zum Vermögensverbrauch für nicht unabweisbare Zwecke siehe §§ 114, 115 ZPO Rz 49 f.

106 aa) Zum Vermögen gehören Rechte aus einer bestehenden *Rechtsschutzversicherung,* die für die beabsichtigte Rechtsverfolgung oder Rechtsverteidigung eintrittspflichtig ist. Sie schließen die Bewilligung von Prozeßkostenhilfe aus (BGH Rpfl 1981, 437), es sei denn, die Deckungspflicht des Rechtsschutzversicherers ist streitig und die Partei wäre somit darauf angewiesen, zunächst den Deckungsprozeß zu führen, denn die vorherige gerichtliche Durchsetzung des Deckungsanspruchs verzögert die alsbaldige Realisierung der Forderung des Antragstellers und ist daher unzumutbar (LAG Düsseldorf JurBüro 1982, 610). Lehnt die Rechtsschutzversicherung den Eintritt wegen mangelnder Erfolgsaussicht ab, ist Prozeßkostenhilfe zu versagen, wenn der Antragsteller keinen Stichentscheid nach § 17 Abs. 2 ARB herbeigeführt hat (BGH NJW RR 1987, 1343). Erfolg einer Deckungsklage kann zur Abänderung nach § 120 Abs. 4 ZPO führen.

107 Besteht für die Partei *gewerkschaftlicher Rechtsschutz,* gilt Gleiches wie bei vorhandener Rechtsschutzversicherung (LAG Hamm NJW 1987, 1358; LAG Frankfurt/M LAGE § 115 ZPO Nr. 20; LAG Düsseldorf EzA § 115 ZPO Nr. 8). Die Partei kann auf gewerkschaftlichen Rechtsschutz nicht verwiesen werden, wenn sie das notwendige Vertrauen in ihn nicht haben kann (LAG München AnwBl 1987, 499; LAG Bremen NJW 1985, 223; LAG Köln EzA § 115 ZPO Nr. 7), oder ihr Begehren im Gegensatz zum Anliegen der Gewerkschaft steht (LAG Düsseldorf 1986, 607). LAG Kiel, NJW 1984, 830, spricht dem gewerkschaftlich organisierten Arbeitnehmer den Anspruch auf Beiordnung eines Rechtsanwalts ab, weil gewerkschaftlicher Rechtsschutz billiger sei. Die Entscheidung verletzt den Anspruch der Partei auf Beiordnung eines Rechtsanwalts (§ 121 Abs. 2 Satz 1 ZPO) jedenfalls für den Fall, daß auch der Prozeßgegner anwaltlich vertreten ist. Der Vergleich zur Rechtsschutzversicherung, deren Bestehen die Bewilligung von Prozeßkostenhilfe ausschließt, geht insoweit fehl, als eine bestehende Rechtsschutzversicherung Vermögen zur Bestreitung der Prozeßkosten ist und damit die Bedürftigkeit ausschließt, der Partei jedoch die Möglichkeit der Prozeßführung mit anwaltlicher Hilfe und damit die Wahrung des Grundsatzes der Waffengleichheit verbleibt (s. hierzu auch Brommann RdA 1984, 342; Grunsky zu LAG Kiel, NJW 1984, 830; Kalthoener/Büttner, Rz 306).

bb) Einzusetzendes Vermögen ist auch der Anspruch auf Gewährung eines *Prozeßkostenvorschusses* gegen Ehegatten nach §§ 1360 a Abs. 4, 1361 Abs. 4 Satz 4 BGB (nicht gegen den geschiedenen Ehegatten, siehe BGH NJW 1984, 291) oder Verwandte (auch gegen minderjährige Kinder, s. BSG NJW 1970, 352; Köln FamRZ 1984, 723, Bamberg JurBüro 1984, 125; Kalthoener/Büttner Rz 346 m. w. N.) nach § 1610 BGB (Bamberg JurBüro 1987, 1415; KG FamRZ 1987, 303), gegen den nichtehelichen Vater nach § 1615a BGB (München FamRZ 1987, 303; Hamm DAVorm 1987, 924; KG FamRZ 1971, 44) oder gegen den Arbeitgeber in arbeitsgerichtlichen Beschlußsachen (Stein/Jonas/Leipold ZPO § 114 Rz 91), welcher im Wege der Klage, bei Eilbedürftigkeit im Wege der einstweiligen Verfügung gemäß §§ 127a, 620 Ziff. 9; 621f ZPO geltend zu machen ist (LG Bonn JurBüro 1984, 129; LSG Berlin MDR 1984, 612). Ergibt sich ein Prozeßkostenvorschußanspruch oder seine Realisierbarkeit (siehe Rz 109, 114) erst im Beschwerdeverfahren, so kann sich die Partei nicht auf den Grundsatz des Vertrauensschutzes berufen (Bamberg JurBüro 1988, 1537). Sind die zu erwartenden Prozeßkosten höher als ein realisierbarer Prozeßkostenvorschuß, ist der Partei insoweit Prozeßkostenhilfe zu bewilligen (Hamburg, JurBüro 1988, 897).

Die bedürftige Partei kann auf den ihr zustehenden Prozeßkostenvorschußanspruch nur verwiesen werden, wenn er unzweifelhaft besteht und in kürzester Zeit durchgesetzt werden kann (OVG Hamburg FamRZ 1988, 773; Köln FamRZ 1985, 1067; KG DAVorm 1984, 491). Macht der Antragsteller Notunterhalt im Wege der einstweiligen Verfügung geltend, kann er nicht darauf verwiesen werden, zunächst den Prozeßkostenvorschußanspruch durchzusetzen. Der Erlaß der einstweiligen Verfügung darf durch die Vorschußpflicht nicht verzögert werden. Die Verweisung auf den Prozeßkostenvorschußanspruch ist erst im Widerspruchsverfahren zulässig (Düsseldorf FamRZ 1982, 513).

Wo es kurzfristiger Zustellung der Klage bedarf, um die Wirkungen der Rechtshängigkeit herbeizuführen (z. B. § 323 Abs. 3 ZPO), kann dies über § 65 Abs. 7 Nr. 3 GKG erreicht werden.

Wo der bedürftigen Partei ein Prozeßkostenvorschußanspruch zustehen kann, hat sie im Prozeßkostenhilfeverfahren zur Darlegung ihrer Bedürftigkeit Tatsachen vorzutragen, aus denen sich ergibt, daß ein solcher Vorschußanspruch nicht besteht (OLG Düsseldorf DAVorm 1982, 899; Bamberg JurBüro 1985, 1107; Zöller/Schneider § 115 Rz 52).

Im *Unterhaltsprozeß* ist Prozeßkostenhilfe zu gewähren, wenn unterhaltsberechtigte Kinder weder vom Vater noch von der Mutter mit Erfolg Prozeßkostenvorschuß verlangen können und eine Abänderung der

Unterhaltshöhe nicht im vereinfachten Verfahren möglich ist (OLG Frankfurt/M DAVorm 1982, 475). Ist der sorgeberechtigte, betreuende Elternteil zur Leistung eines Prozeßkostenvorschusses in der Lage, kann dem unterhaltsberechtigten Kind Prozeßkostenhilfe nicht bewilligt werden. Dabei ist es für die Frage der Zumutbarkeit der Leistung des Prozeßkostenvorschusses unerheblich, ob der betreuende Elternteil im Verhältnis zum anderen Elternteil verpflichtet ist, sich am Bar-Unterhalt des Kindes zu beteiligen (Düsseldorf FamRZ 1985, 188; AG Bergisch-Gladbach DAVorm 1983, 141). Nach Schleswig SchlHA 1987, 184 widerspricht eine nur in Raten durchsetzbare Vorschußleistung dem Sinn eines derartigen Vorschusses (so auch Hamm FamRZ 1986, 1013; Köln FamRZ 1982, 416); ggfs. aber habe der Vorschußpflichtige zur Erfüllung seiner Verpflichtung soweit zumutbar Kredit aufzunehmen.

111a Persönliche Angelegenheiten, für die ein Prozeßkostenvorschußanspruch an Stelle der Bewilligung von Prozeßkostenhilfe in Frage kommen kann, können sein
a) im bürgerlichen Recht
Schadensersatzansprüche wegen der Verletzung persönlicher absoluter Rechte (Körper, Gesundheit, Ehre), insbesondere Schmerzensgeldansprüche,
Familiensachen, insbesondere Ehesachen,
umstritten für Zugewinnausgleichsansprüche nach Scheidung und Wiederverheiratung,
Ehelichkeitsanfechtungssachen,
Kindschaftssachen (Nürnberg FamRZ 1986, 697; Kalthoener/Büttner Rz 364 m. w. N.; a. M.: Koblenz FamRZ 1986, 466; Frankfurt FamRZ 1981, 164).
Nicht hierher gehören Erbschaftsstreitigkeiten und schuldrechtliche Ansprüche;
b) im Arbeitsrecht
Kündigungsschutzprozesse, s. hierzu unten Rz 113, nicht jedoch Streitigkeiten um Arbeitsvergütung;
c) im Sozialrecht
Streitigkeiten über Invalidenrente,
Arbeitslosengeld (BGH MDR 1979, 612; NJW 1960, 502);
d) im Strafrecht
gemäß ausdrücklicher Regelung in § 1360a Abs. 4 Satz 2 BGB die Kosten der Verteidigung in einem Strafverfahren, welches sich gegen den Ehegatten des Vorschußverpflichteten richtet;
die Ausdehnung auf Privat- und Nebenklagesachen dürfte angesichts der Beschränkung der Vorschußpflicht auf die Verteidigung nicht zulässig sein (so Kalthoener/Bütter Rz 366);
e) in Verwaltungsrechtsstreitigkeiten über

Ausbildungsförderung (OVG Münster FamRZ 1984, 603 ständige Rechtsprechung), Berufszulassung (Soergel-Lange BGB § 1360a Rz 26), Fahrerlaubnis und ihr Entzug (Soergel/Lange aaO.), Wehrdienstfähigkeit (BVerfG JurBüro 1988, 1537), und Wehrdienstverweigerung (VG Bremen FamRZ 1964, 269), baurechtliche Immissionsschutzklagen (OVG Lüneburg FamRZ 1973, 145), nicht jedoch regelmäßig allgemeine Baugenehmigungssachen.

Die Leistung des Prozeßkostenvorschusses muß für den Verpflichteten **112** der Billigkeit entsprechen. Uneingeschränkte Verpflichtung des Unterhaltsschuldners zur Zahlung des Vorschusses ist zum Beispiel dann unzumutbar und daher unbillig, wenn er, müßte er den Rechtsstreit selbst führen, prozeßkostenhilfeberechtigt ohne Verpflichtung zu Ratenzahlungen wäre (LSG Nordrhein-Westfalen, FamRZ 1987, 730; KG FamRZ 1985, 1067; OVG Münster FamRZ 1984, 603; Köln FamRZ 1982, 416), wenn durch die Vorschußleistung des Ehegatten der angemessene Familienunterhalt beeinträchtigt (LAG Berlin LAGE § 115 ZPO Nr. 14) oder der angemessene Selbstbehalt (z. Zt. überwiegend DM 1 400,–; teilweise auch geringer) nicht gewahrt werden würde (siehe hierzu die Leitlinien des örtlich zuständigen Oberlandesgerichts). Der Unterhaltspflichtige bleibt jedoch insoweit prozeßkostenvorschußpflichtig, als er eigene Raten aufbringen müßte, wenn er den Prozeß selbst zu führen hätte (dagegen: Karlsruhe FamRZ 1987, 1062; Hamm FamRZ 1986, 1013). In diesem Fall kann dem Antragsteller Prozeßkostenhilfe nicht versagt werden, doch ist bei der Bewilligung der eingeschränkte Anspruch auf Prozeßkostenvorschuß zu berücksichtigen, indem entsprechende Rückzahlungsraten festzusetzen sind, die der Unterhaltspflichtige bei Erfüllung des Prozeßkostenvorschusses zu leisten hat (Frankfurt/M, FamRZ 1985, 826).

Erlangt die bedürftige Partei nach Bewilligung von Prozeßkostenhilfe **112a** vom Unterhaltspflichtigen einen Prozeßkostenvorschuß, hat sie ihn in voller Höhe an die Staatskasse weiterzuleiten (OLG Celle NdsRpfl 1985, 283).

Die Frage der Prozeßkostenvorschußpflicht des Unterhaltsverpflichteten **113** für einen *Kündigungsrechtsstreit* des Unterhaltsberechtigten ist umstritten. Bejaht wird sie von LAG Düsseldorf, EzA § 115 ZPO Nr. 9; LAG Koblenz EzA § 115 ZPO Nr. 4. LAG Berlin, LAGE § 115 ZPO Nr. 14, verweist den Antragsteller auf den Prozeßkostenvorschußanspruch nicht, wenn hierdurch der angemessene Familienunterhalt des Verpflichteten beeinträchtigt wird. LAG Düsseldorf aaO gewährt Prozeßkostenhilfe mit Ratenzahlung, wenn der unterhaltsverpflichtete Ehegatte selbst Prozeßkostenhilfe mit Ratenzahlung in Anspruch nehmen könnte. Der Prozeßkostenvorschußanspruch für einen Kündigungsrechtsstreit wird als solcher veneint von LAG Hamm, EzA § 115 ZPO Nr. 3 mit Anmerkung von Schneider LAG BaWü EzA § 115 ZPO Nr. 11; LAG Düsseldorf, 14. Kammer, LAGE § 115 ZPO Nr. 19 sowie LAG Köln LAGE § 115 ZPO Nr. 15 m. w. N. mit der Begründung, die Heranziehung des Prozeßkostenvorschußanspruchs als Vermögen sei eine verfassungswidrige Benachteiligung der Ehegatten gegenüber Partnern einer eheähnlicher Gemeinschaft, zieht aber die Hälfte des Mehreinkommens des Einkommens des anderen Ehegatten als berücksichtigungsfähiges Einkommen des Antragstellers heran. Ob diese Praxis im Hinblick auf die Entscheidung des Bundesverfassungsgerichts AnwBl 1988, 539 aufrechterhalten werden kann (vgl. oben Rz 46), erscheint zweifelhaft.

114 cc) **Künftiges Vermögen** (erwartete Erbschaft) sowie Vermögenswerte, deren *Realisierbarkeit fraglich ist*, kommen als einzusetzendes Vermögen des Hilfsbedürftigen nicht in Betracht (Hamm FamRZ 1984, 724). Soll zum Beispiel eine Forderung auf Ausgleich des ehelichen Zugewinns erst mit Hilfe von Prozeßkostenhilfe durchgesetzt werden, ist sie als Vermögen des Antragstellers nicht zu berücksichtigen (Zweibrücken JurBüro 1986, 1251; ähnlich Karlsruhe FamRZ 1986, 374; Bremen FamRZ 1983, 637; a. M.: Frankfurt/M FamRZ 1984, 809). Nach Bamberg, JurBüro 1987, 1706 ist ein Zugewinn von mehr als DM 4 000,- nach rechtskräftigem Abschluß des Verfahrens zur Bestreitung der Verfahrenskosten einzusetzen. Nach Bamberg, FamRZ 1985, 504, ist eine im Wege der Prozeßkostenhilfe durchzusetzende Geldforderung realisierbares Vermögen, wenn begründete Aussicht besteht, es werde der Schuldner freiwillig zahlen oder es könne bei ihm vollstreckt werden. Nach Auffassung der KG NJW-RR 1989, 511 kann eine solche Forderung erst im Fall nachträglicher Realisierung zu einer Änderung des Prozeßkostenhilfebeschlusses im Sinne einer Ratenzahlungsanordnung (§ 120 Abs. 4 ZPO) führen.

h) Zumutbarkeit des Vermögenseinsatzes
115 Der Einsatz vorhandenen Vermögens steht nach § 115 Abs. 2 ZPO unter dem Vorbehalt der Zumutbarkeit. Grenzen der Zumutbarkeit des Vermögenseinsatzes ziehen beispielhaft § 88 Abs. 2, 3 BSHG sowie die hierzu ergangene Rechtsverordnung, s. oben Rz 99 f.
Zumutbar kann die *Aufnahme eines Kredites* oder die Beleihung von Vermögensgegenständen, z. B. des Rückkaufwertes einer Lebensversicherung, eines beleihungsfähigen Einfamilienhauses, welches kein Schonvermögen i. S. v. § 88 Abs. 2 Nr. 7 BSHG ist zur Finanzierung der Prozeßkosten sein (VG Frankfurt NJW RR 1987, 1535; ferner Bamberg JurBüro 1985, 606 (Beleihung auch von Schonvermögen); Düsseldorf JurBüro 1986, 296; OVG Münster FamRZ 1986, 188, Zöller/Schneider § 115 Rz 42), insbesondere wenn die Partei in größerem Umfang am Wirtschaftsleben teilnimmt und sie die Prozeßkosten durch Inanspruch-

nahme eines Krediteshilfe oder dessen Erweiterung finanzieren kann (Frankfurt/M FamRZ 1987, 179) oder wenn schon zur Erfüllung des gerichtlichen Vergleichs die Aufnahme eines Krediteshilfe erforderlich ist, die Partei ein eigenes Reihenhaus besitzt und sie wie auch die übrigen Familienmitglieder eigenes Einkommen haben (Bamberg JurBüro 1985, 606). Aufnahme von *Personalkredit* kann nicht gefordert werden (VG Frankfurt aaO).

Können Ersparnisse nur unter unverhältnismäßig hohen Zinsverlusten **116** eingesetzt werden, ist dies unzumutbar (Düsseldorf JurBüro 1987, 294; BGH VersR 1978, 670; Zöller/Schneider § 115 Rz 39). Übersteigt ein Bausparguthaben den Freibetrag nach § 88 Abs. 2 Nr. 8 erheblich, ist sein Einsatz trotz Verlustes von Bearbeitungsgebühren, Wohnungsbauprämien und Arbeitnehmer-Sparzulage zumutbar (Hamburg FamRZ 1984, 71). Dies gilt nach LAG Baden-Württemberg JurBüro 1988, 896; Koblenz, FamRZ 1986, 82, dort nicht, wo das Guthaben für ein Bauvorhaben oder einen anderen zugelassenen Zweck bereits verbindlich bestimmt ist und bevorsteht. Unzumutbar ist der Einsatz eines Bausparguthabens oder einer vermögenswirksamen Anlage, wenn die Partei in der Lage ist, Raten auf die Prozeßkosten zu zahlen (Karlsruhe FamRZ 1988, 858).

Nicht zumutbar ist der Einsatz des Erlöses einer nur möglichen Veräuße- **117** rung des von beiden Parteien noch bewohnten Einfamilienhauses (Schleswig AnwBl 1987, 54), oder des Miterbenanteils an einem von nahen Angehörigen bewohnten Hauses (OVG Bremen JurBüro 1983, 1720 m. Anm. von Mümmler); siehe oben Rz 102 f.

Nicht zumutbar wegen seiner besonderen Zweckbestimmung ist der **118** Einsatz einer *Abfindung,* die aus Anlaß der Beendigung eines Arbeitsverhältnisses gezahlt wird (LAG Berlin NJW 1981, 2775; LAG Bremen (1. Kammer) MDR 1988, 995; (4. Kammer) NJW 1983, 248 (Ls) = EzA § 115 ZPO Nr. 5; LAG Hamburg BB 1980, 1801; a. M.: Wax FamRZ 1985, 10 (13); Knopp/Fichtner § 76 BSHG Rz 11; Karlsruhe AnwBl 1987, 340; bei nicht geringfügiger Abfindung LAG Berlin BB 1983, 2197). Schließt die Partei im Kündigungsschutzprozeß einen Abfindungsvergleich, bevor über den Prozeßkostenhilfeantrag entschieden worden ist, so ist die Abfindung als Vermögen des Antragstellers im Rahmen der §§ 115 Abs. 2 ZPO, 88 Abs. 2 Nr. 8 BSHG zu berücksichtigen (LAG Kiel LAGE § 115 ZPO Nr. 25). Zur Problematik siehe auch BGH FamRZ 1987, 359.

Witwenrentenabfindungen sind als Vermögen einzusetzen (KG FamRZ **119** 1982, 623 m. w. N.).

Zur Berücksichtigung von Unterhalts-Kapitalabfindungen vgl. Koblenz **119a** FamRZ 1987, 1284 (sofern nicht notwendiger Unterhalt beeinträchtigt würde).

Bereits erhaltenes *Schmerzensgeld* braucht eine ansonsten arme Partei **120** nicht zur Geltendmachung weitergehender Schadensersatz- und Schmerzensgeldansprüche einzusetzen (Celle NJW RR 1988, 768; Köln FamRZ 1988, 95); a. M. bei sehr hohem Schmerzensgeld (DM 45 000) und relativ geringen Prozeßkosten Hamm FamRZ 1987, 1283. (Siehe auch §§ 114–115 Rz 54 a, 152 a).

121 Der Einsatz einer ausgezahlten Aussteuer-Versicherung ist nach Köln FamRZ 1988, 1297, zumutbar im Sinne von § 115 Abs. 2 ZPO; während des Rechtsstreits hiervon getätigte lebensnotwendige Ausgaben sind jedoch zu berücksichtigen.

122 Beträge über den Freibetrag von DM 4 000,– (jetzt DM 4 500,–) hinaus hat der Antragsteller nach Köln aaO zur Bestreitung der Prozeßkosten einzusetzen, wenn konkrete Aussicht besteht, daß sein Unterhaltsbedarf durch Ansprüche gegen Dritte gesichert werden kann.

122a Zur Frage der Bedürftigkeit nach Verbrauch vorhanden gewesenen Vermögens siehe §§ 114, 115 ZPO Rz 49 f.

122b Von der hilfsbedürftigen Partei kann nicht verlangt werden, daß sie vom Zeitpunkt des Beginns des Rechtsstreits oder dem Zeitpunkt, wo er sich abzeichnet, aus ihrem Einkommen Rücklagen bildet, um Prozeßkosten zu decken (KG FamRZ 1988, 1078).

2. Sachliche Voraussetzungen der Prozeßkostenhilfe

123 Sie bestehen in hinreichender Erfolgsaussicht der Rechtsverfolgung oder Rechtsverteidigung sowie in der Feststellung, daß sie nicht mutwillig geschieht. Eine Ausnahme hiervon macht § 119 ZPO für den Gegner des Rechtsmittelführers: Nachdem er in der Vorinstanz obsiegt hat, gilt für ihn die Vermutung, daß seiner Prozeßführung auch weiterhin Erfolgsaussicht zukommt und sie nicht mutwillig ist.

124 a) Absicht der Rechtsverfolgung, Rechtsverteidigung
Fehlt die Absicht der Prozeßführung, kann Prozeßkostenhilfe nicht bewilligt werden, denn es kann der mit ihr verfolgte Zweck, einen Rechtsstreit zu führen, nicht erfüllt werden. Gleiches gilt, wenn der Antragsteller nach Einreichung des Prozeßkostenhilfegesuchs die Klage zurücknimmt, den gegen ihn erhobenen Anspruch anerkennt oder wenn sich der Rechtsstreit in sonstiger Weise erledigt hat (a. M.: Karlsruhe FamRZ 1987, 728). Erkennt der Beklagte die Klageforderung an, ohne daß er Anlaß zur Klageerhebung gegeben hatte, kann ihm Prozeßkostenhilfe gewährt werden (Hamburg FamRZ 1988, 1076). Das Rechtsschutzinteresse fehlt, wenn nach Verwirklichung aller Kosten- und Gebührentatbestände Prozeßkostenhilfe nur für einen nach Abschluß der Instanz liegenden Zeitpunkt bewilligt werden könnte (Köln VersR 1989, 408).

124a Vor förmlicher Klagezustellung besteht kein Prozeßrechtsverhältnis zwischen den Parteien, so daß dem Beklagten zur Rechtsverteidigung

Prozeßkostenhilfe noch nicht bewilligt werden kann (Bremen FamRZ 1989, 198; Karlsruhe FamRZ 1988, 1182). Siehe auch §§ 114, 115 ZPO Rz 153 f. Kommt es im Prozeßkostenhilfeverfahren zum Abschluß eines Vergleichs, kann der hilfsbedürftigen Partei für das Prozeßkostenhilfeverfahren und den Vergleichsabschluß ausnahmsweise Prozeßkostenhilfe bewilligt werden. Hierzu sowie zur Frage der Prozeßkostenhilfebewilligung im Prozeßkostenhilfeverfahren vor dem Bundesfinanzhof s. §§ 114, 115 ZPO, Rz 19.

b) Erfolgsaussicht
Indem das Gesetz die Erfolgsaussicht der vom Antragsteller beabsichtigten Rechtsverfolgung oder Rechtsverteidigung zur sachlichen Voraussetzung der Prozeßkostenhilfe macht, fordert sie vom Gericht nicht eine Vorentscheidung des Rechtsstreits, sondern lediglich eine Prognose darüber, ob und wieweit der Antragsteller eine zwar nicht sichere, aber doch immerhin mögliche Aussicht, eine gewisse Wahrscheinlichkeit des Prozeßerfolges für sich in Anspruch nehmen kann. Aus diesem Grunde ist die dem Gericht obliegende Prüfung hinreichender Erfolgsaussicht keine umfassende wie bei der Entscheidung in der Hauptsache, sondern eine zunächst summarische mit nach § 118 ZPO eingeschränkten, auf eine Beschleunigung des Prüfungsverfahrens abzielenden Ermittlungsmöglichkeiten des Gerichts (BGH NJW 1982, 1104). An die Erfolgsaussicht dürfen keine überspannten Anforderungen gestellt werden, jedoch ist Großzügigkeit nicht der richtige Maßstab (BGH aaO; LAG Düsseldorf JurBüro 1986, 121; 1987, 440; Frankfurt DAVorm 1985, 508; LAG Berlin AnwBl 1984, 163). Die rechtlichen Maßstäbe der Erfolgsprüfung sind zwar dieselben wie in der Hauptsache (LG Itzehoe SchlHA 1984, 147), doch ist in erster Instanz kein kleinlicher Maßstab anzulegen (LAG Düsseldorf JurBüro 1986, 121). Hängt die Entscheidung von der Beantwortung schwieriger, ungeklärter Rechtsfragen ab, kann die Erfolgsaussicht bejaht werden, ohne daß diese Fragen bereits im Prozeßkostenhilfeverfahren entschieden werden müßten (BGH NJW 1982, 1104; BFH Betrieb 1982, 312; Frankfurt VersR 1987, 1028). Bei geringer Erfolgsaussicht der Beschwerde kann Prozeßkostenhilfe gleichwohl gewährt werden, wenn das Beschwerdegericht im Fall einer entsprechenden Hauptsacheentscheidung die weitere Beschwerde wegen grundsätzlicher Bedeutung zulassen würde (Karlsruhe IPRax 1988, 176). Wird im Laufe des Prozeßkostenhilfeverfahrens die zunächst zweifelhafte Rechtslage durch eine höchstrichterliche Entscheidung in einem für den Antragsteller ungünstigen Sinn hinreichend geklärt, so kann ihm Prozeßkostenhilfe auch für die zurückliegende Zeit nicht mehr gewährt werden (BGH aaO). Komplizierte, etwa nur durch ein Sachverständigengutachten weiter aufzuklärende Sachverhalte oder schwierige Rechtsfragen können dazu führen, hinreichende Erfolgsaussicht zunächst für beide Parteien

anzunehmen, so daß bei bestehender Hilfsbedürftigkeit beiden Prozeßkostenhilfe bewilligt werden kann. Ist lediglich über eine umstrittene Rechtsfrage zu entscheiden, ohne daß tatsächlich oder rechtlich schwierige oder ungeklärte Fragen zu beantworten sind, so rechtfertigt dies nicht die Gewährung von Prozeßkostenhilfe; vielmehr hat das Gericht die umstrittene Frage alsbald im Prozeßkostenhilfebeschluß zu entscheiden (Stuttgart NJW RR 1987, 913).

126 Beschränkt sich die Erfolgsaussicht auf einen Teil des Anspruchs oder der Rechtsverteidigung, ist Prozeßkostenhilfe mit einer entsprechenden Beschränkung zu bewilligen (Bamberg JurBüro 1981, 611). Siehe hierzu auch oben Rz 124.

127 Hinreichende Erfolgsaussicht setzt im Einzelfall voraus, daß das Vorbringen des Klägers schlüssig und bei Vorliegen erheblicher, aber bestrittener Einwendungen des Beklagten auch beweisbar ist (Köln MDR 1987, 62; Hamm VersR 1983, 87), selbst wenn der Kläger sich lediglich auf Parteivernehmung des Beklagten bezieht (Schleswig SchlHA 1979, 142; Schneider MDR 1977, 621 m. w. N.). Entsprechendes gilt für das Verteidigungsvorbringen des Beklagten. Für ihn sind jedoch geringere Anforderungen an die Erfolgsaussicht zu stellen (Frankfurt/M MDR 1987, 61); es kann bereits substantiiertes Bestreiten ohne Beweisantritt ausreichen. Dem Beklagten darf Prozeßkostenhilfe nur versagt werden, wenn für ihn keine Erfolgsaussicht besteht (BGH FamRZ 1982, 368; Frankfurt/M aaO; LG Mannheim ZMR 1974, 337; Schneider aaO).

128 Kommt eine Beweisaufnahme ernsthaft in Betracht, so ist bereits aus diesem Grunde die Erfolgsaussicht der Rechtsverfolgung oder Rechtsverteidigung als hinreichend anzusehen (BFH DB 1987, 586; LSG Essen AnwBl 1986, 456; LSG Mainz AnwBl 1981, 409; Hamburg DAVorm 1984, 708; Karlsruhe FamRZ 1986, 702). Hat in einem zivilrechtlichen Parallelverfahren oder in einem Strafverfahren über den unter Beweis gestellten Sachverhalt eine umfangreiche Beweisaufnahme stattgefunden und ist auf ihrer Grundlage durch Urteil gegen den Antragsteller entschieden worden, kann hinreichende Erfolgsaussicht im Rahmen des Prozeßkostenhilfeverfahrens verneint werden (Nürnberg JurBüro 1986, 286). Einem Strafurteil darf jedoch in diesem Zusammenhang keine Bindungswirkung hinsichtlich des in ihm festgestellten Tatbestandes beigemessen werden (LAG Rheinland-Pfalz LAGE § 114 ZPO Nr. 9). Trägt der Antragsteller zum Beweisergebnis in anderen Verfahren neu oder ergänzend vor, so hat das Gericht dies in seine Würdigung mit einzubeziehen (LAG Rheinland-Pfalz LAGE § 114 ZPO Nr. 9). Demgegenüber hält LG Duisburg, AnwBl 1984, 458, die Berücksichtigung des Beweisergebnisses anderer Verfahren wegen Vorwegnahme der Beweisaufnahme für unzulässig.

129 Auf die Unwahrscheinlichkeit der Beweisbarkeit einer streitigen Tatsa-

che kommt es im Prozeßkostenhilfeverfahren nicht an (BVerfG NVwZ 1987, 786 m. w. N.; s. hierzu auch Köln MDR 1987, 62; a. M. wohl Kalthoener/Büttner Rz 431; s. auch Schneider MDR 1987, 22f.).

c) Einzelheiten:
Anfechtung des Vaterschaftsanerkenntnisses: 130
Für eine dahingehende Klage genügt es, wenn der Antragsteller behauptet, das Kind stamme nicht von ihm ab und besitze mit ihm keinerlei Ähnlichkeit (Düsseldorf, FamRZ 1985, 1275; s. auch Köln FamRZ 1983, 736). Vom Ergebnis der Beweisaufnahme darf die Bewilligung der Prozeßkostenhilfe nicht abhängig gemacht werden (Karlsruhe OLGZ 88, 127).

Berufung: 130a
Für eine zulässige Berufung ist Prozeßkostenhilfe wegen fehlender Erfolgsaussicht dann zu versagen, wenn sie sachlich nur teilweise Aussicht auf Erfolg hat, eine auf diesen Teil beschränkte Berufung aber unzulässig wäre mangels Erreichens der Berufungssumme des § 511a ZPO (Nürnberg NJW 1987, 265). Prozeßkostenhilfe kann nicht bewilligt werden, wenn die Rechtsmittelfrist versäumt ist und Wiedereinsetzung nicht gewährt werden kann (BayObLG JurBüro 1984, 772). Siehe auch § 119 ZPO Rz 42ff.

Wird die Annahme der *Revision* abgelehnt, fehlt es der unselbständigen 130b Anschlußrevision an der Erfolgsaussicht (BGH MDR 1985, 303).

Für einen *Gegenantrag* im Rahmen eines Prozeßkostenhilfeverfahrens 130c fehlt es an einem Rechtsschutzinteresse und damit an der Erfolgsaussicht, solange die Klage nicht rechtshängig ist (Düsseldorf FamRZ 1985, 502). Für den Fall der Vergleichsbereitschaft beider Parteien siehe §§ 114, 115 ZPO Rz 19f.

Beweissicherung:
Für ein Beweissicherungsverfahren außerhalb eines bereits anhängigen 131 Rechtsstreits kann dem Antragsteller Prozeßkostenhilfe bewilligt werden (LG Köln ZIP 1985, 1355 und MDR 1985, 1033; LG Düsseldorf JurBüro 1986, 1574; LG Aurich JurBüro 1986, 766). Die Erfolgsaussicht der beabsichtigten Rechtsverfolgung beurteilt sich allein danach, ob ausreichend Aussicht darauf besteht, daß dem Antrag stattgegeben wird. Auf die Erfolgsaussicht der beabsichtigten Klage kommt es nicht an (Köln NJW RR 1987, 319; a. M.: LG Bonn MDR 1985, 415 und BauR 1985, 485; LG Flensburg SchlHA 1987, 154). Dem Antragsgegner im Beweissicherungsverfahren kann Prozeßkostenhilfe nicht bewilligt werden (LG Hannover JurBüro 1986, 765; a.M. Kalthoener/Büttner Rz 518).

Ehelichkeitsanfechtung:

132 Tritt im Ehelichkeitsanfechtungsprozeß das beklagte Kind dem Antrag des Scheinvaters nicht entgegen, so ist ihm mit Rücksicht auf die Besonderheiten des Statusverfahrens gleichwohl Prozeßkostenhilfe zu bewilligen (Frankfurt/M DAVorm 1984, 705). Dies gilt selbst dann, wenn das beklagte Kind einen aussichtsreichen Antrag auf Feststellung seiner nicht ehelichen Abstammung unterstützt (Celle FamRZ 1983, 735; Nürnberg FamRZ 1985, 1275; München DAVorm 1985, 2034; Köln DAVorm 1987, 365; Nürnberg DAVorm 1985, 917; Hamburg DAVorm 1982, 1087). Hingegen sind Bremen, JurBüro 1987, 766, KG FamRZ 1987, 502; Düsseldorf, ZBl JugR 1987, 433; Oldenburg JurBüro 1987, 1238; Koblenz FamRZ 1987, 503 und FamRZ 1983, 734; Köln DAVorm 1983, 959 und FamRZ 1987, 400, der Auffassung, es sei mangels hinreichender Erfolgsaussicht der Rechtsverteidigung dem Kind Prozeßkostenhilfe zu versagen, wenn es der Anfechtungsklage nichts Erhebliches entgegensetzen kann.

133 Ficht das Kind seine Ehelichkeit an, so kann ihm Prozeßkostenhilfe nicht mit der Begründung versagt werden, es könne vom Beklagten einen Prozeßkostenvorschuß verlangen (Frankfurt/M FamRZ 1983, 827). Im Ehelichkeitsanfechtungsverfahren ist der Beitritt der Mutter als Streitgehilfin des Kindes nicht mutwillig. Ist der Kläger anwaltlich vertreten, dann ist ihr auf Antrag Prozeßkostenhilfe unter Beiordnung eines Rechtsanwalts zu bewilligen (Saarbrücken, AnwBl 1984, 624; a. M. Hamm DAVorm 1987, 682, für den Fall der Vertretung des Kindes durch ein Jugendamt).

Familiensachen:

144 Auch im Familienprozeß ist die Bewilligung von Prozeßkostenhilfe grundsätzlich an die hinreichende Erfolgsaussicht bezüglich des angestrebten Verfahrensziels gebunden. Dies gilt insbesondere für Scheidungsfolgesachen, die im Verbund verhandelt werden, ausgenommen den Versorgungsausgleich (Bamberg, FamRZ 1987, 501).
Im einzelnen:

145 Dem Prozeßkostenhilfegesuch für einen Scheidungsantrag ist stattzugeben, wenn ein formularmäßiger Entwurf einer Antragsschrift die erforderlichen Angaben zur Person der Parteien, ihrem Aufenthalt, ihrer Kinder und zur Anhängigkeit anderweitiger Familiensachen enthält, der Zeitpunkt der Trennung mitgeteilt und erklärt wird, daß die Ehe gescheitert sei (Karlsruhe FamRZ 1984, 1232). Wird die Durchführung der einverständlichen Scheidung nach § 630 ZPO beantragt, hat der Antragsteller dessen Voraussetzungen darzulegen (Karlsruhe FamRZ 1980, 681).

146 Wird Prozeßkostenhilfe zum Zwecke der Scheidung einer Scheinehe beantragt, so steht dem die Eingehung der Ehe zum Zwecke des

Rechtsmißbrauchs, etwa der Erlangung einer Aufenthaltserlaubnis für einen Ausländer, nicht entgegen (BVerfG NJW 1985, 425; Karlsruhe FamRZ 1988, 91; KG FamRZ 1987, 486).

Tritt der Antragsgegner einem Scheidungsantrag nicht entgegen, weil **147** die Ehe unheilbar zerrüttet ist, so kann eine Erfolgsaussicht des mit dieser Zustimmung verfolgten Rechtszieles nicht bejaht werden, wenn die Zustimmung ohne rechtliche Bedeutung ist und sonstige für die Erfolgsaussicht sprechende Umstände nicht gegeben sind (Düsseldorf JurBüro 1982, 1731). Die Bewilligung von Prozeßkostenhilfe hängt somit auch für ihn von der Erfolgsaussicht seiner beabsichtigten Rechtsverteidigung ab (Düsseldorf FamRZ 1986, 697). Dies gilt auch dann, wenn ihm für Folgesachen Prozeßkostenhilfe zu bewilligen ist (Düsseldorf JurBüro 1985, 461). Hiervon abweichend bewilligt indessen die Rechtsprechung dem Antragsgegner wegen seiner notwendigen Beteiligung am Verfahren selbst dann Prozeßkostenhilfe *auch* für das Scheidungsverfahren, wenn seine Rechtsverteidigung lediglich in anhängigen Folgesachen hinreichende Erfolgsaussicht hat (Bamberg FamRZ 1987, 500; Frankfurt/M DAVorm 1984, 707; Celle MDR 1983, 323; Zöller/Schneider ZPO 15. Auflage § 114 Rz 42, Thomas/Putzo ZPO 14. Auflage § 114 Anm. 3 a; a. M.: KG FamRZ 1980, 714; Düsseldorf FamRZ 1979, 158, 159, wonach Bewilligung nur für die einzelne Folgesache zulässig ist.), der Antragsgegner sich nicht gegen den Scheidungsantrag wendet (Braunschweig FamRZ 1979, 731) oder sein Scheidungszurückweisungsantrag aussichtslos erscheint (Köln FamRZ 1982, 224). Stuttgart, NJW 1985, 207; Köln FamRZ 1982, 1224; Hamm FamRZ 1985, 622, befürworten die Bewilligung von Prozeßkostenhilfe auch ohne Erfolgsaussicht der Rechtsverteidigung, um ihm angesichts des Anwaltszwangs (§ 78 ZPO) und der richterlichen Verpflichtung, ihm nach § 625 ZPO einen Rechtsanwalt als Beistand beizuordnen, die vom Gesetzgeber gewollte Beteiligung am Verfahren über den beigeordneten Anwalt zu ermöglichen; insoweit sei § 114 ZPO nach Sinn und Zweck der Vorschriften des Scheidungsverfahrens einschränkend auszulegen. Noch weiter geht Hamm, NJW 1982, 287, wonach dem Antragsgegner im Scheidungsverfahren Prozeßkostenhilfe bereits im Prozeßkostenhilfeprüfungsverfahren zu bewilligen ist; der Antrag auf Prozeßkostenhilfe für die Verteidigung in der Hauptsache könne auch als Antrag auf Prozeßkostenhilfe für das Prüfungsverfahren ausgelegt werden; dagegen Nürnberg, NJW 1982, 288.

Wird Prozeßkostenhilfe für das Scheidungsverfahren bewilligt, so *umfaßt* **148** sie die auf Antrag zu behandelnden *Folgesachen* nur dann, wenn sie zum Zeitpunkt der Bewilligung bereits anhängig waren (AG Emmendingen FamRZ 1984, 922). Werden Folgesachen erst später anhängig gemacht, bedarf es eines gesonderten Prozeßkostenhilfeantrages, um die Bewilligung auch auf sie zu erstrecken.

148a Im Sorgerechtsverfahren haben bei widerstreitenden Interessen beide Elternteile Anspruch auf einen eigenen Anwalt (LG Berlin FamRZ 1987, 1285; Hamburg FamRZ 1981, 581; Zweibrücken FamRZ 1986, 1233).

Hauptsache:
149 Eine bereits vorliegende Entscheidung in der Hauptsache ist für die Entscheidung über Prozeßkostenhilfe bindend (Hamm FamRZ 1985, 825; Frankfurt/M MDR 1983, 137).

Kündigungsschutzgesetz:
149a Für die Kündigungsschutzklage ist dem Kläger auch nach zwischenzeitlicher Rücknahme der Kündigung durch den Beklagten Prozeßkostenhilfe rückwirkend zu bewilligen (LAG Hamm, JurBüro 1988, 771).

Mietsachen:
150 Die Rechtsverteidigung eines auf Räumung verklagten Mieters hat keine hinreichende Erfolgsaussicht, wenn er nur vorträgt, es werde ihm noch gelingen, innerhalb der Monatsfrist des § 554 Abs. 2 BGB den rückständigen Mietzins zu zahlen oder die Zahlungszusage einer öffentlichen Stelle beizubringen (LG Freiburg, MDR 1984, 150; a. M. im Falle der Glaubhaftmachung der Erfüllung innerhalb der Schonfrist LG Mannheim WM 1988, 268).

Musterprozeß:
150a Für die Führung eines Musterprozesses kann Prozeßkostenhilfe nur bei Kostenarmut aller Mitstreiter bewilligt werden (OVG Lüneburg, AnwBl 1988, 78).

Prozeßkostenhilfeverfahren:
151 Für das Verfahren über die Bewilligung der Prozeßkostenhilfe kann Prozeßkostenhilfe nicht gewährt werden, da es sich nicht um gerichtliche Prozeßführung, sondern um ein parteieinseitiges Amtsverfahren der fürsorgenden gerichtlichen Verwaltung handelt (BGH NJW 84, 740 u. 2106; KG FamRZ 1982, 421; Düsseldorf JurBüro 1982, 1732; Nürnberg JurBüro 1982, 873; Hamm 5. Senat FamRZ 1982, 623; 6. Senat JurBüro 1982, 1405; a. M.: 1. Senat NJW 1982, 287; Köln MDR 1983, 323 für den Fall der Beweiserhebung im Bewilligungsverfahren). Die Bewilligung von Prozeßkostenhilfe nach § 118 Abs. 1 ZPO erstreckt sich auf das gesamte Prüfungsverfahren; der beigeordnete Rechtsanwalt hat gegen die Staatskasse nach dem Wert der Hauptsache (§ 51 Abs. 2 BRAGO) Anspruch auf eine $^{5}/_{10}$ Prozeßgebühr nach § 32 Abs. 2 BRAGO und eine $^{10}/_{10}$ Vergleichsgebühr nach § 23 BRAGO (München JurBüro 1987, 442). Siehe hierzu auch oben Rz 19.

Prozeßstandschaft:
Macht eine Partei ein fremdes Recht im eigenen Namen geltend, zum **152** Beispiel für ihr minderjähriges Kind gemäß § 1629 Abs. 3 BGB, so ist grundsätzlich auf die Vermögenslage der Partei selbst *und* des Rechtsträgers abzustellen. Prozeßkostenhilfe kann nur dann bewilligt werden, wenn beide außerstande sind, die Prozeßkosten aufzubringen (Karlsruhe [16. Sen] FamRZ 1988, 636; Koblenz, FamRZ 1988, 637; Köln FamRZ 1984, 304; BGH NJW 1953, 1431; Celle NJW 1987, 783; Baumbach/Lauterbach/Albers/Hartmann ZPO § 114 Anm. 2 A c; Zöller/Schneider ZPO § 114 Rz 7; Thomas/Putzo ZPO § 114 Anm. 5; a. M Karlsruhe [2. Sen] FamRZ 1987, 1062, wonach es bei Prozeßstandschaft nach § 1629 Abs. 3 BGB allein auf die Bedürftigkeit des Kindes ankommen soll). Hat der materiell Berechtigte wegen ihm gegebener Sicherheiten kein Interesse an der Rechtsverfolgung, ist nur auf die wirtschaftlichen Verhältnisse des prozeßbefugten Antragstellers abzustellen (Celle JurBüro 1986, 766). Macht der Versicherungsnehmer mit seiner Klage gegen den Versicherer lediglich Rechte eines Mitversicherten geltend, so kommt es in der Regel auch auf die persönlichen und wirtschaftlichen Verhältnisse des letzteren an (Hamm VersR 1982, 381). Auf die Verhältnisse des Klägers ist abzustellen, wenn ihm nach Abtretung der Klageforderung an eine Bank die Prozeßführungs-Befugnis eingeräumt worden ist (Hamm VersR 1982, 1068). Klagt der Pfändungsschuldner die dem Gläubiger gerichtlich überwiesene Forderung ein, kommt es allein auf die Vermögensverhältnisse des Pfändungsschuldners an (BGHZ 36, 280, 283). Siehe auch §§ 114, 115 Rz 11. Für eine Unterhaltsklage des ehemals Berechtigten nach vollzogener *Überleitung* gemäß § 90 BSHG auf Grund Ermächtigung des Sozialhilfeträgers kann Prozeßkostenhilfe nicht in Anspruch genommen werden (OVG Hamburg FamRZ 1988, 529; Zöller/Schneider § 114 Rn 6; a. M. Kalthoener/Büttner Rz 38).

Schadensersatz; Schmerzensgeld:
Mitverschulden ist bei der Erfolgsprüfung zu berücksichtigen (Baum- **152a** bach/Lauterbach/Albers/Hartmann § 114 Anm. 2 B a). Für eine Schmerzensgeldklage kann wegen der Notwendigkeit allgemeiner Verschuldenswertungen Prozeßkostenhilfe nur für eine unbezifferte, auf einen angemessenen Betrag gerichtete Klage (ohne Mindestbetrag) bewilligt werden (Düsseldorf JurBüro 1988, 157 mit Anmerkung von Mümmler).

Schutzschrift:
Für den mit einer Schutzschrift gestellten Antrag, eine drohende einst- **153** weilige Verfügung auf Zahlung von Not-Unterhalt nicht oder nicht ohne mündliche Verhandlung zu erlassen, kann mangels Rechtsschutzinteresses Prozeßkostenhilfe nicht bewilligt werden (Düsseldorf FamRZ 1985, 502).

154 Hingegen ist für Anträge in Schutzschriften, die in Wettbewerbssachen gestellt werden, das Rechtsschutzinteresse nicht zu versagen im Hinblick darauf, daß in diesen Sachen der Erlaß einer einstweiligen Verfügung im Hinblick auf deren sofortige Wirksamkeit zu erheblichen Nachteilen für den Betroffenen führen kann.

Sozialgerichtsverfahren
155 Im Sozialgerichtsverfahren ist dem Kläger ein Rechtsanwalt in Prozeßkostenhilfe beizuordnen, wenn er die für die Entscheidung maßgeblichen rechtlichen und tatsächlichen Fragen nicht ausreichend verstehen und beurteilen kann, um einen seine Sache und den Prozeß fördernden Standpunkt einzunehmen, während die Beklagte durch sachkundige Bedienstete vertreten ist (LSG Stuttgart AnwBl 1984, 574).

Stufenklage:
156 Bei einer Stufenklage ist Prozeßkostenhilfe schon für den nach Auskunftserteilung noch zu beziffernden Zahlungs- oder Herausgabeanspruch zu bewilligen (Düsseldorf FamRZ 1987, 1281; Karlsruhe FamRZ 1988, 737; Köln FamRZ 1986, 1230 Zöller/Schneider, § 114 Rz 36); vgl. auch § 119 ZPO Rz. 15. Zur Problematik siehe auch Kalthoener/Büttner Rz 459 ff.

Teilklage:
157 Die Bewilligung von Prozeßkostenhilfe für oder gegen eine Teilklage erstreckt sich nicht auf eine Klageerweiterung; für sie bedarf es gesonderter Bewilligung auf Grund eines hierauf gerichteten Antrages.

Unterhaltssachen:
158 Die vom Unterhaltspflichtigen beabsichtigte Abänderungsklage hat keine Erfolgsaussicht, wenn er sich nach Verlust seines Arbeitsplatzes nicht intensiv bemüht, eine andere Erwerbstätigkeit aufzunehmen und somit seine Leistungsfähigkeit wieder herzustellen (Stuttgart DAVorm 1986, 727).

Vergleich:
159 Der Vergleich über einen rechtshängigen Gegenstand ist von der Bewilligung der Prozeßkostenhilfe sowie der Beiordnung eines Rechtsanwalts stets mitumfaßt. Werden nicht rechtshängige Ansprüche mitverglichen, bedarf es insoweit einer Erweiterung der Prozeßkostenhilfebewilligung mit der Anwaltsbeiordnung. Nach § 122 Abs. 3 Satz 1 BRAGO umfaßt die Beiordnung eines Rechtsanwalts in einer Ehesache ohne weiteres auch den Abschluß eines Vergleichs in den dort genannten Ehefolgesachen. Wird über sie gestritten, bedarf es zur Erlangung von Prozeßkostenhilfe und Anwaltsbeiordnung eines besonderen Beschlusses des Gerichts, der wiederum nur auf Antrag ergeht. Werden nacheinander

mehrere Folgesachen rechtshängig, bedarf es jeweils gesonderter Prozeßkostenbewilligung mit Beiordnung.
Für die Annahme hinreichender Erfolgsaussicht kann es ausreichen, **160** wenn Vergleichsbereitschaft beider Parteien erkennbar ist (Schleswig SchlHa 1984, 116). In diesem Fall kann ausnahmsweise für das Prozeßkostenhilfeverfahren Prozeßkostenhilfe bewilligt werden.

Widerklage:
Wird Widerklage erhoben, ohne daß ihr Gegenstand mit demjenigen der **161** Klage identisch ist, bedarf es zwecks Bewilligung von Prozeßkostenhilfe für oder gegen die Widerklage eines besonderen Beschlusses des Gerichts, ausgenommen Widerklage in Ehesachen (§ 122 Abs. 3 Satz 3 Nr. 4 BRAGO).

Zuständigkeit:
Im Prozeßkostenhilfeverfahren ist die Zuständigkeit des angerufenen **162** Gerichts für die Entscheidung in der Hauptsache zu prüfen (Hamm VersR 1985, 77). Bei unbedachter Anrufung des unzuständigen Gerichts kann für den Verweisungsantrag Prozeßkostenhilfe nicht bewilligt werden.

Zwangsversteigerung:
Für das Zwangsversteigerungsverfahren als solches kann dem Schuldner **163** grundsätzlich keine Prozeßkostenhilfe gewährt werden, regelmäßig auch nicht für vorsorglichen Rechtsschutz im Versteigerungstermin (LG Krefeld Rpfl 1988, 156 mit Anm. v. Meyer-Stolte) sondern nur für bestimmte Einzelmaßnahmen (LG Bielefeld Rpfl 1987, 210).

Zwangsvollstreckung:
Der Antrag auf Bewilligung von Prozeßkostenhilfe für die Zwangsvoll- **164** streckung kann dahin ausgelegt werden, daß er zugleich auf Beiordnung eines Rechtsanwalts gerichtet ist (Bamberg JurBüro 1987, 1391).
Wird gleichzeitig Prozeßkostenhilfe für das Erkenntnisverfahren und für **165** die Zwangsvollstreckung beantragt, so kann hierüber gleichzeitig entschieden werden (LG Heilbronn DAVorm 1982, 583; LG Düsseldorf DAVorm 1982, 830). Siehe hierzu auch § 119 ZPO Rz 30. Die Voraussetzungen der Bewilligung für die Zwangsvollstreckung sind jedoch gesondert zu prüfen, insbesondere hinsichtlich der Notwendigkeit der Vollstreckung aus dem Urteil. Nach LG Wuppertal, DAVorm 1986, 903, und 1983, 321, kann für einen Vollstreckungstitel, der im Regelunterhalts-Neufestsetzungsverfahren ergangen ist, Prozeßkostenhilfe auch für die Zwangsvollstreckung bewilligt werden, wenn Anhaltspunkte dafür gegeben sind, daß der Schuldner nur durch Vollstreckung zu Zahlungen angehalten werden kann. Zu beachten ist, daß im Erkennt-

nisverfahren über die Bewilligung von Prozeßkostenhilfe das Gericht zu entscheiden hat (§ 119 ZPO), während für die Zwangsvollstreckung die Entscheidung dem Rechtspfleger übertragen ist (§ 20 Nr. 5 RpflG). Das Prozeßgericht entscheidet über die Zwangsvollstreckung und damit über die Bewilligung von Prozeßkostenhilfe lediglich dort, wo dies im Gesetz ausdrücklich vorgesehen ist, so für die Durchsetzung unvertretbarer Handlungen nach § 888 ZPO, die Erzwingung von Unterlassungen und Duldungen nach § 890 ZPO sowie für die Arrestvollziehung in eine Forderung nach § 930 Abs. 1 Satz 3 ZPO. Für den Fall der Arrestvollziehung besteht gemäß § 122 Abs. 2 Satz 2 BRAGO eine gesetzliche Erstreckung des Umfangs der Beiordnung im Arrestverfahren auch für die Arrestvollziehung, ebenso für das Verfahren und die Vollziehung der einstweiligen Verfügung.

166 Umstritten ist, ob Prozeßkostenhilfe für die Zwangsvollstreckung ausschließlich für die einzelne beabsichtigte Vollstreckungsmaßnahme bewilligt werden kann (so LG Berlin JurBüro 1989, 836 und DAVorm 1986, 662; LG Koblenz DAVorm 1985, 920; LG Gießen Rpfl 1983, 456; LG Bayreuth JurBüro 1982, 1735; LG Bielefeld AnwBl 1982, 534; LG Kleve DAVorm 1982, 900), oder ob ausnahmsweise eine pauschale Prozeßkostenhilfebewilligung für die Zwangsvollstreckung zulässig ist (so AG Itzehoe DAVorm 1986, 909; LG Frankenthal Rpfl 1982, 235 für den Fall bereits bestehender Unterhaltsrückstände); für Vollstreckung aus Unterhaltstiteln minderjähriger Kinder und fehlende Mutwilligkeit LG Düsseldorf DAVorm 1987, 287; bei Vertretung durch das Jugendamt AG Aschaffenburg, JurBüro 1987, 1239; wenn nach den persönlichen und wirtschaftlichen Verhältnissen des Gläubigers Ratenzahlungen auf die Kosten nicht in Frage kommen: LG Hechingen DAVorm 1988, 542; LG Frankenthal, Rpfl 1982, 235; ebenso BT-Drucks. 8/3068 S. 28; für Unterhaltsrückstände FamRZ 1986, 1230. S. hierzu auch § 119 ZPO Rz 30).

d) Mutwilligkeit der Rechtsverfolgung oder Rechtsverteidigung

167 Prozeßkostenhilfe wird nicht bewilligt, wo die beabsichtigte Rechtsverfolgung oder Rechtsverteidigung mutwillig erscheint. Dies ist dort der Fall, wo auch eine nicht bedürftige Partei bei verständiger Würdigung der Sach- und Rechtslage ihre Rechte im Prozeß in gleicher Weise wahrnehmen würde (Bundestagsdrucksache 8/3068 Seite 4: Ein nicht Gesetz gewordener Entwurf einer Legaldefinition; s. auch Zöller/Schneider ZPO § 114 Rz 50; Thomas/Putzo, ZPO § 114, Anm. 3 d).

168 Mutwillig ist eine Klage, wenn die Zwangsvollstreckung gegen einen vermögenslosen Beklagten nicht nur zur Zeit der Beschlußfassung völlig erfolglos erscheint, ohne daß die mindeste Aussicht besteht, er werde wieder zu Geld kommen und dem Gläubiger aus der fehlenden Titulierung kein Rechtsnachteil etwa durch Verjährung des Anspruchs droht

Prozeßkostenhilfe §§ 114–115 ZPO

(Hamm JurBüro 1987, 1557); wenn der Beklagte verschwunden oder für dauernd ins Ausland verzogen ist ohne Vollstreckungsaussicht (LG Wuppertal Rpfl 1985, 210); wenn bei schwieriger Sach- und Rechtslage eine sehr hohe Forderung statt eines angemessenen Teilbetrages geltend gemacht wird, solange nicht Verjährung droht; wenn der Beklagte noch nicht in Verzug gesetzt worden ist; wenn der Kläger selbst unfähig ist, die Zug um Zug geschuldete Gegenleistung zu erbringen (Düsseldorf JurBüro 1981, 1740); Feststellungs-Widerklage gegenüber der Leistungsklage (Hamm FamRZ 1984, 481); Klage zwecks Beschaffung eines Titels über bisher freiwillig gezahlten Unterhalt (KG FamRZ 1988, 518; Köln FamRZ 1983, 746; Hamm FamRZ 1985, 506), oder bei Geltendmachung eines unstreitigen Sockelbetrages des Unterhalts im Scheidungsrechtsstreit (SchlHA 1985, 156; a. M. Düsseldorf FamRZ 1987, 1280); die Anerkennung eines Rechtsschutzbedürfnisses für die Einbeziehung freiwillig erbrachter Teilleistungen in den Titel (Karlsruhe FamRZ 1979, 630) schließt gleichwohl die Versagung von Prozeßkostenhilfe wegen Mutwillens nicht aus (Düsseldorf FamRZ 1981, 70; Kemper DAVorm 1987, 467 mit Rechtsprechungsübersicht); Vollstreckungsgegenklage oder negative Feststellungsklage statt des einfacheren und billigeren Verfahrens nach § 620 f. Satz 2 ZPO (Hamm FamRZ 1987, 961; Zweibrücken FamRZ 1985, 1150; SchlHA 1984, 164; a. M.: Köln FamRZ 1984, 717). Mutwillig ist die selbständige Klage statt Verbundantrag (AG Detmold FamRZ 1987, 1061); siehe hierzu auch unten Koblenz FamRZ 1988, 308; mutwillig ist nach Erwirkung einer einstweiligen Anordnung eine Unterhaltsklage ohne besonderen Anlaß hierfür (Frankfurt/M FamRZ 1982, 1223); mutwillig ist die Klage des Kindes auf Unterhalt, über den die Mutter im Scheidungsfolgenvergleich bereits einen Titel erwirkt hat (SchlHA 1984, 164) oder nach Einreichung des Prozeßkostenhilfegesuchs und vor Klageerhebung der Gegner eine vollstreckbare Unterhaltsverpflichtung anerkannt hat (Karlsruhe AnwBl 1982, 491). Mutwillig ist die Abänderungsklage nach § 323 ZPO ohne vorherige Aufforderung zum Verzicht (Braunschweig DAVorm 1987, 681). Erhebt eine bedürftige Partei Klage, um anstelle möglicher Inanspruchnahme von Beratungshilfe anwaltliche Tätigkeit einer bevorstehenden außergerichtlichen Regelung abzugelten, so ist dies mutwillig (Oldbg. NdsRpfl 1981, 253). Für den Ausspruch des Verlustes des eingelegten Rechtsmittels ist dem Prozeßgegner Prozeßkostenhilfe nicht zu gewähren, wenn die Wirksamkeit der Rechtsmittelrücknahme nicht zweifelhaft ist (BGH JurBüro 1981, 1169). Nach LAG Düsseldorf JurBüro 1986, 605 ist die zusätzliche Leistungsklage statt einer Klageerweiterung im bereits anhängigen Kündigungsschutzprozeß mutwillig, nach Koblenz KTS 1988, 159 die Aufnahme eines Rechtsstreits gegen eine im Konkurs befindliche GmbH, deren Konkursverwalter den Rechtsstreit nicht aufnehmen will (Koblenz JurBüro 1988, 94; siehe auch Hamm BB

1987, 294). Mutwillig ist ein Scheidungsantrag, wenn ein solcher bereits drei Male zurückgenommen worden war (Köln NJW RR 1988, 1477); das Auseinanderreißen eines zusammengehörigen Prozeßstoffes, indem einzelne Ansprüche in einem besonderen Gerichtsstand statt sämtliche Ansprüche im allgemeinen Gerichtsstand eingeklagt werden (Karlsruhe NJW RR 1988, 1389). Ein Antrag auf Erlaß einer einstweiligen Anordnung auf Zulassung zum Studium vor dem von der Hochschule angekündigten Entscheidungstermin ist mutwillig (OVG Bremen NVwZ 1988, 843); für den Fall der Einbeziehung in das Losverfahren siehe OVG Bremen NVwZ-RR 1989, 585. Nach Koblenz FamRZ 1988, 308 ist die isolierte Geltendmachung eines familienrechtlichen Anspruchs i. S. von § 621 ZPO statt als Folgesache im Ehescheidungsverbund nur dann mutwillig, wenn keine triftigen Gründe für die nachträgliche Geltendmachung ersichtlich sind, insbesondere wenn das Scheidungsverfahren durch die Folgesache weder unangemessen verzögert noch mit erheblichem Streitstoff belastet worden wäre; siehe auch Bamberg JurBüro 1988, 1059.

169 Nicht mutwillig ist die Klage auf Herstellung des ehelichen Lebens, selbst wenn die tatsächliche Wiederaufnahme der Ehegemeinschaft nicht zu erwarten ist; der wiederholte, ernstlich gewollte Scheidungsantrag nach früherer Rücknahme, nicht jedoch, wenn der Scheidungsantrag bereits dreimal zurückgenommen worden ist (Köln FamRZ 1988, 92); Klage bei unterlassener Anrufung der Schlichtungs- oder Gutachterstelle zum Beispiel in Arzthaftungsprozessen Oldenburg Nds Rpfl 1988, 216; Düsseldorf NJW 1989, 2955; a. M.: LG Dortmund JZ 1988, 255; LG Aurich NJW 1986 792, die indessen verkennen, daß diese Stellen keine umfassende rechtliche Würdigung des Sachverhalts, insbesondere hinsichtlich Dokumentations- und Aufklärungspflicht gewährleisten; auch sind die Feststellungen der Schlichtungs- und Gutachterstellen unverbindlich; siehe hierzu auch Matthies NJW 1986, 792; Unterhaltsklage ohne vorherige oder anstatt Erwirkung der einstweiligen Anordnung im Scheidungsrechtsstreit Karlsruhe FamRZ 1988, 93; Koblenz FamRZ 1988, 1182); Deckungsklage des Versicherungsnehmers gegen den Versicherer vor Entscheidung im Haftpflichtprozeß des Geschädigten gegen den Versicherer (Hamm VersR 1984, 626); Einlegung des Einspruchs gegen ein Versäumnisurteil, wenn innerhalb der Rechtsbehelfsfrist der dringenden Bitte um Entscheidung über das Prozeßkostenhilfegesuch nicht entsprochen worden ist (LAG München AnwBl 1988, 122). Die Erhebung einer Abänderungsklage ist nicht mutwillig, wenn der Gegner erklärt hat, er wolle zur Zeit Unterhaltsansprüche aus dem Urteil nicht geltend machen (Frankfurt/M. NJW RR 1986, 944).

Prozeßkostenhilfe §§ 114–115 ZPO

C) Beurteilungszeitpunkt – Rückwirkung

Über das Prozeßkostenhilfegesuch hat das Gericht nach Anhörung des **170** Gegners alsbald zu entscheiden (Düsseldorf FamRZ 1986, 485). Es ist rechtsfehlerhaft, weil gegen das Gebot der Gewährung rechtlichen Gehörs nach Artikel 103 Abs. 1 GG verstoßend, die Entscheidung über das Prozeßkostenhilfegesuch bis zur Entscheidung über die Hauptsache, bis zum Abschluß einer bevorstehenden Beweisaufnahme bzw. bis zur Entscheidung eines vorgreiflichen Vorprozesses aufzuschieben, um auf diese Weise die Erfolgsaussicht im Nachhinein eindeutig beurteilen zu können (BSG JurBüro 1988, 506; Karlsruhe OLGZ 72, 239; Frankfurt/ M. OLGZ 72, 244; LG Kiel MDR 1986, 943; LAG Berlin AnwBl 1984, 163; LAG Köln LAGE § 114 ZPO Nr. 6; siehe VGH Baden-Württemberg Justiz 1988, 220). Gegen eine verfahrenswidrige Nichtbescheidung des Prozeßkostenhilfeantrags kann sich der Antragssteller mittels Beschwerde zur Wehr setzen (LAG Düsseldorf JurBüro 1987, 449; Celle MDR 1985, 592 m. w. N.; LAG Berlin MDR 1984, 258; Hamburg JurBüro 1984, 614; Karlsruhe OLGZ 1984, 98; Hamm FamRZ 1985, 827 u. 1986, 60; Zöller/Schneider § 119 Rz 20). Nach BSG aaO verletzt die Nichtbescheidung eines Prozeßkostenhilfeantrags der nicht anwaltlich vertretenen Partei deren Anspruch aus Art. 103 GG auf Gewährung rechtlichen Gehörs. Eine Entscheidung in der Hauptsache, die auf diesem Verfahrensmangel beruhen kann, unterliegt der Aufhebung.

Das Prozeßkostenhilfegesuch ist vom Gericht grundsätzlich aus der Sicht **170a** des Zeitpunktes seiner Entscheidung zu beurteilen (Hamm JurBüro 1988, 645; BGH FamRZ 1982, 367); im Beschwerdeverfahren ist der Zeitpunkt der Abhilfeentscheidung maßgeblich (VGH Kassel, JurBüro 1989, 1146). Dies gilt sowohl hinsichtlich der Erfolgsaussichten der angestrebten Prozeßführung, des Mutwillens als auch der persönlichen und wirtschaftlichen Verhältnisse (LAG Baden Württemberg JurBüro 1988, 366; Hess. VGH ZfSH/SGB 1987, 548; Kalthoener/Büttner Rz 247 f.). Wird die Entscheidung aus Gründen, die der Antragsteller nicht zu vertreten hat, verzögert, kann die Situation eintreten, daß sich in der Zeit zwischen der bereits früher eingetretenen *Entscheidungsreife* und dem Zeitpunkt der Entscheidung die Prozeßsituation für den Antragsteller im Hinblick auf das Ergebnis einer zwischenzeitlichen Beweisaufnahme oder infolge Änderung der Rechtsprechung zu seinen Ungunsten verändert hat. Damit verbindet sich das Problem, ob die Entscheidung über das Prozeßkostenhilfegesuch aus der gegenwärtigen Sicht zu treffen ist oder aus der Sicht des früheren Zeitpunktes, zu dem bereits eine Entscheidung möglich gewesen wäre. Die Frage ist umstritten. Für eine zeitlich rückbezogene Beurteilung aus Billigkeitsgründen haben sich ausgesprochen OVG Bremen NVwZ-RR 1989, 585; VGH Kassel Jur-

Büro 1989, 1146; VGH Baden-Württemberg [6. Sen] FamRZ 1988, 857; [11. Sen] VBl BW 1987, 296; LAG München AnwBl 1988, 122; OVG Hamburg FamRZ 1987, 178; Düsseldorf (3. FamSen.) FamRZ 1984, 305; Frankfurt MDR 1983, 137; Karlsruhe AnwBl 1982, 492; LAG Köln LAGE § 114 ZPO Nr. 6; LG Kiel SchlHA 1982, 155; Stein-Jonas-Leipold ZPO 20. Auflage § 119 Rz 25 Kalthoener/Büttner Rz 443; Blümler MDR 1983, 99. Gegen eine rückwirkende Beurteilung aus Billigkeitsgründen sind Düsseldorf NJW RR 1989, 383; VGH Baden-Württemberg [13. Sen] v. 10. 7. 1987, A 13, S 659/87; Saarbrücken JurBüro 1985, 599; OVG Koblenz NJW 1982, 2834; Zöller-Schneider ZPO 15. Auflage § 114 Rz 57 und § 119 Rz 20; Thomas-Putzo 15. Auflage § 119 Anm. 1 a. Gleicher Auffassung für den Fall, daß die Entscheidung zur Hauptsache inzwischen rechtskräftig ist VGH Baden-Württemberg VBl BW 1987, 296; Hamm FamRZ 1985, 825; Frankfurt AnwBl 1982, 533; Baumbach-Lauterbach-Albers-Hartmann ZPO 46. Auflage § 114 Anm. 2 B a und § 122 Anm. 1 B a; hingegen unentschieden Hamm FamRZ 1986, 80 und JurBüro 1986, 295 und 1730; Zweibrücken JurBüro 1986, 458; Frankfurt MDR 1986, 857; Karlsruhe FamRZ 1987, 728 und 1986, 702. Der Bundesgerichtshof hat sich im Sinne einer Ablehnung der rückblickenden Beurteilungsweise geäußert für jenen Fall, daß zwischen dem Zeitpunkt der Entscheidungreife und dem Entscheidungszeitpunkt infolge Klärung einer zunächst offenen Rechtsfrage durch den BGH die Rechtslage eine Änderung erfahren hat (BGH NJW 1982, 1104). Gleichlautend hat er entschieden, daß für eine unselbständige Anschlußrevision unabhängig von ihrer Erfolgsaussicht z. Zt. der Einlegung Prozeßkostenhilfe nicht gewährt werden kann, wenn die Revision nicht angenommen wird und deshalb im Zeitpunkt der Entscheidung feststeht, daß die Anschlußrevision mangels Annahme der Revision nicht durchgeführt werden kann (BGH NJW 1985, 498).

170a *Entscheidungsreife* im Prozeßkostenhilfeverfahren liegt vor, wenn
 a) ein formal und inhaltlich vollständiges Prozeßkostenhilfegesuch, eventuell nach Vervollständigung fehlender Angaben und Unterlagen, dem Gericht vorliegt, (§ 117 ZPO)
 b) zulässige (vgl. § 118 ZPO) gerichtliche Auflagen erfüllt sind und
 c) dem Gegner eine angemessene (in der Regel 2 Wochen umfassende) Frist zur Stellungnahme gewährt worden ist.

171a Verschlechtern sich die wirtschaftlichen Verhältnisse des Antragstellers während der Zeit der Verzögerung der Entscheidung über den Prozeßkostenhilfeantrag, so sind die subjektiven Verhältnisse zum Zeitpunkt der verzögerten Entscheidung zugrundezulegen, im übrigen aber die Verhältnisse im Zeitpunkt, in dem hätte entschieden werden können (LAG Baden-Württemberg JurBüro 1988, 366).

172 Von der Frage des maßgeblichen Beurteilungszeitpunktes zu unterscheiden ist die der *Rückwirkung* eines rechtzeitig gestellten *Prozeßkostenhilfe-*

antrags. Endet die Instanz, bevor über einen Prozeßkostenhilfeantrag, und sei es erst im Wege der Beschwerde positiv entschieden worden ist und hat der Antragsteller die Verzögerung der Entscheidung über seinen Antrag nicht zu vertreten, steht dies der rückwirkenden Bewilligung von Prozeßkostenhilfe nicht entgegen (OVG Bremen NVwZ-RR 1989, 585; Karlsruhe AnwBl 1988, 312; BGH NJW 1985, 921, Hamm JurBüro 1988, 644; Köln Rpfl 1984, 330; SchlHA 1984, 174; Hamburg FamRZ 1983, 1230 und FamRZ 1987, 843 für den Antragsgegner nach Rücknahme des Scheidungsantrags; Zweibrücken JurBüro 1982, 1259 und 1983, 454; LAG Berlin EzA § 114 ZPO Nr. 2, s. ferner Düsseldorf NJW RR 1989, 383 und LAG München AnwBl 1988, 122). Dies gilt selbst dann, wenn das Verfahren inzwischen rechtskräftig abgeschlossen ist (LAG Baden-Württemberg, BB 1984, 1366; Bamberg JurBüro 1983, 454; Frankfurt AnwBl 1982, 533 (h. M.); a. M. OVG Koblenz NJW 1982, 2834, weil mit rechtskräftigem Abschluß der Sache die Prozeßkostenhilfe ihre Funktion nicht mehr erfüllen könne, mit abl. Anm. von Bönker NJW 1983, 2430; im Ergebnis gleicher Meinung auch Bamberg JurBüro 1988, 1056 für den Fall verspäteter Beibringung der Erklärung über die persönlichen und wirtschaftlichen Verhältnisse). S. Hierzu auch §§ 114, 115 ZPO Rz 31, 124.

Der Rückwirkungszeitpunkt ist im Bewilligungsbeschluß zu bezeichnen, schon um diesbezügliche Zweifelsfragen auszuschließen (München MDR 1986, 242; Karlsruhe JurBüro 1985, 1263; Hamm JurBüro 1981, 1408; Zöller/Schneider § 119 Rz 17; Kalthoener/Büttner Rz 523, 542). Fehlt es an einer Zeitangabe, gilt Prozeßkostenhilfe am Zweifel mit dem Zeitpunkt eines ordnungsgemäß und vollständig dem Gericht vorliegenden Antrags, nicht mit der Tag der Beschlußfassung bewilligt (BGH NJW 1982, 446 u. NJW 1985, 921 m. w. N; Hamburg FamRZ 1987, 843; Frankfurt AnwBl 1986, 255; Karlsruhe NJW-RR 1989, 1465; Hamm JurBüro 1981, 1408; Kalthoener/Büttner Rz 523, 534; a. M. (Zeitpunkt der Entscheidungsreife): Düsseldorf Rpfl. 1986, 108; München MDR 1986, 242). Siehe auch oben Rz 31. Im Regelfall wird der Antrag auf Prozeßkostenhilfe dahin auszulegen sein, daß diese zum frühestmöglichen Zeitpunkt, d. h. ab Antragstellung wirksam werden soll. Prozeßkostenhilfe als Sonderfall der Sozialhilfe ist daher in entsprechender Anwendung von §§ 5 BSHG, 9 SGB I sowie im Anschluß an die BGH-Rechtsprechung ab Antragstellung und nicht ab Entscheidungsreife zu gewähren. Verzögerungen seitens des Antragstellers insbesondere bei der Erfüllung gerichtlicher Auflagen gehen jedoch auch hinsichtlich der Rückwirkung des Antrags zu seinen Lasten (BGH VersR 1983, 241).

Wird ein Prozeßkostenhilfeantrag erst nach Abschluß der Instanz der Hauptsache gestellt, kann ihm nicht mehr stattgegeben werden (BGH Anw 1987, 55; BPatG GRVR 1982, 367; Hamburg MDR 1983, 234).

§ 116 ZPO (Partei kraft Amtes, juristische Person)

(1) Prozeßkostenhilfe erhalten auf Antrag
1. eine Partei kraft Amtes, wenn die Koten aus der verwalteten Vermögensmasse nicht aufgebracht werden können und den am Gegenstand des Rechtsstreits wirtschaftlich Beteiligten nicht zuzumuten ist, die Kosten aufzubringen;
2. eine inländische juristische Person oder parteifähige Vereinigung, wenn die Kosten weder von ihr noch von den am Gegenstand des Rechtsstreits wirtschaftlich Beteiligten aufgebracht werden können und wenn die Unterlassung der Rechtsverfolgung oder Rechtsverteidigung allgemeinen Interessen zuwiderlaufen würde.

(2) § 114 S. 1 letzter Halbsatz ist anzuwenden. Können die Kosten nur zum Teil oder nur in Teilbeträgen aufgebracht werden, so sind die entsprechenden Beträge zu zahlen.

Literatur

Künkel	Prozeßkostenhilfe für den Konkursverwalter DB 1988, 1939
Pape	Prozeßkostenhilfe für Konkursverwalter ZIP 1988, 1293

Inhaltsübersicht

	Rz
I. Allgemeines	1–3
II. Prozeßkostenhilfe für Parteien kraft Amtes	
1. Persönliche Voraussetzungen	4
2. Bedürftigkeit der Partei kraft Amtes	5
3. Bedürftigkeit wirtschaftlich Beteiligter	6–10
4. Ausländische Parteien kraft Amtes	11
III. Prozeßkostenhilfe für juristische Personen und parteifähige Vereinigungen	
1. Persönliche Voraussetzungen	
a) inländische juristische Personen	12–13
b) parteifähige Vereinigungen	14
2. Sachliche Voraussetzungen	
a) Bedürftigkeit wirtschaftlich Beteiligter	15–16
b) Prozeßführung von allgemeinem Interesse	17–20
3. Ausländische juristische Personen	21
Anhang nach § 116 ZPO: Zwischenstaatliche Vorschriften über die Prozeßkostenhilfe	21a–21c

Prozeßkostenhilfe § 116 ZPO

I. Allgemeines

§ 116 ZPO enthält für Parteien kraft Amtes, inländische juristische   1
Personen und parteifähige Vereinigungen eine Sonderregelung darüber,
ob und nach welchen Gesichtspunkten deren wirtschaftlichen Verhältnisse es möglich und zumutbar erscheinen lassen, Kosten der Prozeßführung aufzubringen. Die gesetzliche Regelung erweitert hier den Beurteilungsrahmen, indem auf die Verhältnisse der am Gegenstand des Rechtsstreits wirtschaftlich Beteiligten abgestellt und auf diese Weise vermieden wird, daß sie über eine wirtschaftlich schwache Partei mittels staatlicher Prozeßkostenhilfe ihre Interessen im Rechtsstreit risikolos verfolgen.
Auch für Parteien kraft Amtes, inländische juristische Personen und   2
parteifähige Vereinigungen gelten die sachlichen Voraussetzungen der
Prozeßkostenhilfe, d. h. hinreichende Erfolgsaussicht der Rechtsverfolgung bzw. Rechtsverteidigung, wie die Verweisung auf § 114 S. 1 letzter Halbsatz ZPO in § 116 Abs. 2 S. 1 ZPO deutlich macht.
Im übrigen unterliegen Parteien kraft Amtes, inländische juristische   3
Personen sowie parteifähige Vereinigungen den allgemeinen Vorschriften im Prozeßkostenhilfeverfahren. Auch für sie bedarf es hinreichender Erfolgsaussicht der Rechtsverfolgung bzw. Rechtsverteidigung; sie darf nicht mutwillig sein (§ 116 Abs. 2 S. 1 ZPO). Können die Kosten von der Partei nur zum Teil oder nur in Teilbeträgen aufgebracht werden, findet die *Tabelle* zu § 114 ZPO *keine Anwendung,* sondern sind Beträge zu zahlen, die der Leistungsfähigkeit der Partei entsprechen (§ 116 Abs. 2 S. 2 ZPO).

II. Prozeßkostenhilfe für Parteien kraft Amtes

1. Persönliche Voraussetzungen

Parteien kraft Amtes sind Konkursverwalter, Vergleichsverwalter,   4
Sequester im Konkursverfahren (§ 106 KO), Sachwalter in seerechtlichen Verteilungsverfahren (§ 9 Seerechtl. Verteilungsordnung vom 21. 6. 1972 (BGBl I 953), Zwangsverwalter, Nachlaßverwalter und Testamentsvollstrecker, ferner der Pfleger für das Sammelvermögen (§ 1914 BGB). Nicht hierhin gehören die gesetzlichen Vertreter wie Vormund, Pfleger, Nachlaßpfleger, Pfleger für noch nicht geborene Personen sowie der Verwalter nach dem Wohnungseigentumsgesetz.

2. Bedürftigkeit der Partei kraft Amtes

5 Die Partei kraft Amtes ist hilfsbedürftig, wenn sie die Kosten der Prozeßführung aus der verwalteten Vermögensmasse nicht aufzubringen vermag. Kann sie die Kosten teilweise aufbringen, hat sie hierzu einen entsprechenden Beitrag zu leisten, den der Richter nach pflichtgemäßem Ermessen festzusetzen hat. Die Partei kraft Amtes braucht jedoch nicht sämtliche verfügbaren Mittel zur Prozeßführung aufzuwenden, um nicht die Fortsetzung der Amtsführung im übrigen zu gefährden.

3. Bedürftigkeit wirtschaftlich Beteiligter

6 Soweit der Partei kraft Amtes die Aufbringung der Mittel für die Prozeßführung nicht möglich ist, erhält sie gleichwohl Prozeßkostenhilfe nicht, wenn es den am Gegenstand des Rechtsstreits wirtschaftlich Beteiligten zuzumuten ist, die Kosten aufzubringen. Beteiligte sind im Rechtsstreit des Testamentsvollstreckers Erben, Vermächtnisnehmer und Pflichtteilsberechtigte, bei der Nachlaßverwaltung Erben und Nachlaßgläubiger, bei der Zwangsverwaltung Eigentümer und Gläubiger, im Konkurs- und im Vergleichsverfahren sowie bei Sequestration sämtliche Gläubiger, für die mit einer Befriedigung aus der Masse zu rechnen ist, im seerechtlichen Verteilungsverfahren die Gläubiger. Soweit Gläubiger in anderer Weise, etwa durch vorzugsweise Befriedigung ihre Ansprüche durchsetzen können, fehlt es ihnen an einem Interesse an der Führung des Rechtsstreits und sind sie nicht als wirtschaftlich Beteiligte anzusehen (Köln JW 36, 345).

7 Für die wirtschaftlich Beteiligten muß eine Aufbringung der Kosten im Rechtsstreit der Partei kraft Amtes zumutbar sein. Dies bedeutet, daß sie zur Aufbringung der erforderlichen Mittel in der Lage sind, und die Prozeßführung im Hinblick auf den zu erwartenden Erfolg wirtschaftlich sinnvoll ist. Letztes ist zum Beispiel nicht der Fall, wenn die Realisierung eines erwirkten Urteils wegen mangelnder Leistungsfähigkeit des Prozeßgegners fraglich erscheint. Wird im Falle des Obsiegens des Konkursverwalters das Prozeßergebnis lediglich überwiegend der Deckung der Massekosten dienen, so daß die Gläubiger eine nennenswerte Beteiligung nicht erwarten können, ist dem Konkursverwalter Prozeßkostenhilfe zu gewähren (Celle ZIP 1987, 729; einschränkend Celle ZIP 1988, 793, wonach dem Konkursverwalter persönlich die Leistung eines Prozeßkostenvorschusses zuzumuten ist, wenn bei Prozeßerfolg sein Vergütungsanspruch befriedigt werden würde). Entfällt auf die Massegläubiger des ersten Ranges eine Quote, sind sie leistungsfähig und ist ihnen die Aufbringung der Mittel zuzumuten, ist dem Konkursverwalter Prozeßkostenhilfe zu versagen (LAG Düsseldorf JurBüro 1987, 295). Beantragt der Sequester Prozeßkostenhilfe, so trifft ihn

die Darlegungspflicht nicht nur hinsichtlich der Unzumutbarkeit der Vorschußleistung der Gläubiger, sondern er hat auch die Verbindlichkeiten des Schuldners und deren Rangverhältnis zu klären (Hamburg ZIP 1987, 385; 1985, 1012).
Diese Kriterien gelten auch für den im Prozeß des Konkursverwalters **8** wirtschaftlich beteiligten Fiskus. Die Vorschußbefreiung des § 2 GKG gilt hier für ihn nicht (BGH LM § 114 ZPO a. F. Nr. 26 m. w. N.).
Über die Zumutbarkeit der Kostenbelastung wirtschaftlich Beteiligter **9** entscheidet das Gericht nach pflichtgemäßem Ermessen. Das Tabellensystem gilt nicht.
Im Konkurs einer juristischen Person darf dem Konkursverwalter Pro- **10** zeßkostenhilfe nur bewilligt werden, wenn die Unterlassung der Rechtsverfolgung allgemeinen Interessen zuwiderlaufen würde (Frankfurt/M. NJW 1988, 2053 zu Anm. Künkel Betr. 1988, 1959).

4. Ausländische Parteien kraft Amtes

Auch die ausländische Partei kraft Amtes hat unter den vorgenannten **11** Voraussetzungen Anspruch auf Bewilligung von Prozeßkostenhilfe vor inländischen staatlichen Gerichten (Umkehrschluß aus § 116 Abs. 1 Nr. 2 ZPO mit seiner Beschränkung auf inländische juristische Personen und parteifähige Vereinigungen).

III. Prozeßkostenhilfe für juristische Personen und parteifähige Vereinigungen

1. Persönliche Voraussetzungen

a) Inländische juristische Personen sind solche des privaten Rechts: **12** Aktiengesellschaften, Gesellschaften mit beschränkter Haftung, eingetragene Genossenschaften, eingetragene Vereine. Vorformen mit körperschaftlichem Charakter zählen ebenso hierher (BAG NJW 1963, 680; Hamburg BB 1973, 1505 betreffend GmbH in Gründung) wie bereits gelöschte juristische Personen des Privatrechts, die zum Zwecke der Nachtragsliquidation als parteifähig gelten (Frf Rpfl 1978, 28; Hamburg KTS 1986, 509; LG München Rpfl 1974, 371, offengelassen: BGH NJW RR 1986, 394). Wegen Nachtragsliquidation s. BayOblG BB 1983, 1627.
Als juristische Personen des öffentlichen Rechts kommen in Betracht **13** berufsständische Kammern und Anstalten.
b) Parteifähige Vereinigungen sind im Aktiv- und Passivprozeß die **14** offene Handelsgesellschaft, die Kommanditgesellschaft, die Reederei,

der Betriebsrat im Verfahren vor den Arbeitsgerichten (Grunsky, ArbGG 5. Aufl. § 11 a Rz 3), der nicht rechtsfähige Verein, soweit er Beklagter ist. Nicht rechtsfähige und somit nicht parteifähige Vereinigungen sind die BGB-Gesellschaft, die stille Gesellschaft, die Erbengemeinschaft, die Wohnungseigentümergemeinschaft, der nicht rechtsfähige Verein als Kläger. Politische Parteien, die als nicht rechtsfähiger Verein organisiert sind, können nach § 3 ParteienG klagen und verklagt werden (BGHZ 1973, 277; Köln NJW 1978, 227), nicht jedoch ihre Bezirksverwaltungen, Orts- oder Kreisverbände, ausgenommen im Passivprozeß bei Organisation als nicht rechtsfähiger Verein. Grundsätzlich parteifähig sind Arbeitnehmer-Gewerkschaften (BGH NJW 1968, 1830).

2. Sachliche Voraussetzungen

a) Bedürftigkeit auch wirtschaftlich Beteiligter.

15 Auch für inländische juristische Personen und parteifähige Vereinigungen gilt, daß sie nicht hilfsbedürftig sind, wenn weder von ihnen noch von den am Gegenstand des Rechtsstreits wirtschaftliche Beteiligten die Prozeßkosten aufgebracht werden können. Die Mittellosigkeit wird hier durch Vorlage von Bilanzen und durch deren Bestätigung seitens fachkundiger Stellen darzulegen sein. Einer GmbH, die mit Kredit arbeitet, ist die Aufbringung von Prozeßkosten aus dem Kredit zuzumuten, wo dies möglich ist, auch wenn Gewinne nicht ausgeschüttet werden (OVG Bremen JurBüro 1987, 771).

16 Als wirtschaftlich Beteiligte kommen Groß-Aktionäre, Inhaber von GmbH-Geschäftsanteilen, Gesellschafter, Vereinsmitglieder in Betracht, s. Stuttgart NJW 1975, 2022; BFH NJW 1979, 1904. Gläubiger sind hier nicht wirtschaftlich Beteiligte (RGZ 148, 196). Bei einem gemeinnützigen Verein, der soziale Zwecke verfolgt und mit öffentlichen Mitteln arbeitet, kommen die Mitglieder als am Gegenstand des Rechtsstreits wirtschaftlich Beteiligte nicht in Betracht (Hamburg NJW RR 1987, 894).

b) Prozeßführung von allgemeinem Interesse

17 Für inländische juristische Personen und parteifähige Vereinigungen ist neben hinreichender Erfolgsaussicht und fehlendem Mutwillen besondere objektive Voraussetzung der Prozeßkostenhilfe, daß die Unterlassung der Rechtsverfolgung oder Rechtsverteidigung allgemeinen Interessen zuwider laufen würde. Dies kann der Fall sein bei drohendem Zusammenbruch der juristischen Person, erheblichen, insbesondere sozialen Auswirkungen der Entscheidung auf weite Bevölkerungskreise oder das Wirtschaftsleben (BGHZ 1925, 183; BFH BB 1982, 1536; NJW 1974, 256), Beeinträchtigung von der Öffentlichkeit dienenden Aufgaben der Partei oder Gefährdung einer Vielzahl von Arbeitsplätzen (s.

Prozeßkostenhilfe § 116 ZPO

hierzu BT-Drucksache DRS. 8/3068 S. 26f.). Im allgemeinen Interesse kann es auch liegen, bestimmte Rechtsfragen durch den angestrebten Prozeß einer Klärung zuzuführen. Indessen gebietet der Grundsatz der Gewährung rechtlichen Gehörs (Art. 103 GG) es nicht, Prozeßkostenhilfe zu bewilligen, wenn deren sachliche Voraussetzungen nicht erfüllt sind (BFH NV 1986, 485).

Verneint worden ist ein allgemeines Interesse bei einem solchen an einer richtigen Entscheidung (BGHZ 25, 185; NJW 1986, 2059), auch wenn die erstinstanzliche Entscheidung offenbar unrichtig ist (LAG Bremen NJW RR 1987, 894), bei Notwendigkeit einer Vorlage der Sache beim großen Senat (BGH NJW 1965, 585) oder bei der Möglichkeit, Steuern einziehen zu können (Köln JurBüro 1985, 1259). 18

Tritt der Gesellschafter und Geschäftsführer einer GmbH durch Selbstkontrahieren Ansprüche der GmbH an sich ab, so kann ihm für eine wegen dieser Ansprüche beabsichtigte Klage Prozeßkostenhilfe nur unter den Voraussetzungen des § 116 ZPO gewährt werden (Hamburg, MDR 1988, 783). 19

Die Bewilligung der Prozeßkostenhilfe sowie die Festsetzung von Beiträgen zu den Kosten nach Höhe und Anzahl unterliegt auch hier dem pflichtgemäßen richterlichen Ermessen. Ihre Anordnung muß wirtschaftlich sinnvoll und für die Beteiligten zumutbar sein. §§ 114, 115 ZPO mit ihrem System von Raten und deren Anzahl gelten nicht. 20

3. Ausländische juristische Personen

Ausländische juristische Personen und ausländische parteifähige Vereinigungen können Prozeßkostenhilfe erhalten nach Maßgabe der nachstehend wiedergegebenen Bestimmungen des Haager Zivilprozeß-Übereinkommens vom 1. 3. 1954, welchem beigetreten sind: Ägypten, Belgien, Dänemark, Bundesrepublik Deutschland, Finnland, Frankreich, Israel, Italien, Japan, Jugoslawien, Libanon, Luxemburg, Marokko, Niederlande, Norwegen, Österreich, Polen, Portugal, Rumänien, Schweden, Schweiz, Sowjetunion, Spanien, Suriname, Tschechoslowakei, Türkei, Ungarn, Vatikan-Staat. Es gilt nur für die europäischen Gebiete der Vertragsstaaten mit teilweiser Ausdehnung auf außer-europäische Gebiete. S. hierzu auch das Ausführungsgesetz vom 18. 12. 1958, BGBl I 939. 21

Anhang nach § 116
Zwischenstaatliche Vorschriften über die Prozeßkostenhilfe

1) Allgemeines. Die Staatsverträge über das Armenrecht und die ausländischen einschlägigen Vorschriften zur Gegenseitigkeit beim Armenrecht haben für diejenigen Fälle, die nach dem seit 1. 1. 81 geltenden 21a

§ 116 ZPO   Prozeßkostenhilfe

Recht zu beurteilen sind, nur noch dann Bedeutung, wenn der Rechtsstreit entweder vor dem ausländischen Gericht stattfindet oder wenn vor dem inländischen Gericht als Antragsteller eine ausländische juristische Person oder eine ausländische parteifähige Vereinigung auftritt, § 114. Nach Art. 5 Z 2 G v. 13. 6. 80, BGBl 677, in Kraft seit 1. 1. 81, Art. 7 I, ist in völkerrechtlichen Vereinbarungen, die die Bezeichnung Armenrecht verwenden, bei der Anwendung auf die neuen Begriffe Prozeßkostenhilfe usw. abzustellen.

21 b **2) Aus dem HZPrÜbk.** Geltungsbereich s. auch Bülow-Böckstiegel I A I 1a, b, Gottwald ZZP 89, 136.

Art. 20. [I]In Zivil- und Handelssachen werden die Angehörigen eines jeden Vertragsstaates in allen anderen Vertragstaaten ebenso wie die eigenen Staatsangehörigen zum **Armenrecht nach den Rechtsvorschriften des Staates zugelassen, in dem** das Armenrecht **nachgesucht wird.**

[II]In den Staaten, in denen das Armenrecht **auch in verwaltungsgerichtlichen Verfahren besteht, ist Absatz 1 auch auf die Angelegenheiten anzuwenden, die vor die hierfür zuständigen Gerichte gebracht werden.**

Art. 21. [I]In allen Fällen muß die Bescheinigung oder die Erklärung über das Unvermögen von den Behörden des gewöhnlichen Aufenthaltsortes des Ausländers oder beim Fehlen eines solchen von den Behörden seines derzeitigen Aufenthaltsortes ausgestellt oder entgegengenommen sein. Gehören diese Behörden keinem Vertragstaat an und werden von ihnen solche Bescheinigungen oder Erklärungen nicht ausgestellt oder entgegengenommen, so genügt es, daß die Bescheinigung oder Erklärung durch einen diplomatischen oder konsularischen Vertreter des Landes, dem der Ausländer angehört, ausgestellt oder entgegengenommen wird.

[II]Hält der Antragsteller sich nicht in dem Land auf, in dem das Armenrecht nachgesucht wird, so ist die Bescheinigung oder die Erklärung über das Unvermögen von einem diplomatischen oder konsularischen Vertreter des Landes, in dem sie vorgelegt werden soll, kostenfrei zu beglaubigen.

Bemerkung: Zu I: Wie aus S 2 im Zusammenhang mit S 1 hervorgeht, braucht der Angehörige des Vertragstaats sich nicht in einem solchen aufzuhalten.

Art. 22. [I]Die Behörde, die zuständig ist, die Bescheinigung oder die Erklärung über das Unvermögen auszustellen oder entgegenzunehmen, kann bei den Behörden der anderen Vertragstaaten Auskünfte über die Vermögenslage des Antragstellers einholen.

Prozeßkostenhilfe § 116 ZPO

ᴵᴵDie Behörde, die über den Antrag auf Bewilligung des Armenrechts zu entscheiden hat, ist in den Grenzen ihrer Amtsbefugnisse berechtigt, die ihr vorgelegten Bescheinigungen, Erklärungen und Auskünfte nachzuprüfen und sich zu ihrer ausreichenden Unterrichtung ergänzende Aufschlüsse geben zu lassen.
Art. 23. ᴵBefindet sich der bedürftige in einem anderen Land als demjenigen, in dem das Armenrecht nachgesucht werden soll, so kann sein Antrag auf Bewilligung des Armenrechts zusammen mit den Bescheinigungen oder Erklärungen über das Unvermögen und gegebenenfalls mit weiteren für die Behandlung des Antrags sachdienlichen Unterlagen durch den Konsul seines Landes der Behörde, die über den Antrag zu entscheiden hat, oder der Behörde, die von dem Staat bezeichnet ist, in dem der Antrag behandelt werden soll, übermittelt werden. ᴵᴵDie Bestimmungen, die in Artikel 9 Absatz 2, 3 und 4 und in den Artikeln 10 und 12 für Rechtshilfeersuchen vorgesehen sind, gelten für die Übermittlung von Anträgen auf Bewilligung des Armenrechts und ihrer Anlagen entsprechend.
Bemerkung: S AusfG §§ 9, 10, Art. 9, 10 u 12 Übk. Zu II: Unmittelbarer Geschäftsverkehr der BRep mit Belgien, Dänemark, Luxemburg, den Niederlanden, Österreich, der Schweiz auf Grund von Zusatzvereinbarungen; Verkehr über den Konsul mit Frankreich, Italien, Norwegen, Schweden; diplomatischer Verkehr mit Finnland.
Art. 24. ᴵIst einem Angehörigen eines Vertragstaates für ein Verfahren das Armenrecht bewilligt worden, so hat der ersuchende Staat für Zustellungen jeglicher Art, die sich auf dieses Verfahren beziehen und die in einem anderen Vertragstaat zu bewirken sind, dem ersuchten Staat Kosten nicht zu erstatten. ᴵᴵDas gleiche gilt für Rechtshilfeersuchen mit Ausnahme der Entschädigungen, die an Sachverständige gezahlt sind.

Aus dem AusfG v. 18. 12. 1958, BGBl 939, Armenrecht (Art. 20–24 des Übereinkommens)
§ 9. Für die Entgegennahme von Anträgen auf Bewilligung des Armenrechts, die von einem ausländischen Konsul innerhalb der Bundesrepublik Deutschland übermittelt werden (Artikel 23 Abs. 1 des Übereinkommens), ist der Landgerichts- oder Amtsgerichtspräsident zuständig. § 1 ist entsprechend anzuwenden.
§ 10. ᴵEin Angehöriger eines Vertragstaates, der im Ausland das Armenrecht für eine Klage vor einem Gericht eines anderen Vertragstaates auf dem in Artikel 23 des Übereinkommens vorgesehenen Weg nachsuchen will, kann seinen Antrag auf Bewilligung des Armenrechts zusammen mit den erforderlichen Unterlagen bei dem Amtsgericht einreichen, in dessen Bezirk er seinen gewöhn-

§ 116 ZPO   Prozeßkostenhilfe

lichen Aufenthalt hat. Er kann das Gesuch bei diesem Gericht auch zu Protokoll der Geschäftsstelle erklären.
II**Für die Übermittlung eines Antrags auf Bewilligung** des Armenrechts **durch den diplomatischen oder konsularischen Vertreter der Bundesrepublik Deutschland werden Gebühren und Auslagen nicht erhoben.**

21c 3) Übersicht über die Gegenseitigkeit bei der Prozeßkostenhilfe. Vgl. Bülow-Böckstiegel, Der internationale Rechtsverkehr, 3. Aufl. 1985. Vgl. auch BAnz Nr. 234 v. 3. 12. 52 S 5 ff.

§ 117 ZPO (Antrag, Vordrucke)

(1) Der Antrag auf Bewilligung der Prozeßkostenhilfe ist bei dem Prozeßgericht zu stellen; er kann vor der Geschäftsstelle zu Protokoll erklärt werden. In dem Antrag ist das Streitverhältnis unter Angabe der Beweismittel darzustellen.
(2) Dem Antrag sind eine Erklärung der Partei über ihre persönlichen und wirtschaftlichen Verhältnisse (Familienverhältnisse, Beruf, Vermögen, Einkommen und Lasten) sowie entsprechende Belege beizufügen.
(3) Der Bundesminister der Justiz wird ermächtigt, zur Vereinfachung und Vereinheitlichung des Verfahrens durch Rechtsverordnung mit Zustimmung des Bundesrates Vordrucke für die Erklärung einzuführen.
(4) Soweit Vordrucke für die Erklärung eingeführt sind, muß sich die Partei ihrer bedienen.

Inhaltsübersicht

	Rz
I. Allgemeines	1–4
II. Form und Zeitpunkt des Antrags	5–13
III. Inhalt des Antrags	14
1. Erklärung über persönliche und wirtschaftliche Verhältnisse; Vordruckzwang	15–23
2. Befreiung vom Vordruckzwang	24–26
3. Persönlichkeitsschutz	27
4. Aktenführung in Prozeßkostenhilfesachen	28–29
5. Darstellung des Sach- und Streitstandes	30
IV. Wirkung des Antrags	
1. Grundsatz	31
2. Rechtsmittelverfahren	32–33
3. Arrest- und Verfügungsverfahren	34
4. Abänderungsklage	35
5. Vollstreckungsgegenklage, Drittwiderspruchsklage	36
6. Materielle Wirkungen	37–38

I. Allgemeines

Prozeßkostenhilfe wird der Partei grundsätzlich nur auf ausdrücklichen **1** Antrag, also nicht von Amts wegen, bewilligt (Karlsr. AnwBl 87, 340); eine Ausnahme hiervon gibt es im Verfahren eines sogenannten eingehenden Gesuchs um Auslandsunterhalt (§ 9 I AUG). Gleichwohl kann das Gericht gegenüber einer erkennbar hilfsbedürftigen, ungewandten Partei die Stellung eines Prozeßkostenhilfeantrages anregen. Dies kann

§ 117 ZPO   Prozeßkostenhilfe

die richterliche Fürsorgepflicht gebieten. Eine ohne Antrag bewilligte Prozeßkostenhilfe ist gleichwohl wirksam und kann nicht aufgehoben werden (Oldenburg MDR 1989, 286; a. M. München JurBüro 1984, 1851; Schneider MDR 1985, 441).

1a Ausnahmsweise kann ein stillschweigender Prozeßkostenhilfeantrag angenommen werden, wenn ein dahingehender Parteiwille eindeutig den Umständen zu entnehmen ist, z. B. bei Erweiterung des Sachantrags nach vorangegangener Prozeßkostenhilfebewilligung oder Einbeziehung nicht anhängiger Gegenstände in einen Vergleich auf Vorschlag des Gerichts (ArbG Bochum, AnwBl 1984, 624; Karlsruhe AnwBl 1987, 340; Schneider MDR 1985, 441f.).

2 Als Prozeßhandlung duldet der Prozeßkostenhilfeantrag keine Bedingung. Die Beifügung einer Bedingung macht ihn unzulässig. Der Antrag kann jederzeit und ohne Zustimmung des Gerichts oder des Gegners zurückgenommen werden.

3 Prozeßkostenhilfe erstreckt sich stets nur auf das angestrebte Verfahrensziel, welches sich ausdrückt in dem angekündigten Sachantrag (Antrag aus der Klage oder aus der Klagebeantwortung). Kommt es später innerhalb der Instanz zu einer Ausweitung des Prozeßstoffes, zum Beispiel durch *Klageerweiterung, Folgeanträge* im Scheidungsverfahren, Widerklage, so bedarf es eines gesonderten Antrags, wenn Prozeßkostenhilfe auch für die erweiterten Anträge bewilligt werden soll. Dieser Antrag unterliegt ebenso wie der ursprüngliche Antrag einer gesonderten Prüfung hinsichtlich der sachlichen Voraussetzungen, bevor auch insoweit Prozeßkostenhilfe bewilligt werden kann. Ein diesbezüglich stillschweigend gestellter Antrag ist nicht anzunehmen (Karlsr. AnwBl 1987, 340).

4 Der Prozeßkostenhilfeantrag ist insoweit der Auslegung fähig, als die gewünschte Prozeßkostenhilfe für ein Kindschaftsverfahren zugleich den Antrag auf Beiordnung eines Anwalts enthält (Düss. FamRZ 1981, 486). Wird im Scheidungsverfahren für die Verteidigung in der Hauptsache Prozeßkostenhilfe beantragt, so kann dies als Antrag auf Bewilligung von Prozeßkostenhilfe schon für das Prüfungsverfahren ausgelegt werden (Schluß *a maiore ad minus*; Hamm NJW 1982, 287). Nach Nürnberg, NJW 1982, 288, kommt die Bewilligung von Prozeßkostenhilfe zugunsten des Antragsgegners für das Bewilligungsverfahren nicht in Betracht. Er kann jedoch Beratungshilfe in Anspruch nehmen.

II. Form und Zeitpunkt des Antrags:

5 1. Er kann in der mündlichen Verhandlung zu Protokoll des für die Entscheidung der Hauptsache zuständigen Gerichts (Prozeßgerichts)

sowie im übrigen schriftlich, telegrafisch, fernschriftlich sowie mündlich zu Protokoll der Geschäftsstelle dieses Gerichts gestellt werden (§ 117 Abs. 1 2. Halbs. ZPO i. Vbd. m. § 127 Abs. 1 Satz 2 ZPO). Er unterliegt *keinem Anwaltszwang* (§ 78 Abs. 2 ZPO). Innerhalb der Geschäftsstelle ist der Rechtspfleger für die Entgegennahme des Antrags zuständig. Er hat den Antragsteller bei der Aufnahme des Gesuchs sachgemäß zu beraten (BGHZ 91, 314), ihn auf den Vordruckzwang des § 117 Abs. 4 ZPO hinsichtlich der Erklärung über die persönlichen und wirtschaftlichen Verhältnisse hinzuweisen, nicht jedoch hinsichtlich der Erfolgsaussicht der Rechtsverfolgung oder Rechtsverteidigung zu beraten oder Rechtsauskünfte zu erteilen (Baumbach/Lauterbach/Albers/Hartmann § 117 Anm 2 B). Der Rechtspfleger handelt ausschließlich als Urkundsbeamter, nicht als Parteivertreter.

Statt vor dem Urkundsbeamten der Geschäftsstelle des Prozeßgerichts **6** kann der Antragsteller den Prozeßkostenhilfeantrag auch vor jedem anderen inländischen Amtsgericht zu Protokoll geben, und zwar ohne Rücksicht darauf, ob das Prozeßgericht weit oder nahe entfernt ist. Jedes Amtsgericht ist zur Entgegennahme des Antrags gemäß § 129 a ZPO verpflichtet und hat das Protokoll unverzüglich an das Prozeßgericht zu übersenden. Mit Zustimmung des Antragstellers kann es auch ihm die Übersendung des Protokolls an das Prozeßgericht überlassen. Die Wirkungen des Antrages treten indessen frühestens mit dem Zugang des Protokolls beim Prozeßgericht ein (§ 129 a Abs. 2 ZPO).

Nichtunterzeichnung des vom Anwalt verfaßten Prozeßkostenhilfean- **6a** trags durch den Anwalt ist unschädlich, weil es sich nicht um einen bestimmenden Schriftsatz handelt, sofern Antragsteller und die Absicht, einen Antrag zu stellen, außer Zweifel stehen (Frankfurt AnwBl 1983, 319).

2. Zeitpunkt des Prozeßkostenhilfeantrags: Der Antrag kann vor **7** Beginn des beabsichtigten Rechtsstreits, also in einem ihm vorgeschalteten Verfahren oder zu Beginn, d. h. zusammen mit Einreichung einer Klage, eines Antrages oder eines Rechtsmittels, gestellt werden (Celle AnwBl 1983, 92; Karlsr. FamRZ 1987, 729). Er kann aber auch noch im Laufe des Verfahrens, muß aber vor Beendigung der Instanz (Düsseldorf JurBüro 1986, 933; Bamberg JurBüro 1986, 1574; OVG Bremen JurBüro 1984, 1092; s. auch ZPO §§ 114–115 Rz 124) gestellt werden. Erledigt sich die Hauptsache zwischen Antrag und Bewilligung von Prozeßkostenhilfe, so kann sie für den Verfahrensabschnitt bewilligt werden, in dem ein Rechtsstreit noch beabsichtigt gewesen war (Köln FamRZ 1984, 916; Schneider MDR 1985, 441; a. M.: Frankfurt FamRZ 1984, 305). Wegen der *Rückwirkung der Bewilligung* der Prozeßkostenhilfe auf den Zeitpunkt des Antrags s. §§ 114, 115 ZPO Rz 31, 172; der Nebenkläger kann den Antrag schon vor der Erklärung des Anschlusses an die öffentliche Klage (§ 395 StPO) stellen (§ 397 a Abs. 1 Satz 2 StPO).

§ 117 ZPO   Prozeßkostenhilfe

8 3. Der Antragsteller hat hinsichtlich der *Reihenfolge* seiner Prozeßhandlungen die Wahl. Er kann zunächst den Prozeßkostenhilfeantrag stellen und während oder nach Beendigung des Bewilligungsverfahrens die Klage, den Antrag zur Hauptsache oder das Rechtsmittel einreichen; er kann aber auch zunächst zur Hauptsache klagen oder Rechtsmittel einlegen und danach, spätestens aber vor Beendigung der Instanz, den Prozeßkostenhilfeantrag folgen lassen. Eine *Verzögerung* des Antrags erweist sich als unzweckmäßig, da Prozeßkostenhilfe nur für die Zeit ab Antragsstellung, nicht aber darüber hinaus rückwirkend bewilligt werden kann (vgl. §§ 114, 115 ZPO Rz 31, 172; § 118 ZPO Rz 21).

9 Der äußeren Form nach können Klage, Antrag oder Rechtsmittel einerseits und Prozeßkostenantrag andererseits in getrennten Schriftsätzen eingereicht, sie können aber auch in einem einzigen Schriftsatz zusammengefaßt werden.

10 Zahlt der Antragsteller zusammen mit der Klage und dem Prozeßkostenhilfeantrag den Gerichtskostenvorschuß an die Gerichtskasse (§ 65 Abs. 1 KGK), werden beide dem Beklagten zugestellt und tritt damit Rechtshängigkeit der Hauptsache ein. Ausnahmen von der Gerichtskostenvorschußpflicht gelten
    nach § 65 Abs. 2 GKG für Scheidungsfolgesachen, für Anfechtungsklagen in Entmündigungssachen sowie
    nach § 65 Abs. 7 GKG
a) soweit dem Antragsteller bereits Prozeßkostenhilfe bewilligt worden ist,
b) wenn dem Antragsteller Gebührenfreiheit zusteht,
c) wenn glaubhaft gemacht wird, daß dem Antragsteller die alsbaldige Zahlung der Kosten mit Rücksicht auf seine Vermögenslage oder aus sonstigen Gründen Schwierigkeiten bereiten würde, es sei denn, daß die beabsichtigte Rechtsverfolgung aussichtslos oder mutwillig erscheint;
d) wenn glaubhaft gemacht wird, daß eine Verzögerung dem Antragsteller einen nicht oder nur schwer zu ersetzenden Schaden bringen würde; zur Glaubhaftmachung genügt in diesem Fall die Erklärung des prozeßbevollmächtigten Rechtsanwalts. Auch in diesem Fall wird jedoch bei aussichtsloser oder mutwillig erscheinender Rechtsverfolgung von der Verpflichtung zur Vorauszahlung der Gerichtskosten nicht befreit.

11 4. Zahlt der Antragsteller für die gleichzeitig erhobene Klage den Gerichtskostenvorschuß nicht ein und wird er von der Vorschußverpflichtung nicht befreit, findet eine förmliche Zustellung der Klage an den Beklagten nicht statt, sondern wird ihm lediglich das Prozeßkostenhilfegesuch zur Erklärung zugestellt; Rechtshängigkeit tritt nicht ein. Anhängig wird in diesem Fall lediglich das Prozeßkostenhilfeverfahren.

12 5. Will der Antragsteller das Kostenrisiko einer anhängig gewordenen

Klage vermeiden und lediglich das Prozeßkostenhilfeverfahren betreiben, so muß er eine dem Prozeßkostenhilfeantrag beigefügte Klage ohne Unterschrift einreichen oder als Entwurf bezeichnen oder die ausdrückliche Erklärung abgeben, die Klage solle lediglich als erhoben gelten, wenn und soweit hierfür Prozeßkostenhilfe bewilligt werde (BGH NJW 1961, 783; BAG AP § 518 Nr. 5; München JurBüro 1988, 1713; Celle MDR 1963, 687; zur Auslegung eines Prozeßkostenhilfeantrags mit Klage siehe auch BGH FamRZ 1986, 1087). Hat der Antragsteller in dieser Weise deutlich gemacht, daß er Klage noch nicht erheben wolle, so wird die Sache selbst dann nicht rechtshängig, wenn eine förmliche Zustellung des Klageentwurfs an den Gegner stattgefunden hat (BGH VersR 1965, 155; VersR 1968, 368; NJW 1972, 1373). Gleiches gilt für den Antrag auf Bewilligung von Prozeßkostenhilfe für ein Rechtsmittel (BAG AP § 518 Nr. 5; BGH MDR 1961, 398). Eine auf diese Weise unter die Bedingung der Bewilligung von Prozeßkostenhilfe gestellte Klageerhebung wird entgegen dem Grundsatz der Bedingungsfeindlichkeit von Prozeßhandlungen als zulässig angesehen (BGHZ 4, 328, 334). Hingegen ist die durch Bewilligung von Prozeßkostenhilfe bedingte Rechtsmitteleinlegung unzulässig (BGH VersR 1985, 1184 m. w. N.; VersR 1974, 194; BAG NJW 1969, 446; a. M. Stein/Jonas/Grunsky § 518 Rn 8). Wird Prozeßkostenhilfe für das Rechtsmittel bewilligt, kann zusammen mit einem Wiedereinsetzungsantrag das Rechtsmittel wirksam nachgeholt werden. Siehe hierzu Rz 32.

Die zunächst bedingt erhobene Klage ist mit der Bewilligung der **13** Prozeßkostenhilfe eingereicht, d. h. anhängig, sofern eine ordnungsgemäße, d. h. auch unterschriebene Klage dem Gericht vorliegt. Um die Rechtshängigkeit herbeizuführen, bedarf es ihrer Zustellung von Amts wegen an den Beklagten.

6. Der Antrag kann im Falle der Ablehnung bis zur Beendigung der **13a** Instanz wiederholt werden; geschieht dies mit identischer Begründung, ist der Antrag als unzulässig zurückzuweisen.

III. Inhalt des Antrags:

Inhaltlich muß der Antrag zum Ausdruck bringen, daß die Bewilligung **14** von Prozeßkostenhilfe erbeten wird, also einen diesbezüglichen Antrag enthalten. Ferner muß die Partei ihre persönlichen und wirtschaftlichen Verhältnisse offenlegen, um damit ihre Hilfsbedürftigkeit darzutun. Endlich muß sie dem Gericht vortragen, auf Grund welchen Sachverhalts sie ein Verfahren im Wege der Klage oder eines sonstigen Antrags einleiten oder sich gegen ihre Inanspruchnahme seitens des Gegners verteidigen will.

§ 117 ZPO   Prozeßkostenhilfe

1. Erklärung über die persönlichen und wirschaftlichen Verhältnisse:

15 § 117 Abs. 2 ZPO gibt in Anknüpfung an § 114 S 1 ZPO eine Erläuterung dieses Begriffs, indem er die Familienverhältnisse, den Beruf, Vermögen, Einkommen und Lasten als kennzeichnende Merkmale aufführt. Zur näheren Darlegung und Glaubhaftmachung dieser Verhältnisse hat der Antragsteller sich des hierfür nach §§ 117 Abs. 3 ZPO, 11a Abs. 4 ArbGG im Wege der Rechtsverordnung eingeführten Vordrucks zu bedienen (§ 117 Abs. 4 ZPO), wie er nachstehend wiedergegeben ist.

16 Wegen Ausnahmen vom Vordruckzwang s. unten Rz 24 ff.

17 Muß der Antragsteller in Abschnitt A des Vordrucks das Bestehen einer eintrittspflichtigen Rechtsschutzversicherung bejahen, so ist er auf dieses Vermögensrecht zwecks Bestreitung der Prozeßkosten zu verweisen; Prozeßkostenhilfe wird ihm nicht bewilligt.

18 Sofern der Antragsteller vom Sozialamt laufende Leistungen zum Lebensunterhalt erhält und dies durch Vorlage des Bewilligungsbescheides glaubhaft macht, braucht er die Abschnitte B bis E des Vordrucks nicht auszufüllen; als Empfänger von Sozialhilfe gilt er als hilfsbedürftig und nicht in der Lage, einen Beitrag zu den Prozeßkosten zu tragen (OLG Stuttg.FamRZ 84, 304). Gleichwohl bleibt er verpflichtet, dem Gericht vollständige Angaben zu seinen persönlichen und wirtschaftlichen Verhältnissen zu machen und diese zu belegen (KG MDR 1988, 1064).

19 In den übrigen Fällen ist der Vordruck vollständig auszufüllen; ihm sind soweit wie möglich zwecks Kontrolle der gemachten Angaben *Belege* (Verdienstbescheinigung, Verträge, Quittungen, Policen usw.) beizufügen. Die Erklärung über die persönlichen und wirtschaftlichen Verhältnisse des Antragstellers muß von ihm persönlich stammen; Angaben eines Dritten kraft rechtsgeschäftlicher Vertretung sind unbeachtlich (LAG Düsseldorf EzA ZPO § 117 Nr. 4).

20 Bedient sich der Antragsteller von Prozeßkostenhilfe trotz entsprechender gerichtlicher Auflage nicht des Vordrucks für die Erklärung über die persönlichen und wirtschaftlichen Verhältnisse, ist sein Antrag unbegründet (BSG MDR 1982, 878; LAG Hamm MDR 1982, 83; LAG Düsseldorf JurBüro 1985, 1261) nicht unzulässig (so Köln MDR 1982, 152 für den Fall nicht vollständiger Ausfüllung des Vordrucks). Gleiches gilt, wenn er trotz Aufforderung des Gerichts die erforderlichen Belege nicht vorlegt (LAG Düsseldorf EzA § 117 ZPO Nr. 5; Karlsruhe FamRZ 1986, 372; Nürnberg FamRZ 1985, 824; Zöller/Schneider § 117 Rn 19; a. M.: Oldenburg JurBüro 1981, 1255 [Zulässigkeitsvoraussetzung]). Ist der Antragsteller anwaltlich vertreten, bedarf es des gerichtlichen Hinweises auf die Einreichung von Belegen vor Zurückweisung des Prozeßkostenhilfeantrages nicht; das gilt jedoch nicht, sofern ohne die Belege

Prozeßkostenhilfe § 117 ZPO

Erklärung über die persönlichen und wirtschaftlichen Verhältnisse

Erklärung über die persönlichen und wirtschaftlichen Verhältnisse
Anlage zum Antrag auf Bewilligung der Prozeßkostenhilfe –

Antragsteller (Name, Vorname, ggf. Geburtsname)	Beruf	Geburtsjahr	Verheiratet?
Anschrift (Straße, Hausnummer, Postleitzahl, Wohnort)		Telefonisch tagsüber erreichbar unter Nr.	

(A) Besteht eine Rechtsschutzversicherung?
☐ Nein ☐ Ja. Sie tritt aber im vorliegenden Fall nicht ein. Den Versicherungsschein füge ich bei.

Bezieht der Antragsteller vom Sozialamt laufende Leistungen zum Lebensunterhalt?
☐ Nein ☐ Ja. Den letzten Bewilligungsbescheid füge ich bei.
[In diesem Fall brauchen Sie den Vordruck unter (B) bis (E) nicht auszufüllen]

(B) **Angehörige,** denen der Antragsteller Unterhalt gewährt

Name, Vorname (Anschrift nur, wenn abweichend von der des Antragstellers)	Geburtsjahr	Familienverhältnis (z. B. Ehegatte, Kind, Schwiegermutter)	Hat der Angehörige eigene Einkünfte?	Wenn Unterhalt ausschließlich durch Zahlung gewährt wird: Monatsbetrag in DM
1			☐ Nein ☐ Ja, DM mtl. netto	
2			☐ Nein ☐ Ja, DM mtl. netto	
3			☐ Nein ☐ Ja, DM mtl. netto	
4			☐ Nein ☐ Ja, DM mtl. netto	
5			☐ Nein ☐ Ja, DM mtl. netto	

(C) Welche **Einkünfte** (brutto) haben der Antragsteller und sein Ehegatte im Monat?

	Antragsteller			Ehegatte	
	Einkünfte aus		Monatsbetrag in DM	Einkünfte aus	Monatsbetrag in DM
	nichtselbständiger Arbeit?	☐ Nein ☐ Ja		nichtselbständiger Arbeit? ☐ Nein ☐ Ja	
	selbständiger Arbeit?	☐ Nein ☐ Ja		selbständiger Arbeit? ☐ Nein ☐ Ja	
	Vermietung und Verpachtung?	☐ Nein ☐ Ja		Vermietung und Verpachtung? ☐ Nein ☐ Ja	
	Kapitalvermögen?	☐ Nein ☐ Ja		Kapitalvermögen? ☐ Nein ☐ Ja	
	Unterhaltsleistungen?	☐ Nein ☐ Ja		Unterhaltsleistungen? ☐ Nein ☐ Ja	
Einkünfte anderer Art bitte kurz bezeichnen z. B.: Rente Kindergeld Wohngeld Arbeitslosengeld Krankengeld Ausbildungsförd.	Einkünfte anderer Art?	☐ Nein ☐ Ja		Einkünfte anderer Art? ☐ Nein ☐ Ja	

Abzüge					
	1 Steuern auf die Einkünfte			1 Steuern auf die Einkünfte	
Bitte kurz bezeichnen z. B.: ① Lohnsteuer ② Pflichtbeiträge ③ Lebensversich. ④ Fahrt zur Arbeit	2 Sozialversicherungsbeiträge			2 Sozialversicherungsbeiträge	
	3 Sonstige Versicherungen			3 Sonstige Versicherung	
	4 Werbungskosten			4 Werbungskosten	

Besondere Belastungen		
Bitte kurz bezeichnen z. B.: Körperbehinderung des/der ... Hohe Unterhaltsleistungen für ...		

Best.-Nr. K 430 Erklärung über die persönlichen und wirtschaftlichen Verhältnisse bei Prozeßkostenhilfe (9990-XII/87)

81

§ 117 ZPO Prozeßkostenhilfe

ⓓ	Vermögen des Antragstellers und seines Ehegatten		Verkehrswert, Betrag in DM
	Ist **Grundvermögen** (z. B. Grundstück, Familienheim, Wohnungseigentum, Erbbaurecht) vorhanden? ☐ Nein ☐ Ja	Kurze Bezeichnung nach Lage, Größe, Nutzungsart, Jahr der Bezugsfertigkeit. Bitte Feuerversicherungsschein beifügen	
	Sind **Bausparguthaben** vorhanden? ☐ Nein ☐ Ja Ist das Guthaben auszahlbar? ☐ Nein ☐ Ja	Bezeichnung der Bausparkasse. Falls Guthaben auszahlbar, bitte angeben, ob es alsbald für ein Familienheim des Antragstellers verwendet wird	
	Sind **Bank-** oder **Sparguthaben** u. dgl. vorhanden? ☐ Nein ☐ Ja	Bezeichnung der Bank, Sparkasse oder des sonstigen Kreditinstituts	
	Sind **Wertpapiere** vorhanden? ☐ Nein ☐ Ja	Bezeichnung der Wertpapiere	
	Sind (von Hausrat, Kleidung, Berufsbedarf, soweit nicht Luxus, abgesehen) **sonstige Vermögenswerte** einschl. Bargeld oder Wertgegenstände vorhanden? ☐ Nein ☐ Ja	Bezeichnung des Gegenstands	

ⓔ	**Verbindlichkeiten** (Bitte nur ausfüllen, wenn Vermögenswerte angegeben sind)		Betrag der Restschuld in DM
	Darlehnsschulden für die Beschaffung oder die Erhaltung des Familienheims des Antragstellers	Bezeichnung des Gläubigers/Kreditinstituts	
	Anschaffungsdarlehn oder dgl. für einen oben angegebenen Vermögenswert	Bezeichnung des Gläubigers/Kreditinstituts und des Gegenstandes	
	Sonstige Verbindlichkeiten	Bezeichnung des Gläubigers/Kreditinstituts und des Verwendungszwecks	

Ich versichere hiermit, daß meine Angaben vollständig und wahr sind.

Zahl der Anlagen: _____

Ort, Datum Aufgenommen:

_____ _____
(Unterschrift des Antragstellers/ges. Vertreters) (Unterschrift, Amtsbezeichnung)

Prozeßkostenhilfe § 117 ZPO

Prozeßkostenhilfe, evtl. mit Ratenzahlungen, zu bewilligen ist (LAG Düsseldorf EzA § 117 ZPO Nr. 6). Auf der anderen Seite ist der Vordruckzwang kein Selbstzweck. Dem Antragsteller kann Prozeßkostenhilfe auch ohne Benutzung des Vordrucks bewilligt werden, wenn er bereits auf andere Weise die erforderlichen Angaben glaubhaft gemacht hat (Karlsr. FamRZ 86, 374), zum Beispiel durch Darlegung in einer beigefügten Erklärung unter Versicherung der Richtigkeit an Eides Statt (LAG Hamm EzA § 117 ZPO Nr. 1)

Soweit der Antragsteller gehalten ist, den Vordruck auszufüllen und 21 Belege einzureichen, hat das Gericht ihm unter Bestimmung einer angemessenen Nachfrist Gelegenheit zu geben, Versäumtes nachzuholen. Erst wenn der Antragsteller diesen Auflagen nicht nachgekommen ist, kann der Prozeßkostenhilfeantrag wegen Formmangels zurückgewiesen werden (Düsseld. FamRZ 1988, 415; LAG Düsseldorf JurBüro 1987, 1561; LAG Hamm JurBüro 1981, 1581; SchlHHA 1982, 71. Nach Oldenburg JurBüro 1981, 1580 ist eine Zurückweisung des Antrags auch ohne Nachfristsetzung zulässig). Der zurückgewiesene Antrag kann jedoch unter Beachtung der gesetzlichen Formerfordernisse *wiederholt* werden (Oldenburg aaO; LSG Schl-HHA 1984, 148).

Grundsätzlich hat der Antragsteller sich in jeder Instanz, für die er 22 Prozeßkostenhilfe beantragt, über seine persönlichen und wirtschaftlichen Verhältnisse unter Benutzung des vollständig ausgefüllten (OLG Köln MDR 1982, 152; a. M.: LAG Hamm MDR 1982, 436) Vordrucks zu erklären (§ 119 ZPO).

Eine Bezugnahme auf Erklärungen, die etwa zur gleichen Zeit in einem 23 Parallelrechtsstreit oder in einem früheren Rechtszug abgegeben worden sind, ist indessen zulässig, wenn dies unter Hinweis darauf geschieht, daß sich die Verhältnisse inzwischen nicht verändert haben (BGH NJW 1986, 2145; Nürnberg JurBüro 1984, 610). Auch kann eine formlose, ggfs. vor Ablauf der Rechtsmittelfrist abgegebene Erklärung der Partei über ihre persönlichen und wirtschaftlichen Verhältnisse auch hier ausreichen, wenn sie alle Angaben enthält, die zur Beurteilung ihrer Bedürftigkeit notwendig sind (BSG MDR 1982, 878; Hamm JurBüro 1580; Schneider MDR 1981, 678. Nach BGH NJW 1986, 2145, ist die Erklärung über die persönlichen und wirtschaftlichen Verhältnisse dem Rechtsmittelgericht vor Ablauf der Rechtsmittelfrist vorzulegen; a. M: BFH Betrieb 1983, 2452, wonach die Erklärung auch nach Ablauf der Rechtsmittelfrist nachgereicht werden kann.

2. Befreiung vom Vordruckzwang:

Nach der Verordnung vom 24. 11. 1980 (BGBl 1980 I S. 2167) sind von 24 der Verpflichtung zur Benutzung des Vordrucks gemäß § 1 S. 2 der Verordnung befreit:

a) Parteien kraft Amtes,
   juristische Personen und
   parteifähige Vereinigungen,
   für die die Sonderregelung des § 116 ZPO gilt,
b) minderjährige unverheiratete Kinder,
   die einen Unterhaltsanspruch geltend machen wollen oder vollstrekken wollen. Unterhaltsanspruch in diesem Sinne ist bereits der seine Bezifferung vorbereitende Auskunftsanspruch (vgl. Künkel DAVorm 1983, 340); für andere Ansprüche besteht Vordruckzwang (KG DAVorm 1984, 322; Bamberg JurBüro 1983, 290; Düsseldorf DAVorm 1981, 772; 1982, 899),
c) minderjährige unverheiratete, nichteheliche Kinder, wenn sie die Feststellung der Vaterschaft begehren sowie minderjährige unverheiratete Kinder, welche ihre Ehelichkeit im Wege der Klage anfechten (FfM DAVorm 1984, 215; KG DAVorm 1984, 323), auch im Passivprozeß (Köln FamRZ 1988, 1077).

25 Sozialhilfeempfänger sind von der Vordruckbenutzung überwiegend befreit, entsprechend dem Hinweis in Abschnitt A) des Vordrucks, wonach für sie die Vorlage des Sozialhilfebewilligungsbescheides ausreicht, aber gleichwohl notwendig ist (KG FamRZ 88, 1298). Siehe hierzu auch § 117 ZPO Rz 18.

26 Trotz Befreiung vom Vordruckzwang bleibt der Antragsteller verpflichtet, sich über seine Bedürftigkeit oder über eine etwaige Prozeßkostenvorschußberechtigung zu erklären (KG NJW 1982, 111; Bamberg JurBüro 1983, 290 und OLGZ 1984, 452; Karlsruhe Justiz 1984, 345; Düsseldorf DAVorm 1982, 899; Oldenburg NJW 1981, 2130; a. M.: Frankfurt DAVorm 1981, 871, wonach eine Prüfung der Vermögenslage des nichtehelichen Kindes grundsätzlich nicht stattfindet. An die Stelle der Erklärung des minderjährigen Kindes kann eine dienstliche Erklärung des zuständigen Jugendamtes treten.

3. Persönlichkeitsschutz

27 Mit der Offenlegung seiner persönlichen und wirtschaftlichen Verhältnisse muß der Antragsteller nicht nur für seine Person, sondern auch für seine nahen Angehörigen zum Teil sehr persönliche Daten offenlegen, und zwar ausschließlich zu dem Zweck, dem Gericht die Prüfung seiner Hilfsbedürftigkeit zu ermöglichen. Den Prozeßgegner gehen diese Daten nichts an, hinsichtlich derer er weder ein Anhörungs- noch ein Einsichtsrecht hat. Sein Anhörungsrecht beschränkt sich auf denjenigen Sachvortrag des Antragstellers, der die Erfolgsaussicht der beabsichtigten Rechtsverfolgung oder Rechtsverteidigung sowie den fehlenden Mutwillen zum Gegenstand hat (BGHZ 89, 67; mit zustimmender Anmerkung von Waldner JR 1984, 204 und MDR 1984, 932, hierzu kritisch

Schneider MDR 1984, 307; DüsFamRZ 1984, 389; Köln MDR 1985, 328; anderer Meinung: Hamm FamRZ 1984, 306; Karlsruhe NJW 1982, 2507, wonach die Möglichkeit der Kontrolle der Angaben des Antragstellers über seine persönlichen und wirtschaftlichen Verhältnisse durch den Prozeßgegner höher zu veranschlagen ist als etwaiger Mißbrauch mit der Kenntnis persönlicher Daten. Indessen dürfte dem Persönlichkeitsschutz des Artikel 2 Abs. 1 i. V. m. Artikel 1 Abs. 1 GG hier der Vorrang gegenüber dem Recht auf Akteneinsicht gemäß § 299 ZPO gebühren. Zum umfassenden Akteneinsichtsrecht des Bezirksrevisors siehe Karlsruhe JurBüro 1988, 1226.

4. Aktenführung in Prozeßkostenhilfesachen

Die Erklärung über die persönlichen und wirtschaftlichen Verhältnisse 28 des Antragstellers sowie hierzu eingereichte Belege werden innerhalb der Gerichtsakte in einer gesonderten Beiakte verwahrt. Siehe hierzu Durchführungsbestimmungen zum Gesetz über die Prozeßkostenhilfe in der zuletzt geänderten Fassung vom 1. 1. 1987 (Anhang Nr. 4; Abschnitt II Nr. 2) vgl.:

Baden-Württemberg:	AV vom 10. 12. 1980, Justiz 1981, 65;
Bayern:	Verwaltungs-AnO vom 10. 12. 1980;
Berlin:	AV vom 10. 12. 1980;
Bremen:	VerwAnO vom 10. 12. 1980;
Hamburg:	AV vom 10. 12. 1980, JVBl 1981, 3;
Hessen:	Runderlaß vom 10. 12. 1980; JMBl 1981, 67;
Niedersachsen:	AV vom 10. 12. 1980, NdsRpfl 1981, 8;
Nordrhein-Westfalen:	AV vom 10. 12. 1980, JMBl 1981, 14;
Rheinland-Pfalz:	VerwVorschrift vom 10. 12. 1980, JBl 1981, 1;
Saarland:	VerwAnO vom 10. 12. 1980;
Schleswig-Holstein:	AV vom 10. 12. 1980, SchlHA 1981, 22 und 43, zuletzt geändert durch AV vom 1. 6. 1987, SchlHA 110: DB-PkHG 2.1

Der Vordruck mit den Erklärungen über die persönlichen und wirtschaftlichen Verhältnisse sowie die bei der Durchführung der Prozeßkostenhilfe entstehenden Vorgänge sind in allen Fällen unabhängig von der Zahl der Rechtszüge für jeden Beteiligten in einem besonderen Beiheft zu vereinigen. Dies gilt insbesondere für Kostenrechnungen und Zahlungsanzeigen über Monatsraten und sonstige Beträge (§ 120 Abs. 1 ZPO) sowie für Entscheidungen über die vorläufige Einstellung oder die Wiederaufnahme der Zahlungen (§ 120 Abs. 3 ZPO). Zu dem Beiheft sind ferner Durchschriften der die Prozeßkostenhilfe betreffenden gerichtlichen Entscheidungen zu nehmen; ist Prozeßkostenhilfe ohne

§ 117 ZPO Prozeßkostenhilfe

Zahlungsbestimmungen bewilligt oder ist der Antrag zurückgewiesen worden, so reicht ein auf dem Umschlag des Beihefts anzubringender Hinweis auf den Akteninhalt aus. Das Beiheft sowie die darin zu verwahrenden Schriftstücke erhalten hinter dem Aktenzeichen den Klammerzusatz (PKH). Werden die Prozeßakten zur Entscheidung über ein Rechtsmittel dem Rechtsmittelgericht vorgelegt, so ist den Akten das Beiheft beizufügen.

5. Darstellung des Sach- und Streitstandes:

30 Wesentlicher Bestandteil eines ordnungsgemäßen Prozeßkostenhilfe-Antrages ist die Darstellung des Sach- und Streitstandes, welcher der angestrebten Entscheidung in der Hauptsache zugrunde liegt. Dies geschieht zweckmäßig in der Form einer Klage bzw. der Klagebeantwortung, der Widerklage oder der Rechtsmittelbegründung bzw. des Entwurfs derselben. Es empfiehlt sich, schon hier den Streitstoff in seinen wesentlichen Punkten in einer möglichst klaren Gliederung vorzutragen unter Benennung von Beweismitteln für die vorgetragenen Behauptungen, da für die Entscheidung über das Prozeßkostenhilfegesuch auch Fragen der Beweislast und der Beweismöglichkeiten von erheblicher Bedeutung sein können. Auf diese Weise wird dem Gericht die Möglichkeit erleichtert, die hinreichende Erfolgsaussicht der Rechtsverfolgung oder der Rechtsverteidigung zu prüfen.

IV. Wirkungen des Prozeßkostenhilfeantrages

1. Grundsatz

31 Der ordnungsgemäß gestellte Prozeßkostenhilfeantrag bezeichnet in zeitlicher Hinsicht den Beginn der Wirkung der Prozeßkostenhilfe, wenn und soweit sie rückwirkend bewilligt ist, was im Zweifel anzunehmen ist (Bamberg [2. Sen.] JurBüro 1988, 892, [7. Sen.] JurBüro 1988, 1379; Karlsruhe NJW-RR 1989, 1465). Zur inhaltlichen Wirkung der Bewilligung von Prozeßkostenhilfe s. § 122 ZPO. Zu den materiell rechtlichen Wirkungen s. unten Rz 34. Zum Beurteilungszeitpunkt s. §§ 114, 115 ZPO Rz 170 ff.

2. Rechtsmittelverfahren

32 Unterbleibt wegen finanziellen Unvermögens der Partei die Bestellung eines Prozeßbevollmächtigten und daher die rechtzeitige Einlegung eines Rechtsmittels, oder wird das Rechtsmittel eingelegt, aber nicht innerhalb der gesetzlichen Frist begründet, so ist der Rechtsmittelführer, der

innerhalb der Rechtsmittel- oder Rechtsmittelbegründungsfrist die Bewilligung von Prozeßkostenhilfe beantragt hat, bis zur Entscheidung über seinen Antrag so lange als ohne sein Verschulden an der Einlegung des Rechtsmittels oder seiner Begründung verhindert anzusehen, als er nach den gegebenen Umständen vernünftigerweise nicht mit der Ablehnung seines Antrages wegen fehlender Bedürftigkeit rechnen muß (BGH FamRZ 1988, 1153; NJW 1984, 2413). Ihm ist daher auf Antrag *Wiedereinsetzung* in den vorigen Stand zu gewähren, sofern wenigstens der Antrag auf Bewilligung von Prozeßkostenhilfe *mit allen erforderlichen Unterlagen und Erklärungen* spätestens am letzten Tag der Rechtsmittelfrist bei Gericht eingereicht worden ist (BGH NJW 1986, 62; Köln MDR 1983, 942; BAG NJW 1967, 222; BFH NJW 1976, 1232). Der Antragsteller, dem in der Vorinstanz Prozeßkostenhilfe bewilligt war, braucht einen neuen Vordruck nicht vorzulegen, wenn er versichert, daß sich seine Verhältnisse inzwischen nicht verändert haben (BGH NJW 1983, 2145). Der Antragsteller hat spätestens innerhalb der Frist des § 234 ZPO nachzuweisen, daß er zur Einreichung eines ordnungsgemäßen Prozeßkostenhilfeantrages vor Ablauf der Rechtsmittelfrist nicht in der Lage gewesen ist (BAG NJW 1967, 1631; BayObLG JurBüro 1984, 772). Wiedereinsetzung ist selbst dann zu gewähren, wenn das Prozeßkostenhilfegesuch zurückgewiesen wird und der Antragsteller berechtigterweise darauf vertrauen durfte, seinem Gesuch um Bewilligung von Prozeßkostenhilfe werde stattgegeben werden (BGH VersR 1984, 989; NJW 1984, 2413; zum Sonderfall der Ablehnung von Prozeßkostenhilfe bereits vor Ablauf der Rechtsmittelfrist s. BGH FamRZ 1985, 370).

32a Entsprechendes gilt für *fristgebundene Klagen* und *Rechtsbehelfe* in Verwaltungs-, Finanz- und Sozialgerichtssachen (BFH NV 1986, 354; 1985, 99; Redeker- v. Oertzen VwGO § 116 Rz 5). Prozeßkostenhilfeanträge können auch in diesen Fällen mit vorsorglichen Wiedereinsetzungsanträgen verbunden werden, da der Prozeßkostenhilfeantrag die Klage- oder Rechtsbehelfsfrist nicht wahrt.

33 Die Frist zur Stellung des Antrages auf Wiedereinsetzung in den vorigen Stand beginnt zu laufen mit der Zustellung des ablehnenden Prozeßkostenhilfebeschlusses (BGH VersR 1980, 86). Wird nach Ablehnung von Prozeßkostenhilfe der Antrag auf Wiedereinsetzung wegen Versäumung der Rechtsmittelbegründungsfrist gestellt, so ist dem Antragsteller eine kurze, auf etwa zwei bis drei Tage bemessene Überlegungsfrist einzuräumen zwecks Prüfung der Frage, ob der Rechtsstreit auf eigene Kosten weitergeführt werden soll (BGH NJW 1978, 1920). Die Dauer der Frist hängt davon ab, wie schnell die Partei mit ihrem Anwalt Rücksprache nehmen kann. Nach ihrem Ablauf ist das Hindernis rechtzeitiger Rechtsmittelbegründung im Sinne von § 234 ZPO entfallen und beginnt damit die Wiedereinsetzungsfrist. Dieser zusätzlichen Überlegungsfrist bedarf es im Falle der Zurückweisung des Prozeßkostenhilfeantrages nach Ablauf der Rechtsmittelfrist der Rechtsmittelführer nicht, denn er kann innerhalb der Wiedereinsetzungsfrist das versäumte Rechtsmittel nachholen, und es steht ihm sodann die volle Rechtsmittelbegründungsfrist zur Verfügung. Er kann sich darauf beschränken, zunächst das Rechtsmittel einzulegen, ohne einen Rechtsmittelantrag anzukündigen. Innerhalb der Begründungsfrist kann er überlegen, ob das Rechtsmittel auf den Umfang der Prozeßkostenhilfebewilligung beschränkt oder vollen Umfangs durchgeführt werden soll (vgl. BGH NJW 1963, 1780; Hamburg NJW 1981, 2765).

3. Arrest- und Verfügungsverfahren

34 Die dem Gläubiger nach § 926 ZPO vom Gericht gesetzte Frist zur Klageerhebung in der Hauptsache wird durch einen Prozeßkostenhilfeantrag nicht gewahrt. Der mittellose Kläger kann vorschußfreie Klagezustellung nach § 65 Absatz 7 Nr. 3 GKG beantragen (Düsseldorf MDR 1987, 771; a. M. Schneider MDR 1982, 721; Kalthoener/Büttner Rz 92).

4. Abänderungsklage

35 Der Klage nach § 323 ZPO steht ein Prozeßkostenhilfeantrag nicht gleich, so daß mit ihm der Zeitpunkt der Änderungswirkung nicht festgelegt wird (BGH NJW 1982, 1050; FamRZ 1984, 355; Köln FamRZ 1982, 834; Nürnberg, MDR 1985, 1033; a. M.: Zöller/Schneider § 117 Rz 11). Abhilfe gewährt ein Antrag auf Zustellung ohne Vorschuß nach § 65 Abs. 7 Nr. 4 GKG.

5. Vollstreckungsklage; Drittwiderspruchsklage

36 Ein Prozeßkostenhilfeantrag für eine Klage gemäß §§ 767, 771 ZPO steht der Klage als solcher nicht gleich. Eine einstweilige Einstellung der Zwangsvollstreckung ist auf Grund eines isolierten Prozeßkostenhilfeantrags nicht zulässig (Schneider MDR 1985, 441; Kalthoener/Büttner Rz 95).

6. Materielle Wirkungen des Prozeßkostenhilfeantrages:

37 Das Unvermögen der Partei zur Aufbringung der Prozeßkosten ist ein durch höhere Gewalt bedingtes Hindernis der Rechtsverfolgung im Sinne von § 203 Abs. 2 BGB. Besteht dieses Hindernis während der letzten sechs Monate vor dem Ablauf der Verjährungsfrist, so wird mit dem ordnungsgemäß begründeten, unter Verwendung des vollständig ausgefüllten Vordrucks gestellten Antrag auf Gewährung von Prozeßkostenhilfe der Lauf der Verjährung bis zum Abschluß des Prozeßkosten-

hilfeverfahrens sowie um eine angemessene Zeit danach *gehemmt* (BGH NJW 1987, 3120f.; NJW 1981, 1550f.; BGHZ 70, 235, 239; OLG Hamm v. 9. 12. 1988 – 11 U 128/88 für einen sozialrechtlichen Amtshaftungsanspruch). Die Berufung auf Hemmung der Verjährung kann dem Antragsteller jedoch dann zu versagen sein, wenn er es versäumt, im Prozeßkostenhilfeverfahren alle ihm zur Erlangung der Prozeßkostenhilfe zu Gebote stehenden Mittel zu erschöpfen, und insbesondere Verzögerungen nicht vermeidet (BGH NJW 1987, 3121). Siehe hierzu auch Schlee, AnwBl 1989, 156.

Der Prozeßkostenhilfeantrag ist Prozeßhandlung in Sinne von § 211 **38** Abs. 2 Satz 2 BGB und unterbricht die Verjährung eines rechtshängigen Anspruchs bei Verfahrensstillstand (BGH NJW 1984, 2102 [2104]).

§ 118 ZPO (Vorbereitung der Entscheidung und Vergleich)

(1) Vor der Bewilligung der Prozeßkostenhilfe ist dem Gegner Gelegenheit zur Stellungnahme zu geben, wenn dies nicht aus besonderen Gründen unzweckmäßig erscheint. Diese Stellungnahme kann vor der Geschäftsstelle zu Protokoll erklärt werden. Das Gericht kann die Parteien zur mündlichen Erörterung laden, wenn eine Einigung zu erwarten ist; ein Vergleich ist zu gerichtlichem Protokoll zu nehmen. Dem Gegner entstandene Kosten werden nicht erstattet. Die durch die Vernehmung von Zeugen und Sachverständigen nach Absatz 2 Satz 3 entstandenen Auslagen sind als Gerichtskosten von der Partei zu tragen, der die Kosten des Rechtsstreits auferlegt sind.

(2) Das Gericht kann verlangen, daß der Antragsteller seine tatsächlichen Angaben glaubhaft macht. Es kann Erhebungen anstellen, insbesondere die Vorlegung von Urkunden anordnen und Auskünfte einholen. Zeugen und Sachverständige werden nicht vernommen, es sei denn, daß auf andere Weise nicht geklärt werden kann, ob die Rechtsverfolgung oder Rechtsverteidigung hinreichende Aussicht auf Erfolg bietet und nicht mutwillig erscheint; eine Beeidigung findet nicht statt. Hat der Antragsteller innerhalb einer von dem Gericht festgesetzten Frist Angaben über seine persönlichen und wirtschaftlichen Verhältnisse nicht glaubhaft gemacht oder bestimmte Fragen nicht oder ungenügend beantwortet, so lehnt das Gericht die Bewilligung von Prozeßkostenhilfe insoweit ab.

(3) Die in Absatz 1, 2 bezeichneten Maßnahmen werden von dem Vorsitzenden oder einem von ihm beauftragten Mitglied des Gerichts durchgeführt.

Literatur

Holch	Prozeßkostenhilfe – auf Kosten des Persönlichkeitsschutzes? NJW 1981, 151.
Pentz	Kein Akteneinsichtsrecht in Prozeßkostenhilfeverfahren, NJW 1983, 1037.
M. J. Schmid	Die Wahrung der Intimsphäre bei der Gewährung von Prozeßkostenhilfe, JR 1983, 353.
Schneider	Die Abwehr von Gehörverletzungen durch verspätete Versagung von Prozeßkostenhilfe AnwBl 1987, 466.

Prozeßkostenhilfe   § 118 ZPO

Inhaltsübersicht

	Rz
I. Allgemeines	1
II. Erläuterungen	
1. Zuständigkeit	2–8
2. Verfahren	
a) Anhörung des Antraggegners	9–11
b) Vergleichsprotokollierung	12–15
c) Erhebungen im Prozeßkostenhilfeverfahren	16–20
3. Zurückweisung des Antrags mangels Auskunft oder Glaubhaftmachung	21
4. Kosten	22–24

I. Allgemeines

Die Vorschrift regelt das bei der Prüfung der Bewilligungsvoraussetzungen zu beachtende Verfahren sowie Fragen des Kosten- und Kostenerstattungsrechts. Sie sieht eine eingeschränkte Befugnis des Gerichts zur Vornahme von Erhebungen vor und gibt mit der seit dem 1. 1. 1987 geltenden Fassung des Absatzes 2 Satz 4 dem Gericht die Möglichkeit, den Prozeßkostenhilfeantrag mangels Glaubhaftmachung oder Beantwortung gerichtlicher Fragen durch den Antragsteller zurückzuweisen. **1**

II. Erläuterungen

1. Zuständigkeit

a) Für das Verfahren über die Bewilligung von Prozeßkostenhilfe zuständig ist jenes Gericht, das für den beabsichtigten oder bereits anhängigen Rechtsstreit in der Hauptsache örtlich, sachlich und funktionell zuständig ist. Wird Prozeßkostenhilfe für ein Rechtsmittel oder die Verteidigung hiergegen beantragt, so entscheidet hierüber das Berufungs-, Revisions- oder Beschwerdegericht. Bei Kollegialgerichten entscheidet die Kammer, der Senat; bei der Kammer für Handelssachen, beim Arbeits- und Sozialgericht der Vorsitzende; das zum Einzelrichter bestellte Mitglied des Kollegialgerichts entscheidet auch über den Prozeßkostenhilfeantrag (Kalthoener/Büttner Rz 78). Bei Zuständigkeit des Richterkollegiums bleiben jedoch die vorbereitenden Maßnahmen des § 118 Abs. 1 u. 2 ZPO sowie die Protokollierung eines Vergleichs dem Vorsitzenden vorbehalten, soweit dieser hiermit nicht ein anderes Mitglied des Kollegiums beauftragt. Der ersuchte Richter kann niemals zuständig werden. **2**

b) Innerhalb des zuständigen Gerichts kann der Richter in einem vom Gesetz vorgegebenen und vom Richter durch prozeßleitende Verfügung **3** auszuschöpfenden Rahmen einzelne Maßnahmen auf den Rechtspfleger übertragen. Er kann von dieser Möglichkeit nach eigenem freien Ermessen Gebrauch machen, etwa um sich zu entlasten, insbesondere bei weniger schwierigen Sachen. Rechtsgrundlage der Zuständigkeit des Rechtspflegers kraft richterlichen Auftrags ist § 20 Ziff. 4a RpflG. Danach können dem Rechtspfleger die in § 118 Abs. 2 ZPO genannten Maßnahmen übertragen werden, nämlich Entgegennahme der Glaubhaftmachung, Vornahme von Erhebungen durch Vorlage von Urkunden, Einholung von Auskünften auch über Einkommens- und Vermögensverhältnisse des Antragstellers, ausnahmsweise auch Anhörung von Zeugen und Sachverständigen sowie schließlich die Protokollierung eines Vergleichs gemäß § 118 Abs. 1 Satz 2 ZPO.

4 Die Übertragung einzelner Maßnahmen auf den Rechtspfleger ist in jedem Stadium des Verfahrens zulässig, je nachdem wie es dem Gericht zweckmäßig erscheint.

5 c) Die Übertragung einzelner Geschäfte auf den Rechtspfleger im Prozeßkostenhilfeverfahren ist Sache des Vorsitzenden oder eines von ihm beauftragten Mitglieds des Gerichts. Sie geschieht im Wege der prozeßleitenden Verfügung und bedarf in der Regel keiner Begründung. Die Verfügung ist den Parteien formlos mitzuteilen. Sie unterliegt keiner Anfechtung.

6 d) Mit der Beauftragung des Rechtspflegers geht das Verfahren, soweit der Auftrag reicht, auf den Rechtspfleger über, bis dieser den Auftrag erledigt hat oder ihn dem Gericht nach § 4 RpflG wieder vorlegt, etwa weil Maßnahmen jenseits der Kompetenz des Rechtspflegers erforderlich werden, rechtliche Schwierigkeiten auftreten oder ausländisches Recht anzuwenden ist. Der Richter kann die Sache unter Mitteilung seiner dem Rechtspfleger bindenden Rechtsauffassung diesem erneut übertragen. Hinsichtlich des Verfahrens vor dem Rechtspfleger s. im übrigen die Vorschriften des RpflG.

7 e) Für das Prozeßkostenhilfeverfahren umfassend zuständig ist der Rechtspfleger
aa) im Mahnverfahren (§ 20 Nr. 1 RpflG)
bb) im Zwangsvollstreckungsverfahren, wenn es außerhalb oder nach Abschluß eines gerichtlichen Verfahrens durchgeführt und Prozeßkostenhilfe lediglich für die Zwangsvollstreckung beantragt wird. Das Verfahren bleibt jedoch dem Gericht vorbehalten, wo die Zwangsvollstreckung wie in den Fällen der §§ 887, 888, 890, 901, 930 Abs. 1 Satz 3 ZPO dem Prozeßgericht obliegt oder für die Rechtsverfolgung oder Rechtsverteidigung eine sonstige richterliche Handlung erforderlich ist (§ 20 Ziff. 5 RpflG).
cc) für Entscheidungen über Aufhebung von Prozeßkostenhilfe nach § 124 Nr. 2–4 ZPO, Raten und andere Zahlungsanordnungen nach § 120 Abs. 3 und 4 ZPO (§ 20 Nr. 4b und c RpflG).

Prozeßkostenhilfe § 118 ZPO

Eine irrtümlich vom Richter statt vom Rechtspfleger ergangene Entscheidung ist wirksam (Zöller/Schneider § 117 Rz 1). 7a

f) Die Übertragung von Maßnahmen auf den Rechtspfleger entfällt dort, wo ein Rechtspfleger wie in der Verwaltungs-, Finanz- und Sozialgerichtsbarkeit nicht mitwirkt. 8

2. Verfahren

Das Prozeßkostenhilfeverfahren ist ein schriftliches, also ohne mündliche Verhandlung (§ 127 Abs. 1 Satz 1 ZPO)

a) Anhörung des Antragsgegners

Das Gericht hat den Antragsgegner des Verfahrens anzuhören zum Zwecke der Abgabe einer Stellungnahme (§ 118 Abs. 1 Satz 1 ZPO). Wenn dies nicht im Einzelfall aus besonderen Gründen (Aufenthalt im Ausland, besondere Dringlichkeit zum Beispiel in Arrest- oder Zwangsvollstreckungsverfahren, Gefahr der Anspruchsvereitelung durch den Gegner infolge Anhörung z. B. in Eil- und Vollstreckungsverfahren) unzweckmäßig erscheint, ist dem Antraggegner für die Abgabe seiner Erklärung eine angemessene, gesetzlich nicht geregelte Frist, die in der Regel mindestens zwei Wochen betragen sollte und auf Antrag des Antraggegners verlängert werden kann, einzuräumen. Die Aufforderung zur Stellungnahme ist dem Antraggegner formlos zuzustellen (§§ 329 Abs. 2, 317 ZPO). 9

Der Antragsgegner kann die Stellungnahme mündlich zu Protokoll der Geschäftsstelle des Gerichts, evtl. jedes deutschen Amtsgerichts (§ 129 a ZPO) oder auf schriftlichem Wege abgeben. Sie braucht nicht umfassend zu sein, da lediglich eine zunächst summarische Prüfung der Erfolgsaussichten des Gesuchs des Antragstellers stattfindet. Auch für den Antraggegner besteht im Prozeßkostenhilfeverfahren kein Anwaltszwang. Unterläßt der Antraggegner jegliche Stellungnahme, so entsteht ihm dadurch kein unmittelbarer Nachteil, abgesehen davon, daß dem Antragsteller vielleicht zu Unrecht Prozeßkostenhilfe bewilligt wird, der Antraggegner dadurch in einen Rechtsstreit hineingezogen wird und Aufwendungen für die Prozeßführung machen muß, die ihm der Antragsteller, sollte er im Prozeß unterliegen, später wegen seiner persönlichen und wirtschaftlichen Verhältnisse nicht erstatten kann. 10

Das Anhörungsrecht des Antraggegners erstreckt sich nicht auf die Angaben des Antragstellers zu seinen persönlichen und wirtschaftlichen Verhältnissen. Insoweit besteht für ihn auch kein Recht auf Akteneinsicht (BGH NJW 1984, 740; Düss. JurBüro 1984, 1412; gegen Karlsruhe NJW 1982, 2507). Diese Einschränkung findet ihre Grundlage im Gebot des Schutzes höchstpersönlicher Daten des Antragstellers. Der Anhörung des Antraggegners bedarf es daher nur zu denjenigen Fragen, die 11 mit den objektiven Voraussetzungen des Prozeßkostenhilfegesuchs in Zusammenhang stehen. Siehe hierzu § 117 ZPO Rz 27.

b) Vergleichsprotokollierung.

12 Lassen die Erklärungen der Parteien konkret erkennen, daß zwischen ihnen eine Einigung zu erwarten ist, so kann das Gericht zu einer mündlichen Erörterung vor dem Gericht (ohne Anwaltszwang) laden, um alsdann eine zustandegekommene Einigung als Vergleich zu protokollieren. Auch für die Protokollierung besteht kein Anwaltszwang (Schuster § 118 Rn 8). Geben die Parteien zu erkennen, daß es keiner Erörterung vor Abschluß eines Vergleichs mehr bedarf, so kann der Vorsitzende die Vergleichsprotokollierung dem Rechtspfleger übertragen (§ 20 Nr. 4 a RpflG).

13 Gegenstand des Vergleichs können nicht nur solche Ansprüche sein, deren gerichtliche Verfolgung im Prozeßkostenhilfeantrag angekündigt worden war, sondern auch andere Punkte, hinsichtlich derer die Parteien eine Regelung treffen wollen; dies können auch anderweitig rechtshängige Ansprüche sein. Auch der Vergleich im Prozeßkostenhilfeverfahren unterliegt keinem Anwaltszwang.

14 Der im Prozeßkostenhilfeverfahren abgeschlossene Vergleich ist Vollstreckungstitel (§ 794 Abs. 1 Nr. 1 ZPO).

15 Für den Vergleichsabschluß und das Prozeßkostenhilfeverfahren kann bei Vorliegen der sonstigen Voraussetzungen Prozeßkostenhilfe bewilligt werden (Schleswig, SchlHA 1984, 149; s. auch §§ 114, 115 Rz 19, 151, 159).

c) Erhebungen im Prozeßkostenhilfeverfahren

16 Das Gericht kann im Prozeßkostenhilfeverfahren im Rahmen seiner auch hier geltenden Aufklärungspflicht (§§ 139, 278 Abs. 3 ZPO) Erhebungen anstellen. Das Prozeßkostenhilfeverfahren als Nebenverfahren vor oder neben dem Rechtsstreit zur Hauptsache ist indessen nicht der Ort, durch diese Erhebungen die Hauptsache bis zur Entscheidungsreife voranzutreiben. Die Erhebungen dürfen daher nur soweit gehen, um die persönlichen und wirtschaftlichen Verhältnisse des Antragstellers aufzuklären und die Prüfung der Erfolgsaussicht der Rechtsverfolgung oder Rechtsverteidigung zu ermöglichen. Dies hat mit der gebotenen *Beschleunigung* zu geschehen, worauf der Antragsteller einen Anspruch hat (Düsseldorf FamRZ 1986, 485; OVG Hamburg FamRZ 1987, 178; LAG BaWü JurBüro 1988, 222; LAG München AnwBl 1988, 122). Angesichts der Zielsetzung der Prozeßkostenhilfe, dem hilfsbedürftigen Antragsteller die Wahrnehmung seiner Rechte unabhängig von finanziellen Zwängen zu ermöglichen, genießt die Behandlung des Prozeßkostenhilfeantrags gegenüber der gleichzeitig anhängigen Hauptsache Vorrang mit der Folge, daß eine mündliche Verhandlung, erst recht aber eine Beweisauf-

Prozeßkostenhilfe § 118 ZPO

nahme zunächst bis zur Entscheidung über das Prozeßkostenhilfegesuch zurückzustellen ist, es sei denn, es würde dadurch eine unvertretbare Verzögerung des Verfahrens in der Hauptsache bewirkt. Daher ist es grundsätzlich unzulässig, bei gleichzeitiger Anhängigkeit der Hauptsache das Prozeßkostenhilfeverfahren auszusetzen und ohne Entscheidung hierüber in die mündliche Verhandlung oder in die Beweisaufnahme einzutreten, um dann nach deren Ergebnis über den Prozeßkostenhilfeantrag zu entscheiden. Das Prüfungsverfahren soll nämlich den Hauptprozeß nicht vorwegnehmen (OVG Hamburg FamRZ 1987, 178). Dies zeigt bereits der eingeschränkte Katalog von Erhebungen nach § 118 ZPO. Wo es zur Klärung streitiger Tatsachen einer Beweisaufnahme bedarf, kann dem Antragsteller Prozeßkostenhilfe wegen fehlender Erfolgsaussicht nicht versagt werden (vgl. §§ 114, 115 ZPO Rz 125 ff.). Eine unangemessene Verzögerung der Entscheidung über die Prozeßkostenhilfe bei anhängiger Hauptsache ist einer Verweigerung der Prozeßkostenhilfe gleichzusetzen und kann Versagung rechtlichen Gehörs und Ablehnung des Prozeßkostenhilfeantrags bedeuten (BGH LM § 548 ZPO Nr. 2). Sie berechtigt zur Einlegung der *Beschwerde* (LAG Berlin, MDR 1984, 258; Celle MDR 1985, 591; Düsseldorf FamRZ 1986, 485; LAG Düsseldorf JurBüro 1987, 449; Hamburg JurBüro 1984, 614; Karlsruhe OLGZ 1984, 98; Schneider AnwBl 1987, 466). Zum maßgeblichen Beurteilungszeitpunkt der Prozeßkostenhilfeentscheidung s. §§ 114, 115 ZPO Rz 170 ff.

Das Ermittlungsrecht des Gerichts erstreckt sich sowohl auf die persönli- 17 chen als auch die objektiven Voraussetzungen der Prozeßkostenhilfe. Art und Umfang unterliegen dem pflichtgemäßen richterlichen Ermessen. Das Gericht darf zum Zwecke dieser Ermittlungen die mündliche Anhörung der Parteien nicht anordnen (Hamm MDR 1983, 674), es sei denn, es zeichnet sich eine Einigung der Parteien ab, die zur Protokollierung eines Vergleichs führen kann (§ 118 Abs. 1 Satz 3 ZPO).

Hinsichtlich der persönlichen und wirtschaftlichen Verhältnisse kann das 18 Gericht dem Antragsteller aufgeben, zum Beispiel eine Bescheinigung über sein Vermögen und sein Einkommen (Verdienst, Arbeitslosen-, Sozialhilfe) vorzulegen. Es kann auch Auskünfte der zuständigen Behörde (des Finanzamts mit Einwilligung des Antragstellers oder des Trägers der Sozialhilfe gemäß §§ 30 Abs. 4 AO; 35, 67, 74 SGB X) sowie über Unterhaltspflichten und Belastungen des Antragstellers einholen. Das Gericht kann vom Antragsteller eine Glaubhaftmachung seiner persönlichen und wirtschaftlichen Verhältnisse nur verlangen, wenn wegen bestehender Zweifel an der Richtigkeit oder Vollständigkeit seiner Angaben hierzu konkreter Anlaß besteht (Düsseldorf JurBüro 1986, 457).

Bezüglich der Angaben des Antragstellers zum streitigen Sachverhalt 19 kann das Gericht ihn zur Vorlage von Urkunden auffordern; es kann auch Auskünfte von Behörden, Banken oder Arbeitgebern einholen soweit nicht Bank-, Steuergeheimnis oder Verschwiegenheitspflicht dem entgegenstehen (vgl. Wax FamRZ 1980, 975), oder Akten von Vor- oder Parallelprozessen, die für die Entscheidung von Bedeutung sein können, heranziehen. Das Gericht kann in diesen Akten befindliche Beweisergebnisse verwerten, sofern der Antragsteller nicht substantiiert vorträgt, daß die Zeugen über die früheren Aussagen hinaus für ihn günstige Tatsachen bekunden können (München JurBüro 1986, 606). Es kann den Antragsteller, wenn sich aus bestimmten Tatsachen konkrete Zweifel an der Richtigkeit seiner Angaben ergeben, auffordern, sein tatsächliches Vorbringen zum Anspruch oder seine Einwendungen glaubhaft zu machen, zum Beispiel durch Vorlage einer eidesstattlichen Versicherung (München FamRZ 1989, 83). Auch insoweit stehen Art und Umfang der gerichtlichen Ermittlungen im pflichtgemäßen Ermessen, haben sich jedoch zu orientieren an dem Zweck, nicht die Sache schon weithin aufzuklären, sondern die hinreichende Erfolgsaussicht des prozessualen Begehrens des Antragstellers zu prüfen.

20 Die Vernehmung von Zeugen und Sachverständigen ist nur im Ausnahmefall zulässig. Von diesen Beweismitteln darf nur dann Gebrauch gemacht werden, wenn auf andere Weise die Frage der Erfolgsaussicht oder des fehlenden Mutwillens nicht geklärt werden kann. Im Prozeßkostenhilfeverfahren geladene Zeugen und Sachverständige sind zum Erscheinen sowie zur Aussage vor Gericht verpflichtet. Ihre Beeidigung findet im Prozeßkostenhilfeverfahren nicht statt (§ 118 Abs. 2 Satz 3 ZPO). Hat das Gericht entgegen dieser Regel Zeugen vernommen, kann die Beweisaufnahme bei der Beurteilung der Frage der Erfolgsaussicht gleichwohl verwertet werden (LAG Düsseldorf EzA § 118 Nr. 2).

3. Zurückweisung des Antrags mangels Auskunft oder Glaubhaftmachung

21 Solange der Antragsteller ihm vom Gericht gemachte Auflagen zur Glaubhaftmachung nicht erfüllt oder Fragen des Gerichts nicht beantwortet hat, besteht ein Anspruch auf Bewilligung von Prozeßkostenhilfe nicht. Eine auf den Zeitpunkt des Antrags rückwirkende Bewilligung der Prozeßkostenhilfe kommt nur in Betracht, wenn den Antragsteller kein Verschulden an verspäteter Erledigung gerichtlicher Auflagen trifft (LAG Düsseldorf EzA § 118 ZPO Nr. 1). Hat sich das Gericht ausnahmsweise mit der Nachreichung erforderlicher Unterlagen einverstanden erklärt, und reicht der Antragsteller diese unverzüglich nach, kann Prozeßkostenhilfe rückwirkend bewilligt werden. Im Falle verspäteter Nachreichung kann der Antragsteller sich nicht darauf berufen das Gericht habe ihm keine Nachfrist gesetzt (Düsseldorf FamRZ 1988, 415). Kommt er der Aufforderung des Gerichts zur Glaubhaftmachung

Prozeßkostenhilfe § 118 ZPO

oder Beantwortung von Fragen innerhalb der ihm gesetzten Frist nicht oder nur ungenügend nach, so hat das Gericht seinen Antrag auf Bewilligung von Prozeßkostenhilfe zurückzuweisen oder Zahlungsanordnungen zu treffen, wenn die fehlenden Angaben oder die unzureichende Glaubhaftmachung lediglich die Voraussetzungen zahlungsfreier Bewilligung betrifft (BT-Drucksache 10/6400 S. 62). Jedoch verbleibt dem Antragsteller die Möglichkeit, sein Prozeßkostenhilfegesuch bis zum Abschluß des Verfahrens in der Hauptsache jederzeit zu wiederholen und fehlende Glaubhaftmachung und bisher versäumte Angaben nachzuholen, indessen mit der Maßgabe, daß bei Bewilligung der Prozeßkostenhilfe diese erst auf den Zeitpunkt des erneuten Antrags wirksam werden kann. (Siehe auch §§ 114, 115 ZPO Rz 31, 172).

4. Kosten

Das Verfahren über die Bewilligung der Prozeßkostenhilfe ist *gerichtsge-* **22** *bührenfrei* (BGHZ 91, 314), und zwar selbst dann, wenn in einem Vergleich Ansprüche geregelt werden, die nicht Gegenstand des Prozeßkostenhilfebewilligungsverfahrens gewesen sind. Eine Kostenentscheidung ergeht daher nicht (Bamberg JurBüro 1984, 296; Schleswig SchlHA 1978, 40).

Soweit vernommenen Zeugen und Sachverständigen vom Gericht für **23** Reisekosten und Zeitversäumnis Entschädigung gewährt worden ist, handelt es sich um *Auslagen* des Gerichts, die als Gerichtskosten von derjenigen Partei zu tragen sind, der die Kosten des Rechtsstreits auferlegt sind (§ 118 Abs. 1 Satz 4 ZPO). Kommt es zu keiner Entscheidung in der Hauptsache, haftet der Antragsteller der Staatskasse für die Auslagen (§ 49 GKG), jedoch bei Prozeßkostenhilfe-Bewilligung mit den Beschränkungen des § 122 Abs. 1 Ziffer 1a ZPO. Vorschüsse auf die Auslagen werden nicht erhoben. Eine Erstattung außergerichtlicher Kosten, insbesondere von Kosten eines Verfahrensbevollmächtigten im Prozeßkostenhilfeverfahren, findet nicht statt. Dies gilt auch für das Prozeßkostenhilfe-Beschwerdeverfahren (Bamberg, JurBüro 1984, 296; Zweibrücken JurBüro 1983, 459; siehe auch Kalthoener/Büttner Rz 188 a. M.: München MDR 1983; 493; Behn AnwBl 1985, 234). Vertretungskosten im Prozeßkostenhilfeverfahren finden auch nicht als Kosten der Hauptsache Berücksichtigung. Siehe hierzu auch § 127 ZPO Rz 51 f. Allenfalls kann insoweit ein materiell rechtlicher Erstattungsanspruch wegen Verzuges in Frage kommen (Schleswig SchlHA 1978, 170). Siehe auch § 127 ZPO Rz 25, 52).

Kommt es im Prozeßkostenhilfeverfahren zu einer Kostenentscheidung, **24** wird damit im Regelfall eine wirksame Verpflichtung zur Kostenerstattung nicht begründet, es sei denn, es wäre der Wille des Gerichts, entgegen § 188 Abs. 1 Satz 4 ZPO eine Kostenerstattung anordnen zu wollen, hinreichend deutlich. Eine solche Entscheidung wäre wegen greifbarer Gesetzwidrigkeit mit der Beschwerde anfechtbar.

§ 119 ZPO (Bewilligung für jeden Rechtszug)

Die Bewilligung der Prozeßkostenhilfe erfolgt für jeden Rechtszug besonders. In einem höheren Rechtszug ist nicht zu prüfen, ob die Rechtsverfolgung oder Rechtsverteidigung hinreichende Aussicht auf Erfolg bietet oder mutwillig erscheint, wenn der Gegner das Rechtsmittel eingelegt hat.

Literatur

Behr	Prozeßkostenhilfe für die Unterhaltsvollstreckung, DAVorm 1981, 718.
Behr/Handtke	Prozeßkostenhilfe für die Zwangsvollstreckung, Rpfleger 1981, 265.
Blümler	Rückwirkende Bewilligung von Prozeßkostenhilfe; insbesondere nach rechtskräftiger Entscheidung zur Hauptsache, MDR 1983, 96.
Bobenhausen	Prozeßkostenhilfe für die Zwangsvollstreckung, Rpfleger 1984, 394.
Brehm	Prozeßkostenhilfe für die Zwangsvollstreckung, DAVorm 1982, 497.
Buss	Probleme des Revisionsgerichts zur Prozeßkostenhilfe, SGb 1982, 183.
Christl	Nochmals: Rückwirkende Bewilligung von Prozeßkostenhilfe einschließlich rückwirkender Anwaltsbeiordnung, MDR 1983, 537, 624.
Jansen	Probleme der Instanzgerichte bei der Anwendung des Gesetzes über die Prozeßkostenhilfe, SGb 1982, 185.
Kumme	Rückwirkung der Bewilligung von Prozeßkostenhilfe, JurBüro 1985, 161.

Inhaltsübersicht

	Rz
I. Antragserfordernis für jeden Rechtszug	1
1. Begriff des Rechtszuges	2
2. Prozeßverbindung und Prozeßtrennung	3
II. Zum Rechtszug gehörende Verfahrensteile	4–16
III. Nicht zum Rechtszug gehörende Angelegenheiten	17–41
IV. Höherer Rechtszug	42–50
V. Teilbewilligung von Prozeßkostenhilfe	51

I. Antragserfordernis für jeden Rechtszug

1 So wie Prozeßkostenhilfe für jeden Rechtszug besonders beantragt werden muß (LG Flensburg, JurBüro 1985, 1110), wird sie auch nur für einen Rechtszug gesondert bewilligt. Schließt sich dem ersten Rechtszug ein weiterer Rechtszug an als Berufung, Revision oder Beschwerde, bedarf es eines neuen Antrages und einer Entscheidung durch das Rechtsmittelgericht.

2 1. Der Begriff des Rechtszuges ist wegen des Sachzusammenhangs der Prozeßkostenhilfe mit dem materiellen Gerichtskosten- und Anwaltsgebührenrecht so zu verstehen, wie er in § 27 GKG, dort »Instanz« genannt, sowie in §§ 13 Abs. 2, S. 2, 37 BRAGO verstanden wird. Danach beginnt der Rechtszug mit dem Eingang der Klage, eines an das Gericht gerichteten Antrages oder einer sonstigen das Verfahren einleitenden Handlung der Partei. Er endet mit der Rechtskraft der die Instanz abschließenden Entscheidung, dem Eingang eines hiergegen eingelegten Rechtsmittels, der Rücknahme der Klage, des Rechtsmittels oder eines sonstigen Antrages. Zur Beendigung des Rechtsstreits führen ferner der Abschluß eines wirksamen Vergleiches, hinsichtlich dessen eine etwa vereinbarte aufschiebende Bedingung eingetreten oder ein vereinbartes befristetes Widerrufs- bzw. Rücktrittsrecht der Partei nicht ausgeübt worden ist. Wird infolge Unwirksamkeit des Vergleichs ein Verfahren wieder aufgenommen, lebt auch der Rechtszug wieder auf. Auch ein außergerichtlicher Vergleich und seine Mitteilung an das Gericht durch die Parteien können die Beendigung des Rechtszuges herbeiführen, sofern nicht die Parteien den Vergleich mit der Maßgabe abgeschlossen haben, daß das Gericht eine Kostenentscheidung trifft.

3 2. Werden mehrere Rechtsstreitigkeiten zur gemeinsamen Verhandlung und Entscheidung miteinander verbunden (§ 147 ZPO), oder ordnet das Gericht an, daß mehrere in einer Klage erhobenen Ansprüche oder Klage und Widerklage in getrennten Prozessen verhandelt werden (§ 145 ZPO), so wird für die miteinander verbundenen oder die getrennten Prozesse ein neuer Rechtszug nicht begründet.

II. Zum Rechtszug gehörende Verfahrensteile

Zum Rechtszug gehören:
4 1. das Verfahren über den Grund und über die Höhe des Anspruchs,
5 2. das Nachverfahren nach vorangegangenem Vorbehalts-Urteil,
6 3. der Einspruch gegen das Versäumnis-Urteil,
7 4. das Verfahren über Zulässigkeitsrügen und Zuständigkeitsstreitigkeiten,

Prozeßkostenhilfe § 119 ZPO

4a. Verbundfolgesachen im Scheidungsverfahren, **7a**
5. das Verfahren über die Abänderung einer einstweiligen Anordnung **8**
nach § 620b ZPO, vgl. auch § 41 BRAGO (Hamm MDR 1983, 847),
6. Streitwert- und Kostenfestsetzung, **9**
7. die Erledigung der Hauptsache gegen mehrere Streitgenossen in **10**
zeitlichen Abständen,
8. der Abschluß eines Vergleichs, evtl. auch mehrerer Teil-Vergleiche **11**
sowie die Fortsetzung des Verfahrens wegen Unwirksamkeit, zum
Beispiel wegen Anfechtung des Vergleichs. Vergleiche in Ehesachen
über Ehegatten- und Kindesunterhalt, Sorgerecht über minderjährige
Kinder, Ehewohnung, Hausrat und Zugewinnausgleich gehören zum
Rechtszug, da sich nach § 121 Abs. 3 S. 1 BRAGO die Beiordnung des
Rechtsanwalts auch auf diese Gegenstände bezieht (vgl. § 121 Rz 45 ff).
Nicht zur Instanz gehören Verfahren auf Erlaß einer einstweiligen
Anordnung, auch wenn sie parallel zum Verfahren der Hauptsache
gleichen Streitgegenstands im Eheverfahren anhängig werden.
9. Verfahren vor dem verordneten Richter, **12**
10. Verweisung an ein anderes Gericht gemäß §§ 281, 506 ZPO, 96 ff. **13**
GVG, 48, 48a ArbGG, 41 VwGO, 52 SGG, 33, 34 FGO,
11. Verfahren nach Zurückweisung durch das Rechtsmittelgericht. Die **14**
Voraussetzungen der Prozeßkostenhilfe sind daher in diesem Fall nicht
neu zu prüfen (Düsseldorf Rpfl 87, 263 m. w. N.). Hatte das Rechtsmittelgericht Prozeßkostenhilfe mit Ratenzahlungen bewilligt, wird eine
Ratenzahlungsanordnung durch eine neue Anordnung des Gerichts der
Vor-Instanz gegenstandslos (BGH NJW 1983, 944),
12. Bei der Stufenklage (§ 254 ZPO) umfaßt die Instanz sämtliche **15**
Stufen, die daher von der Bewilligung der Prozeßkostenhilfe umfaßt
werden (München Rpfl 1981, 34; Köln AnwBl 1986, 456; einschränkend
für den unbezifferten Zahlungsantrag auf der Grundlage des derzeitigen
Streitstandes Düsseldorf FamRZ 1984, 501). Folglich darf bei der Entscheidung über die Prozeßkostenhilfe die letzte Stufe nicht ausgenommen werden (Karlsruhe FamRZ 1984, 501; a. M. Köln FamRZ 1985,
623; Koblenz FamRZ 1985, 416 und 953). Für eine Einschränkung des
Bewilligungsumfangs besteht indessen dann kein Bedürfnis, wenn schon
bei Bewilligung der Prozeßkostenhilfe der Streitwert für die Auskunfts-
und Leistungsstufe festgesetzt und nur in diesem Umfang Prozeßkostenhilfe bewilligt wird. Sofern der Kläger später bei der Bezifferung des
Leistungsantrages darüber hinausgeht, bedarf es einer Erweiterung der
Bewilligung (KG FamRZ 1986, 284; Schneider MDR 1986, 522).
13. Ferner gehören zur Instanz Urteilsergänzung und Urteilsberichti- **16**
gung.

§ 119 ZPO   Prozeßkostenhilfe

III. Nicht zum Rechtszug gehörende Angelegenheiten

17 Es sind dies Angelegenheiten, die mit dem Hauptprozeß nur in mittelbarem Zusammenhang stehen; für sie bedarf es seitens der Partei eines gesonderten Antrages auf Bewilligung von Prozeßkostenhilfe. Zum Rechtszug gehören nicht:

18 1. Arrest und einstweilige Verfügung im Verhältnis zur Hauptsache (BRAGO § 122 Abs. 3 S. 3 Nr. 2), ferner das Verfahren über die Aufhebung eines Arrestes oder der einstweiligen Verfügung im Verhältnis zum Anordnungsverfahren; siehe auch § 117 ZPO Rz 34.

19 2. das Verfahren über die einstweilige Anordnung in Ehesachen (§ 122 Abs. 3 S. 3 Nr. 2 BRAGO). Die Bewilligung von Prozeßkostenhilfe für das Anordnungsverfahren nach § 620 ZPO umfaßt auch das spätere Abänderungsverfahren nach § 620 b ZPO (Hamm JurBüro 1983, 1722). Bei Bewilligung von Prozeßkostenhilfe für die vorläufige Regelung ist die Bewilligung auch nach Erledigung auf die Hauptsache auszudehnen (Bamberg JurBüro 1987, 1044).

20 3. Klage- und Antragserweiterung sowie die Verteidigung hiergegen,

21 4. Widerklage und Gegenantrag sowie die Verteidigung hiergegen mit Ausnahme der Rechtsverteidigung gegen den Gegenantrag in Ehesachen,

22 5. Anschlußrechtsmittel sowie Rechtsmittel gegen Zwischen- und Vorbehalts-Urteile nach §§ 280, 302 und 304 ZPO,

23 6. Wiederaufnahmeverfahren,

24 7. Hauptinterventions-(Einmischungs-)Klagen nach § 64 ZPO;

25 8. Abänderungsklagen (siehe auch § 117 ZPO Rz 35),

25a 8a. Beweissicherungsverfahren, wenn isoliert betrieben, vgl. §§ 114–115 ZPO Rz 17, 131,

26 9. Prozeßkostenhilfebewilligungs-Verfahren; hierfür ist in der Regel die Bewilligung von Prozeßkostenhilfe nicht zulässig, auch nicht im Falle der Ablehnung des Prozeßkostenhilfe-Antrages für das sich anschließende Beschwerdeverfahren (vgl. §§ 114, 115 ZPO Rz 19), anders im Prozeßkostenhilfebeschwerdeverfahren vor den Finanzgerichten (BFAE 143, 528),

27 10. Mahnverfahren: Hierfür ist die Bewilligung von Prozeßkostenhilfe möglich; sie erstreckt sich indessen nicht auf das sich anschließende Streitverfahren, denn eine Prüfung hinsichtlich hinreichender Erfolgsaussicht der Rechtsverfolgung im Mahnverfahren findet wegen der dort lediglich stattfindenden Individualisierung des Klageanspruchs nicht statt; auch ist die Kostenprognose eine andere als im Streitverfahren (LG Berlin NJW 72, 2312),

28 11. Zwischenantrag. Das Verfahren auf Grund eines Zwischenantrages (§ 717 Abs. 2 S. 2 ZPO) gehört nicht zum Rechtszug;

Prozeßkostenhilfe § 119 ZPO

12. die Beschwerde eröffnet wie jedes andere Rechtsmittel eine neue 29
Instanz; ebenso die Erinnerung im Kostenfestsetzungsverfahren.
13. Zwangsvollstreckung: Sie gehört nicht zum Rechtszug des Erkennt- 30
nisverfahrens. Für sie kann und ggfs. muß Prozeßkostenhilfe *gesondert
beantragt* werden (§ 122 Abs. 3 S. 3 Ziff. 1 BRAGO). Siehe hierzu auch
Behr/Hantke Prozeßkostenhilfe in der Zwangsvollstreckung, Rpfl 1981,
265. Der Antrag auf Bewilligung von Prozeßkostenhilfe für die Zwangsvollstreckung kann bereits im Erkenntnisverfahren gestellt werden; ein
Rechtsschutzbedürfnis für die Bewilligung kann jedoch frühestens mit
dem Eintritt der vorläufigen Vollstreckbarkeit des Urteils anerkannt
werden. Über den Prozeßkostenhilfeantrag für die Zwangsvollstreckung hat, soweit nicht im Einzelfall die Zwangsvollstreckung in die
Zuständigkeit des Prozeßgerichts fällt (zum Beispiel §§ 187, 888, 890,
930 Abs. 3 S 3 ZPO; LG Frankenthal Rpfl 1982, 235), der Rechtspfleger
des zuständigen Vollstreckungsgerichts zu entscheiden.
Lebhaft umstritten ist, ob Prozeßkostenhilfe für die Zwangsvollstrek- 31
kung lediglich für die einzelne beabsichtigte Vollstreckungsmaßnahme
(LG Deggendorf Rpfl 1988, 334; LG Bielefeld Rpfl 1987, 210 m. w. N.;
Behr/Hantke aaO; Kalthoener/Büttner Rz 511) oder pauschal für die
gesamte Zwangsvollstreckung mit der Begrenzung auf diejenigen Vollstreckungsmaßnahmen, für die das angerufene Vollstreckungsgericht
zuständig ist, bewilligt werden kann (so LG Krefeld Rpfl 1988, 156; LG
Fulda Rpfl 1984, 34; LG Detmold AnwBl 1983, 34; LG Frankenthal
1982, 235; LG Oldenburg DAVorm 1981, 874; AG Itzehoe DAVorm
1986, 910 m. w. N. LG Oldenburg aaO gewährt Prozeßkostenhilfe
pauschal für die Unterhaltsvollstreckung, LG Frankenthal aaO darüber
hinaus für den Gläubiger, dem Prozeßkostenhilfe ohne Ratenzahlungsverpflichtung zu bewilligen ist. Hinreichende Erfolgsaussicht der
Rechtsverfolgung in der Zwangsvollstreckung hat sich an der Möglichkeit wirksamen Zugriffs auf Vermögenswerte des Schuldners zu orientieren, nicht an der Beurteilung der Durchsetzung von Rechtsansprüchen. Da es nicht selten einer Mehrzahl von Vollstreckungsversuchen
bedarf, um den titulierten Anspruch durchzusetzen, die Frage erfolgreichen Vollstreckungszugriffs oft aber auch eine solche seiner Schnelligkeit
ist, besteht kein Grund, dem Gläubiger die generelle Bewilligung von
Prozeßkostenhilfe für das Zwangsvollstreckungsverfahren zu versagen
und ihn zu zwingen, für jeden einzelnen Vollstreckungsakt einen zeitaufwendigen Prozeßkostenhilfeantrag zu stellen. Eine Anhörung des
Schuldners nach § 118 Abs. 1 ZPO dürfte im Interesse des Erfolgs der
Vollstreckung in der Regel untauglich sein und hat daher zu unterbleiben
(s. Behr/Hantke Rpfl. 1981, 265, 269).
Pauschale Prozeßkostenhilfebewilligung für die Zwangsvollstreckung 32
erstreckt sich jedoch nicht auf besondere Maßnahmen, wie die Eintragung einer Zwangshypothek, Verfahren nach dem ZVG, das Vermö-

§ 119 ZPO   Prozeßkostenhilfe

gensoffenbarungsverfahren (siehe Rz 37), auch nicht für Prozeßverfahren, die aus Anlaß der Zwangsvollstreckung entstehen, wie zum Beispiel Vollstreckungsabwehr- und Drittwiderspruchsklagen (siehe hierzu auch § 117 ZPO Rz 36).

33 Zwangsvollstreckung ist nicht deshalb mutwillig, weil der Schuldner vor mehr als drei Jahren wiederholt die Vermögensoffenbarung abgegeben hat (LG Saarbrücken Rpfl 1986, 69).

34 Eine Anwaltsbeiordnung für die Zwangsvollstreckung ist in der Regel nicht anzuordnen, ausgenommen für einzelne schwierige Vollstreckungsmaßnahmen (LG Hannover JurBüro 1986, 765). Diese Auffassung begegnet Bedenken insbesondere dort, wo ungewandte oder unerfahrene Parteien in der Zwangsvollstreckung geschickten Schuldnern gegenüberstehen, welche dem Vollstreckungszugriff auszuweichen suchen. Sie müßten letztlich gegenüber der Konkurrenz anwaltlich vertretener Gläubiger das Nachsehen haben. Auch in der Zwangsvollstreckung ist daher eine gewisse Großzügigkeit bei der Beiordnung eines Rechtsanwalts geboten. Siehe auch § 121 ZPO Rz 44.

35 Im Zwangsversteigerungsverfahren kann dem Schuldner lediglich für Einzelmaßnahmen zwecks Wahrung seiner Rechte Prozeßkostenhilfe bewilligt werden (LG Bielefeld Rpfl 1987, 210).

36 Der Prozeßkostenhilfeantrag in der Zwangsvollstreckung ist an das Amtsgericht zu richten, in dessen Bezirk die (erste) Zwangsvollstreckung durchgeführt werden soll. Die Bewilligung der Prozeßkostenhilfe ist Sache des Rechtspflegers, wo sie außerhalb oder nach Abschluß eines gerichtlichen Verfahrens und lediglich für die Zwangsvollstreckung beantragt wird. Sie ist dem Prozeßgericht vorbehalten, wo diesem auch die Zwangsvollstreckung obliegt, zum Beispiel der Erlaß des Pfändungsbeschlusses im Zusammenhang mit dem Arrestbeschluß (§ 930 Abs. 1 S. 3 ZPO), die Anordnung der Ersatzvornahme (§ 887 Abs. 1 ZPO), die Anordnung von Zwangsgeld und Zwangshaft (§ 888 Abs. 1 ZPO) oder von Ordnungsgeld und Ordnungshaft (§ 890 Abs. 1 ZPO).

37 Zwangsvollstreckung ist auch die Eintragung einer Zwangssicherungshypothek im Grundbuch oder im Schiffsregister. Für sie bedarf es eines gesonderten Antrags auf Prozeßkostenhilfe neben dem Antrag für das Erkenntnisverfahren (Klage, einstweilige Verfügung). Zuständig für die Bewilligung der Prozeßkostenhilfe ist das Amtsgericht, welches das Grundbuch bzw. das Schiffsregister führt.

38 14. Vergleich: Werden in einem gerichtlichen Vergleich Ansprüche geregelt, die über den Streitgegenstand hinausgehen, bedarf es eines Antrags auf Bewilligung der Prozeßkostenhilfe auch für die mitverglichenen Ansprüche, andernfalls sich die Prozeßkostenhilfe auf die mitverglichenen Gegenstände nicht erstreckt. Der Antrag kann als stillschweigend gestellt angesehen werden, wenn auf Vorschlag des

Prozeßkostenhilfe § 119 ZPO

Gerichts nichtstreitige Ansprüche in den Vergleich einbezogen werden (ArbG Bochum AnwBl 1984, 624).
Zur erweiterten Erstreckung der Anwaltsbeiordnung bei Vergleichen in Ehesachen s. § 121 ZPO Rz 45 sowie oben Rz 11. **39**

15. Für das Prozeßkostenhilfeverfahren einschließlich des Beschwerdeverfahrens kann Prozeßkostenhilfe nicht bewilligt werden (BGH NJW 1984, 2106; allg. M.). Dies gilt auch dann, wenn im Prozeßkostenhilfeverfahren Beweise erhoben werden (LG Aachen MDR 1986, 504 und 857; a. M.: OLG Köln MDR 1983, 323). Kommt es im Prozeßkostenhilfeverfahren zum Abschluß eines Vergleichs, kann ausnahmsweise für das Prozeßkostenhilfeverfahren und den Vergleichsabschluß Prozeßkostenhilfe bewilligt und ein Rechtsanwalt beigeordnet werden, dessen Kosten (Gebühren aus §§ 51, 23 BRAGO) von der Staatskasse zu erstatten sind (Schleswig FamRZ 1985, 88; Bamberg FamRZ 1984, 918; Hamburg JurBüro 1983, 287). **40**

Für das Prozeßkostenhilfe-Beschwerdeverfahren vor dem BFH kann wegen des dortigen Vertretungszwanges Prozeßkostenhilfe unter Beiordnung eines postulationsfähigen Vertreters bewilligt werden (BFH DStR 1986, 49). **41**

IV. Höherer Rechtszug

1. Für den höheren Rechtszug ist seitens der bedürftigen Partei ein neuer Antrag auf Bewilligung von Prozeßkostenhilfe zu stellen. Das Rechtsmittelgericht hat die persönlichen und wirtschaftlichen Verhältnisse der Partei neu zu prüfen und kann insbesondere eine neue Erklärung hierüber sowie deren Glaubhaftmachung verlangen. Es hat darüber hinaus die hinreichende Erfolgsaussicht der beabsichtigten Rechtsverfolgung neu zu beurteilen. Beantragt der Rechtsmittelgegner Prozeßkostenhilfe, so bedarf es bei ihm der Prüfung der Erfolgsaussicht seiner Rechtsverfolgung oder Rechtsverteidigung sowie der Frage, ob diese mutwillig erscheint, nicht (§ 119 S. 2 ZPO). Dieser Grundsatz erfährt eine Ausnahme, wenn etwa auf Grund Änderung der Gesetzeslage oder durch neuen unbestrittenen Sachvortrag des Rechtsmittelführers die angefochtene Entscheidung offensichtlich aufgehoben werden muß (Koblenz FamRZ 1986, 81 für den Fall des Nichtvollzugs der einstweiligen Verfügung, des Unterhaltsverzichts nach Abschluß der Vorinstanz; Köln VersR 1981, 488; Celle NdsRpfl 1985, 147; Schneider MDR 1979, 369; a. M.: Stein-Jonas-Lauterbach Rz 17), die Entscheidung des Erstgerichts eine offensichtliche Fehlentscheidung ist (Köln VersR 1981, 489; Düsseldorf FamRZ 1988, 96 u. 416), insbesondere wenn dieser Fehler auf ein vorwerfbares Verhalten der bedürftigen Partei zurückzu- **42**

führen ist (Koblenz FamRZ 1985, 301; Bamberg JurBüro 1985, 1111). Zu den verfassungsrechtlichen Grenzen der Auslegung des § 119 S. 2 ZPO sowie zum Begründungszwang einer die Bewilligung von Prozeßkostenhilfe versagenden Entscheidung s. BVerfG NJW 1987, 1619.

42a Berufung zwecks Rücknahme des Scheidungsantrags ist erfolgversprechend, da auf andere Weise das Urteil nicht zu beseitigen ist (Köln, Beschl. v. 21. 8. 1984, 21 UF 84/84).

43 Für ein Anschlußrechtsmittel des Rechtsmittelgegners bedarf es hingegen der Prüfung der Erfolgsaussicht und besonderer Prozeßkostenhilfebewilligung (Gerold-Schmidt BRAGO § 122 Rz 28).

44 Gesonderte Rechtsmittel gegen in derselben Sache ergangene Teil- und Schluß-Urteile begründen dieselbe Rechtsmittelinstanz. Dies gilt auch dann, wenn Teil- und Schluß-Urteil gegen einzelne, gesamtschuldnerisch in Anspruch genommene Streitgenossen ergehen. Die Bewilligung von Prozeßkostenhilfe für ein Rechtsmittel erstreckt sich jedoch nicht auf ein späteres Rechtsmittel, mit dem ein weiteres Teil- oder Schlußurteil derselben Instanz angefochten wird. Die Bewilligung von Prozeßkostenhilfe für die Berufung gegen ein Zwischenurteil bewirkt somit keine Prozeßkostenhilfe für eine Berufung gegen das Urteil in der Hauptsache (Gerold-Schmidt BRAGO § 122 Rz 30).

45 2. Der Rechtsmittelgegner hat Anspruch auf Bewilligung von Prozeßkostenhilfe alsbald nach Eingang des Rechtsmittels, auch wenn dieses noch nicht begründet worden ist (Karlsruhe (2. ZS) NJW RR 1987, 63 gegen (15. ZS) NJW-RR 1989, 1152). Nach BGH NJW 1982, 446 u. FamRZ 1988, 942; Köln JurBüro 1984, 404; Düsseldorf VersR 1986, 1729, ist der Prozeßkostenhilfeantrag des Rechtsmittelgegners erst dann sachlich gerechtfertigt, wenn das Rechtsmittel des Gegners begründet und die Voraussetzungen seiner Verwerfung nach §§ 519 b, 554 a ZPO nicht gegeben sind. Gleiches soll gelten, solange über einen Prozeßkostenhilfeantrag des Rechtsmittelführers nicht entschieden worden ist (BGH LM Nr. 3 zu § 119 ZPO; NJW 1982, 447; Düsseldorf VersR 1986, 474; Karlsruhe (16. ZS) FamRZ 1987, 844). Diese restriktive Auffassung begegnet Bedenken, da sie dem bedürftigen Rechtsmittelgegner die Gleichheit des Rechtsschutzes vorenthält, zumal wenn für ihn schon vor Eingang der Rechtsmittelbegründung anwaltlicher Beistand erforderlich wird, sei es um ein selbständiges Anschlußrechtsmittel einzulegen, Anträge zur Vollstreckbarkeit nach § 534 ZPO zu stellen, oder um einem Antrag des Gegners auf Einstellung der Zwangsvollstreckung entgegenzutreten. Die Rechtsprechung über die zeitweilig mutwillige Rechtsverfolgung des Rechtsmittelgegners, nämlich bis zum Eingang der Rechtsmittelbegründung, steht auch im Widerspruch zu jener herrschenden Auffassung, wonach im Kostenerstattungsrecht die sofortige Hinzuziehung eines Rechtsanwalts für die Rechtsmittelinstanz als zur zweckentsprechenden Rechtsverfolgung notwendig anerkannt wird (BGH NJW

RR 1986, 1320 m. w. N.; Hartmann in Baumbach-Lauterbach-Albers-Hartmann ZPO § 91 Anm. 5 »Rechtsanwalt« Anm. A m. w. N.).

3. Wird das Rechtsmittel zurückgenommen, so ist dem bedürftigen 46 Rechtsmittelgegner für den Antrag auf Verlustigerklärung des Rechtsmittels sowie für den Kostenantrag aus §§ 515 Abs. 3 S. 2, 556 ZPO Prozeßkostenhilfe zu bewilligen (BGH FamRZ 1988, 942 und NJW 1982, 446).

4. Für den Streithelfer des Rechtsmittelgegners gilt § 119 S. 2 ZPO 47 nicht. Er ist nicht Rechtsmittelgegner; seine Interessenlage ist eine andere. Sein Prozeßkostenhilfeantrag ist auch in materiell-rechtlicher Hinsicht zu prüfen.

5. Trifft das Rechtsmittelgericht bei Bewilligung von Prozeßkostenhilfe 48 Anordnungen über die Zahlung von Raten, so werden damit Ratenzahlungsanordnungen der nachgeordneten Instanz gegenstandslos. Dies gilt entsprechend, wenn das Rechtsmittelgericht von der Anordnung von Ratenzahlungen insgesamt absieht (OLG Hamm FamRZ 1986, 1014). Hatte erstmalig der BGH die Zahlung von Raten an die Bundeskasse angeordnet, so kann nach Zurückverweisung des Rechtsstreits an das OLG dieses die Zahlung von Raten an die Landeskasse anordnen (BGH NJW 1983, 944; Hamm FamRZ 1986, 1014).

6. Legt der Antragsteller erstmals in der Berufungsinstanz seine Ein- 49 kommensverhältnisse ausführlich dar und haben sich diese gegenüber den vor der ersten Instanz zugrundegelegten Verhältnissen verschlechtert, so hat das Berufungsgericht gegebenenfalls die Entscheidung des Gerichts der Vorinstanz zu ändern (LAG Bremen MDR 1988, 96).

7. Zu den Wirkungen des Prozeßkostenhilfeantrags für das Rechtsmit- 50 telverfahren siehe § 117 ZPO Rz 32 f.

V. Teilbewilligung von Prozeßkostenhilfe

Erweisen sich beabsichtigte Rechtsverfolgung oder Rechtsverteidigung 51 nur teilweise als aussichtsreich, kann nur in diesem Umfang Prozeßkostenhilfe beschränkt gewährt werden. Der Bewilligungsbeschluß muß diesen Umfang genau bezeichnen und dies begründen (siehe § 119 ZPO Rz 42). Nicht zulässig ist es, Prozeßkostenhilfe nur für bestimmte Beweismittel oder kostenrechtlich unselbständige Verfahrensabschnitte zu bewilligen oder lediglich für Teile von Sachvortrag (Einreden) (Zöller/Schneider § 119 Rz 3; Christl MDR 1983, 624). Unstatthaft ist eine bedingte Prozeßkostenhilfe-Bewilligung.

§ 120 ZPO (Bewilligung; Festsetzung der Raten; vorläufige Zahlungseinstellung)

(1) Mit der Bewilligung der Prozeßkostenhilfe setzt das Gericht zu zahlende Monatsraten und aus dem Vermögen zu zahlende Beträge fest. Setzt das Gericht nach § 115 Abs. 1 S. 3 mit Rücksicht auf besondere Belastungen vom Einkommen Beträge ab und ist anzunehmen, daß die Belastungen bis zum Ablauf von vier Jahren ganz oder teilweise entfallen werden, so setzt das Gericht zugleich diejenigen Zahlungen fest, die sich ergeben, wenn die Belastungen nicht oder nur in verringertem Umfang berücksichtigt werden, und bestimmt den Zeitpunkt, von dem an sie zu erbringen sind.

(2) Die Zahlungen sind an die Landeskasse zu leisten, im Verfahren vor dem Bundesgerichtshof an die Bundeskasse, wenn Prozeßkostenhilfe in einem vorherigen Rechtszug nicht bewilligt worden ist.

(3) Das Gericht soll die vorläufige Einstellung der Zahlungen bestimmen,
1. wenn abzusehen ist, daß die Zahlungen der Partei die Kosten decken,
2. wenn die Partei, ein ihr beigeordneter Rechtsanwalt oder die Bundes- oder Landeskasse die Kosten gegen einen anderen am Verfahren Beteiligten geltend machen kann.

(4) Das Gericht kann die Entscheidung über die zu leistenden Zahlungen ändern, wenn sich die für die Prozeßkostenhilfe maßgebenden persönlichen oder wirtschaftlichen Verhältnisse wesentlich geändert haben. Auf Verlangen des Gerichts hat sich die Partei darüber zu erklären, ob eine Änderung der Verhältnisse eingetreten ist. Eine Änderung zum Nachteil der Partei ist ausgeschlossen, wenn seit der rechtskräftigen Entscheidung oder sonstigen Beendigung des Verfahrens vier Jahre vergangen sind.

Literatur:

Behn	Ratenprozeßkostenhilfe in mehreren Instanzen, Rpfl 1983, 337;
Fischer	Fälligkeit der Raten bei der Prozeßkostenhilfe vor Gerichten für Arbeitssachen, SchlHA 1981, 5;
Lappe	Prozeßkostenhilfe: Ansparen oder abzahlen? Rpfl 1981, 137.

Prozeßkostenhilfe § 120 ZPO

Inhaltsübersicht

	Rz
I. Einleitung	1
II. Festsetzung von Zahlungen	2–5a
III. Berücksichtigung künftiger Änderung von Belastungen	6
IV. Änderung der Zahlungsanordnung wegen veränderter Verhältnisse	7–12
V. Mögliche Änderungsentscheidungen	13–15
VI. Einstellung der Zahlungen	16–18
VII. Entscheidung nach Beendigung des Rechtsstreits oder der Instanz	19

I. Einleitung

In seiner gegenwärtigen Fassung geht § 120 ZPO auf das Kostenrechtsänderungsgesetz vom 9. 12. 1986 (BGBl I 2326), in Kraft seit dem 1. 1. 1987, zurück. Mit ihm wurden dem Absatz 1 der Satz 2, ferner der Absatz 4 angefügt. Dadurch ist die Möglichkeit geschaffen worden, die der hilfsbedürftigen Partei auferlegten Raten an eine zukünftige Veränderung ihrer wirtschaftlichen Verhältnisse anzupassen, sei es durch Herabsetzung oder Streichung der Raten oder deren Heraufsetzung im Falle verbesserter Verhältnisse. Die Abschaffung der Nachzahlungsverpflichtung des § 125 ZPO a. F. durch den Gesetzgeber bei Einführung der Prozeßkostenhilfe war sowohl seitens der Staatskasse als auch der Rechtsanwälte als ein der Korrektur bedürftiger Fehler im Gesetzgebungs-Verfahren angesehen worden, konnte doch die durch den Prozeßerfolg zu Vermögen gekommene Partei die finanziellen Vorteile der Gewährung der Prozeßkostenhilfe nach Maßgabe des zunächst einmal ergangenen Beschlusses ohne Rücksicht auf eine Verbesserung ihrer wirtschaftlichen Verhältnisse weiterhin in Anspruch nehmen. Der neue § 120 Abs. 4 ZPO hat die Nachzahlungsverpflichtung der Partei nach § 125 a. F. nicht wieder hergestellt, wohl aber eine angemessene, zeitlich befristete Anpassung der Prozeßkostenhilfebedingungen ermöglicht.

II. Festsetzung von Zahlungen

Mit der Bewilligung von Prozeßkostenhilfe trifft das Gericht zunächst 2 nur die Grundsatzentscheidung, daß der Antragsteller nach seinen persönlichen und wirtschaftlichen Verhältnissen hilfsbedürftig ist und seiner Rechtsverfolgung bzw. Rechtsverteidigung hinreichende Erfolgsaussicht nicht versagt werden kann. Damit ist jedoch noch nicht festgelegt, wie sich im einzelnen die Hilfe für den Antragsteller ausgestaltet. Das Gericht hat darüber hinaus nunmehr zu entscheiden, ob der Antragsteller zu den Kosten des Prozesses heranzuziehen ist. Der Bewilligungsbeschluß hat daher auszusprechen, daß Prozeßkostenhilfe ohne Ratenzahlungen oder mit Zahlung bestimmter Beträge aus dem Einkommen und/oder dem Vermögen der Partei bewilligt wird.

3 Die Höhe der Raten aus dem Einkommen bestimmt das Gericht anhand der zu § 114 ZPO als Anlage 1 in das Gesetz übernommenen Tabelle (siehe §§ 114–115 ZPO Rz 81) unter Berücksichtigung der voraussichtlich anfallenden Kosten. Nach der Anlage 1 zu § 114 ZPO sind unabhängig von der Zahl der Rechtszüge höchstens 48 Monatsraten aufzubringen. Eine genaue Anzahl der Raten hat das Gericht nicht zu bestimmen (SchleswSchlHA 1981, 114). Die Raten sind jedoch unter Berücksichtigung der vollen *Regelgebühren* des beigeordneten Anwalts bis zur Höhe ihrer Deckung einzuziehen, d. h. einschließlich der weiteren Vergütung im Sinne von § 124 BRAGO (Nürnberg AnwBl 1989, 176; Saarbrücken FamRZ 1989, 303; Düsseldorf (24. Sen.) JurBüro 1988, 1717; Celle Nds Rpfl 1988, 217; LAG Köln Anw 1988, 418; Bamberg JurBüro 1988, 99; Schleswig JurBüro 1988, 741; Köln AnwBl 1987, 101; Hamm AnwBl 1985, 50; Frankfurt JurBüro 1985, 1728; Stuttgart AnwBl 1985, 49; Riedel/Sußbauer BRAGO 6. Auflage § 124 Anm. 7; Grunsky NJW 1980, 2041 (2045); die gegenteilige Meinung von Düsseldorf (10. Sen.) JurBüro 1988, 67; (17. Sen.) Rpfl 1988, 383; LAG Düsseldorf JurBüro 1989, 969; LAG Hamm Rpfl. 1987, 184; Zöller/Schneider PKHG Anm. IV 1 b zu § 120 ZPO) verkennt, daß das Gesetz in § 114 ZPO keinen von § 91 ff. ZPO abweichenden *Kostenbegriff* voraussetzt und, wie sich aus § 124 BRAGO ergibt, der Partei, die Zahlungen auf die Kosten aus ihrem Einkommen oder ihrem Vermögen zu leisten vermag, lediglich Zahlungserleichterungen, nicht aber teilweise Kostenbefreiung gewähren will.

4 Das Gericht bestimmt zugleich mit dem Bewilligungsbeschluß den Zeitpunkt des Beginns der Zahlungen. Hat der Antragsteller die Kosten aus dem Vermögen aufzubringen, so bestimmt das Gericht Anzahl, Höhe und Zeitpunkt dieser Zahlungen. Dabei hat es im Rahmen seines pflichtgemäßen Ermessens die Zahlungen so festzusetzen, daß nach Möglichkeit das einzusetzende Vermögen verschont wird und Zahlungen nur nach Maßgabe der tatsächlich anfallenden Prozeßkosten erhoben werden, nicht aber zum Beispiel für Kosten einer aufwendigen Beweisaufnahme, deren Durchführung zwar denkbar, im Zeitpunkt der Anordnung von Zahlungen aber noch nicht angeordnet ist. Wo sowohl aus dem Einkommen als auch aus dem Vermögen Zahlungen zu erbringen sind, ist die Verwertung von Vermögensteilen erst dann zulässig, wenn und soweit Raten aus dem Einkommen zur Kostendeckung nicht ausreichen.

5 Der beigeordnete Rechtsanwalt kann die Wiederaufnahme von Ratenzahlungen durch die Partei nicht verlangen, wenn er die Differenzkosten

Prozeßkostenhilfe § 120 ZPO

namens der Partei hat festsetzen lassen und der Gegner die Forderung durch Aufrechnung getilgt hat. Es verbleibt ihm insoweit ein Bereicherungsanspruch gegen die Partei (Schleswig JurBüro 1988, 744).
Im Arbeitsgerichtsverfahren werden wegen der hier nicht bestehenden Vorschußpflicht (§ 12 Abs. 4 ArbGG) die von der Partei zu zahlenden Beträge durch den Rechtspfleger erst nach Beendigung der jeweiligen Instanz festgesetzt (LAG Hamm JurBüro 1982, 926). 5a

III. Berücksichtigung künftiger Änderung von Belastungen

Hat das Gericht im Hinblick auf besondere Belastungen des Antragstellers diese vom Einkommen abgesetzt und demgemäß niedrigere Raten festgesetzt, ist aber abzusehen, daß mit hoher Wahrscheinlichkeit die Belastungen bis zum Ablauf von vier Jahren und damit innerhalb der voraussichtlichen Höchstdauer von Ratenzahlungen ganz oder teilweise entfallen, so setzt das Gericht zugleich die im Zeitpunkt des Wegfalls oder der Verringerung der Belastung sich dann ergebenden Zahlungen und den Zeitpunkt fest, von dem an sie zu erbringen sind (§ 120 Abs. 1 S. 2 ZPO). Bei unsicherer Prognose bleibt nur der Weg über § 120 Abs. 4 ZPO, d. h. es ist die nachträgliche Änderung der für die Prozeßkostenhilfe maßgebend gewesenen persönlichen oder wirtschaftlichen Verhältnisse abzuwarten. Hierzu s. nachstehend Rz 7 f. 6

IV. Änderung der Zahlungsanordnung wegen veränderter Verhältnisse

1. Tritt nach Bewilligung der Prozeßkostenhilfe eine wesentliche Änderung derjenigen persönlichen oder wirtschaftlichen Verhältnisse ein, die für die Bewilligung der Prozeßkostenhilfe maßgebend gewesen sind, so kann das Gericht seine Entscheidung über die vom Antragsteller zu leistenden Zahlungen ändern. Es kann – frühestens mit Wirkung ab Eintritt der Änderung (Düsseldorf JurBüro 1988, 1219) – die Zahlungsmodalitäten der Veränderung anpassen, Raten erhöhen oder herabsetzen, evtl. sogar die Verpflichtung zur Leistung von Raten überhaupt aufheben. Auch kann es bei bisheriger Prozeßkostenbewilligung ohne Ratenzahlungen nunmehr erstmals die Leistung von Raten anordnen. 7

Künftig mögliche Entwicklungen, etwa durch den zu erwartenden Prozeßerfolg, haben unberücksichtigt zu bleiben; zu entscheiden ist allein auf der Grundlage der tatsächlich veränderten Verhältnisse im 8

Zeitpunkt der zu treffenden Änderungsentscheidung (Bremen FamRZ 1983, 637). Eine bestehende Verpflichtung zur Leistung von Raten ist stets dann aufzuheben, wenn durch die Ratenzahlung der notwendige Selbstbehalt der Partei geschmälert würde (Karlsruhe Justiz 1983, 388). Ist eine Verschlechterung der Verhältnisse der Partei eingetreten, so ist die Änderungsentscheidung mit Rückwirkung auf den Zeitpunkt ihres Eintritts zu treffen, auch wenn der Antrag erst später gestellt worden ist (Hamm FamRZ 1982, 1096; Frankfurt FamRZ 1983, 1046).

9 2. Eine Änderung der Prozeßkostenhilfebedingungen nach § 120 Abs. 4 ZPO setzt jedoch eine wesentliche Veränderung der persönlichen oder wirtschaftlichen Verhältnisse der Partei voraus. Die Anlehnung des Gesetzeswortlautes an § 323 ZPO gebietet es, die zu jener Vorschrift ergangene Rechtsprechung zum Begriff der Wesentlichkeit der Veränderung zu übernehmen, wonach diese dann vorliegt, wenn eine Saldierung der geänderten Umstände zu einer Abweichung von mehr als zehn Prozent führt. Eine nur vorübergehende Arbeitslosigkeit einer Partei, deren hohes Einkommen die Bildung von Rücklagen ermöglicht, läßt Zahlungen auf die Prozeßkosten hieraus zumutbar erscheinen (Hamburg Beschl. v. 2. 12. 1988, 12 WF 178/88).

10 Das Gericht kann eine zunächst ratenlose Bewilligung von Prozeßkostenhilfe im Falle fehlerhafter Beurteilung der Sache nach pflichtgemäßen Ermessen in eine Bewilligung mit Raten abändern, hat dabei jedoch zu berücksichtigen, daß die Partei im Vertrauen auf die ratenlose Bewilligung von Prozeßkostenhilfe finanzielle Dispositionen getroffen hat (Köln FamRZ 1982, 1226; gegen die Zulässigkeit einer derartigen Abänderung Stuttgart FamRZ 1984, 722).

11 Ein Verschlechterungsverbot enthält § 120 Abs. 4 S. 3 ZPO, wonach zum Nachteil der Partei eine Änderung dann ausgeschlossen ist, wenn seit der rechtskräftigen Entcheidung oder der sonstigen Verfahrensbeendigung vier Jahre vergangen sind. Änderungen zugunsten der Partei bleiben nach Ablauf der Frist jederzeit möglich (Bundestagsdrucksache 10/6400 S. 63).

11a 3. Eine Änderung der Zahlungsanordnung kommt frühestens mit Wirkung ab Eintritt der Änderung in Betracht (LAG Bremen AnwBl 1988, 78; Zöller/Schneider des § 120 Rz 17; Hamm FamRZ 1982, 1096; Karlsruhe MDR 1983, 1030). Legt der Antragsteller diesen Zeitpunkt nicht dar, kann eine Änderung nur mit Wirkung auf den Zeitpunkt des Antrags angeordnet werden (LAG Bremen aaO.).

12 4. Um dem Gericht eine Prüfung zu ermöglichen, ob und in welchem Umfang eine Änderung seiner Entscheidung über zu leistende Zahlungen geboten ist, hat es der begünstigten Partei zur Pflicht gemacht, auf Verlangen des Gerichts sich darüber zu erklären, ob eine Änderung der Verhältnisse eingetreten ist. Die Partei ist also nicht von sich aus gehalten, eine solche Änderung dem Gericht anzuzeigen. Das Gericht

hat den von einer beabsichtigten Änderung Betroffenen (Partei, Rechtsanwalt, Bezirksrevisor) rechtliches Gehör zu gewähren.

V. Mögliche Änderungsentscheidungen

1. Nach Zurückweisung des Prozeßkostenhilfegesuchs mangels Hilfsbedürftigkeit kann ein *neuer* Prozeßkostenhilfeantrag wegen inzwischen eingetretener Verschlechterung der wirtschaftlichen Verhältnisse gestellt werden. 13

2. Nach Bewilligung von Prozeßkostenhilfe *mit* Zahlungspflicht kann angeordnet werden, daß die Zahlungen überhaupt *entfallen,* oder daß angeordnete Zahlungen nach Anzahl oder Höhe der einzelnen Beträge *ermäßigt* werden. Umgekehrt kann auch bei einer Verbesserung der wirtschaftlichen Lage, etwa wegen Wegfalls von Belastungen, eine *Anhebung* der Zahlungen angeordnet werden (§ 120 Abs. 1 S. 3, Abs. 4 ZPO) oder gar eine volle Nachzahlung der Kosten (Koblenz Rpfl. 1984, 160; Bamberg JurBüro 1987, 1706; a. M. Koblenz Rpfl. 1984, 330; Zöller/Schneider § 124 Rz 17 wonach nur noch ausstehende Kosten zu zahlen sind. 14

3. Nach Prozeßkostenhilfebewilligung *ohne* Zahlungspflicht kann bei verbesserter wirtschaftlicher Lage der Partei eine *Anordnung von Zahlungen* aus dem Einkommen und/oder dem Vermögen in Frage kommen (Bamberg JurBüro 1988, 1223; LAG SchleswHolst SchlHA 1988, 91), etwa durch Anordnung der einmaligen Zahlung aller infolge der Bewilligung von Prozeßkostenhilfe seitens der Gerichtskasse verauslagten Kosten (Zweibrücken Rpfl. 1988, 281). 15

VI. Einstellung der Zahlungen

Das Gericht soll die vorläufige Einstellung angeordneter Zahlungen bestimmen, 16

1. wenn abzusehen ist, daß die von der Partei geleisteten Raten die Kosten decken (vgl. hierzu § 120 ZPO Rz 3), 17

2. wenn die Partei, ein ihr beigeordneter Rechtsanwalt oder die Bundes- oder Landeskasse die Kosten gegen einen anderen am Verfahren Beteiligten geltend machen kann. Dies wird dort der Fall sein, wo zugunsten der begünstigten Partei eine Entscheidung ergangen (Köln JurBüro 1987, 451) oder von ihr ein Vergleich geschlossen worden ist, wonach der Prozeßgegner ihr oder ihrem Prozeßbevollmächtigten (§ 126 ZPO) zur Kostenerstattung verpflichtet ist. Die Staatskasse kann den auf sie übergegangenen Anspruch des Prozeßbevollmächtigten der begünstig- 18

ten Partei jedoch gegen den Gegner nicht geltend machen, wenn diesem ebenfalls in diesem Verfahren Prozeßkostenhilfe bewilligt worden war. In diesem Fall ist die Einstellung der Zahlungen nicht anzuordnen (Düsseldorf JurBüro 1986, 1878). Ist die Einstellung der Zahlungen angeordnet worden, so ist diese Anordnung aufzuheben, wenn die Beitreibung beim Gegner erfolglos oder aussichtslos ist (Köln FamRZ 1986, 926).

VII. Entscheidungen nach Beendigung des Rechtsstreits oder der Instanz

19 Nach Beendigung des Rechtsstreits oder der Instanz bleibt das Gericht (Rechtspfleger gem. § 20 Nr. 4 c RpflG) gleichwohl für Entscheidungen über die Änderung der Zahlungsverpflichtungen der begünstigten Partei zuständig (Bamberg JurBüro 1989, 1445; Saarbrücken JurBüro 1988, 98; Karlsruhe FamRZ 1986, 1126; München MDR 1985, 941; Celle JurBüro 1987, 772 (entschieden für Altverfahren vor dem 1. Jan. 1987); Düsseldorf JurBüro 1984, 932; Frankfurt JurBüro 1986, 1578; Köln MDR 1983, 847; Schlesw. JurBüro 1988, 741; Mümmler, JurBüro 1988, 1306). Nach Auffassung von Düsseldorf JurBüro 1988, 97 mit abl. Anm. von Schneider und Morisse MDR 1988, 238 u. 680; Stuttgart, FamRZ 1986, 1125; Zweibrücken JurBüro 1985, 1112; Bamberg JurBüro 1983, 456; Hamburg MDR 1983, 234, endet mit dem Abschluß des Rechtsstreits oder der Instanz die Zuständigkeit des Gerichts für Abänderungsentscheidungen und geht auf die Justizverwaltung über. Diese Meinung dürfte indessen durch die Entscheidung des Gesetzgebers in § 120 Abs. 4 S. 3, wie sie zum 1. 1. 1987 wirksam geworden ist, wonach nämlich bis zu vier Jahren nach Verfahrensbeendigung Änderungsentscheidungen zulässig ist, sachlich überholt sein.

§ 121 (Beiordnung eines Rechtsanwalts)

(1) Ist eine Vertretung durch Anwälte vorgeschrieben, wird der Partei ein zur Vertretung bereiter Rechtsanwalt ihrer Wahl beigeordnet.
(2) Ist eine Vertretung durch Anwälte nicht vorgeschrieben, wird der Partei auf ihren Antrag ein zur Vertretung bereiter Rechtsanwalt ihrer Wahl beigeordnet, wenn die Vertretung durch einen Rechtsanwalt erforderlich erscheint und der Gegner durch einen Rechtsanwalt vertreten ist. Ein nicht bei dem Prozeßgericht zugelassener Anwalt kann nur beigeordnet werden, wenn dadurch weitere Kosten nicht entstehen.
(3) Wenn besondere Umstände dies erfordern, kann der Partei auf ihren Antrag ein zur Vertretung bereiter Rechtsanwalt ihrer Wahl zur Wahrnehmung eines Termins zur Beweisaufnahme vor dem ersuchten Richter oder zur Vermittlung des Verkehrs mit dem Prozeßbevollmächtigten beigeordnet werden.
(4) Findet die Partei keinen zur Vertretung bereiten Anwalt, ordnet der Vorsitzende ihr auf Antrag einen Rechtsanwalt bei.

Inhaltsübersicht

		Rz
I.	Allgemeines	1–2
II.	Erläuterungen	
A.	Voraussetzungen der Beiordnung	
	1. Recht der Anwaltswahl	3–6
	2. Beiordnung im Anwaltsprozeß	7–10
	3. Beiordnung im Parteiprozeß	11–23a
	4. Beweis- und Verkehrsanwalt	24–29
	5. Notanwalt	30–32
	6. Anwaltswechsel	33–35
	7. Ende der Beiordnung	36
B.	Wirkungen der Beiordnung	
	1. Beiordnung, Auftragsverhältnis und Vollmacht	37–40
	2. Umfang der Beiordnung	41
	a) Sachlicher Umfang der Beiordnung	42–53
	b) Zeitlicher Umfang der Beiordnung	54
	c) Gebührenrechtliche Wirkungen der Beiordnung	55–57
C.	Beiordnungsverfahren	
	1. Beiordnungsantrag	58–59
	2. Zuständigkeit	60
	3. Beiordnungsbeschluß	61–64
	4. Rechtsbehelfe	65

I. Allgemeines

1 Mit der Bewilligung der Prozeßkostenhilfe ist nicht nur die Befreiung oder Stundung von Kostenbelastungen verbunden. § 121 ZPO gibt dem Mittellosen die zur Wahrnehmung seiner Rechte wesentliche Hilfe durch Gewährung des Anspruchs auf Beiordnung eines Rechtsanwalts seiner Wahl, und zwar für den Anwaltsprozeß ohne Ausnahme, für den Parteiprozeß im Regelfall, schließlich unter besonderen Umständen auch für die Durchführung der Beweisaufnahme sowie den Verkehr mit dem Prozeßbevollmächtigten. Um diesen Anspruch zu verwirklichen, bedarf es – abgesehen vom Anwaltsprozeß mit seinem Anwaltszwang (§ 78 ZPO) – der Stellung eines *Beiordnungsantrags*. Beantragt die Partei Prozeßkostenhilfe über einen Rechtsanwalt, wird sie im Zweifel auch eine Anwaltsbeiordnung beantragen wollen (Köln Rpfl 1983, 413; Düsseldorf MDR 1981, 502).

2 Entgegen früherem Recht (§ 116 Abs. 2 ZPO aF) ist im Parteiprozeß die Beiordnung eines Referendars oder eines anderen Justizbeamten zur Wahrnehmung der Interessen der Partei nicht mehr zulässig. Von der Beiordnung im Wege der Prozeßkostenhilfe ausgeschlossen sind im Verfahren vor den Arbeitsgerichten die dort im übrigen zur Vertretung zugelassenen Verbandsvertreter (BAG BB 1988, 916), in Verfahren vor den Sozialgerichten auch die Rentenberater (LSG RheinlPfalz JurBüro 1986, 458; LSG Essen AnwBl 1986, 456) ebenso für das Verwaltungsgerichtsverfahren OVG Münster RBeistand 1987, 54. Im Verfahren vor den Finanzgerichten kann der Partei auf ihren Antrag auch ein Steuerberater beigeordnet werden. Beigeordnet werden können ferner ausländische Rechtsanwälte aus den Staaten der Europäischen Gemeinschaft im Rahmen ihrer Befugnisse zum Tätigwerden im Inland gem. Art. 59 EWG Vertrag und den hierzu ergangenen Gesetzen.

2a Von der Beiordnung nach § 121 ZPO zu unterscheiden ist die im Verfahren vor den Arbeitsgerichten in Prozeß- und Beschlußsachen zulässige Beiordnung eines Rechtsanwalts nach § 11a Abs. 1 und 2 ArbGG. Sie ist nicht an die sachliche Voraussetzung hinreichender Erfolgsaussicht der Rechtsverfolgung oder der Rechtsverteidigung geknüpft, sondern auch dann zulässig, wenn das Gericht diese für nicht aussichtsreich hält (LAG Hamm MDR 1971, 336; Dietz-Nikisch ArbGG § 11a Rz 28). Positive Voraussetzungen einer Beiordnung nach § 11a Abs. 1 und 2 ArbGG sind
  1. Unvermögen der Partei, ohne Beeinträchtigung des für sie und ihre Familie notwendigen Unterhalts die Prozeßkosten zu bestreiten;
  2. fehlende Möglichkeit, durch ein Mitglied oder einen Angestellten einer Gewerkschaft bzw. einer Arbeitgebervereinigung vertreten zu werden. Soweit in schwierigen Fällen ein geeigneter Verbandsvertre-

Prozeßkostenhilfe § 121 ZPO

ter nicht gefunden werden kann, besteht ein Anspruch auf Beiordnung eines Rechtsanwalts;
3. Anwaltliche Vertretung des Prozeßgegners.

Liegen diese Voraussetzungen vor, hat die Partei im Verfahren vor den Arbeitsgerichten Anspruch auf Beiordnung eines Rechtsanwalts unabhängig von den Voraussetzungen der §§ 114ff ZPO, die im übrigen daneben gemäß § 11a Abs. 3 ArbGG auch für das Arbeitsgerichtsverfahren gelten. Der Anspruch auf Beiordnung eines Rechtsanwalts unterliegt jedoch nach § 11a Abs. 2 ArbGG Einschränkungen: bei Mutwilligkeit der Rechtsverfolgung sowie in einfach gelagerten Fällen. Siehe hierzu auch §§ 114–115 ZPO Rz 107. Die Entscheidungszuständigkeit für die Beiordnung nach § 11a ArbGG liegt beim Vorsitzenden. Die dem nach § 11a Abs. 1 und 2 ArbGG beigeordneten Rechtsanwalt aus der Staatskasse zu erstattenden Gebühren bestimmen sich nach §§ 121ff BRAGO.

II. Erläuterungen

A. Voraussetzungen der Beiordnung

1. Recht der Anwaltswahl

Die Partei hat die freie Wahl des ihr beizuordnenden Anwalts. Dies gilt auch für den Nebenkläger im Strafverfahren (§ 397a Abs. 1 Satz 1 StPO). Benennt sie einen Rechtsanwalt im Rahmen ihres Prozeßkostenhilfeantrages nicht, hat das Gericht sie auf das Wahlrecht hinzuweisen und ihr Gelegenheit zur Benennung eines Anwalts zu geben. Die Wahl darf sich nicht auf eine Anwaltssozietät erstrecken, sonder stets auf einen einzelnen Rechtsanwalt; nur er kann beigeordnet werden. Das Wahlrecht ist insoweit eingeschränkt, als der von der Partei ausgewählte Anwalt entweder beim Prozeßgericht nicht zugelassen, dort also nicht postulationsfähig oder aus tatsächlichen oder rechtlichen, zum Beispiel standesrechtlichen Gründen an der Übernahme des Auftrags gehindert ist (Schleswig SchlHA 1982, 197). 3

Der von der Partei ausgewählte Rechtsanwalt muß zur Übernahme der Vertretung im Wege der Beiordnung in Prozeßkostenhilfe bereit sein (§ 121 Abs. 2 ZPO). Fehlt es an dieser Bereitschaft und wird er gleichwohl beigeordnet, kann er im Wege der Beschwerde die Aufhebung seiner Beiordnung betreiben. Hat der Antragsteller keinen zur Übernahme der Vertretung bereiten Rechtsanwalt finden können, kann ein vom Gericht ausgewählter und dort zur Vertretung zugelassener Rechtsanwalt von Amts wegen als Notanwalt gemäß § 121 Abs. 4 ZPO beigeordnet werden. 4

5 Hat der Antragsteller einen zur Vertretung bereiten und dort vertretungsberechtigten Rechtsanwalt gefunden und diesen dem Gericht benannt, so ist das Gericht an die damit getroffene Wahl gebunden; es hat diesen Rechtsanwalt dem Antragsteller beizuordnen. Eine Änderung der Wahl vor Beiordnung ist jederzeit möglich. Eine Änderung für die Zeit danach ist nur eingeschränkt möglich; siehe insoweit unten Rz 33 ff.

6 Anwaltsauswahl und Anwaltsbereitschaft können darin zum Ausdruck kommen, daß ein beim Gericht zugelassener Rechtsanwalt die Partei in Prozeßkostenhilfeverfahren vertritt, und zwar auch ohne ausdrückliche Bitte um Beiordnung.

2. Beiordnung im Anwaltsprozeß

7 Im Anwaltsprozeß ist der Partei ausnahmslos ein Rechtsanwalt zu ihrer Vertretung beizuordnen. Der Rechtsstreit ist im Anwaltsprozeß zu führen, sofern nach § 78 Abs. 1 ZPO eine Vertretung der Partei vor Gericht durch einen Rechtsanwalt vorgeschrieben ist, d. h. vor dem Landgericht, Oberlandesgericht, Bundesgerichtshof sowie vor dem Amtsgericht als Familiengericht in den nach § 78 Abs. 2 ZPO bezeichneten Verfahren, d. h. in erster Linie Ehe- und Folgesachen sowie selbständige Güterrechtssachen. Im Anwaltsprozeß muß der von der Partei ausgewählte oder nach § 121 Abs. 4 ZPO vom Gericht bestimmte Rechtsanwalt im Verfahren vor den ordentlichen Gerichten beim Prozeßgericht zugelassen, dort also postulationsfähig sein. Im Anwaltsprozeß vor den erstinstanzlichen Familiengerichten ist zur Vertretung zugelassen auch ein beim übergeordneten Landgericht des Gerichtsbezirks zugelassener Rechtsanwalt (§ 78 Abs. 2 Satz 2 ZPO). Ist die Partei oder ihr gesetzlicher Vertreter selbst ein beim Prozeßgericht zugelassener Rechtsanwalt, kann auch er zur eigenen Prozeßvertretung beigeordnet werden (München AnwBl 1981, 507; a. M.: Koblenz MDR 1987, 852; Zöller/Schneider § 121 Rz 1; Gerold/Schmidt/von -Eicken vor § 121 BRAGO Rz 16; Kalthoener/Büttner Rz 564, welche Beiordnung zwecks Auslagenersatzes oder Beiordnung eines Fremdanwalts für möglich halten). Dies gilt auch für den Rechtsanwalt, welcher Vormund oder Pfleger ist (Bremen JurBüro 1986, 770; Düsseldorf AnwBl 1984, 455; Frankfurt NJW 1951, 276; h. M.; dagegen OVG Bremen JurBüro 1985, 1103). Eine Beiordnung, welche rechtsmißbräuchlich sein würde, kann versagt werden (Koblenz FamRZ 1986, 376; München AnwBl 1981, 507).

8 Das Gericht hat auf etwa gebotene Einschränkungen des Umfangs der Beiordnung vorher hinzuweisen und Gelegenheit zur Stellungnahme zu geben (Kalthoener/Büttner Rz 577).

9 Die Beiordnung eines nicht am Ort des Prozeßgerichts zugelassenen Rechtsanwalts führt zu dem Problem der Behandlung der Mehrkosten der Ortsverschiedenheit von Gerichts- und Kanzleiort, denn es entstehen hierdurch dem Rechtsanwalt Reise- und Übernachtungskosten, Tage- und Abwesenheitsgeld, die er gemäß § 28 BRAGO neben den ihm zustehenden Gebühren fordern kann. Hierzu bestimmt § 121 Abs. 2 Satz 2 ZPO, daß ein beim Prozeßgericht nicht zugelassener, d. h. dort nicht residierender Rechtsanwalt nur beigeordnet werden kann, wenn dadurch weitere Kosten nicht entstehen. Stellt ein auswärtiger Rechtsanwalt einen Prozeßkostenhilfe- und Beiordnungsantrag, wird im Zweifel anzunehmen sein, daß die Partei um seine Beiordnung nachsucht. Will das Gericht dem nicht entsprechen, gebietet es seine Fürsorgepflicht (§§ 139, 378 Abs. 3 ZPO), den Antragsteller auf Bedenken hinzuweisen und anzuregen, entweder einen beim Prozeßgericht zugelassenen Rechtsanwalt auszuwählen oder in die Beschränkung der Beiordnung »zu den Bedingungen eines am Ort des Prozeßgerichts zugelassenen Rechtsanwalts«, also ohne Erstreckung auf die Mehrkosten des § 28 BRAGO einzuwilligen. Eine solche Einwilligung kann auch nach Erlaß eines derart eingeschränkten Beiordnungsbeschlusses erklärt werden, zum Beispiel durch seine rügelose Hinnahme. In diesem Fall behält der Rechtsanwalt hinsichtlich der Mehrkosten der Ortsverschiedenheit seinen Anspruch gegen die Partei als Wahlanwalt; er hat den Auftraggeber jedoch auf diese Kostenbelastung hinzuweisen. Unzulässig ist es, einen auswärtigen Rechtsanwalt ohne seine Einwilligung zu den Bedingungen eines am Orte praktizierenden Anwalts beizuordnen, denn dies würde das Recht der Partei auf Beiordnung eines Rechtsanwalts ihrer Wahl ohne Zahlungsverpflichtungen ihm gegenüber oder unter Gewährung von Zahlungserleichterungen beeinträchtigen, müßte sie doch dessen Kosten gemäß § 28 BRAGO selbst tragen. Auch würde diese Einschränkung in die Rechte des beigeordneten Rechtsanwalts aus § 126 Abs. 1 Satz 2 Halbsatz 2 BRAGO eingreifen, wonach die Beiordnung ihm Anspruch auf Auslagenersatz auch hinsichtlich der Kosten der Ortsverschiedenheit verschafft. Die Beiordnung eines auswärtigen Rechtsanwalts zu den Bedingungen eines örtlich zugelassenen Rechtsanwalts ist somit rechtswidrig und unterliegt der Beschwerde sowohl der Partei wie des Rechtsanwalts (Zweibrücken AnwBl 1989, 440; Koblenz JurBüro 1985, 1727; Karlsruhe Justiz 1985, 354; Braunschweig AnwBl 1983, 570; Celle NdsRpfl 1981, 59; Zöller/Schneider § 121 Rz 8; Kalthoener/Büttner Rz 575; Riedel/Sußbauer § 126 BRAGO Rz 18; BT-Drucksache 8/3068 S. 29 f.; a. M.: Hamm JurBüro 1983, 615 und 1982, 1735).

Wird ein nicht am Gerichtsort ansässiger Rechtsanwalt beigeordnet, so sind jedenfalls im Verfahren erster Instanz jene zusätzlich anfallenden Kosten der Ortsverschiedenheit von der Prozeßkostenhilfe-Bewilligung nicht ausgenommen, die im Falle der Beiordnung eines Verkehrsanwalts entstehen würden (BayVGH JurBüro 1988, 648). **9a**

Hat der im Familienverfahren beigeordnete Rechtsanwalt seine Kanzlei **10** nicht am Ort des Familiengerichts, so hat er keinen Anspruch nach § 126 Abs. 1 Satz 2 BRAGO auf Erstattung von Kosten der Ortsverschiedenheit. Siehe hierzu § 126 BRAGO Rz 19.

3. Beiordnung im Parteiprozeß

11 Ist eine Prozeßvertretung durch Rechtsanwälte nicht vorgeschrieben, besteht also kein Anwaltszwang, spricht man vom Parteiprozeß. Es ist dies vor den ordentlichen Gerichten der Rechtsstreit vor dem Amtsgericht mit Ausnahme der dem Anwaltszwang unterliegenden Familiensachen (s. oben Rz 14). Des Anwaltszwangs entbehren ferner Verfahren der freiwilligen Gerichtsbarkeit, vor den Arbeitsgerichten erster Instanz, vor den Verwaltungs- und Oberverwaltungsgerichten (Verwaltungsgerichtshöfen), vor den Sozialgerichten und den Landessozialgerichten sowie vor den Finanzgerichten.

12 Das Recht der begünstigten Partei zur Beiordnung eines Rechtsanwalts ist im Parteiprozeß an die Bedingung geknüpft, daß entweder eine Vertretung durch einen Rechtsanwalt *erforderlich* erscheint, oder der *Gegner durch einen Rechtsanwalt vertreten ist.*

13 a) Dem prozeßunkundigen Laien ist in der Regel eine sachgemäße Prozeßführung, häufig schon wegen der fehlenden Distanz zur Sache, nicht möglich (anders bei einem mit einer Rechtsabteilung ausgestatteten Unternehmen). Eine Vertretung durch einen Rechtsanwalt ist aber erst recht dann als erforderlich anzusehen, wenn es sich um einen tatsächlich oder rechtlich nicht einfach gelagerten Sachverhalt handelt. Auch bei hilflosen Parteien ist sie geboten (Nürnberg NJW 1980, 1054). Hingegen besteht in einfach gelagerten Fällen für eine Partei, die nach Vorbildung und geistigen Fähigkeiten ihre Rechte sachgerecht wahrnehmen kann, kein Anspruch auf Beiordnung eines Rechtsanwalts (Schleswig DAVorm 1985, 78; LAG Düsseldorf JurBüro 1985, 1261; Hamm JurBüro 1983, 514). Bei Prozeßführung durch den Versicherer besteht kein Grund, dem Versicherungsnehmer im Wege der Prozeßkostenhilfe neben dem vom Versicherer bestellten Rechtsanwalt einen weiteren Rechtsanwalt beizuordnen (KG NZV 1988, 228. Siehe auch §§ 114–115 Rz 50 a).

14 Anwaltliche Vertretung ist grundsätzlich geboten im Abstammungs- und Ehelichkeitsanfechtungsprozeß, wenn die Partei nicht von einem Jugendamt vertreten wird (Karlsruhe Justiz 1984, 345), auch wenn der Partei ein Rechtsanwalt zum Pfleger bestellt worden ist (Hamburg DAVorm 1987, 260; Bremen FamRZ 1986, 189 m. w. N.; Düsseldorf JurBüro 1986, 130); im Verfahren der einstweiligen Anordnung nach §§ 620 ff. ZPO, im Sorgerechtsverfahren (vgl. auch unten Rz 18), auch wenn es als isoliertes Verfahren nach dem FGG betrieben wird (Hamm FamRZ 1987, 402 und 614; Köln FamRZ 1987, 180; Düsseldorf FamRZ

1987, 614; Koblenz FamRZ 1985, 624; LG Berlin FamRZ 1982, 1061; einschränkend: OLG Schleswig DAVorm 1987, 100 für den Fall unstreitiger Nichtabstammung, sofern die Partei hinreichend in der Lage ist, ihre Rechte zu vertreten; im isolierten Versorgungsausgleichsverfahren (Hamm AnwBl 1978, 461); im Umgangsverfahren von nicht geringer Tragweite (LG Berlin FamRZ 1985, 106, einschränkend Zweibrücken FamRZ 1985, 1068). Soweit anwaltliche Vertretung erforderlich erscheint, kann die Beiordnung eines Rechtsanwalts nicht mit der Begründung verweigert werden, daß das Jugendamt mit der Vertretung beauftragt werden möge (Bremen JurBüro 1986, 1253). Beiordnung eines Rechtsanwalts ist anzuordnen im einstweiligen Verfügungsverfahren wegen Zahlung vorläufigen Unterhalts (Düsseldorf FamRZ 1982, 815), bei Auskunftsklage eines Volljährigen gegen den Vater wegen Unterhalts (Zweibrücken FamRZ 1986, 287), in der Unterhaltsvollstreckung (LG Kassel JurBüro 1988, 904; LG Siegen Rpfl 1988, 41; LG Deggendorf DAR 1988, 334), im Rechtsstreit um Ansprüche nach dem BAFöG (OVG Bremen JurBüro 1984, 133). Hat der Rechtsanwalt den Arbeitnehmer im Kündigungsschutzprozeß vertreten, ist seine Beiordnung im nachfolgenden Zahlungsprozeß in der Regel geboten (LAG Berlin AnwBl 1984, 163). Beiordnung ist ferner anzuordnen bei Neufestsetzung von wiederkehrenden Sozialleistungen nach § 48 SGB X (LSG Essen FamRZ 1987, 731), bei Rentenansprüchen vor den Sozialgerichten in nicht ganz einfachen Fällen (LSG Essen AnwBl 1986, 456), bei Nebenklagen im Strafverfahren (Bamberg AnwBl 1985, 319; Düsseldorf MDR 1986, 166 m. w. N.; Frankfurt NJW 1986, 2587. Siehe hierzu auch § 121 ZPO Rz 25). Ist der Rechtsanwalt der Partei nach §§ 62 VerwGO, 57 ZPO zum besonderen Vertreter bestellt worden, ist er im Wege der Prozeßkostenhilfe beizuordnen (OVG Hamburg HmbJVBl 1985, 170). Rechtskundige Vertretung seitens der gegnerischen Behörde gebietet **15** verfassungsrechtlich keine analoge Anwendung von § 121 Abs. 2 Satz 1 Alternative 2 (BVerfG NJW 1988, 2597). Das Bundesverfassungsgericht hat darüber hinaus in ZIP 1989, 719 (mit Anm. v. Pape ZIP 1989, 692) der Beiordnung eines Rechtsanwalts bei Anwendung des auf den Parteiprozeß zugeschnittenen § 121 Absatz 2 Alternative 2 ZPO Grenzen gesetzt, indem es darauf hingewiesen hat, in anderen Verfahren sei die Stellung der Beteiligten von besonderen rechtsstaatlichen Garantien oder Aufklärungs-, Kontroll- und Fürsorgepflichten geprägt, so daß die Ablehnung von Prozeßkostenhilfe und Beiordnung eines Rechtsanwalts z. B. für die Anmeldung einer Konkursforderung wegen der Besonderheiten des Konkursverfahrens verfassungsrechtlich nicht zu beanstanden ist.

In der Mobiliar-Zwangsvollstreckung ist der Partei zum Zwecke der **16** Beauftragung des Gerichtsvollziehers ein Rechtsanwalt nicht beizuordnen (LG Freiburg JurBüro 1986, 129; LG Saarbrücken Rpfl 1986, 69), desgleichen nicht bei einer üblichen Lohnpfändung (LG Itzehoe JurBüro 1984, 1096), wohl aber im Falle der Abwehr des Schuldners gegen Vollstreckungsmaßnahmen oder bei Beantragung eines Pfändungs- und Überweisungsbeschlusses (LG Freiburg aaO) oder der Pfändung eines Bankkontos (LG Heidelberg AnwBl 1986, 211).

17 Der Fürsorgepflicht des Gerichts aus den §§ 139, 278 ZPO entsprechend ist die mittellose Partei, der Prozeßkostenhilfe bewilligt worden ist, auf die Möglichkeit der Beiordnung eines Rechtsanwalts sowie ihr Recht der Wahl eines solchen und die Notwendigkeit der Stellung eines Beiordnungsantrages hinzuweisen.

18 b) In Anlehnung an § 11 a Abs. 1 Satz 1 ArbGG und damit in Anerkennung des Grundsatzes der *Waffengleichheit* der Parteien im Prozeß (BVerfGE 1963, 392; BVerfG NJW 1988, 2597; Hamm MDR 1983, 410; KG JR 1982, 169; Zweibrücken NJW RR 1987, 953) hat die begünstigte Partei im Parteiprozeß immer dann Anspruch auf Beiordnung eines Rechtsanwalts ihrer Wahl, wenn auch der Gegner durch einen Rechtsanwalt vertreten ist, auch wenn dies erst im Laufe des Verfahrens geschieht (Grunsky NJW 1980, 2041, [2045]; Zöller/Schneider § 121 Rz 10; Baumbach/Lauterbach/Albers/Hartmann § 121 Anm. 3 Bb.). In diesen Fällen kommt es auf die Notwendigkeit anwaltlicher Vertretung nicht an. Gleiches gilt für die Verfahren der freiwilligen Gerichtsbarkeit (Hamm FamRZ 1986, 488; Köln FamRZ 1987, 180; Nürnberg FamRZ 1987, 732; a. M.: Hamm FamRZ 1986, 83; Zweibrücken FamRZ 1985, 1069; KG NJW RR 1987, 953). Ein Rechtsanwalt ist der Partei auch dort beizuordnen, wo sie durch das Jugendamt als Beistand vertreten wird und auf der Gegenseite anwaltliche Vertretung besteht (Zweibrücken DAVorm 1987, 680). Widerstreitende Interessen in Sorgerechtsverfahren begründen für beide Elternteile den Anspruch auf Anwaltsbeiordnung (LG Berlin FamRZ 1987, 1285).

19 Wird der Rechtsstreit nicht kontrovers geführt, weil der geltend gemachte Anspruch vom Beklagten oder Antragsgegner anerkannt wird, entfällt mangels Notwendigkeit anwaltlicher Vertretung der Beiordnungsanspruch (Köln FamRZ 1987, 400; Hamm JurBüro 1983, 614).

20 Für den Nebenkläger im Strafverfahren bejahte bereits Karlsruhe (AnwBl 1982, 492) die Notwendigkeit der Beiordnung eines Rechtsanwalts, ohne darauf abzuheben, ob die Vertretung des Angeklagten durch einen Verteidiger dies gebietet (so Nürnberg AnwBl 1983, 466). Mit dem Inkrafttreten des Opferschutzgesetzes vom 18. 12. 1986 (BGBl I 2496) ist in die StPO ein neuer § 397 a aufgenommen worden:

**§ 397 a StPO (Prozeßkostenhilfe für Nebenkläger)
(1) Dem Nebenkläger ist für die Hinzuziehung eines Rechtsanwalts auf Antrag Prozeßkostenhilfe nach denselben Vorschriften wie in bürgerlichen Rechtsstreitigkeiten zu bewilligen, wenn die Sach- und Rechtslage schwierig ist, der Verletzte**

seine Interessen selbst nicht ausreichend wahrnehmen kann oder ihm dies nicht zuzumuten ist. Der Antrag kann schon vor der Erklärung des Anschlusses gestellt werden. § 114 S. 1, zweiter Halbsatz, und § 121 Abs. 1–3 der ZPO sind nicht anzuwenden. Für die Beiordnung des Rechtsanwalts gilt § 142 Abs. 1 StPO entsprechend.

(2) Über die Bewilligung der Prozeßkostenhilfe entscheidet das mit der Sache befaßte Gericht. Die Entscheidung ist unanfechtbar.

An die Stelle der hinreichenden Erfolgsaussicht der Rechtsverfolgung tritt für den Nebenkläger als sachliche Voraussetzung der Bewilligung von Prozeßkostenhilfe die Schwierigkeit der Sach- oder* Rechtslage oder das Unvermögen des Verletzten, seine Interessen selbst ausreichend wahrzunehmen oder die Unzumutbarkeit persönlicher Interessenwahrnehmung. Wieweit diese Voraussetzungen gegeben sind, wird vom Einzelfall abhängen, zu denken ist hier insbesondere an Verletzte, die ihre Rechte als Nebenkläger im Strafverfahren ohne sachkundigen Beistand nicht hinreichend wahrnehmen können oder die Opfer von Sexualstraftaten geworden sind. An die Stelle des nach § 121 Abs. 1–3 ZPO geltenden Rechts der Partei, sich einen zur Übernahme der Vertretung bereiten Rechtsanwalts ihrer Partei beiordnen zu lassen, ist das nach § 142 Abs. 1 S. 2 StPO bestehende Recht des Nebenklägers getreten, innerhalb einer ihm zu bestimmenden Frist einen ihm beizuordnenden Rechtsanwalt zu bezeichnen. Der Vorsitzende hat den so bezeichneten Rechtsanwalt beizuordnen, wenn nicht wichtige Gründe entgegenstehen (§ 142 Abs. 1 S. 3 StPO). Anwaltliche Vertretung des Angeklagten rechtfertigt als solche eine Beiordnung für den Nebenkläger nicht. 21

Im sozialgerichtlichen Verfahren ist wegen der Schwierigkeit der Materie, insbesondere der Bedeutung medizinischer Gutachten, ihrer Bewertung sowie wegen der nicht seltenen Ungewandtheit der Parteien die Beiordnung eines Rechtsanwalts erforderlich. Auch ist der Gesichtspunkt der Waffengleichheit gegenüber spezialisierten Vertretern der Sozialversicherungsträger in Analogie zu § 121 Abs. 2 Satz 1, zweite Alternative, zu beachten und ist somit die Beiordnung eines Anwalts geboten (LSG Essen AnwBl 1986, 456); siehe hierzu auch BVerfG NJW 1988, 2597). 22

§ 121 Abs. 2 Satz 1 darf nicht dahin verstanden werden, daß dem Gegner einer anwaltlich vertretenen Partei ohne Rücksicht auf ihre wirtschaftliche Lage und die Erfolgsaussichten stets Prozeßkostenhilfe bewilligt und ihr ein Rechtsanwalt beigeordnet werden muß (BGHZ 91, 314). 23

---

* (Sach- und Rechtslage ist ein Redaktionsversehen, vgl. Rieß/Hilger NStZ 1987, 154)

23a Zur Beiordnung eines auswärtigen Rechtsanwalts siehe § 121 ZPO Rz 9 ff., zur Beiordnung eines Steuerberaters im Finanzgerichtsverfahren siehe §§ 114–115 ZPO, Rz 23.

4. Beweis- und Verkehrsanwalt

24 Der begünstigten Partei kann sowohl im Anwaltsprozeß sowie auch im Parteiprozeß zusätzlich ein von ihr zu benennender und zur Vertretung bereiter Rechtsanwalt für die Wahrnehmung eines auswärtigen Beweistermins (Beweisaufnahme vor dem ersuchten Richter) sowie zur Vermittlung des Verkehrs mit ihrem Prozeßbevollmächtigten beigeordnet werden. Diese Beiordnung geschieht ergänzend zu der ihres Prozeßbevollmächtigten.

25 a) Die Beiordnung eines Rechtsanwalts zur Wahrnehmung eines auswärtigen Beweistermins muß aus objektiver Sicht erforderlich sein, sei es wegen der Schwierigkeit des Streitstoffes, zum Beispiel bei Anhörung und Befragung eines Sachverständigen oder wegen der Person des Zeugen, dessen Glaubwürdigkeit bestritten ist. Die Partei hat ihre Gründe für die Notwendigkeit der beantragten Beiordnung dem Gericht darzulegen. Bei der Beurteilung wird eine gewisse Großzügigkeit geboten sein, um den Rechtsschutz der Partei und ihre Prozeßchancen nicht unangemessen zu beeinträchtigen.

26 Würde die Beiordnung eines auswärtigen Rechtsanwalts weitaus höhere *Mehrkosten* verursachen als die Kosten einer Reise des Prozeßbevollmächtigten zum auswärtigen Beweistermin, und ist dem Rechtsanwalt eine Reise von 200 km dorthin zuzumuten, so kommt eine Beiordnung des auswärtigen Rechtsanwalts nicht in Betracht (LAG Bremen LAGE § 120 ZPO Nr. 6).

27 b) Die Beiordnung eines Verkehrsanwalts wird in der Regel dort geboten sein, wo zwischen Wohnsitz der Partei und dem Ort des Prozeßgerichts eine größere Entfernung liegt und der Partei wegen der Schwierigkeit des Prozeßstoffs oder aus persönlichen Gründen eine schriftliche Information des auswärtigen Prozeßbevollmächtigten oder die Aufwendung von Reisekosten wegen deren Höhe, aber auch die mündliche Information nicht zuzumuten sind (Bamberg JurBüro 1984, 616). Voraussetzung ist, daß bereits ein Prozeßbevollmächtigter für die Partei bestellt ist (München JurBüro 1983, 1722), der aber nicht im Wege der Prozeßkostenhilfe beigeordnet sein muß (Schoreit/Dehn § 121 Rz 12; Kalthoener/Büttner Rz 597). Die Beiordnung ausländischer Rechtsanwälte, die nicht nach der BRAO zugelassen sind oder nicht nach dem RA-Dienstleistungsgesetz als Angehörige der Staaten der Europäischen Gemeinschaft tätig sein dürfen, ist nicht möglich. Insbesondere in Ehesachen kann die Beiordnung eines Verkehrsanwalts erforderlich sein (Düsseldorf FamRZ 1980, 390; KG FamRZ 1982, 1227; a. M.: Hamm FamRZ

1986, 375, wonach die Beiordnung nur geboten ist, wenn die schriftliche Information unzumutbar, eine Informationsreise zu teuer ist. Nach Köln FamRZ 1982, 1226; Karlsruhe WPM 1985, 826, reicht es für die Beiordnung eines Verkehrsanwalts aus, daß im Falle des Obsiegens der hilfsbedürftigen Partei die Kosten des Verkehrsanwalts nach § 91 Abs. 1 ZPO wegen zweckentsprechender Rechtsverfolgung zu erstatten wären. Zweibrücken FamRZ 1980, 618, versagt die Beiordnung eines Verkehrsanwalts bei einverständlicher Scheidung. Wechselt die Partei während des Rechtsstreits ihren Wohnsitz, kann ihr ein Verkehrsanwalt beigeordnet werden (Koblz MDR 1977, 233).

Anstelle der gebotenen Beiordnung eines Verkehrsanwalts kann das Gericht der Partei *Reisekosten* bis zur Höhe der Kosten eines zusätzlich beigeordneten Verkehrsanwalts erstatten (LAG Mainz LAGE § 121 ZPO Nr. 2). Aber auch wenn die Beiordnung eines Verkehrsanwalts mangels besonderer Umstände nicht geboten ist, können Kosten einer erforderlichen Informationsreise zum auswärtigen Prozeßbevollmächtigten im Wege der Prozeßkostenhilfe gewährt werden, wenn Bedeutung und Gestaltung des Falles dies rechtfertigen (Celle NdsRpfl 1987, 213; Koblz JurBüro 1982, 737). Zu den Reisekosten zählt auch der Mehraufwand für Verpflegung und Übernachtung (Kostenverzeichnis Nr. 1907 zum GKG; § 10 ZSEG). 28

Die Beiordnung des Berufungsanwalts als Verkehrsanwalt im Revisionsverfahren ist grundsätzlich ausgeschlossen (BGH JurBüro 1982, 1335). 29

5. Notanwalt

Legt die Partei dar, sich unter den beim Prozeßgericht zugelassenen Anwälten vergeblich um die Bereitschaft zur Übernahme ihrer Prozeßvertretung bemüht zu haben, so hat der Vorsitzende aus diesem Kreise nach pflichtgemäßem Ermessen einen Rechtsanwalt auszuwählen und beizuordnen. Die Partei braucht nicht sämtliche in Frage kommenden Rechtsanwälte angesprochen zu haben, doch wird man von ihr verlangen müssen, sich den örtlichen Gegebenheiten entsprechend bemüht zu haben, in einer Großstadt in umfangreicherem Maße als etwa auf dem Lande. Nach BFH NJW 1978, 448 zu § 78 b ZPO reichen fünf vergebliche Versuche, einen Prozeßbevollmächtigten zu finden, aus. 30

Bei der Auswahl des beizuordnenden Anwalts wird der Vorsitzende zweckmäßigerweise sich zuvor dessen Bereitschaft versichern, die hilfsbedürftige Partei zu vertreten, um nicht von vornherein das Verhältnis zwischen Partei und Rechtsanwalt zu belasten. Die Bereitschaft des ausgewählten Rechtsanwalts ist jedoch nicht Voraussetzung seiner wirksamen Beiordnung. Ist der beigeordnete Rechtsanwalt der Partei nicht genehm, bleibt es ihr unbenommen, alsbald doch noch einen zu ihrer 31

Vertretung bereiten Rechtsanwalt zu benennen und um dessen Beiordnung nachzusuchen. Der beigeordnete Rechtsanwalt ist kraft anwaltlichen Standesrechts (§ 48 Abs. 1 Ziff. 1 BRAO) zur Übernahme der Vertretung der Partei verpflichtet. Seine Beiordnung kann nur aus wichtigem Grunde aufgehoben werden (§ 48 Abs. 2 BRAO). Der Beiordnung nach § 121 Abs. 4 ZPO ähnlich ist die Beiordnung eines Notanwalts nach § 78 b ZPO außerhalb der Prozeßkostenhilfe im Hauptverfahren, ferner die Beiordnung des Rechtsanwalts als Beistand des Antraggegners im Scheidungsverfahren nach § 625 ZPO.

32 Zum Kontrahierungszwang sowie der Fürsorgepflicht des beigeordneten Rechtsanwalts schon vor Abschluß des Anwaltsvertrages s. § 121 ZPO Rz. 38.

6. Anwaltswechsel

33 Fällt der beigeordnete Rechtsanwalt weg, etwa weil er die Zulassung beim Prozeßgericht aufgibt, oder weil sich herausstellt, daß er in Wirklichkeit nicht zur Übernahme der Vertretung der Partei bereit gewesen ist, hat das Gericht der Partei einen anderen zur Übernahme der Vertretung bereiten Rechtsanwalt beizuordnen. Lag indessen eine Bereitschaftserklärung des beigeordneten Rechtsanwalts vor, so ist dieser nach § 48 BRAO zur Übernahme der Vertretung verpflichtet; er kann nur aus wichtigem Grunde von seiner Beiordnung entbunden werden (Brangsch AnwBl 1982, 99).

34 Gleiches gilt, wenn für den Anwaltswechsel ein triftiger Grund vorliegt; ein solcher wird in der Regel dann anzunehmen sein, wenn eine verständige Partei, die die Prozeßkosten selbst trägt, trotz zusätzlich entstehender Anwaltsgebühren zur Beendigung des bisherigen Mandats Veranlassung hatte (VGH Kassel JurBüro 1987, 1563). Trotz einer tiefgreifenden Störung des Vertrauensverhältnisses zwischen beigeordnetem Rechtsanwalt und der Partei ist die Aufhebung der Beiordnung auf Antrag des Rechtsanwalts zu versagen, wenn der Rechtsstreit nach langer Dauer und abgeschlossener Beweisaufnahme in der Berufungsinstanz entscheidungsreif ist (Frankfurt MDR 1989, 167). Führt die Partei ohne triftigen Grund, durch mutwilliges Verhalten, etwa durch Täuschungsversuche, die Beendigung des Mandats durch den Anwalt und dessen Entpflichtung herbei, kann ihr der Anspruch auf Beiordnung eines weiteren Rechtsanwalts versagt werden (Frankfurt MDR 1988, 501; Köln FamRZ 1987, 1168).

35 Entzieht sie dem beigeordneten Anwalt das Mandat, so hat sie Anspruch auf Beiordnung eines anderen Rechtsanwalts nur, wenn sie das Mandat aus triftigem Grund gekündigt hat oder wenn der Staatskasse keine höheren Ausgaben entstehen. Letzteres kann dadurch erreicht werden, daß Partei und neu beigeordneter Anwalt erklären, der Beiordnungsan-

trag werde auf die vom bisherigen Anwalt noch nicht verdienten Gebühren beschränkt und die Partei trage die noch einmal entstehenden Gebühren selbst (OVG Hamburg HmbJVBl 1989, 29). Soweit ein zweiter Rechtsanwalt beigeordnet wird, ohne daß dies von der Partei zu vertreten ist, steht diesem der volle Vergütungsanspruch gegenüber der Staatskasse zu (Karlsruhe Justiz 1987, 429; Bamberg JurBüro 1987, 297). Dem zunächst beigeordneten Rechtsanwalt, welcher durch schuldhaftes Verhalten die Beiordnung eines anderen Rechtsanwalts veranlaßt hat, können Ansprüche gegen die Staatskasse versagt werden, soweit sie auch für den anderen Rechtsanwalt entstanden sind. Wegen näherer Einzelheiten siehe die Erläuterungen zu § 125 BRAGO.

7. Ende der Beiordnung
Die Beiordnung endet 36
a) mit der Beendigung der Instanz oder anderweitiger Erledigung der Angelegenheit,
b) mit der Verweisung an ein anderes Gericht, bei dem der Rechtsanwalt nicht zugelassen ist,
c) mit dem Tod der Partei (Frankfurt MDR 1985, 285), s. auch § 114 – 115 ZPO Rz 12. Solange der Tod dem Rechtsanwalt nicht bekannt ist, sind notwendige Maßnahmen gleichwohl durch die Beiordnung gedeckt,
d) mit der Kündigung durch die Partei,
e) mit dem Tod des Rechtsanwalts oder der Aufgabe der Zulassung,
f) mit der Aufhebung der Prozeßkostenhilfe nach § 124 ZPO,
g) mit der Aufhebung der Beiordnung aus wichtigem Grunde nach § 48 Abs. 2 BRAO.

B. Wirkungen der Beiordnung

1. Beiordnung, Auftragsverhältnis und Vollmacht
Für den Rechtsanwalt als Organ der Rechtspflege besteht nicht nur auf 37
Grund eines Mandatsvertrages, sondern bereits im frühesten Stadium seiner Tätigkeit für die Partei die Verpflichtung, sie auf die Möglichkeit der Inanspruchnahme von Beratungs- und Prozeßkostenhilfe hinzuweisen, sofern für ihn erkennbar wird, daß die Partei nach ihren persönlichen und wirtschaftlichen Verhältnissen die Voraussetzungen für die Inanspruchnahme dieser Form der Sozialhilfe erfüllt (Düsseldorf AnwBl 1987, 147 und MDR 1984, 937; Karlsruhe AnwBl 1986, 536; Geißinger AnwBl 1982, 288; Zöller-Schneider § 121 Rz 33; Riedel-Sußbauer vor § 121 Vorbemerkung 35 – 37). Eine Verletzung dieser Hinweis- und Aufklärungspflicht kann den Rechtsanwalt zur Leistung von Schadensersatz in Höhe der durch unterbliebene Prozeßkostenhilfebewilligung entgangenen Kostenvorteile verpflichten (Kalthoener/Büttner Rz 137).

38 Mit dem Beschluß über die Beiordnung eines Rechtsanwalts entsteht für diesen zunächst nur eine öffentlich-rechtliche Verpflichtung, mit dem Hilfsbedürftigen einen Mandatsvertrag abzuschließen (§ 48 Abs. 1 Nr. 1 BRAO). Ein Geschäftsbesorgungsvertrag (Mandatsvertrag) zwischen Partei und Rechtsanwalt kommt mit dem Beiordnungsbeschluß noch nicht zustande. Beide sind vielmehr einander verpflichtet zum Abschluß des Mandatsvertrages, der Rechtsanwalt jedoch nur, wenn er bereit war oder ist, sich der Partei beiordnen zu lassen. Unabhängig von dieser Bereitschaft trifft lediglich den gemäß § 121 Abs. 4 ZPO bestellten Notanwalt ein Kontrahierungszwang. Die Partei ist darüber hinaus verpflichtet, den ihr beigeordneten Rechtsanwalt durch Vollmachtserteilung auch nach außen zu legitimieren. Solange es hieran fehlt, hat der Rechtsanwalt darauf hinzuwirken, daß ihm Auftrag und Vollmacht erteilt werden und im übrigen abzuwarten. Ihm obliegt indessen die Verpflichtung, schon in diesem Stadium die Interessen der Partei durch Fürsorge und Betreuung, insbesondere Hinweise auf Termine und Fristen sowie Belehrung über die Folgen ihrer Versäumung zu wahren (BGHZ 30, 226; KG Rpfl 1985, 39). Eine Verletzung dieser Obliegenheiten kann den Rechtsanwalt schadensersatzpflichtig machen. Unterläßt die Partei die Auftrags- und Vollmachtserteilung, kann sie im Verfahren als säumig zu behandeln sein; Zustellungen sind an sie persönlich, nicht an den Rechtsanwalt zu richten. Die Partei kann dem beigeordneten Rechtsanwalt gegenüber verpflichtet sein, ihm Aufwendungen zu erstatten, die er im Hinblick auf die von ihm geäußerte Bereitschaft, sich beiordnen zu lassen, gemacht hat.

39 Nicht selten können im Einzelfall Auftragsverhältnis und Vollmacht bereits auf Grund Auftrags der Partei im Prozeßkostenhilfeverfahren vorliegen, es sei denn, beide seien ausschließlich und nur für das Prozeßkostenhilfeverfahren erteilt worden, was zum Beispiel dort anzunehmen sein wird, wo der im Prozeßkostenhilfeverfahren tätige Rechtsanwalt für das Hauptverfahren vor dem Prozeßgericht als Prozeßbevollmächtigter nicht zugelassen ist und daher der Partei nicht beigeordnet werden kann.

40 Ein Rechtsanwalt, welcher der Partei im Wege der Prozeßkostenhilfe beigeordnet worden ist oder mit einer Beiordnung rechnet, kann eine durchsetzbare Honorarvereinbarung mit der hilfsbedürftigen Partei nicht abschließen (§ 3 Abs. 4 BRAGO; § 122 Abs. 1 Nr. 3 ZPO). Eine solche Vereinbarung ist nicht nichtig, sondern begründet lediglich eine Naturalobligation (Riedel/Sußbauer § 3 BRAGO Rz 51 und 55). Leistungen, die dem Anwalt von der Partei oder Dritten zwecks Erfüllung einer solchen Honorarvereinbarung freiwillig und ohne Vorbehalt gewährt werden, können jedoch nicht mit der Begründung, es habe eine Verbindlichkeit nicht bestanden, zurückgefordert werden (§ 3 Abs. 4 S. 2 BRAGO). Zulässig bleiben indessen Honorarvereinbarungen mit dem beigeordneten Anwalt für Tätigkeiten vor der Beiordnung oder für

die Zeit nach ihrer Beendigung, soweit sie von der Beiordnung sachlich und zeitlich nicht umfaßt werden. (S. insoweit zum Umfang der Beiordnung die nachfolgenden Erläuterungen).

2. Umfang der Beiordnung

Die Beiordnung als solche sowie ihr Umfang richten sich nach dem Inhalt des Beiordnungsbeschlusses (§ 121 ZPO, § 122 Abs. 1 BRAGO). Er kann nicht losgelöst von der Prozeßkostenbewilligung, sondern nur zusammen mit ihr verstanden werden. Der Beschluß ergeht stets nur mit Wirkung für die jeweilige Instanz. S. hierzu die Erläuterungen zu § 119 ZPO. Zusätzliche Beiordnungen sind möglich für die Wahrnehmung von Beweisterminen vor dem ersuchten Richter und für den Verkehr mit dem Prozeßbevollmächtigten (§ 121 Abs. 3 ZPO, s. auch oben Rz 24 ff.). 41

a) Sachlicher Umfang der Beiordnung

Die Beiordnung kann stattfinden in Verfahren vor den Zivil- und Strafgerichten (einschließlich Privat- und Nebenklage, Anklageerzwingungsverfahren, Opferschutz-Vertretung), im Konkurs- und Vergleichsverfahren, im Verfahren der freiwilligen Gerichtsbarkeit, in Patent-, Warenzeichen-, Gebrauchsmuster-, Geschmacksmuster- und Sortenschutzsachen einschließlich des Verwaltungsverfahrens vor dem Bundespatent-Amt (hier Verfahrenskostenhilfe genannt, wo auch die Beiordnung eines Patentanwalts in Betracht kommt). Die Beiordnung ist grundsätzlich nicht zulässig für das Prozeßkostenhilfe- sowsie das Prozeßkostenhilfebeschwerde-Verfahren, ausgenommen im Rahmen des Abschlusses eines Vergleichs, der die Sache endgültig erledigt (§ 118 Abs. 1 S. 3 ZPO; s. hierzu §§ 114 – 115 ZPO Rz. 19, 151). Die Beiordnung ist ferner zulässig in Verfahren vor den Verwaltungs-, Finanz-, Sozial- und Verfassungsgerichten, in der Finanzgerichtsbarkeit mit Beiordnung eines Steuerberaters. S. hierzu auch §§ 114 – 115 ZPO Rz 17ff. 42

Zur Durchsetzung von Rechten außerhalb gerichtlicher Verfahren steht der bedürftigen Partei die Beratungshilfe (mit Ausnahme im Bereich der Länder Hamburg und Berlin) zur Verfügung. S. hierzu die Erläuterungen zum Beratungshilfegesetz. 43

Mit Ausnahme des Arrestes und der einstweiligen Verfügung umfaßt die Beiordnung nicht auch die Zwangsvollstreckung aus der beantragten Entscheidung. Für sie ist stets ein gesonderter Antrag auf Bewilligung von Prozeßkostenhilfe zu stellen (s. hierzu § 119 ZPO Rz 30ff.), eine Regelung, die vom früheren Armenrecht abweicht und sich in der Praxis als wenig zweckmäßig erwiesen hat, denn in der Regel beherrscht die Partei eine wirksame Zangsvollstreckung nicht und bleibt daher in diesem Stadium auf die Hilfe ihres Prozeßbevollmächtigten angewiesen. Zudem können Prozeßkostenhilfeanträge die Zwangsvollstreckung unter zeitlichen Gesichtspunkten in ihrer Wirksamkeit beeinträchtigen. 44

§ 121 ZPO Prozeßkostenhilfe

45 Die Wirkung der Beiordnung bestimmt sich im übrigen nach einer im Anwaltsgebührenrecht enthaltenen Bestimmung:
BRAGO § 121
(1) Der Anspruch des Rechtsanwalts bestimmt sich nach den Beschlüssen, durch die die Prozeßkostenhilfe bewilligt und der Rechtsanwalt beigeordnet worden ist.
(2) Der Rechtsanwalt erhält Vergütung aus der Bundes- oder Landeskasse, wenn er für eine Berufung oder Revision beigeordnet ist, auch für die Rechtsverteidigung gegen eine Anschlußberufung oder eine Anschlußrevision und, wenn er für die Erwirkung eines Arrestes oder einer einstweiligen Verfügung beigeordnet ist, auch für die Vollziehung des Arrestes oder der einstweiligen Verfügung. Dies gilt nicht, wenn der Beiordnungsbeschluß ausdrücklich bestimmt, daß der Rechtsanwalt für die Rechtsverteidigung gegen die Anschlußberufung oder Anschlußrevision oder für die Vollziehung des Arrestes oder der einstweiligen Verfügung nicht beigeordnet ist.
(3) Die Beiordnung eines Rechtsanwalts in einer Ehesache erstreckt sich auf den Abschluß eines Vergleichs, der den gegenwärtigen Unterhalt der Ehegatten und den Unterhalt gegenüber den Kindern im Verhältnis der Ehegatten zueinander, die Sorge für die Person der gemeinschaftlichen minderjährigen Kinder, die Rechtsverhältnisse an der Ehewohnung und dem Hausrat und die Ansprüche aus dem ehelichen Güterrecht betrifft. In anderen Angelegenheiten, die mit dem Hauptprozeß nur zusammenhängen, erhält der für den Hauptprozeß beigeordnete Rechtsanwalt Vergütungen aus der Bundes- oder Landeskasse nur dann, wenn er ausdrücklich auch hierfür beigeordnet ist. Dies gilt insbesondere für
1. die Zwangsvollstreckung (den Verwaltungszwang);
2. das Verfahren über den Arrest, die einstweilige Verfügung und die einstweilige Anordnung;
3. das Beweissicherungsverfahren;
4. das Verfahren über die Widerklage, ausgenommen die Rechtsverteidigung gegen die Widerklage in Ehesachen.

46 Eine gesetzliche Erweiterung der Prozeßkostenhilfewirkung bestimmt § 624 Abs. 2 ZPO für das Ehescheidungsverfahren: Wird Prozeßkostenhilfe für die Scheidungssache bewilligt, *erstreckt* sie sich auch auf die *obligatorischen Folgesachen* nach § 621 Abs. 1 Nr. 1 und 6 ZPO (elterliche Sorge; Versorgungsausgleich), soweit diese nicht ausdrücklich von der Beiordnung ausgenommen werden. Es ist dies die Folge des Zwangsverbundes zwischen Scheidungssache und diesen Folgesachen. Für alle anderen Folgesachen des § 621 Abs. 1 ZPO kommt eine Beiordnung im

Wege der Prozeßkostenhilfe nur auf Grund Antrags und gesonderten Beschlusses des Gerichts in Betracht.

In *Ehesachen erstreckt* sich die Beiordnung des Rechtsanwalts nach § 122 Abs. 3 S. 1 BRAGO auch auf den Abschluß eines *Vergleichs,* welcher den gegenseitigen Ehegattenunterhalt, den Kindesunterhalt im Verhältnis der Ehegatten zueinander, die Sorge für die Person der gemeinschaftlichen minderjährigen Kinder, die Rechtsverhältnisse an Ehewohnung und Hausrat und die Ansprüche aus dem ehelichen Güterrecht betrifft. Keinen Unterschied macht es, ob der Vergleich im Rahmen einer anhängig gewordenen Folgesache abgeschlossen wird, oder lediglich die Protokollierung einer außergerichtlich zustande gekommenen Vereinbarung stattfindet. Hat die Partei für eine anhängig gemachte Folgesache Prozeßkostenhilfe unter Beiordnung ihres Rechtsanwalts erhalten, wird der Abschluß eines Vergleichs bereits hiervon umfaßt (Hamm NJW 1967, 60; Hamburg JurBüro 1986, 224; Düsseldorf JurBüro 1981, 1825 und 1982, 569). 47

Die Erstreckungswirkung der Beiordnung auf Scheidungsfolgenvereinbarungen nach § 122 Abs. 3 S. 1 BRAGO geht über die des § 624 Abs. 2 ZPO noch hinaus, da § 624 Abs. 2 ZPO sich nur auf anhängige Folgesachen bezieht (München AnwBl 1988, 124). 48

Schon der Abschluß eines *außergerichtlichen Vergleichs* über eine anhängige Sache, zum Beispiel nach Verkündung des erstinstanzlichen Urteils, wird von der Beiordnung umfaßt, ohne daß es einer gerichtlichen Vergleichsprotokollierung bedarf (BGH NJW 1988, 494; Hamburg JurBüro 1988, 1178; Hamm NJW-RR 1988, 1151; Schleswig JurBüro 1989, 1397; a. M.: noch LG Wuppertal JurBüro 1988, 772; Frankfurt JurBüro 1988, 1011). Werden nicht anhängige Ansprüche mitverglichen, bedarf es insoweit der Bewilligung von Prozeßkostenhilfe und Beiordnung, um Vergütungsansprüche gegen die Staatskasse nach dem Gegenstandswert auch der nicht anhängig gewesenen Ansprüche zu begründen (LG Berlin Rpfl 1989, 203). 49

Durch die Beiordnung werden nicht gedeckt 50
die Erweiterung der Klage,
der Übergang von der Feststellungs- zur höherwertigen Leistungsklage,
die Klagänderung (Celle Rpfl 1964, 199),
die Widerklage, ausgenommen der Gegenantrag in Ehesachen,
Berufung,
Revision,
Beschwerde (vgl. § 119 ZPO),
(jedoch die Verteidigung gegen Anschlußrechtsmittel des Gegners),
neben dem Rechtsstreit entfaltete außergerichtliche Tätigkeit, die nach § 37 Nr. 2 BRAGO gebührenrechtlich nicht zum Rechtszug gehört, daher durch die Prozeßgebühr nicht abgegolten wird und evtl. Gebührenansprüche nach § 118 Abs. 1 BRAGO auslöst.

51 Ordnet das Gericht die Abtrennung eines Teils des Verfahrens an, so wirkt die bis dahin bewilligte Beiordnung für die getrennten Verfahrensteile weiter. Kommt es zu einer Prozeßverbindung, ohne daß die Partei zuvor in beiden Sachen Prozeßkostenhilfe erhalten hatte, bedarf es nachträglicher Erweiterung von Prozeßkostenhilfe und Beiordnung, soweit diese noch nicht vorgelegen hatte.

52 Wird der Rechtsanwalt mehreren Streitgenossen für eine beabsichtigte Klage beigeordnet, werden dann jedoch zwei getrennte Prozesse geführt, erhält er die Gebühren nur einmal, es sei denn, es trennt das Gericht das Verfahren für oder gegen einen Streitgenossen ab (Braunschweig NdsRpfl 1952, 12).

53 Bei Bewilligung von Prozeßkostenhilfe und Beiordnung für alle Stufen einer Stufenklage erstreckt sich auch die Beiordnung auf den noch nicht bezifferten Zahlungsanspruch (Saarbrücken JurBüro 1984, 1250; München JurBüro 1980, 1692; s. hierzu auch §§ 114 – 115 ZPO Rz 156).

b) Zeitlicher Umfang der Beiordnung

54 Der Beiordnungsbeschluß wird wirksam mit der Bekanntgabe an die Partei oder an ihren Bevollmächtigten (s. hierzu unten Rz 61). Zum Wirksamkeits-Zeitpunkt, insbesondere zur zeitlichen Rückwirkung des Beiordnungsbeschlusses gelten dieselben Grundsätze wie für den Prozeßkostenhilfebeschluß als solchen. S. hierzu §§ 114 – 115 ZPO Rz 172. Ist die Beiordnung auf einen Zeitpunkt vor Antragstellung ausgesprochen worden, ist dies für die Festsetzung der Vergütung aus der Staatskasse verbindlich, auch wenn gegen einen derart rechtswidrigen Beschluß der Staatskasse ein außerordentliches Beschwerderecht wegen greifbarer Gesetzwidrigkeit zusteht (München JurBüro 1986, 769 und AnwBl 1987, 340). Vergütungsansprüche des beigeordneten Rechtsanwalts aus der Zeit vor dem Wirksamwerden der Beiordnung bleiben bestehen, soweit sie nicht nach der Berechnung gegenüber der Staatskasse neu entstehen (Hamburg MDR 1985, 416; KG JurBüro 1984, 1417). Anderes gilt jedoch, wenn der Rechtsanwalt von Anfang an den Auftrag als Prozeßkostenhilfe-Mandat übernommen hat.

c) Gebührenrechtliche Wirkungen der Beiordnung

55 Die gebührenrechtlichen Wirkungen der Beiordnung bestimmen sich nach §§ 121 ff. BRAGO. S. hierzu insbesondere die Erläuterungen zu §§ 122 ZPO, 121 ff. BRAGO.

56 Dem beigeordneten Rechtsanwalt stehen Gebührenansprüche nicht gegenüber seinem Auftraggeber, sondern ausschließlich gegen die Staatskasse (des Bundes oder des Landes) zu, und zwar bei Streitwerten über DM 5000,– zunächst lediglich zu den in der Tabelle zu § 123 BRAGO festgesetzten gekürzten Gebühren anstelle der Regelgebühren der Tabelle zu § 11 BRAGO. Ist der Partei Prozeßkostenhilfe mit

Prozeßkostenhilfe § 121 ZPO

Zahlungsanordnung bewilligt worden, erhält der beigeordnete Rechtsanwalt aus der Staatskasse die Differenz zwischen den verminderten und den Regelgebühren, soweit die Partei Beträge zur Deckung der Differenzgebühren an die Staatskasse gezahlt hat. Siehe hierzu § 120 ZPO, Rz 3.
Der beigeordnete Rechtsanwalt kann seine gesetzlichen Regelgebühren 57
im eigenen Namen gegen den in die Kosten verurteilten Prozeßgegner festsetzen und beitreiben lassen (§ 126 ZPO).

C. Beiordnungsverfahren

1. Beiordnungsantrag
Während im Anwaltsprozeß die Beiordnung eines Rechtsanwalts gebo- 58
ten ist und von Amts wegen geschieht (§ 121 Abs. 1 ZPO), findet im Parteiprozeß die Beiordnung eines zur Vertretung bereiten Rechtsanwalts nach Wahl der Partei nur auf deren Antrag statt, sofern die weiteren Voraussetzungen einer Beiordnung, nämlich Notwendigkeit der Vertretung oder Wahrung der Waffengleichheit gegeben sind (§ 121 Abs. 2 ZPO). Eines Antrags bedarf ferner die Beiordnung eines Beweisoder Verkehrsanwalts (§ 121 Abs. 3 ZPO) sowie die eines Notanwalts (§ 124 ZPO).
Der notwendige Beiordnungsantrag kann bereits darin zum Ausdruck 59
kommen, daß die Partei sich im Prozeßkostenhilfeverfahren anwaltlich vertreten läßt. Ist der bevollmächtigte Rechtsanwalt zur Vertretung vor dem Prozeßgericht zugelassen, kann darin zugleich dessen Auswahl und der Antrag auf seine Beiordnung erblickt werden, ohne daß es einer ausdrücklichen Bitte um seine Beiordnung bedarf (Köln Rpfl 1983, 847).
Der Beiordnungsantrag kann nur bis zum Abschluß der Instanz oder ihrer anderweitigen Beendigung wirksam gestellt werden. S. hierzu §§ 114 – 115 ZPO Rz 124, 174.

2. Zuständigkeit für Beiordnungsentscheidung
Zuständig für die Entscheidung über die Beiordnung ist das Prozeßge- 60
richt der jeweiligen Instanz, nicht der Rechtspfleger, dem diese Aufgabe nach § 20 Ziff 4 RpflG nicht übertragen werden kann. Bei Kollegialgerichten ist die Beiordnung des Notanwalts Aufgabe des Vorsitzenden (§ 121 Abs. 4 ZPO). Entsprechendes gilt für die Entpflichtung des beigeordneten Rechtsanwalts.

3. Beiordnungsbeschluß
Die Beiordnung wird wirksam auf Grund eines ausdrücklichen gerichtli- 61
chen Beschlusses; eine stillschweigende Beiordnung gibt es nicht. Unzulässig und daher unwirksam ist eine bedingte Beiordnung. Eine Bedingung in diesem Sinne enthält indessen nicht ein Beschluß, wonach der

auswärtige Rechtsanwalt zu den Bedingungen eines am Sitz des Prozeßgerichts zugelassenen Rechtsanwalts beigeordnet wird (S. hierzu auch § 121 ZPO Rz 9 ff.).

62 Der Beschluß kann in der mündlichen Verhandlung verkündet oder in anderer Weise, etwa schriftlich oder fernmündlich, formlos mitgeteilt werden, womit er Wirksamkeit erlangt (BGHZ 14, 148). Von diesem Zeitpunkt an kann er nicht mehr frei abgeändert werden (Zöller/Schneider § 121 Rz 30).

63 Weichen Urschrift und Ausfertigung des Beiordnungsbeschlusses voneinander ab, gilt zugunsten des beigeordneten Rechtsanwalts die Ausfertigung (Gerold/Schmidt/von-Eicken § 121 BRAGO Rz 24; Riedel/Sußbauer § 122 BRAGO Rz 5; Hartmann § 122 BRAGO Anm. 3 A; a. M.: Kalthoener/Büttner Rz 629), sofern nicht der Inhalt des Beschlusses zu Zweifeln Anlaß gibt und der Rechtsanwalt nicht versucht hat, diese durch Rückfrage auszuräumen. Die gerichtliche Auslegung eines Beiordnungsbeschlusses berührt den Vergütungsanspruch des Rechtsanwalts nicht. Darin kann jedoch ein neuer (ergänzender oder berichtigender) Beiordnungsbeschluß liegen, zum Beispiel in der Frage der Rückwirkung.

64 Wirksam ist auch ein fehlerhafter Beiordnungsbeschluß. Solange er besteht, hat der Kostenbeamte seine Zulässigkeit nicht zu prüfen (Düsseldorf JurBüro 1983, 715; Hamm Rpfl 1983, 328; München JurBüro 1983, 1843). Lediglich die Beiordnung einer gesetzlich nicht vorgesehenen Person ist unwirksam.

4. Rechtsbehelfe

65 Gegen die Ablehnung der Beiordnung eines Rechtsanwalts steht der Partei, gegen seine Beiordnung steht dem Rechtsanwalt das Rechtsmittel der Beschwerde zu (§ 127 Abs. 2 S. 2 ZPO), sofern nicht die Entscheidung vom Berufungsgericht getroffen worden ist (§ 127 Abs. 2 S. 3 ZPO). Daneben besteht für den Rechtsanwalt die Möglichkeit seiner Entpflichtung aus wichtigem Grund (§§ 45, 48 Abs. 2 BRAO). Von Amts wegen ist die Beiordnung aufzuheben, wenn der Rechtsanwalt in einer Rechtssache, zum Beispiel in einer Ehesache, entgegen dem Verbot des § 45 Nr. 2 BRAO beide Parteien in entgegengesetztem Interesse beraten oder vertreten hat (Celle FamRZ 1983, 1045).

§ 122 (Wirkung der Prozeßkostenhilfe)

(1) Die Bewilligung der Prozeßkostenhilfe bewirkt, daß
1. die Bundes- oder Landeskasse
   a) die rückständigen und die entstehenden Gerichtskosten und Gerichtsvollzieherkosten,
   b) die auf sie übergegangenen Ansprüche der beigeordneten Rechtsanwälte gegen die Partei
   nur nach den Bestimmungen, die das Gericht trifft, gegen die Partei geltend machen kann,
2. die Partei von der Verpflichtung zur Sicherheitsleistung für die Prozeßkosten befreit ist,
3. die beigeordneten Rechtsanwälte Anspruch auf Vergütung gegen die Partei nicht geltend machen können.

(2) Ist dem Kläger, dem Berufungskläger oder dem Revisionskläger Prozeßkostenhilfe bewilligt und nicht bestimmt worden, daß Zahlungen an die Bundes- oder Landeskasse zu leisten sind, so hat dies für den Gegner die einstweilige Befreiung von den in Abs. 1 Nr. 1a bezeichneten Kosten zur Folge.

Inhaltsübersicht

	Rz
I. Allgemeines	1–2a
II. Erläuterungen	
1. Wirkungen der Prozeßkostenhilfe für den Antragsteller	3–12
a) gegenüber der Staatskasse	5–11
b) gegenüber dem Gegner	12
2. Wirkungen der Prozeßkostenhilfe für den Gegner	13–14
3. Ende der Wirkungen der Prozeßkostenhilfe	15

I. Allgemeines

Die Vorschrift regelt die kraft Gesetzes mit der Bewilligung von Prozeß- 1 kostenhilfe verbundenen Begünstigungen, die die mittellose Partei im Verhältnis gegenüber Gericht, Gegner und den ihr beigeordneten Rechtsanwälten erlangt. Die gewährten Begünstigungen wirken auch zugunsten Dritter, die kraft Gesetzes der Staatskasse, etwa als Erbe, aus Vermögensübernahme, Firmenfortführung oder gemäß §§ 128, 171 HGB, 735 BGB haften, nicht jedoch für fortbestehende und künftige Kosten bei Fortsetzung des Rechtsstreits durch den Rechtsnachfolger, auf den die Rechte aus der Prozeßkostenhilfe nicht übergehen (vgl. §§ 114–115 ZPO Rz 12).

§ 122 ZPO Prozeßkostenhilfe

2 Absatz 2 läßt mit der Bewilligung der Prozeßkostenhilfe zugleich Begünstigungen auch für den Prozeßgegner hinsichtlich seiner Zahlungspflicht gegenüber der Gerichtskasse wirksam werden.
2a Zum Bewilligungsverfahren vgl. § 118 ZPO sowie § 127 ZPO Rz 3 ff.

II. Erläuterungen

1. Wirkungen der Prozeßkostenhilfe für den Antragsteller

3 Soweit das Gericht – für jede Instanz gesondert und in der Regel mit Wirkung ab Antragstellung – Prozeßkostenhilfe bewilligt, ggfs. Zahlung von Raten auf die voraussichtlich anfallenden Kosten sowie den Zeitpunkt des Beginns dieser Zahlungen angeordnet und der Partei einen Rechtsanwalt zu ihrer Vertretung beigeordnet hat, knüpft § 122 ZPO hieran Wirkungen, die unabhängig vom Bewilligungs- und Beiordnungsbeschluß eintreten. Hinsichtlich des Zeitpunktes des Beginns dieser Wirkungen siehe §§ 114–115 ZPO Rz 172. Es sind dies
a) die Beschränkung des Rechts der Staatskasse, die Partei auf Zahlung von Gerichtskosten und Gerichtsvollzieherkosten sowie auf Erstattung der auf sie übergegangenen Ansprüche der beigeordneten Rechtsanwälte in Anspruch zu nehmen; es handelt sich um eine ggfs. dauernde Stundung dieser Kosten. Hinsichtlich der Gerichtskostenhaftung aufgrund der späteren Entscheidung siehe § 123 ZPO Rz 9,
b) Befreiung der Partei von der Verpflichtung zur Leistung einer Sicherheit für Prozeßkosten,
c) Ausschluß (im Sinne einer ggfs. dauernden Stundung) von Vergütungsansprüchen (Gebühren und Auslagen i. S. von § 126 BRAGO) der beigeordneten Rechtsanwälte gegen die Partei. Zwar entstehen dem beigeordneten Rechtsanwalt auf Grund des Mandatsvertrages Vergütungsansprüche gegen die Partei, doch darf er sie ihr gegenüber im Umfang der Beiordnung und für deren Dauer nicht außergerichtlich oder gerichtlich geltend machen (KG Rpfl 1987, 333; siehe hierzu auch § 121 ZPO Rz 40). Die Partei ist, sofern sie Zahlungen auf die Kosten aus Einkommen und Vermögen zu leisten hat, ausschließlich gegenüber der Gerichtskasse zahlungspflichtig nach Maßgabe der vom Gericht getroffenen Zahlungsanordnungen, siehe unten Rz 8. Für den Fall der Aufhebung der Prozeßkostenhilfe siehe § 124 ZPO Rz 27; für das Verhältnis zum kostenerstattungspflichtigen Gegner siehe § 126 ZPO Rz 6. Die gesetzliche *Forderungssperre* kann auch nicht durch Vereinbarung zwischen dem beigeordneten Rechtsanwalt und der Partei überwunden werden (Düsseld. AnwBl 1989, 176),

Prozeßkostenhilfe § 122 ZPO

d) Befreiung des Prozeßgegners von einer Verpflichtung zur Leistung von Gerichts- und Gerichtsvollzieherkosten, soweit er in der Rolle des Beklagten oder Rechtsmittelgegners am Rechtsstreit beteiligt ist,
e) Berechtigung des Prozeßbevollmächtigten des Gegners, im Falle dessen Obsiegens die ihm zustehenden Gebühren im eigenen Namen gegen die unterlegene Partei festsetzen zu lassen (§ 126 ZPO), wobei der Kostenerstattungsanspruch des obsiegenden Gegners von der Prozeßkostenhilfebewilligung im übrigen unberührt bleibt (§ 123 ZPO).

Die Wirkungen der Prozeßkostenhilfe erstrecken sich nicht auf Streitgenossen und Nebenintervenienten, denn sie sind an die Person der mittellosen Partei gebunden; siehe auch § 114–115 ZPO Rz 4. 4

Im einzelnen gilt:

aa) *Wirkungen der Prozeßkostenhilfe im Verhältnis zur Staatskasse* 5
Im Verhältnis zur Staatskasse ist die begünstigte Partei nur nach Maßgabe der vom Gericht im Bewilligungsbeschluß getroffenen Anordnungen zahlungspflichtig, d. h. entweder überhaupt nicht oder im Umfang der festgesetzten Raten nach Anzahl, Höhe und Fälligkeit. Diese Befreiung steht unter dem Vorbehalt der Änderung im Falle einer wesentlichen Änderung der für die Prozeßkostenhilfe maßgebenden persönlichen oder wirtschaftlichen Verhältnisse (§ 120 Abs. 4 Satz 1 ZPO), oder der Aufhebung der Prozeßkostenhilfe gemäß § 124 ZPO. Insoweit mag man sie als einstweilige Befreiung bzw. Begünstigung verstehen.

Sie umfaßt:

aaa) rückständige, d. h. im Zeitpunkt des Wirksamwerdens der Prozeß- 6
kostenhilfebewilligung dem Kostenschuldner gegenüber bereits fällige, aber noch nicht bezahlte (Stuttgart JurBüro 1984, 294), und entstehende *Gerichtskosten*, auch soweit sie erst künftig fällig werden (Stuttgart aaO; KG JurBüro 1984, 1849; LAG Nürnberg LAGE § 122 ZPO Nr. 1). Unter den Begriff der Gerichtskosten fallen sowohl Gerichtsgebühren als auch Auslagen des Gerichts für Zustellungen sowie an Zeugen und Sachverständige zu leistende Entschädigungen. Die Bewilligung von Prozeßkostenhilfe hat nicht zuletzt ihre besondere Bedeutung bei der Einholung kostenaufwendiger Sachverständigengutachten dort, wo die mittellose Partei mittels des Gutachtens den ihr obliegenden Beweis zu erbringen versucht. Gezahlte Gerichtskosten sind an die Prozeßbevollmächtigten zurückzuzahlen, wenn bei Zahlung Prozeßkostenhilfe beantragt war und dem Antrag mit Rückwirkung auf den Antragszeitpunkt entsprochen worden ist (Düsseldorf Rpfl 1986, 108; Stuttgart JurBüro 1984, 294; KG JurBüro 1981, 1409; Zöller/Schneider § 122 Rz 4 und 10; Kalthoener/Büttner Rz 636). Wird Prozeßkostenhilfe nur *teilweise* bewilligt, beziehen sich ihre Wirkungen nur auf den Teil der für den Gesamtstreitwert angefallenen Gerichtsgebühr, der dem Verhältnis des von der Prozeßkostenhilfe umfaßten Teilstreitwerts zum Gesamtstreitwert ent-

spricht (München, JurBüro 1988, 905 und NJW 1969, 1858; Bamberg, JurBüro 1988, 1682; Hansens JurBüro 1988, 145; Kalthoener/Büttner Rz 657 ff.; anders: BGHZ 13, 377, welcher die Quote bildet aus dem Verhältnis der Kosten nach dem von der Prozeßkostenhilfe gedeckten Streitwert zum Gesamtstreitwert.). Wegen der Auswirkungen auf die Vergütung des beigeordneten Rechtsanwalts siehe § 122 BRAGO Rz 16 f.;

7 bbb) *Gerichtsvollzieherkosten*, namentlich für Zustellungen (KG DGVZ 1981, 152);

8 ccc) *Gebührenansprüche der beigeordneten Rechtsanwälte*. Diese richten sich mit der Beiordnung gegen die Staatskasse. Mit ihrer Befriedigung gehen sie gemäß § 130 Abs. 1 S. 1 BRAGO auf die Staatskasse über. Soweit die Staatskasse den beigeordneten Rechtsanwalt wegen seiner Gebührenansprüche befriedigt hat, kann sie diese nur nach Maßgabe der Anordnungen des Gerichts im Prozeßkostenhilfebeschluß gegen die Partei geltend machen; bei Bewilligung von Prozeßkostenhilfe ohne Zahlungsverpflichtung ist der Staatskasse die Inanspruchnahme der Partei auch wegen bezahlter Anwaltsgebühren verwehrt (LG Itzehoe JurBüro 1984, 1691). Dies gilt auch in jenen Fällen, in denen *beiden Parteien Prozeßkostenhilfe* unter Beiordnung eines Rechtsanwalts *bewilligt* worden war (Koblenz KostRspr ZPO § 122 Nr. 21; Stuttgart KostRspr ZPO § 123 Nr. 7; Hamburg JurBüro 1983, 612; LG Itzehoe, welche die Auffassung vertreten, § 122 Abs. 1 Ziffer 1 b ZPO meine auch die auf die Staatskasse übergegangenen Ansprüche des beigeordneten Rechtsanwalts der gegnerischen Partei (unter Hinweis auf die Bundestags-Drucksache 8/3068 Seite 30 K § 120). Dem gegenüber vertreten BGH KostRspr ZPO § 123 Nr. 8 Schleswig SchlHA 1988, 67; Düsseldorf Rpfl 1986, 448, KG JurBüro 1988, 746, Zöller/Schneider § 123 Rz 7; v. Eicken KostRspr ZPO § 123 Anm. zu Nr. 7 u. ZPO § 122 Anm. zu Nr. 21, die Auffassung, die Absicht des Gesetzentwurfes habe im Gesetz keinen Niederschlag gefunden; zu unterscheiden sei zwischen Ansprüchen des beigeordneten Rechtsanwalts der hilfsbedürftigen Partei, auch soweit sie auf die Staatskasse übergegangen sind, einerseits und Ansprüchen des obsiegenden Prozeßgegners sowie der Vergütungsansprüche des ihm beigeordneten Rechtsanwalts, auch nach Übergang auf die Staatskasse; nur für erstere bestünden die Beschränkungen des § 122 Abs. 1 Zif 1 b ZPO zugunsten der hilfsbedürftigen Partei, während sie gegenüber den letzteren entsprechend dem Grundgedanken des § 123 ZPO auch nach Übergang auf die Staatskasse nicht geschützt sei. Der Wortlaut des § 122 Abs. 1 Nr. 1 b ZPO, der von den auf die Staatskasse übergegangenen Ansprüchen der beigeordneten Rechtsanwälte spricht, läßt indessen eine dem Hilfsbedürftigen günstige Auslegung im Sinne der Rechtsprechung der OLGe Koblenz und Hamburg in Übereinstimmung mit den Gesetzesmaterialien durchaus zu. Siehe im übrigen auch § 126 ZPO Rz 21.

Prozeßkostenhilfe § 122 ZPO

Aus Anlaß der Befriedigung der Gebührenansprüche des beigeordneten 8a
Rechtsanwalts und des damit verbundenen Forderungsübergangs auf die
Staatskasse kann eine vorläufige Einstellung von Zahlungen nach § 120
Abs. 3 ZPO aufgehoben und die Wiederaufnahme von Zahlungen im
Rahmen der Anordnungen nach § 122 Abs. 1 Nr. 1b ZPO angeordnet
werden (Hamburg JurBüro 1986, 128). Hat der beigeordnete Rechtsanwalt bis zu seiner Beiordnung bereits als Wahlanwalt Gebühren verdient, so kann er diese Gebühren weder gerichtlich noch außergerichtlich geltend machen, wenn der Gebührentatbestand auch nach seiner Beiordnung verwirklicht wird. Die Aufhebung der Beiordnung ändert hieran nichts (KG JurBüro 1984, 1417; Bamberg JurBüro 1984, 292; a. M.: Hamburg MDR 1985, 416; KG MDR 1984, 410; Kalthoener/Büttner Rz 692, 793), wonach die bereits vor der Beiordnung verdienten Regelgebühren, soweit sie die nach der Beiordnung verdienten Gebühren gemäß § 123 BRAGO übersteigen, gegen die Partei geltend gemacht werden können. Dem ist zuzustimmen, denn der Beiordnung kommt keine Rückwirkung hinsichtlich bereits entstandener Vergütungsansprüche des Rechtsanwalts zu. Zum Gebührenanspruch des beigeordneten Rechtsanwalts siehe BRAGO §§ 121ff.; 129.
ddd) in Analogie zu § 122 Abs. 1 Nr. 1 ZPO kann die mittellose Partei 9
eine Entschädigung für *Reisekosten* beanspruchen, die sie oder ihr gesetzlicher Vertreter aufwenden muß, um notwendige Gerichtstermine, auch solche bereits im Prozeßkostenhilfebewilligungsverfahren wahrzunehmen (BGHZ 1964, 139; Bamberg JurBüro 1988, 1285; OLG München Rpfl 1985, 165; OLG Celle NdsRpfl 1977, 190; Köln JurBüro 1987, 1561; Stuttg. MDR 1985, 852; Hamburg 12 WF 56/87; AG Krefeld JurBüro 1988, 371; a. M. Nürnberg JurBüro 1988, 773 auch bei Anordnung des persönlichen Erscheinens) oder um ihren Prozeßbevollmächtigten zu informieren (Celle NdsRpfl 1987, 213; Düsseldorf AnwBl 1956, 260). Einschränkend (bis zur Höhe der Vergütung eines Verkehrsanwalts) Koblenz JurBüro 1982, 773; Hamm JurBüro 1982, 1406. Die Gewährung von Reiseentschädigungen bedarf eines gesonderten Antrages, und zwar vor Antritt der Reise (LAG Düsseldorf JurBüro 1987, 1702); ihre Ablehnung unterliegt gemäß § 127 ZPO der Beschwerde (BGHZ 1964, 139). Reiseentschädigungen zählen nach KV Nr. 1907 GKG zu den gerichtlichen Auslagen und damit zu den nach § 91 Abs. 1 ZPO erstattungsfähigen Prozeßkosten. Siehe hierzu Meyer-Stolte Rpfl 1988, 79. Siehe hierzu auch Anhang Nr. 6 (Reisekostenentschädigung-AV).
Im Falle erheblicher Verständigungsschwierigkeiten zwischen der aus- 10
ländischen Partei und ihrem Prozeßbevollmächtigten oder dem Gericht
kommt die Erstreckung der Prozeßkostenhilfe analog § 122 Abs. 1 Nr. 1
ZPO auch auf die Kosten eines *Dolmetschers* in Betracht (LAG Hamm,
AnwBl 1985; 275; a. M.: OVG Bremen JurBüro 1987, 1099).
Umstritten ist, ob auf Grund der Bewilligung von Prozeßkostenhilfe der 11

§ 122 ZPO   Prozeßkostenhilfe

Partei ein Anspruch auf Erstattung von *Verdienstausfall* für die Wahrnehmung gerichtlich angeordneter Termine zusteht. Stuttgart MDR 1985, 852, bejaht einen solchen Anspruch gegen Frankfurt MDR 1984, 500; Verdienstausfall gehört jedoch nicht zum Kostenrisiko eines Rechtsstreits.

bb) *Wirkungen der Prozeßkostenhilfe im Verhältnis zum Gegner:*
12 Die begünstigte Partei ist von einer etwaigen Verpflichtung zur Sicherheitsleistung für die Prozeßkosten (Ausländersicherheit nach §§ 110 ff. ZPO) befreit; sie bleibt aber für den Fall ihres Unterliegens dem Prozeßgegner kostenerstattungspflichtig (§ 123 ZPO). Dessen Prozeßbevollmächtigter kann die ihm zustehenden Gebühren und Auslagen im eigenen Namen gegen den unterlegenen Mittellosen beitreiben (§ 126 ZPO).

2. Wirkungen der Prozeßkostenhilfe für den Gegner

13 Verteidigt sich der Gegner der begünstigten Partei gegen eine Klage, eine Berufung oder eine Revision, und ist dem Begünstigten Prozeßkostenhilfe ohne Ratenzahlung bewilligt worden, so ist der Gegner gleichfalls von der Verpflichtung zur Zahlung rückständiger oder entstehender Gerichtskosten einschließlich Auslagen für Zustellungen, Zeugen und Sachverständige einstweilen befreit (§ 122 Abs. 2 ZPO). Auf bereits verauslagte Gerichtskosten bezieht sich die Vorschrift nach ihrem Wortlaut nicht, sondern nur auf noch nicht geleistete Gerichtskosten. Der Gesetzgeber hat das damit verbundene Erstattungsrisiko bestehen lassen und § 58 Abs. 2 GKG nicht etwa dem § 2 Abs. 4 GKG angepaßt. Auch wenn rückwirkend Prozeßkostenhilfe bewilligt worden ist, sind vom Zweitschuldner geleistete Vorschüsse nicht von der Staatskasse an ihn zurückzuzahlen. Er bleibt vielmehr auf sein Erstattungsrisiko gegenüber der armen Partei verwiesen (Frankfurt JurBüro 1983, 1227; s. im übrigen die Erläuterungen zu § 123 ZPO).

14 Soweit der Gegner des Begünstigten Widerklage erhebt, bleibt er seinerseits für anfallende Gerichtskosten vorschußpflichtig, es sei denn, es besteht Identität des Streitgegenstandes von Klage und Widerklage, wie zum Beispiel bei wechselseitigen Scheidungsanträgen oder Streit um die Herausgabe hinterlegter Sachen.

3. Ende der Wirkungen der Prozeßkostenhilfe

15 Die Kostenbefreiung endet für beide Parteien mit der Aufhebung der Prozeßkostenhilfe gemäß § 124 ZPO, für den Gegner des Begünstigten mit seiner Verurteilung in die Prozeßkosten oder der Beendigung des Rechtsstreits ohne ein Urteil bzw. einen Beschluß über die Kosten.

§ 123 ZPO (Kostenerstattung)

Die Bewilligung der Prozeßkostenhilfe hat auf die Verpflichtung, die dem Gegner entstandenen Kosten zu erstatten, keinen Einfluß.

Inhaltsübersicht

	Rz
I. Allgemeines	1
II. Erläuterungen	
1. Umfang der Erstattungspflicht	2–6
a) außergerichtliche Kosten des Gegners	2–3
b) Gerichtskostenvorschüsse des Gegners	4
c) Zweitschuldnerhaftung nach dem GKG	5–6
2. Erstattungspflicht der Staatskasse betreffend Vorschußzahlung des Gegners	7
3. Gerichtskostenhaftung der bedürftigen Partei	8–11

I. Allgemeines

Die Vorschrift stellt klar, daß die Prozeßkostenhilfe das geltende System 1 der Kostenerstattungspflicht nach §§ 91 ff. ZPO nicht berührt, d. h. daß die Partei, welcher Prozeßkostenhilfe bewilligt worden ist, im Falle des Unterliegens verpflichtet bleibt, dem Gegner dessen Kosten zu erstatten. Mit der Bewilligung von Prozeßkostenhilfe wird somit der begünstigten Partei das Kostenrisiko im Verhältnis zum Prozeßgegner nicht abgenommen. Zwar fehlt es nicht an Stimmen, welche fordern, sie hiervon freizustellen. Von Grunsky sind in NJW 1980, 2046, insoweit verfassungsrechtliche Bedenken geäußert worden. Das BVerfG 51, 296, ist ihm nicht gefolgt. Auch wenn nicht zu übersehen ist, daß eine mittels Bewilligung von Prozeßkostenhilfe klagende Partei dem obsiegenden Gegner das Risiko aufbürdet, seinen Kostenerstattungsanspruch nicht realisieren zu können und daher mit erheblichen Kosten belastet zu bleiben, so gebietet indessen das Sozialstaatsgebot nicht, die mit Prozeßhilfe begünstigte Partei für den Fall ihres Unterliegens von den Kosten des obsiegenden Gegners freizustellen oder dessen Kosten ebenfalls auf die Staatskasse zu verlagern. Prozeßkostenhilfe soll Zugang zu den Gerichten und damit die Gewährung effektiven Rechtsschutzes ermöglichen, nicht aber die Prozeßführung für die hilfsbedürftige Partei zum Null-Tarif. Das Risiko der Kostenerstattungspflicht im Falle des Prozeßverlustes ist insbesondere dort von vornherein erkennbar, wo um Positionen gestritten wird, die aus Gründen der Beweislage oder aus Rechtsgründen zweifelhaft sind. Ein dieser Situation angepaßtes Verhalten

steht der Aufnahme oder Fortsetzung eines Streites um jeden Preis und damit wirtschaftlicher Vernunft entgegen und ist geeignet, das Kostenrisiko im Verhältnis zum Gegner zumindest zu verringern.
Zur Kritik am geltenden Recht sowie zu Reformvorschlägen s. Deppe-Hilgenberg in Alternativ-Kommentar zur ZPO, § 123 Rz 5 ff.

II. Erläuterungen

1. Umfang der Erstattungspflicht:

2 a) Nicht zu erstatten sind die Kosten des Gegners, die diesem im Prozeßkostenhilfeverfahren entstehen (§ 118 Abs. 1 Satz 4 ZPO; Schlesw SchlHA 1980, 165). Im übrigen umfaßt die Erstattungspflicht diejenigen außergerichtlichen Kosten, die der Gegner zur zweckentsprechenden Rechtsverfolgung oder Rechtsverteidigung für Rechtsanwaltsgebühren, Reisekosten, Beweissicherung und Prozeßvorbereitung im Rahmen der Erstattungsfähigkeit nach § 91 ff. ZPO aufzuwenden hat und nach §§ 103 ff. ZPO festsetzen lassen kann. Siehe hierzu auch § 122 ZPO Rz 8.

3 Ist einer Partei oder beiden Parteien Prozeßkostenhilfe bewilligt worden, so sind im Falle einer *Verquotung* die Kosten so zu berechnen, als ob Prozeßkostenhilfe nicht bewilligt worden wäre, und zwar ohne Rücksicht darauf, ob Prozeßkostenhilfe mit oder ohne Ratenzahlung bewilligt worden ist. Der sich danach ergebende Erstattungsanspruch einer Partei ist jedoch der Höhe nach begrenzt durch die Differenz zwischen dem Gesamtbetrag der ihr entstandenen Kosten und Auslagen einerseits sowie andererseits der Vergütung, die ihr Rechtsanwalt aus der Staatskasse erhalten oder zu beanspruchen hat (Bamberg JurBüro 1988, 1194 mit Berechnungsbeispielen, unter Aufgabe seiner früheren Rechtsprechung).

4 b) Die Erstattungspflicht der unterliegenden Partei umfaßt auch die vom obsiegenden Gegner bezahlten Gerichtskosten (BGH MDR 1982, 308; Düsseldorf Rpfl 1979, 430; Koblz Rpfl 1987, 333).

5 c) Soweit der obsiegende Gegner auf Zahlung der Gerichtskosten als Zweitschuldner (als Antragsschuldner gemäß § 49 Satz 1 GKG; SchlHA 1979, 44; KG Rpfl 1977, 76), oder als Übernahmeschuldner nach § 54 Ziff. 2 GKG in Anspruch genommen worden ist, kann er geleistete Beträge unter Hinweis auf die Kostengrundentscheidung gegen die unterlegene, mit Prozeßkostenhilfe bedachte Partei festsetzen lassen. Die Gerichtskasse soll jedoch gegen ihn die Zweitschuldnerhaftung nach § 58 Abs. 2 Satz 2 GKG nicht geltend machen, wenn Kostenerstschuldner auf Grund gerichtlicher Entscheidung eine Partei ist, der Prozeßkostenhilfe bewilligt ist. Auf diese Weise wird verhindert, daß die mittellose Partei,

obgleich gemäß § 122 Abs. 1 Ziff. 1 a ZPO gegenüber der Staatskasse von Gerichtskosten befreit, auf dem Umweg über die Kostenerstattungspflicht im Verhältnis zum Prozeßgegner die von diesem verauslagten Gerichtskosten gleichwohl zu zahlen hat (KG AnwBl 1979, 434).

Übernimmt die mittellose Partei in einem Vergleich ganz oder zum Teil 6 die Gerichtskosten, so ist sie durch Prozeßkostenhilfebewilligung nicht davor geschützt, daß der Gegner die von ihm an die Gerichtskasse gezahlten Vorschüsse gegen sie festsetzen läßt. Sie hat insoweit auch keinen Erstattungsanspruch an die Staatskasse, da sie nach § 54 Nr. 1 GKG nur als Entscheidungsschuldner, nicht als Übernahmeschuldner geschützt ist (Bamberg JurBüro 1989, 672; Koblz JurBüro 1987, 1825; Zweibrücken JurBüro 1987, 776; Stuttgart JurBüro 1987, 1202; Düsseld. Rpfl 1987, 478).

2. Erstattungspflicht der Staatskasse betreffend Vorschußzahlung des Gegners

Hat der obsiegende Gegner einen Gerichtskostenvorschuß geleistet, 7 kann er analog § 2 Abs. 4 Satz 1 GKG i. V. m. § 58 Abs. 2 Satz 2 GKG von der Staatskasse Rückzahlung des Vorschusses fordern (OLG Hamm, Rpfl 1984, 76; NJW 1977, 2081 mit zustimmender Anmerkung von Markl; LG Osnabrück JurBüro 1978, 106; AG Marburg AnwBl 1988, 247; Hartmann GKG § 58 Anm. 3 C b; Mümmler JurBüro 1977, 1051; Schneider NJW 1979, 848; a. M.: Braunschweig NdsRpfl 1983, 277; Köln Rpfl 1981, 243; München MDR 1980, 855). Beträge, die nicht als Vorschuß, sondern endgültig vom Gegner an die Staatskasse gezahlt worden sind, zahlt diese nicht zurück (BGH MDR 1982, 308).

3. Gerichtskostenhaftung der bedürftigen Partei

Die kostenarme Partei, der Prozeßkostenhilfe bewilligt worden ist, hat 8 im Falle ihres Unterliegens in der Hauptsache die angefallenen Gerichtskosten gemäß § 54 Nr. 1 GKG als Entscheidungsschuldner zu tragen. Besteht daneben die Gerichtskostenhaftung einer anderen Partei etwa als Zweitschuldner, weil diese das Verfahren der Instanz beantragt hat (§ 49 S. 2 GKG), so soll nach § 58 Abs. 2 S. 2 GKG die Haftung dieses anderen Kostenschuldners nicht geltend gemacht werden. Anders verhält es sich, wenn die hilfsbedürftige Partei im Wege eines Vergleichs die Gerichtskosten ganz oder teilweise übernommen hat. Für diesen Fall darf die Gerichtskasse den Gegner als Antragsschuldner (Zweitschuldner) auf Zahlung der Gerichtskosten in Anspruch nehmen, wenn die hilfsbedürftige Partei ihrer Zahlungspflicht als Übernahmeschuldner gemäß § 54 Nr. 2 GKG nicht nachgekommen ist (OLG Düsseld. Rpfl 1987, 478 mwN); eine analoge Anwendung des § 58 Abs. 2 S. 2 GKG auf Fälle der

§ 123 ZPO Prozeßkostenhilfe

Kostenübernahme durch die hilfsbedürftige Partei wird nach herrschender Meinung abgelehnt (Koblenz MDR 1980, 151; Hamm Rpfl 1984, 76 und 1979, 230; Schlesw SchlHA 1979, 44; Bamberg JurBüro 1977, 1594f.; Oldenburg JurBüro 1988, 344; Markl GKG 2. Auflage § 58 Rn 15 a). Die Vorschrift ist verfassungsrechtlich unbedenklich (BVerfG NJW 1979, 2608f.). Der Antragsteller – Zweitschuldner –, welcher nicht nach § 58 Abs. 2 S. 2 GKG wegen Bewilligung von Prozeßkostenhilfe für den Gegner privilegiert ist, kann im Falle seiner Inanspruchnahme durch die Gerichtskasse den unterlegenen Gegner wegen dieser Aufwendungen im Wege der Kostenerstattung in Anspruch nehmen (Hamm, aaO; Bamberg JurBüro 1980, 414; Bremen KostRsp GKG § 58 Nr. 22; Koblenz KostRsp GKG § 58 Nr. 17; Nürnberg JurBüro 1979, 869; Düssel. Rpfl 1987, 478).

9 Ist einer teilweise unterliegenden Partei Prozeßkostenhilfe ohne Ratenzahlung nur für einen Teil des Klaganspruchs bewilligt worden, so sind zur Feststellung ihrer Haftung für die Gerichtskosten die aus dem Gesamtwert errechneten Kosten nach dem Verhältnis desjenigen Teils, für den Prozeßkostenhilfe nicht bewilligt wurde, zu jenem Teil, für den Prozeßkostenhilfe bewilligt wurde, aufzuteilen (Bamberg JurBüro 1988, 682 mit Anm. von Mümmler JurBüro 1988, 1682; München JurBüro 1988, 905).

10 Wird die Prozeßkostenhilfe nach § 124 ZPO aufgehoben, entfallen die Befreiung des Zweitschuldners von der Kostenhaftung und damit das Hindernis der Festsetzung zugunsten des haftenden Gegners (KG Rpfl 1979, 152).

11 Hat der obsiegende Gegner einen Gerichtskostenvorschuß geleistet, kann er analog § 2 Abs. 4 Satz 1 GKG i. V. m. § 58 Abs. 2 Satz 2 GKG gegenüber der Staatskasse Rückzahlung des Vorschusses fordern (OLG Hamm, Rpfl 1984, 76; NJW 1977, 2081 mit zustimmender Anmerkung von Markl; LG Osnabrück JurBüro 1978, 106; Hartmann GKG § 58 Anm. 3 C b; Mümmler JurBüro 1977, 1051; Schneider NJW 1979, 848; a. M. Braunschweig Nds Rpfl 1983, 277; Köln Rpfl 1981, 243; München MDR 1980, 855). Beträge, die nicht als Vorschuß, sondern endgültig vom Gegner an die Staatskasse gezahlt worden sind, zahlt diese nicht zurück (BGH MDR 1982, 308).

§ 124 ZPO (Aufhebung der Bewilligung)

Das Gericht kann die Bewilligung der Prozeßkostenhilfe aufheben, wenn
1. die Partei durch unrichtige Darstellung des Streitverhältnisses die für die Bewilligung der Prozeßkostenhilfe maßgebenden Voraussetzungen vorgetäuscht hat;
2. die Partei absichtlich oder aus grober Nachlässigkeit unrichtige Angaben über die persönlichen oder wirtschaftlichen Verhältnisse gemacht oder eine Erklärung nach § 120 Abs. 4 Satz 2 nicht abgegeben hat;
3. die persönlichen oder wirtschaftlichen Voraussetzungen für die Prozeßkostenhilfe nicht vorgelegen haben; in diesem Falle ist die Aufhebung ausgeschlossen, wenn seit der rechtskräftigen Entscheidung oder sonstigen Beendigung des Verfahrens vier Jahre vergangen sind;
4. die Partei länger als drei Monate mit der Zahlung einer Monatsrate oder mit der Zahlung eines sonstigen Betrages im Rückstand ist.

Literatur

v. Blumenthal	Entzug der Prozeßkostenhilfe bei späterem Vermögenserwerb, Rpfleger 1984, 458.
Lepke	Zur Abänderbarkeit von Prozeßkostenhilfeentscheidungen unter Berücksichtigung des arbeitsgerichtlichen Verfahrens, DB 1985, 488.

Gliederung

		Rz
I.	Allgemeines	1–2
II.	Erläuterungen	
	1. Voraussetzungen der Aufhebung der Prozeßkostenhilfe	
	a) Täuschungshandlungen	3–5
	b) unrichtige Angaben zu den persönlichen und wirtschaftlichen Verhältnissen	6–9
	c) irrtümliche Bewilligung	10–14
	d) Zahlungsrückstand	15–16
	2. Zuständigkeit	17–22
	3. Verfahren	22–23
	4. Entscheidung über die Aufhebung	24
	5. Wirkungen der Aufhebung	25–30
	6. Rechtsbehelfe	31

I. Allgemeines

1 Die Bewilligung von Prozeßkostenhilfe kann geändert werden, und zwar unter den im Gesetz vorgesehenen Voraussetzungen. Sie kann veränderten Verhältnissen der Partei angepaßt werden (§ 120 Abs. 1 Satz 2, Abs. 4 ZPO); sie unterliegt der Beschwerde der Staatskasse, jedoch nur insoweit, als Zahlungsanordnungen unterblieben sind (§ 127 Abs. 3 ZPO), und sie kann völlig aufgehoben werden nach Maßgabe des § 124 ZPO mit seinem *abschließenden Katalog* von Aufhebungsgründen. § 124 ZPO räumt dem Gericht ein *Ermessen* ein (»kann aufgehoben werden«) Siehe hierzu Düsseldorf JurBüro 1987, 296; LAG Hannover JurBüro 1985, 1575; Zöller/Schneider § 124 Rz 10; Kalthoener/Büttner Rz 846).

2 § 124 Ziff. 2 ZPO ist durch Gesetz vom 9. 12. 1986 ergänzt worden durch Bezugnahme auf § 120 Abs. 4 Satz 2 ZPO, mit dem die Möglichkeit geschaffen worden ist, infolge veränderter Verhältnisse der Partei die Bewilligungsentscheidung den Veränderungen anzupassen.

II. Erläuterungen

1. Voraussetzungen der Aufhebung der Prozeßkostenhilfe

3 a) Trägt der Antragsteller zu den *sachlichen Voraussetzungen* seines Prozeßkostenhilfegesuchs, nämlich zur Erfolgsaussicht der Rechtsverfolgung oder Rechtsverteidigung sowie fehlendem Mutwillen wider besseres Wissen falsch vor und erregt er damit beim Gericht einen Irrtum über den Prozeßstoff, so führt diese *Täuschung* zur Aufhebung der Prozeßkostenhilfe (§ 124 Ziff. 1 ZPO). Die Täuschung muß sich auf gerade jene Tatsachen beziehen, die für die Prozeßkostenhilfeentscheidung *maßgeblich,* also für die Bewilligung der Prozeßkostenhilfe ursächlich gewesen sind (LAG Düsseldorf LAGE § 124 ZPO Nr. 4). Täuscht der Antragsteller über Tatsachen, die im Zeitpunkt der Beschlußfassung des Gerichts nicht entscheidungserheblich gewesen sind, darf deshalb die Prozeßkostenhilfe nicht aufgehoben werden, selbst wenn diese Tatsachen erst im weiteren Verlauf des Rechtsstreits entscheidungserhebliche Bedeutung erlangen. Wird jedoch bisheriges Vorbringen im Verlaufe des Prozeßkostenhilfe-Verfahrens unrichtig oder unvollständig, so daß eine Berichtigung oder Ergänzung nach § 138 Abs. 1 ZPO geboten ist, so stellt unterlassenes Vorbringen bei Kenntnis dieser geänderten Sachlage eine Täuschung dar.

4 Unrichtiger Sachvortrag über die persönlichen und wirtschaftlichen Verhältnisse der Partei fällt nicht unter § 124 Ziff. 1 ZPO, sondern wird von § 124 Ziff. 2 ZPO erfaßt.

Die Täuschung muß (auch bedingt) vorsätzlich, sie muß nicht absichtlich begangen worden sein. Hat der gesetzliche Vertreter oder der Prozeßbevollmächtigte getäuscht, so muß sich die Partei dessen Verhalten zurechnen lassen (§§ 51 Abs. 2, 85 Abs. 2 ZPO). Bei der Beurteilung des Vorsatzes sind die Person des Täuschenden, sein Bildungsgrad, seine Rechtskenntnisse, etwa die Inanspruchnahme rechtlicher Beratung, aber auch die Schwierigkeit des Sachverhalts, etwaige Vorprozesse sowie der Inhalt der mündlichen Verhandlung nach § 118 ZPO vor dem Gericht zu berücksichtigen. 5

b) Macht die Partei über ihre *persönlichen* oder *wirtschaftlichen Verhältnisse* absichtlich oder aus grober Nachlässigkeit unrichtige Angaben, kann das Gericht die Bewilligung der Prozeßkostenhilfe aufheben (§ 124 Ziff. 2 ZPO). Unter Absicht ist jede Form vorsätzlichen Handelns, auch bedingter Vorsatz zu verstehen, unter grober Nachlässigkeit die Außerachtlassung jeglicher Sorgfalt im Rechtsverkehr. Unrichtigkeit der Angaben und Verschulden der Partei, ihres gesetzlichen Vertreters oder ihres Prozeßbevollmächtigten (§§ 51 Abs. 2, 85 Abs. 2 ZPO) müssen sich beziehen auf die nach §§ 115, 117 Abs. 2 ZPO in Verbindung mit den Vorschriften des BSHG zu machenden Angaben. 6

Wird die Partei nach § 120 Abs. 4 Satz 2 ZPO aufgefordert, sich darüber zu erklären, ob eine Änderung ihrer persönlichen oder wirtschaftlichen Verhältnisse eingetreten ist, und gibt sie eine Erklärung absichtlich oder aus grober Nachlässigkeit nicht ab, so kann schon allein aus diesem Grunde die Bewilligung der Prozeßkostenhilfe aufgehoben werden. Gleiches wird gelten müssen, wenn die Partei auf Grund einer Aufforderung nach § 120 Abs. 4 Satz 2 ZPO eine Erklärung zwar abgibt, diese aber absichtlich oder aus grober Nachlässigkeit unrichtig ist, denn sie ist in diesem Fall noch weniger schutzwürdig als die Partei, die zwar unrichtige Angaben über ihre Verhältnisse nicht macht, sondern diese schlicht unterläßt. 7

Für die Aufhebung der Prozeßkostenhilfe reicht aus, daß die Angaben der Partei über ihre Verhältnisse lediglich teilweise unrichtig gewesen sind, sofern sie nur für die Bewilligung von Prozeßkostenhilfe irgendwie mitursächlich geworden waren. Eine besondere Erheblichkeit der unrichtigen Darstellung für die Prozeßkostenhilfeentscheidung ist indessen nicht Voraussetzung der Aufhebung (Hamm Rpfl 1986, 238). 8

Die unrichtige Darstellung des Sach- und Streitstandes, also der objektiven Voraussetzungen der Prozeßkostenhilfe, spielt im Rahmen des § 120 Ziff. 2 ZPO keine Rolle; es ist allein abzustellen auf die unrichtige Darstellung der persönlichen und wirtschaftlichen Verhältnisse, also der subjektiven Voraussetzungen. Waren die unzutreffenden Angaben der Partei für die Entscheidung des Gerichts indessen nicht ursächlich, hätte sie also auch bei zutreffender Darstellung ihrer Verhältnisse Prozeßkostenhilfe zu den angeordneten Bedingungen erhalten, darf sie nicht nach 9

§ 120 Ziff. 2 ZPO nur wegen bloßer unrichtiger Angaben gleichsam zur Strafe schlechter gestellt werden (Bamberg FamRZ 1987, 1171; Düsseld. JurBüro 1986, 296). Hingegen hält Köln, JurBüro 1988, 649 bei erheblichen Verstößen gegen die Wahrheitspflicht eine vollständige Aufhebung der Prozeßkostenhilfebewilligung für gerechtfertigt, da § 124 Ziff. 2 ZPO auch den Charakter einer Sanktion habe. Lediglich bei leichteren Verstößen gegen die Wahrheitspflicht könne es billigem Ermessen entsprechen, die Prozeßkostenhilfebewilligung auf jenes Maß zurückzuführen, auf das der Antragsteller bei sofortiger wahrheitsgemäßer Darstellung Anspruch gehabt hätte.

10 c) Hat das Gericht, ohne daß Absicht oder grobe Nachlässigkeit der Partei vorgelegen haben, die persönlichen und wirtschaftlichen Voraussetzungen für die Bewilligung der Prozeßkostenhilfe *irrtümlich* angenommen, kann die Prozeßkostenhilfe aufgehoben werden (§ 124 Ziff. 3 ZPO). Dies gilt für Fälle sowohl der Bewilligung ohne als auch mit Ratenzahlung (Düsseldorf JurBüro 1987, 296). Die Aufhebungsentscheidung kann auch noch nach rechtskräftigem Abschluß des Rechtsstreits getroffen werden (Hamm JurBüro 1987, 1241). Indessen besteht im Interesse des Schutzes des Vertrauens des Antragsstellers auf die gewährte Vergünstigung nach dem Gesetz eine zeitliche Schranke für die Aufhebung: Nach Ablauf von vier Jahren seit Rechtskraft der Entscheidung in der Hauptsache oder sonstiger Verfahrensbeendigung ist die Aufhebung der Prozeßkostenhilfe nach § 124 Ziff. 3 ZPO nicht mehr zulässig.

11 Prozeßkostenhilfe kann nach § 124 Ziff. 3 ZPO aufgehoben werden, wenn die persönlichen oder wirtschaftlichen Voraussetzungen für ihre Bewilligung etwa infolge eines unverschuldeten oder nur leicht fahrlässig unrichtigen Parteivortrags angenommen worden sind, wegen eines zunächst übersehenen Rechenfehlers, wegen einer später als unrichtig erkannten Behördenauskunft über die wirtschaftlichen Verhältnisse der Partei (LAG Bremen Rpfl 1983, 365), wenn sich herausstellt, daß die Partei kurz vor Prozeßbeginn eine größere Geldsumme ausgegeben und sich dadurch mutwillig bedürftig gemacht hat (Düsseldorf JurBüro 1987, 1715), wenn sich herausstellt, daß die Partei kostenlosen Rechtsschutz durch eine Gewerkschaft in Anspruch nehmen kann und sie deshalb keinen Anspruch auf Prozeßkostenhilfe hat (LAG Düsseldorf EzA § 115 ZPO Nr. 6; diese Entscheidung unterstellt die Gleichwertigkeit gewerkschaftlichen Rechtsschutzes und anwaltlicher Prozeßvertretung; siehe hierzu §§ 114, 115 Rz 107). Eine Aufhebung nach § 124 Ziffer 3 ZPO kommt nach LAG Düsseldorf JurBüro 1988, 1224, Zweibrücken JurBüro 1987, 140 nicht in Betracht, wenn die Partei kein Verschulden daran trifft, daß trotz unveränderter wirtschaftlicher Verhältnisse das Gericht die Frage der Mittellosigkeit nach erneuter Prüfung anders beurteilt.

Das Gericht darf von § 124 Ziff. 3 ZPO nur Gebrauch machen, wenn 12
sich *neue Umstände* ergeben haben, die bei Bewilligung der Prozeßkostenhilfe nicht bekannt waren (Saarbrücken JurBüro 1987, 915). Hierfür reicht ein bloßer Rechtsirrtum des Gerichts grundsätzlich nicht aus (Hamm Rpfl 1984, 432). Da der Gesetzgeber mit § 124 Ziff. 3 ZPO den Schutz des Vertrauens der bedürftigen Partei in den Fortbestand der ihr gewährten Prozeßkostenhilfe zurücktreten läßt gegenüber den Interessen des Justizfiskus an sparsamem Umgang mit öffentlichen Mitteln, ist im Falle irrtümlicher Bewilligung von Prozeßkostenhilfe deren Aufhebung oder Beschränkung von Amts wegen nur unter den Voraussetzungen dieser Vorschrift zulässig. Prozeßkostenhilfe ist daher nicht frei abänderbar (Stuttgart FamRZ 1986, 1124; Hamm FamRZ 1986, 583).
Bevor mit Wirkung zum 1. 1. 1987 die Möglichkeit der Anordnung von 13
Nachzahlungen auf Prozeßkosten gemäß § 120 Abs. 4 ZPO wieder eingeführt worden ist, haben die Gerichte über § 124 Ziff. 3 ZPO versucht, unter Hinweis auf eine Besserung der wirtschaftlichen Verhältnisse der Partei die Bewilligung von Prozeßkostenhilfe, und sei es auch nur für die Zukunft, aufzuheben (vgl. Bremen FamRZ 1985, 728). Diese Rechtsprechung fand weder im Wotlaut des Gesetzes eine Stütze noch entsprach sie den Absichten des Gesetzgebers, welcher zunächst bewußt die Möglichkeit der Nachzahlungsanordnung beseitigt hatte und sie erst unter dem Druck der finanziellen Last der Prozeßkostenhilfeaufwendungen insbesondere im Bereich der Familiengerichte wieder eingeführt hat. Änderungen der wirtschaftlichen Verhältnisse der Partei berechtigen daher nur nach Maßgabe des § 120 Abs. 4 ZPO zu einer Änderung der Bedingungen der Prozeßkostenhilfe, nicht aber zu ihrer Aufhebung.
Liegen die Voraussetzungen des § 124 Ziff. 2 ZPO vor, geht dessen 14
Anwendung als speziellere Regelung vor. Insoweit besteht keine zeitliche Beschränkung der Aufhebungsmöglichkeit. Zur Abgrenzung von § 124 Nr. 2 ZPO und § 124 Nr. 3 ZPO siehe Köln FamRZ 1988, 740.
d) Ist die Partei länger als drei Monate mit der Zahlung einer Monatsrate 15
oder mit der Zahlung eines sonstigen, etwa aus dem Vermögen zu leistenden Betrages im *Rückstand,* kann Prozeßkostenhilfe nach § 124 Ziff. 4 ZPO aufgehoben werden. Unter Rückstand ist (schuldhafter) Verzug zu verstehen (Saarbrücken JurBüro 1988, 510; Stuttgart FamRZ 1987, 404; Hamm FamRZ 1986, 1127; m. w. N.: Köln Rpfl 1984, 201, Grunsky NJW 1980, 2045). In der Regel muß die Partei vor Aufhebung der Prozeßkostenhilfe auf den Rückstand hingewiesen werden (Kalthoener/Büttner Rz 858). Zahlungsunvermögen infolge unverschuldeter Umstände schließt Verzug und damit die Aufhebung der Prozeßkostenhilfe aus (LAG Hannover JurBüro 1985, 1575; LAG Hamm JurBüro 1984, 1419; LAG Düsseldorf JurBüro 1984, 616; LG Dortmund JMBl NRW 1983, 162). Die Partei befindet sich nicht schuldhaft in Verzug, wenn sie hilfsbedürftig war und ist und Raten nicht hätten festgesetzt

werden dürfen (Koblenz FamRZ 1988, 1184; Düsseldorf JurBüro 1987, 914; Hamm FamRZ 1986, 1127; KG FamRZ 1984, 412) oder sie infolge Verschlechterung der wirtschaftlichen Verhältnisse nicht oder nicht in voller Höhe aufbringen kann (OVG Saarland JurBüro 1988, 370). Die Partei kann die für den Zahlungsrückstand ursächliche Vermögensverschlechterung noch im Beschwerdeverfahren gegen den Aufhebungsbeschluß vortragen (LG Tübingen Rpfl 1984, 478). Unverschuldete Zahlungsunfähigkeit kann im übrigen Anlaß sein, der Partei auf Antrag Herabsetzung von Raten zu bewilligen oder die völlige Aussetzung von Ratenzahlungen anzuordnen (Köln FamRZ 1984, 920; a. M.: LAG Düsseldorf JurBüro 1984, 616; LAG Hamm JurBüro 1984, 1419).

15a Die Beschwerde gegen einen Aufhebungsbeschluß nach § 124 Ziffer 4 ZPO kann, wenn Ratenzahlungen von vornherein nicht hätten festgesetzt werden dürfen, zugleich als Beschwerde gegen den Prozeßkostenhilfebeschluß anzusehen sein (Koblenz FamRZ 1988, 1184).

16 Nach Stuttgart, FamRZ 1987, 403, kann das Gericht bei zweifelsfrei nicht unverschuldetem Zahlungsrückstand im Rahmen der von ihm zu treffenden Ermessensentscheidung zunächst die Prozeßkostenhilfe aufheben und kann anschließend über einen Abänderungsantrag wegen Verschlechterung der Vermögensverhältnisse entscheiden.

2. Zuständigkeit

17 Für die Aufhebung der Prozeßkostenhilfe ist das Prozeßgericht (§ 117 Abs. 1 Satz 1 ZPO) des ersten Rechtszuges und, wenn das Verfahren im höheren Rechtszug anhängig ist, das Prozeßgericht des höheren Rechtszuges zuständig (§ 127 Abs. 1 Satz 2 ZPO).

18 In Fällen der Ziff. 1 (Täuschung über objektive Voraussetzungen der Prozeßkostenhilfe) entscheidet das *Prozeßgericht* in voller Besetzung, nicht allein der Vorsitzende. Der Einzelrichter ist zur Entscheidung berufen, wo ihm der Rechtsstreit gemäß §§ 348 oder 524 ZPO zur Entscheidung übertragen worden ist.

19 In den Fällen der Ziffern 2 bis 4 ist innerhalb des Prozeßgerichts funktionell zuständig der *Rechtspfleger* (§ 20 Ziff. 4 c RpflG). Er bedarf keiner Beauftragung durch den Richter. Eine gleichwohl in diesen Fällen ergangene Entscheidung des Prozeßgerichts bleibt nach § 8 RpflG wirksam (SchlHA 1983, 60). Im Verfahren vor den Verwaltungs-, Finanz- und Sozialgerichten sowie dort, wo es eine Rechtspflegerzuständigkeit nicht gibt, hat das Gericht oder die in der Hauptsache zuständige Stelle über die Aufhebung der Prozeßkostenhilfe zu entscheiden.

20 Auch nach Rechtskraft der Entscheidung bleibt für die Aufhebung der Prozeßkostenhilfe das Gericht (Richter oder Rechtspfleger) zuständig, wie § 124 Ziff. 3 ZPO mit der dort vorgesehenen Aufhebungsbefugnis für die Dauer von vier Jahren nach Rechtskraft erkennen läßt (Karlsruhe

Prozeßkostenhilfe § 124 ZPO

FamRZ 1986, 1126 m. w. N.). Die zum Beispiel von Düsseldorf, MDR 1986, 325 m. w. N., vertretene Auffassung, es sei nach Rechtskraft die Justizverwaltung für Aufhebungsentscheidungen zuständig, vermag nicht zu überzeugen. § 124 ZPO legt die Aufhebung der Prozeßkostenhilfe in die Zuständigkeit des Gerichts, und zwar auch für die Zeit nach Beendigung des Rechtsstreits, wie Ziff. 3 der Vorschrift erkennen läßt. Ob ein neuer Bewilligungsbeschluß mit Ratenzahlungsanordnung ergehen kann, hat das erstinstanzliche Gericht nach §§ 119, 120 ZPO zu entscheiden. Hat hierüber irrtümlich der Rechtspfleger entschieden, ist seine Entscheidung aufzuheben und durch die des Richters zu ersetzen (LAG Bremen EzA § 124 ZPO Nr. 3). 21

3. Verfahren

Die Aufhebung der Prozeßkostenhilfe berührt die Rechte der Partei und der ihr beigeordneten Rechtsanwälte. Vor einer Aufhebungsentscheidung ist daher beiden rechtliches Gehör zu gewähren (LG Aachen AnwBl 1983, 327). 22

Sie ergeht ohne mündliche Verhandlung durch Beschluß (§ 127 Abs. 1 Satz 1 ZPO), der zu begründen ist und den Beteiligten formlos mitgeteilt wird (§ 329 Abs. 2 Satz 1 ZPO). 23

4. Entscheidung über die Aufhebung

Nach § 124 ZPO kann bei Vorliegen der dort genannten Voraussetzungen die Prozeßkostenhilfe aufgehoben werden. Das Gericht hat somit eine Entscheidung nach pflichtgemäßem Ermessen zu treffen und muß dies in den Gründen der Entscheidung erkennen lassen (Stuttgart JurBüro 1986, 297; Bremen FamRZ 1984, 411). Siehe auch § 124 ZPO Rz 1. Je nach der Art des Aufhebungsgrundes sowie des Verschuldens der Partei kann das Ermessen eingeschränkt und das Gericht verpflichtet sein, die Prozeßkostenhilfe aufzuheben. Ein zwar relevantes, jedoch nicht allzu schwer wiegendes Fehlverhalten nötigt somit nicht zu Maßnahmen nach § 124 ZPO (siehe hierzu auch § 124 ZPO Rz 9). Berechnungsfehler, die offenkundig und nicht unbedeutend sind, können einen Vorrang der Interessen der Staatskasse vor den Interessen der bedürftigen Partei an der Rechtsbeständigkeit des Bewilligungsbeschlusses als eines begünstigenden Verwaltungsaktes begründen. Zu beachten ist jedoch dabei der Grundsatz der Verhältnismäßigkeit. Er kann in den Fällen des § 124 Ziff. 3 ggfs. statt zu einer ersatzlosen Aufhebung der Prozeßkostenhilfe zu einer Neubewilligung unter ungünstigeren Bedingungen führen. Die zu treffende Entscheidung hat sich jedoch an den nunmehr vorliegenden Verhältnissen der Partei zu orientieren (Düsseldorf JurBüro 1988, 1225 und 1987, 296; Bremen FamRZ 1984, 411; Celle 24

NdsRpfl 1983, 31). Hamburg, MDR 1986, 243, wendet § 124 Ziff. 3 ZPO entsprechend an, wenn sich nach Bewilligung von Prozeßkostenhilfe ohne Ratenverpflichtung herausstellt, daß die wirtschaftlichen Verhältnisse des Antragstellers die Anordnung von Ratenzahlungen gerechtfertigt hätten; im Ergebnis ebenso Zweibrücken FamRZ 1987, 403. Abzulehnen ist die von Düsseldorf in NJW RR 1987, 252, vertretene Auffassung, eine nach Beendigung des Rechtsstreits eingetretene Verbesserung der wirtschaftlichen Verhältnisse der hilfsbedürftigen Partei berechtige zum Widerruf der ihr bewilligten Prozeßkostenhilfe. Mit der Einführung des § 120 Abs. 4 ZPO zum 1. 1. 1987 hat der Gesetzgeber lediglich die Möglichkeit der Anpassung der Prozeßkostenhilfebedingungen geschaffen, nicht aber eine nachträgliche Kassation im ganzen. Überhaupt ist die Rechtsprechung zur Frage der Aufhebung der Prozeßkostenhilfe wegen nachträglich verbesserter wirtschaftlicher Verhältnisse der Partei, die die Lücke der fehlenden Nachzahlungsanordnung ausfüllen sollte, durch die Neuregelung des § 120 Abs. 4 ZPO überholt.

25 5. Wirkungen der Aufhebung der Prozeßkostenhilfe

Mit der Aufhebung der Prozeßkostenhilfe entfallen rückwirkend alle bisherigen Wirkungen:

26 a) Die Staatskasse kann Gerichts- und Gerichtsvollzieherkosten gegen den ehemals Begünstigten geltend machen, ferner die auf sie übergegangenen Ansprüche der beigeordneten Rechtsanwälte. Die Staatskasse hat auch nach Aufhebung der Prozeßkostenhilfe Ansprüche der beigeordneten Rechtsanwälte zu befriedigen (Zweibrücken JurBüro 1984, 237; LG Koblenz JurBüro 1984, 935; Hamburg JurBüro 1983, 720; KG JurBüro 1984, 1417; Düsseldorf JurBüro 1982, 140; a. M.: Schleswig SchlHA 1984, 174).

27 b) Die beigeordneten Rechtsanwälte sind nicht mehr gehindert, ihre Gebührenansprüche gegen die Partei geltend zu machen (BPatG GRUR 1986, 734) und nach § 19 BRAGO festsetzen zu lassen.

28 c) Für den Prozeßgegner entfällt die einstweilige Befreiung von Gerichtskosten nach § 122 Abs. 2 ZPO, ferner die Befreiung von der subsidiären (Zweitschuldner-)Haftung nach § 58 Abs. 2 Satz 2 GKG.

29 d) Wird die vormals begünstigte Partei nach § 91 ZPO in die Prozeßkosten verurteilt, so schuldet sie nach § 54 Ziff. 1 GKG auch diejenigen Beträge, von deren Zahlung der Gegner nach § 122 Abs. 2 ZPO einstweilen befreit war.

30 § 124 Nr. 2 bis 4 ZPO stehen einem erneuten Antrag und der Bewilligung von Prozeßkostenhilfe auf Grund zwischenzeitlich veränderter wirtschaftlicher und persönlicher Verhältnisse nicht entgegen (Schleswig SchlHA 1984, 174).

Prozeßkostenhilfe § 124 ZPO

6. Rechtsbehelfe

Das Rechtsmittelsystem ist unübersichtlich. S. hierzu auch die Erläuterungen zu § 127 ZPO, Rz 26 ff. 31
a) Der richterliche Aufhebungsbeschluß gemäß § 124 Nr. 1 ZPO kann mit der Beschwerde angefochten werden. Dies gilt nicht, wenn das Berufungsgericht entschieden hat (§ 127 Abs. 2 Satz 2 ZPO). Eine weitere Beschwerde ist ausgeschlossen (§ 127 Abs. 2 Satz 3 ZPO). 32
b) Der Aufhebungsbeschluß des Rechtspflegers in den Fällen des § 124 Ziff. 2 bis 4 ZPO unterliegt der Erinnerung (§ 11 Abs. 1 Satz 1 RpflG). Sie ist als befristete Erinnerung innerhalb der Zwei-Wochen-Frist des § 577 ZPO, wie sie für die sofortige Beschwerde gilt, einzulegen, wenn gegen die Entscheidung, falls sie der Richter erlassen hätte, die sofortige Beschwerde oder kein Rechtsmittel gegeben wäre (§ 11 Abs. 1 RpflG). Der befristeten Erinnerung kann der Rechtspfleger nicht abhelfen; er hat sie dem Richter vorzulegen. Dieser entscheidet über die Erinnerung, wenn er sie für zulässig und begründet erachtet oder wenn gegen die Entscheidung, falls er sie erlassen hätte, ein Rechtsmittel nicht gegeben wäre. Andernfalls legt der Richter die Erinnerung dem Rechtsmittelgericht vor und unterrichtet die Beteiligten hiervon. In diesem Fall gilt die Erinnerung als Beschwerde gegen die Entscheidung des Rechtspflegers (§ 11 Abs. 2 RpflG). Gegen die Entscheidung des Richters ist das Rechtsmittel gegeben, das nach den allgemeinen verfahrensrechtlichen Vorschriften zulässig ist (§ 11 Abs. 3 RpflG). 33
Im übrigen ist gegen die Aufhebungsentscheidung des Rechtspflegers des Gerichts der ersten Instanz die nicht befristete Erinnerung zulässig. Der Rechtspfleger kann ihr abhelfen. Tut er dies nicht, so legt er die Erinnerung dem Richter vor. Hält er die Erinnerung für zulässig und begründet, so entscheidet er und ist gegen seine Entscheidung das Rechtsmittel entsprechend den allgemeinen verfahrensrechtlichen Vorschriften zulässig. Hält der Richter die Erinnerung für unzulässig oder für unbegründet, so legt er sie vor Ablauf einer Woche (§ 11 Abs. 4 RpflG; § 571 ZPO) dem Rechtsmittelgericht vor und unterrichtet hiervon die Beteiligten. Die Erinnerung gilt in diesem Fall als Beschwerde gegen die Entscheidung des Rechtspflegers. Das Rechtsmittelgericht entscheidet abschließend. Lediglich dort, wo gegen eine Entscheidung des Richters, falls er sie erlassen hätte, ein Rechtsmittel nicht gegeben wäre, hat der Richter auch dann zu entscheiden, wenn er die Erinnerung für unbegründet erachtet (§ 11 Abs. 2 RpflG). 34

§ 125 ZPO (Beitreibung der Gerichtskosten)

(1) Die Gerichtskosten und die Gerichtsvollzieherkosten können von dem Gegner erst eingezogen werden, wenn er rechtskräftig in die Prozeßkosten verurteilt ist.
(2) Die Gerichtskosten, von deren Zahlung der Gegner einstweilen befreit ist, sind von ihm einzuziehen, soweit er rechtskräftig in die Prozeßkosten verurteilt oder der Rechtsstreit ohne Urteil über die Kosten beendet ist.

Inhaltsübersicht

	Rz
I. Allgemeines	1
II. Erläuterungen	
1. Absatz 1 – Zahlungsaufschub für Gegner vor Rechtskraft	2–4
2. Absatz 2 – Ende der einstweiligen Kostenbefreiung nach Rechtskraft oder Prozeßbeendigung	5–6

I. Allgemeines

1 Obsiegt der Gegner der mit Prozeßkostenhilfe ausgestatteten Partei erst in der Rechtsmittelinstanz, so könnte er Gerichts- und Gerichtsvollzieherkosten, die er auf Grund seines Unterliegens in der Vorinstanz gezahlt hat, nunmehr gemäß §§ 123, 91 ZPO von der bedürftigen Partei zurückfordern. Somit würde die bedürftige Partei auf dem Umweg über den Erstattungsanspruch des obsiegenden Gegners zu Zahlungen auf die Gerichts- und Gerichtsvollzieherkosten über denjenigen Umfang hinaus herangezogen, in welchem sie nach dem Prozeßkostenhilfebeschluß eigentlich nur belastet werden sollte. Um dies zu vermeiden, bestimmt § 125 ZPO, daß der Gegner der bedürftigen Partei erst nach seiner rechtskräftigen Verurteilung zur Zahlung von Gerichts- und Gerichtsvollzieherkosten herangezogen werden soll. Soweit er nach § 122 Abs. 2 ZPO von Gerichtskosten einstweilen befreit ist, soll er erst nach rechtskräftiger Verurteilung in die Prozeßkosten oder bei Beendigung des Rechtsstreits ohne Kostenentscheidung diese Kosten zahlen müssen.

Prozeßkostenhilfe § 125 ZPO

II. Erläuterungen

1. Absatz 1 – Zahlungsaufschub für Gegner vor Rechtskraft

2

Nach §§ 54 Nr. 1 und 4 GKG, 788 ZPO hat der Gegner der bedürftigen Partei im Falle des Unterliegens als Entscheidungs- und Vollstreckungsschuldner Gerichts- und Gerichtsvollzieherkosten zu tragen, und zwar die Gerichtskosten bereits ab Bekanntgabe der ihn belastenden Entscheidung ohne Rücksicht auf deren Rechtskraft oder Vollstreckbarkeit. Hat die prozeßkostenhilfeberechtigte Partei Gerichts- oder Gerichtsvollzieherkosten bezahlt, kann sie deren Erstattung von dem verurteilten Gegner verlangen. Sie kann sich diese Kosten aber auch von der Staatskasse erstatten lassen (§ 57 Satz 2 GKG), jedoch mit Ausnahme von Antragskosten. Nimmt sie die Staatskasse auf Erstattung in Anspruch, würde diese wiederum den verurteilten Gegner als Entscheidungs- oder Vollstreckungsschuldner in Anspruch nehmen können. § 125 Abs. 1 ZPO schiebt die Inanspruchnahme des Entscheidungs- und Vollstreckungsschuldners hinaus bis zum Zeitpunkt seiner rechtskräftigen Verurteilung in die Kosten, und zwar aus den oben unter I genannten Gründen.

3

4

2. Absatz 2 – Ende der einstweiligen Kostenbefreiung nach Rechtskraft oder Prozeßbeendigung

5

Der Gegner der prozeßkostenhilfeberechtigten Partei kann als Antragsteller gemäß § 49 GKG gegenüber der Gerichtskasse zahlungspflichtig, nach §§ 65, 68 GKG, 379, 402 ZPO zunächst vorschußpflichtig sein. Als Beklagter und Rechtsmittelgegner einer mit Prozeßkostenhilfe prozessierenden Partei ist er nach § 122 Abs. 2 ZPO von dieser Zahlungspflicht einstweilen befreit.
Die Gerichtskosten sind von ihm nach § 125 Abs. 2 ZPO erst dann einzuziehen, wenn und soweit er rechtskräftig in die Prozeßkosten verurteilt oder der Rechtsstreit ohne Urteil über die Kosten etwa durch Rücknahme der Klage oder des Rechtsmittels, gemeinsame Erledigungserklärung der Parteien, Abschluß eines gerichtlichen oder außergerichtlichen Vergleichs, gerichtlich angeordnetes oder faktisches Ruhen des Verfahrens beendet worden ist. Ist ein Kostenbeschluß zu Lasten der bedürftigen Partei ergangen, darf der Gegner schon auf Grund § 69 Satz 2, § 58 Abs. 2 Satz 2, § 54 Nr. 1 GKG nicht mehr zur Leistung von Gerichtskostenvorschüssen auf Grund seiner Antragstellerhaftung, d. h. als Zweitschuldner, herangezogen werden.

6

§ 126 ZPO (Beitreibung von Anwaltskosten)

(1) Die für die Partei bestellten Rechtsanwälte sind berechtigt, ihre Gebühren und Auslagen von dem in die Prozeßkosten verurteilten Gegner im eigenen Namen beizutreiben.
(2) Eine Einrede aus der Person der Partei ist nicht zulässig. Der Gegner kann mit Kosten aufrechnen, die nach der in demselben Rechtsstreit über die Kosten erlassenen Entscheidung von der Partei zu erstatten sind.

Literatur

Halbscheid/Schlosser	Das Beitreibungsrecht des Armenanwaltes, ZZP 1962, Bd. 75, 302.
Lappe	Kostenerstattung bei PKH, Rpfleger 1984, 129.
Mümmler	Rechtsbeziehungen des beigeordneten Rechtsanwaltes zur eigenen Partei, zum erstattungspflichtigen Prozeßgegner und zur Staatskasse, JurBüro 1984, 641.

Inhaltsübersicht

	Rz
I. Allgemeines	1–7
II. Erläuterungen	
1. Beitreibungsrecht des Rechtsanwalts	
a) Kostenpflicht des Gegners	8–10
b) Beitreibung aus eigenem Recht	11–13
c) Gegenstand des Beitreibungsrechts	14
d) Beitreibungsverfahren	15–16
2. Einschränkungen des Beitreibungsrechts	
a) Abhängigkeit vom Erstattungsanspruch der Partei	17–18
b) vor der Beiordnung entstandene Gebühren	19
c) Zahlungen der Staatskasse	20
d) beiderseitige Prozeßkostenhilfe	21
3. Einwendungen des Gegners	22–28
4. Beitreibungsrecht des Rechtsanwalts und Erstattungsanspruch der Partei	29–33

I. Allgemeines

1 Der beigeordnete Rechtsanwalt wird nicht unentgeltlich tätig. Ihm stehen die gesetzlichen Gebühren sowie die Erstattung der von ihm für die Partei gemachten Auslagen zu. Seine Gebührenansprüche kann er jedoch nicht gegenüber der Partei geltend machen (§ 122 Abs. 1 Nr. 3 ZPO), sondern statt dessen gegen die Staatskasse (§§ 121 ff. BRAGO),

Prozeßkostenhilfe § 126 ZPO

mit der Maßgabe, daß bei Streitwerten über DM 5 000,- diese Gebühren nach der Tabelle zu § 123 BRAGO niedriger sind als diejenigen nach der Regelgebührentabelle (Anlage 1 zu § 11 BRAGO). Zum Ausgleich hierfür sowie zur Entlastung der Staatskasse gibt § 126 Abs. 1 ZPO dem beigeordneten Rechtsanwalt ein eigenes Beitreibungsrecht gegen den in die Kosten verurteilten Gegner, und zwar auf der Grundlage der Regelgebühren. Dies gilt auch, soweit der Gegner auf Grund einer Kostenverquotung lediglich teilweise zur Kostenerstattung verpflichtet ist.

Dem beigeordneten Rechtsanwalt sind folgende Möglichkeiten der Befriedigung wegen seiner Gebührenansprüche wahlweise eröffnet (vgl. im übrigen unten Rz 8 ff, 29 ff). 2

1. Beitreibung gegen den Gegner im Namen der Partei in Höhe der Regelgebühren des § 11 BRAGO, soweit nicht infolge Zahlung der Staatskasse Gebührenansprüche gemäß § 130 BRAGO auf diese übergegangen sind. 3
2. Beitreibung gegen den Gegner im eigenen Namen nach § 126 Abs. 1 ZPO in Höhe der Regelgebühren, soweit nicht infolge deren Zahlung durch die Staatskasse Gebührenansprüche auf diese übergegangen sind. 4
3. Abrechnung der Gebühren gegenüber der Staatskasse nach § 121 ff. BRAGO, bei Streitwerten über DM 5 000,- lediglich zu ermäßigten Gebührensätzen nach der Tabelle zu § 123 BRAGO bei gleichzeitigem Forderungsübergang in Höhe der Zahlungen der Staatskasse an den Rechtsanwalt auf diese. Soweit die Partei Zahlungen auf die Kosten zu leisten hatte und diese ausreichen, Gebührenansprüche des beigeordneten Anwalts auch in Höhe der Differenz zwischen Regelgebühren und ermäßigten Gebühren zu decken, erhält der Rechtsanwalt aus der Staatskasse auch die Differenzgebühren; nach herrschender Meinung hat die Partei bis zur Höchstzahl von 48 Raten Zahlungen an die Gerichtskasse zu leisten, um die Gerichts- und Anwaltskosten, letztere in Höhe der Regelgebühren, zu decken (vgl. hierzu § 120 ZPO Rz 3). 5

Bei Bewilligung von Prozeßkostenhilfe ohne Zahlungsverpflichtung bekommt der Rechtsanwalt die Differenzgebühren aus der Staatskasse nicht. Insoweit kann er Differenzgebühren auch nicht im Namen der Partei gegen den Gegner beitreiben, da die Partei eigene Aufwendungen insoweit nicht gehabt hat. Er kann jedoch die Differenzgebühren im eigenen Namen nach § 126 Abs. 1 ZPO beitreiben (von Eicken in Anm. zu Koblenz KostRsp ZPO § 122 Nr. 21 und zu Stuttgart KostRsp ZPO § 123 Nr. 7; Lappe in Anm. LG Berlin KostRsp BRAGO § 130 Nr. 13). Dem gegenüber billigt KG JurBüro 1987, 774, der Partei, der Prozeßkostenhilfe unter Beiordnung eines Rechtsanwalts bewilligt worden ist, grundsätzlich das Recht zu, im eigenen Namen die Differenzkosten zwischen den Regelgebühren und Auslagen ihres Rechtsanwalts und der 6

157

diesem aus der Staatskasse gezahlten Vergütung gegen den erstattungspflichtigen Gegner festsetzen zu lassen. Dieser Anspruch stehe selbständig neben dem Beitreibungsrecht des Rechtsanwalts. Letzterer sei nach dem Wortlaut des § 122 Abs. 1 Nr. 3 ZPO lediglich daran gehindert, seine Vergütungsansprüche bis zur Höhe der Regelgebühren gegen seine Partei geltend zu machen. Für diese Auslegung spreche auch § 129 BRAGO, wonach Zahlungen der Partei auch nach Bewilligung der Prozeßkostenhilfe zunächst auf die Differenzgebühren anzurechnen sind. Versteht man die Bewilligung von Prozeßkostenhilfe mit Zahlungsanordnung als Stundung zugunsten der hilfsbedürftigen Partei, wird man der Auffassung des KG folgen müssen. Für den Fall der Aufrechnung des Gegners siehe § 120 ZPO Rz 5.

6a Soweit die Staatskasse den Rechtsanwalt wegen seiner Gebührenansprüche befriedigt und diese auf die Staatskasse übergehen, werden sie von ihr gegenüber dem in die Prozeßkosten verurteilten Gegner zusammen mit den von ihm zu tragenden Gerichtskosten beigetrieben. Ist dem kostenpflichtigen Gegner seinerseits Prozeßkostenhilfe bewilligt worden, kann er von der Gerichtskasse nicht in Anspruch genommen werden, es sei denn, es ist die Bewilligung von Prozeßkostenhilfe gemäß § 124 ZPO aufgehoben worden.

7 Wegen der Wirkungen der verschiedenen Möglichkeiten der Gebühreneinziehung durch den beigeordneten Rechtsanwalt siehe im übrigen auch unten § 126 ZPO Rn 22 ff, 29.

II. Erläuterungen

1. Beitreibungsrecht des Rechtsanwalts.

a) Kostenpflicht des Gegners

8 Sachliche Voraussetzung ist die – ggfs. auch nur teilweise – Verurteilung des Gegners in die Prozeßkosten. Nicht nötig ist, daß die Kostenentscheidung bereits rechtskräftig ist, vielmehr genügt deren vorläufige Vollstreckbarkeit. Ist sie an das Erfordernis der Sicherheitsleistung gebunden, so gilt dies auch für den Rechtsanwalt hinsichtlich seines Beitreibungsrechts. Im Falle der Zwangsvollstreckung vor Rechtskraft unterliegt der beitreibende Rechtsanwalt somit demselben Risiko wie eine vor Rechtskraft vollstreckende Partei bezüglich der Verpflichtung zur Leistung von Schadensersatz gemäß § 717 Abs. 2 ZPO für den Fall des Wegfalls, der Aufhebung oder Änderung der Kostengrundentscheidung infolge Klagrücknahme, durch Urteil oder Vergleich.

9 Das Beitreibungsrecht des beigeordneten Rechtsanwalts gilt auch in

Prozeßkostenhilfe § 126 ZPO

Fällen der Kostenpflicht des Gegners auf Grund eines gerichtlichen Beschlusses oder eines Prozeßvergleichs.
Der Rechtsanwalt, der mehreren Streitgenossen in Prozeßkostenhilfe **10** beigeordnet ist, von denen nur einer obsiegt, kann die Differenzgebühren, die ihm gegenüber dem obsiegenden erwachsen sind, gegen den unterlegenen Gegner im eigenen Namen geltend machen, und zwar bis zur Höhe des Erstattungsanspruchs des obsiegenden Auftraggebers (Schleswig AnwBl 1983, 177).

b) Beitreibung aus eigenem Recht
Das Beitreibungsrecht des Rechtsanwalts nach § 126 ZPO ist ein solches **11** aus eigenem Recht. Der Rechtsanwalt übt dieses Recht aus, indem er im eigenen Namen einen Kostenfestsetzungsantrag gegen den Gegner einreicht. Beantragt der beigeordnete Anwalt die Festsetzung von Kosten gegen den unterlegenen Gegner, so geschieht dies im Zweifel im Namen der bedürftigen Partei (AG Nürnberg AnwBl 1986, 455; Hamm AnwBl 1982, 383; Koblenz JurBüro 1983, 1724; Düsseldorf AnwBl 1980, 377 Zöller/Schneider § 126 Rz 14). Will er sein eigenes Beitreibungsrecht geltend machen, so muß er dies hinreichend deutlich zum Ausdruck bringen. Im Zweifelsfall hat der für das Festsetzungsverfahren zuständige Rechtspfleger (§ 21 Abs. 1 Nr. 1 RpflG) durch Rückfrage beim Anwalt auf Klärung hinzuwirken, ob eine Festsetzung im Namen der Partei oder im eigenen Namen des Anwalts gewollt ist (Hamburg JurBüro 1982, 1179). Stellt der Rechtsanwalt einen Kostenfestsetzungsantrag im Namen der Partei, bedeutet dies nicht den Verzicht auf das eigene Beitreibungsrecht des § 126 Abs. 1 ZPO, aber er löst damit die zu seinen Gunsten bestehende Verstrickung gem. § 126 ZPO und eröffnet dem Gegner die Möglichkeit der Aufrechnung gegen den Kostenerstattungsanspruch der mittellosen Partei (Koblenz JurBüro 1987, 1835).
Die Verstrickung ist in ihrer Wirkung vergleichbar der Pfändung und **11a** Überweisung i. S. v. §§ 829, 835 ZPO. Die Partei kann daher über den Kostenerstattungsanspruch nicht mit Wirkung gegen ihren Anwalt verfügen, z. B. auf ihn verzichten oder mit schuldbefreiender Wirkung Zahlung oder Aufrechnungserklärung entgegennehmen (BGHZ 5, 251; Koblenz JurBüro 1983, 1724; Hamm AnwBl 1982, 383). Die Prozeßvollmacht des beigeordneten Anwalts deckt nicht ohne weiteres die Entgegennahme einer Aufrechnungserklärung (Hamm AnwBl 1982, 383).
Solange ein Kostenfestsetzungsbeschluß zugunsten der Partei noch nicht **12** ergangen ist, beeinträchtigen Erfüllungshandlungen des Gegners gegenüber der Partei (Zahlung, Aufrechnung) das Beitreibungsrecht nicht. Sobald aber ein Kostenfestsetzungsbeschluß zugunsten der Partei vorliegt, muß der Rechtsanwalt Erfüllungshandlungen des Gegners, auch eine Kostenverzichtsvereinbarung der Parteien, gegen sich gelten lassen. Der Rechtsanwalt ist für diesen Fall auf einen Bereicherungsanspruch

gegen die Partei verwiesen (Schleswig JurBüro 1988, 744). Siehe hierzu auch Koblenz JurBüro 1989, 1151 (zum Umfang der Verstrickung).

13 Wird das Beitreibungsverfahren im Namen der Partei betrieben, kann der Rechtsanwalt dieses Verfahren nicht kraft seiner Befugnis aus § 126 Abs. 1 ZPO zur Beitreibung im eigenen Namen zu seinem eigenen machen (Koblenz JurBüro 1982, 775). Auch kommt eine Umschreibung des auf den Namen der Partei ergangenen Vollstreckungstitels auf den Namen des beigeordneten Rechtsanwalts oder umgekehrt analog § 727 ZPO nicht in Betracht, denn es liegt keine Rechtsnachfolge vor, sondern es handelt sich um selbständig nebeneinander bestehende Beitreibungsrechte. Will der Rechtsanwalt von seinem Beitreibungsrecht keinen Gebrauch machen, und will er statt dessen im Namen der Partei die Kostenbeitreibung durchführen, muß unter Rückgabe des auf den Namen des Rechtsanwalts ergangenen Kostentitels ein neues Festsetzungsverfahren durchgeführt werden, an dessen Ende ein Festsetzungsbeschluß auf den Namen der Partei ergeht, der wiederum selbständig anfechtbar ist (BGH NJW 1952, 786; Schleswig JurBüro 1979, 911). Gleiches gilt, wenn der beigeordnete Rechtsanwalt hinsichtlich der ihm zustehenden Gebühren und Auslagen, soweit diese nicht seitens der Gerichtskasse oder durch freiwillige Zahlung der Partei befriedigt worden sind, nach Kostenfestsetzung im Namen der Partei nunmehr auf Grund seines Beitreibungsrechts den unterlegenen Gegner in Anspruch nehmen will (Schleswig aaO). Zum Schutze des Schuldners vor doppelter Vollstreckung ist entweder der ältere Titel zurückzugeben oder auf die Rechte aus ihm in Höhe der neuen Festsetzung zu verzichten oder die Titel mit einem Vermerk über die anderweitige Festsetzung zu versehen (Zöller/Schneider § 126 Rz 23; a. M. Düsseldorf NJW 1960, 1160, wonach zwei Vollstreckungstitel nebeneinander zulässig sind).

c) **Gegenstand des Beitreibungsrechts**

14 Das Beitreibungsrecht des Rechtsanwalts aus § 126 ZPO bezieht sich auf die von ihm für die Partei getätigten Auslagen sowie die ihm nach dem Gesetz zustehenden Gebühren, deren Tatbestand zeitlich nach Wirksamwerden seiner Beiordnung erstmalig oder wiederholt verwirklicht worden ist.

d) **Beitreibungsverfahren**

15 Der äußeren Form nach geschieht die Beitreibung im Wege der Zwangsvollstreckung auf Grund eines vom Rechtsanwalt auf seinen Antrag erwirkten und auf seinen Namen lautenden Kostenfestsetzungsbeschlusses.

16 Ist das gegen den Prozeßgegner ergangene Urteil nur gegen Sicherheitsleistung vorläufig vollstreckbar, so ist in dem nach § 126 Abs. 1 ZPO ergehenden Kostenfestsetzungsbeschluß lediglich eine Teilsicherheit in

Prozeßkostenhilfe § 126 ZPO

Höhe der festgesetzten Kosten zu übernehmen, da für den Gegner wegen der Vollstreckung des Festsetzungsbeschlusses durch den beigeordneten Rechtsanwalt ein Sicherungsbedürfnis nur im Umfange der Kosten besteht (Bamberg JurBüro 1981, 1411). Es empfiehlt sich für den beigeordneten Rechtsanwalt, schon im Kostenfestsetzungsantrag nach § 126 Abs. 1 ZPO auf eine entsprechende Anpassung der Sicherheitsleistung hinzuwirken.

2. Einschränkungen des Beitreibungsrechts

Das Beitreibungsrecht unterliegt Beschränkungen:

a) Abhängigkeit vom Erstattungsanspruch der Partei 17
Das Beitreibungsrecht ist an die Kostengrundentscheidung des Gerichts oder die Kostenregelung im Prozeßvergleich gebunden. Dies gilt insbesondere im Falle der vorläufigen Vollstreckbarkeit der Entscheidung oder der Widerruflichkeit des Vergleichs. Es ist in diesen Fällen auflösend bedingt und steht unter dem Vorbehalt der Schadensersatzpflicht des Rechtsanwalts gemäß § 717 Abs. 2, 3 ZPO für den Fall der Aufhebung oder Änderung der Kostenentscheidung.
Mehrere nacheinander oder nebeneinander beigeordnete Rechtsanwälte 18 haben ein Beitreibungsrecht gegen den Gegner jeweils nach Maßgabe der ihnen entstandenen Gebühren, jedoch nur in dem Umfange der Erstattungsverpflichtung des Gegners. Insoweit gilt nach § 91 Abs. 2 Satz 3 ZPO der Grundsatz, daß die Kosten mehrerer Rechtsanwälte nicht zu erstatten sind, wenn sie die Kosten eines Rechtsanwalts übersteigen; ausnahmsweise sind darüber hinaus die Kosten durch die Hinzuziehung eines Verkehrsanwalts oder eines Beweisanwalts erstattungsfähig, wenn diese unter den besonderen Verhältnissen des Einzelfalles zur zweckentsprechenden Rechtsverfolgung oder Rechtsverteidigung notwendig gewesen sind (§ 91 Abs. 1 Satz 1 ZPO).

b) Vor der Beiordnung entstandene Gebühren
Das Beitreibungsrecht des beigeordneten Rechtsanwalts beschränkt sich 19 auf Auslagen und jene Gebühren, deren Tatbestand nach dem Wirksamwerden einer Beiordnung (vgl. §§ 114–115 ZPO Rz 172). erstmalig oder wiederholt verwirklicht ist. War der Rechtsanwalt bereits vor der Beiordnung als Wahlanwalt tätig, und hat er als solcher eine Verhandlungs- oder eine Beweisgebühr verdient, die nach seiner Beiordnung nicht erneut entstanden ist, besteht insoweit ein Beitreibungsrecht wegen dieser Gebühren gegen den Gegner nicht (Siehe hierzu Hamburg, MDR 1985, 416 m. w. N.).

c) Zahlungen aus der Staatskasse

20 Es kann nicht geltend gemacht werden hinsichtlich jener Beträge, die der Rechtsanwalt kraft seiner Beiordnung auf seinen Antrag aus der Staatskasse gemäß §§ 121 ff. BRAGO erhalten hat. Im Umfange der Zahlungen der Staatskasse gehen Gebührenansprüche des Rechtsanwalts auf diese über (§ 130 BRAGO).

d) Beiderseitige Prozeßkostenhilfe

21 War auch dem unterlegenen Gegner Prozeßkostenhilfe bewilligt worden, ist dem beigeordneten Rechtsanwalt die Ausübung seines Beitreibungsrechts nach § 126 Abs. 1 ZPO insoweit verwehrt, als ihm wegen seiner Gebühren ein Anspruch gegen die Staatskasse zusteht (Lappe Rpfl 1984, 130, 2 c). Auf diese Weise wird erreicht, daß der Gegner nur nach Maßgabe seiner ihm zur Last fallenden Verpflichtungen im Verhältnis zur Staatskasse (§ 122 Abs. 1 Ziff. 1 b ZPO) den auf die Staatskasse übergegangenen Beitreibungsanspruch des Anwalts zu erfüllen hat, denn andernfalls könnte er auf dem Wege über § 126 Abs. 1 ZPO durch den beigeordneten Anwalt wegen dessen Vergütung in voller Höhe in Anspruch genommen werden, was dem sozialen Schutzzweck der Prozeßkostenhilfe widersprechen würde. Siehe auch § 122 ZPO Rz 8.

3. Einwendungen des Gegners

22 Der unterlegene Prozeßgegner kann gegenüber dem Beitreibungsrecht des beigeordneten Anwalts Einwendungen nur *in beschränktem Umfange* geltend machen. Sie sind ihm versagt, soweit sie sich auf seine Rechtsbeziehungen zur obsiegenden Partei gründen (§ 126 Abs. 2 Satz 1 ZPO). Das Beitreibungsrecht des Anwalts erlischt also nicht dadurch, daß der Gegner Zahlung an die Partei leistet oder durch andere rechtsgeschäftliche Erklärungen (Leistung an Erfüllung statt, Verzicht, Aufrechnung) über den Kostenerstattungsanspruch verfügt. Eine Ausnahme gilt lediglich für die Aufrechnung mit Kostenerstattungsansprüchen, die dem Gegner gegenüber der hilfsbedürftigen Partei auf Grund einer in demselben Rechtsstreit, wenn auch in einem anderen Rechtszug, ergangenen Kostenentscheidung wegen Klagrücknahme, teilweisen Unterliegens, verspäteten Vorbringens oder Säumnis (§§ 92, 94, 95, 97, 344 ZPO) zustehen. Eine Aufrechnung mit Ansprüchen aus anderen Verfahren ist jedoch nicht zulässig (LG Berlin, AnwBl 1983, 327; a. M.: Zweibrücken JurBüro 1984, 1044 für den Fall unterbliebener Festsetzung nach § 126 Abs. 1 ZPO).

23 Der Gegner ist darüber hinaus dem Beitreibungsanspruch des Rechtsanwalts nicht völlig schutzlos ausgeliefert. Ihm bleiben vorbehalten Einwendungen

Prozeßkostenhilfe   § 126 ZPO

a) auf Grund der Kostengrundentscheidung. 24
Nach BGHZ 5, 259; Frankfurt NJW 1969, 144, ist dem Gegner auch die Berufung auf eine Vereinbarung über die Kostenlast erlaubt, die vor Rechtskraft der Kostengrundentscheidung getroffen ist und die seine Erstattungspflicht ausschließt oder einschränkt. Nicht zulässig ist die Berufung auf eine nach Rechtskraft der Kostenentscheidung getroffene Vereinbarung dieser Art (Köln MDR 1956, 363);

b) auf Grund des Gebührenrechts, insbesondere der einzelnen Ge- 25 bührenansätze;

c) aus der Person des beigeordneten Rechtsanwalts insoweit, als dieser 26 wegen seiner Gebührenansprüche durch Vorschußleistungen der Partei oder durch die Staatskasse befriedigt ist (§§ 3 Abs. 4 Satz 2; 130 Abs. 1 Satz 1 BRAGO).

d) Betreibt der beigeordnete Rechtsanwalt die Kostenfestsetzung auf 27 den Namen der Partei oder verzichtet er auf sein zunächst verfolgtes Beitreibungsrecht, indem er dazu übergeht, die Kostenfestsetzung auf den Namen der Partei zu betreiben, so wird dadurch die Verstrickung des § 126 Abs. 2 ZPO gelöst mit der Wirkung, daß der Gegner mit Ansprüchen gegen den Erstattungsanspruch der obsiegenden Partei aufrechnen oder sie in anderer Weise zum Erlöschen bringen kann (Stuttgart JurBüro 1987, 919; Koblenz VersR 1987, 1149 und JurBüro 1983, 1724). Wo der hilfsbedürftigen Partei Prozeßkostenhilfe ohne Ratenzahlungen bewilligt war und ihr ein eigener Erstattungsanspruch mangels Aufwendungen für die Prozeßführung nicht zusteht, muß eine Aufrechnung des Gegners von vornherein wirkungslos bleiben (Saarbrücken JurBüro 1987, 917). Siehe hierzu aber auch oben Rz 6 und § 120 ZPO Rz 5. Hat der Rechtsanwalt die Kostenfestsetzung im eigenen Namen beantragt, das Gericht die Kosten jedoch irrtümlich auf den Namen der Partei festgesetzt, wirkt das Aufrechnungsverbot des § 126 Abs. 2 Satz 2 ZPO gegen den Gegner von dem Augenblick an, in dem er vom Kostenfestsetzungsantrag des Rechtsanwalts im eigenen Namen Kenntnis erlangt (Hamm MDR 1987, 413; Saarbrücken JurBüro 1987, 917).
Soweit Einwendungen aus der Person des Rechtsanwalts unstreitig sind, 28 sind sie bereits im Kostenfestsetzungsverfahren zu beachten, andernfalls hat der Gegner die Möglichkeit der Vollstreckungsgegenklage (§§ 794 Abs. 1 Nr. 2; 795, 767 ZPO).

4. Beitreibungsrecht des Rechtsanwalts und Erstattungsanspruch der Partei

Zwischen beiden bestehen Wechselwirkungen

29 a) Ist der Partei Prozeßkostenhilfe ohne Zahlungsverpflichtung bewilligt worden und wird sie auch nicht später wegen Änderung ihrer persönlichen oder wirtschaftlichen Verhältnisse gemäß § 120 Abs. 4 ZPO zu Zahlungen an die Staatskasse verpflichtet, entstehen ihr Aufwendungen für die Prozeßführung nicht; somit entsteht auch kein Erstattungsanspruch gegen den unterlegenen Gegner. Siehe hierzu auch oben Rz 6. Rechnet der beigeordnete Rechtsanwalt mit der Staatskasse ab, so gehen im Umfange der Zahlungen der Staatskasse Ansprüche des beigeordneten Rechtsanwalts zwar gemäß § 130 Abs. 1 Satz 2 BRAGO auf die Staatskasse über. Diese ist jedoch mangels Zahlungsverpflichtung der Partei gehindert, sie gegenüber der begünstigten Partei geltend zu machen (§ 122 Abs. 1 Ziff. 1 b ZPO).

30 b) Ist der Partei Prozeßkostenhilfe mit Zahlungsverpflichtung bewilligt worden, so entsteht ihr ein Erstattungsanspruch gegen den Gegner erst dann, wenn der beigeordnete Rechtsanwalt wegen seiner Ansprüche mit der Staatskasse abgerechnet hat, somit diese gemäß § 130 Abs. 1 Satz 2 BRAGO auf die Staatskasse übergegangen sind und die Staatskasse sie unter Berücksichtigung der von der Partei bereits eingegangenen Zahlungen mit ihr abrechnet. Soweit der beigeordnete Rechtsanwalt durch die Staatskasse befriedigt worden ist, schmälert sich sein Beitreibungsrecht. Waren seine Ansprüche bereits vor Inanspruchnahme der Staatskasse vollen Umfangs zu Lasten des Gegners tituliert, ist der Übergang seiner Ansprüche auf die Staatskasse auf dem nach § 126 Abs. 1 ZPO ergangenen Kostenfestsetzungsbeschluß zu vermerken. Auf diese Weise wird sichergestellt, daß der Gegner nicht im Umfange der Zahlungen der Staatskasse einmal über den Erstattungsanspruch der Parteien, zum anderen über das Beitreibungsrecht des beigeordneten Rechtsanwalts im Wege der Zwangsvollstreckung in Anspruch genommen wird.

31 Hat die Partei, sei es vor Bewilligung der Prozeßkostenhilfe, sei es danach, ohne hierzu verpflichtet gewesen zu sein, an den beigeordneten Anwalt Zahlungen auf dessen Gebühren im Vorschußwege geleistet (§ 3 Abs. 4 Satz 2 BRAGO), führen diese Zahlungen zur Befriedigung des Rechtsanwalts wegen seiner Gebühren und schmälern somit sein Beitreibungsrecht gegenüber dem Gegner. Er hat bei Abrechnung mit der Staatskasse zu erklären, ob und welche Zahlungen er von der Partei oder von einem Dritten bis zum Tage seines Erstattungsantrages erhalten hat; Zahlungen, die er nach diesem Zeitpunkt erhalten hat, hat er unverzüglich anzuzeigen (§ 128 Abs. 1 Satz 3 BRAGO). Diese Zahlungen sind zunächst auf diejenigen Teile der Gebühren anzurechnen, für die ein Anspruch auf Zahlung aus der Staatskasse nicht oder nur unter den

Prozeßkostenhilfe § 126 ZPO

Voraussetzungen des § 124 BRAGO (Differenz zwischen Regelgebühren und verminderten Gebühren der Tabelle zu § 123 BRAGO) besteht. Im Umfange jener Zahlungen, die die Partei entweder unmittelbar an den Anwalt oder mittelbar über die Inanspruchnahme seitens der Staatskasse aufgewendet hat, steht ihr ein Erstattungsanspruch gegen den unterlegenen Gegner zu.

Soweit der Rechtsanwalt wegen seiner Regelgebührenansprüche nicht befriedigt ist, besteht daneben sein Beitreibungsrecht. Soweit der Rechtsanwalt Zahlungen von der Partei nicht erhalten hat und er die Staatskasse wegen seiner Gebühren nicht in Anspruch nimmt, ist er beitreibungsberechtigt, die Partei aber nicht erstattungsberechtigt, denn sie hat, solange der Rechtsanwalt die Staatskasse nicht in Anspruch nimmt, einen aufschiebend bedingten Erstattungsanspruch gegen die Staatskasse hinsichtlich der von ihr auf Grund des Bewilligungsbeschlusses geleisteten Zahlungen. Dieser Erstattungsanspruch wird ein unbedingter mit der erfolgreichen Durchsetzung des Beitreibungsanspruchs des Rechtsanwalts oder seinem Verzicht gegenüber der Staatskasse. Soweit der beigeordnete Rechtsanwalt die Staatskasse in Anspruch nimmt, geht sein Beitreibungsrecht gemäß § 126 Abs. 1 ZPO dem der Staatskasse (§ 130 Abs. 2 i. V. m. Vorschriften des GKG) vor (§ 130 Abs. 1 Satz 2 BRAGO). 32

c) Hat die Partei an die Gerichtskasse auch in Höhe der Differenz zwischen Regelgebühren und ermäßigten Gebühren nach § 123 BRAGO Zahlungen geleistet und der Rechtsanwalt die Differenzgebühren aus der Staatskasse erhalten, so erwächst ihr auch insoweit ein Erstattungsanspruch gegen den Gegner. Bis dahin verbleibt das Beitreibungsrecht dem beigeordneten Rechtsanwalt. 33

§ 127 ZPO (Verfahren, Zuständigkeit Rechtsmittel)

(1) Entscheidungen im Verfahren über die Prozeßkostenhilfe ergehen ohne mündliche Verhandlung. Zuständig ist das Gericht des ersten Rechtszuges; ist das Verfahren in einem höheren Rechtszug anhängig, so ist das Gericht dieses Rechtszuges zuständig.

(2) Die Bewilligung der Prozeßkostenhilfe kann nur nach Maßgabe des Absatzes 3 angefochten werden. Im übrigen findet die Beschwerde statt, es sei denn, daß das Berufungsgericht die Entscheidung getroffen hat. Die weitere Beschwerde ist ausgeschlossen.

(3) Gegen die Bewilligung der Prozeßkostenhilfe findet die Beschwerde der Staatskasse statt, wenn weder Monatsraten noch aus dem Vermögen zu zahlende Beträge festgesetzt worden sind. Die Beschwerde kann nur darauf gestützt werden, daß die Partei nach ihren persönlichen und wirtschaftlichen Verhältnissen Zahlungen zu leisten hat. Nach Ablauf von drei Monaten seit der Verkündung der Entscheidung ist die Beschwerde unstatthaft. Wird die Entscheidung nicht verkündet, so tritt an die Stelle der Verkündung der Zeitpunkt, in dem die unterschriebene Entscheidung der Geschäftsstelle übergeben wird. Die Entscheidung wird der Staatskasse nicht von Amts wegen mitgeteilt.

Literatur

Mümmler   Anwaltsgebühren im PKH-Prüfungsverfahren JurBüro 1988, 961

Inhaltsübersicht

	Rz
I. Allgemeines	1–2
II. Erläuterungen	
A. Verfahren	3–8
B. Zuständigkeit	9–13
C. Entscheidungsinhalt	14–20
D. Kosten des Prozeßkostenhilfeverfahrens	
1. Gerichtskosten	21
2. Rechtsanwaltskosten	
a) Gebühren im Prozeßkostenhilfeverfahren	22–23
b) standesrechtliches Beitreibungsverbot	24
3. Kostenerstattung	25
E. Rechtsmittel in Prozeßkostenhilfesachen	
1. Zulässigkeit	26–33
2. systembedingte Einschränkungen von Rechtsmitteln	34–35
a) gegen Bewilligung von Prozeßkostenhilfe	36

b) gegen Zahlungsanordnungen 37
aa) Beschwerde des Antragstellers 38
bb) Beschwerde der Staatskasse 39–41
c) gegen sonstige Entscheidungen 42
d) gegen Entscheidungen des Berufungs-/
Beschwerdegerichts 43–44
e) Ausschluß der weiteren Beschwerde 45
f) Beschwerdesumme 46
3. Prozeßkostenhilfe im
Prozeßkostenhilfebeschwerdeverfahren 47–48
4. Kosten des Beschwerdeverfahrens 49–52

I. Allgemeines

§ 127 Abs. 1 ZPO nimmt das Prozeßkostenhilfeverfahren vom Grund- 1
satz der Mündlichkeit der Verhandlung aus und verweist es zuständig-
keitshalber an das Gericht der ersten Instanz. Ist das Hauptverfahren im
höheren Rechtszug anhängig, so ist auch in Prozeßkostenhilfesachen für
alle zu treffenden Entscheidungen das Rechtsmittelgericht zuständig.
Das in § 127 Abs. 2 und 3 ZPO enthaltene Rechtsmittelrecht in Prozeß- 2
kostenhilfesachen ist in seiner unterschiedlichen und unübersichtlichen
Ausgestaltung gesetzestechnisch verunglückt. Durch das Änderungsge-
setz vom 9. 12. 1986 ist § 127 Abs. 3 ZPO neu eingeführt worden. Mit
seiner Regelung des Beschwerderechts der Staatskasse gegen die zah-
lungs- und ratenfreie Bewilligung der Prozeßkostenhilfe ist ein breiter
Meinungsstreit in der Rechtsprechung beendet worden.

II. Erläuterungen

A. Verfahren

a) Das Verfahren über die Bewilligung der Prozeßkostenhilfe ist ein 3
schriftliches. Eine mündliche Verhandlung findet nur dort statt, wo eine
Erörterung im Hinblick auf eine zu erwartende Einigung der Parteien
vorgesehen ist (§ 118 Abs. 1 Satz 3 ZPO). Vgl. im übrigen hierzu § 118
Rz 12.
b) Soweit einer nicht geschäftsfähigen Partei in der Hauptsache Prozeß- 4
fähigkeit verliehen ist (§§ 607, 640 b, 664 ZPO) oder ihre Prozeßunfähig-
keit im Falle der Pflegerbestellung durch das Gesetz fingiert wird (§ 53
ZPO), ist bzw. bleibt sie für das Prozeßkostenhilfeverfahren prozeßfähig
(LG Mannheim AnwBl 1982, 23; Düsseldorf OLGZ 1983, 119).
c) Das Prozeßkostenhilfeverfahren unterliegt in keinem Fall dem 5
Anwaltszwang, so daß Anträge und Erklärungen schriftlich oder münd-

lich zu Protokoll der Geschäftsstelle des Prozeßgerichts oder eines deutschen Amtsgerichts gestellt bzw. abgegeben werden können (§§ 117 Abs. 1 Satz 1 Halbsatz 2; 78 Abs. 3, 129 a Abs. 1 ZPO).

d) Prozeßkostenhilfeverfahren werden durch die Eröffnung des Konkursverfahrens nicht unterbrochen; § 240 ZPO gilt insoweit nicht (Kobl. AnwBl 1989, 178).

6 e) Entscheidungen in Prozeßkostenhilfeverfahren ergehen in der Form des Beschlusses. Er bedarf einer knappen *Begründung*, soweit einem Antrag nicht oder nicht in vollem Umfange stattgegeben worden ist, zum Beispiel bei Ablehnung der Beiordnung eines Rechtsanwalts oder im Falle der Anordnung von Zahlungen auf die Kosten statt beantragter zahlungsfreier Prozeßkostenhilfe (BVerfG NJW 1987, 1619; Zöller/Schneider § 127 Rz 4; s. auch § 119 ZPO Rz 42).

7 Die Entscheidung ist den Parteien formlos mitzuteilen. Die Mitteilung an den Antragsgegner soll keine Rückschlüsse über die persönlichen und wirtschaftlichen Verhältnisse des Antragstellers zulassen; es ist ihm daher eventuell eine eine abgekürzte Beschlußausfertigung zu erteilen (LAG Hamm AnwBl 1988, 79). Sind sie durch einen Bevollmächtigten, zum Beispiel einen Rechtsanwalt im Verfahren vertreten, ergeht die Mitteilung an den Verfahrensbevollmächtigten, im Falle der Beiordnung eines Rechtsanwalts auch an diesen. Die Mitteilung kann auch durch Verkündung anläßlich eines im Hauptverfahren stattfindenden Verhandlungstermins geschehen.

8 Eine förmliche Zustellung ist allein geboten für die Entscheidung über das Prozeßkostenhilfe-Gesuch des Rechtsmittelklägers (§ 329 Abs. 2 Satz 2 ZPO), da mit ihr die Wiedereinsetzungsfrist des § 234 Abs. 1 ZPO in Lauf gesetzt wird (a. M.: BGH VersR 1985, 86). Ebenso bedarf es einer förmlichen Zustellung, wenn mit der Entscheidung über das Prozeßkostenhilfe-Gesuch eine Fristsetzung oder eine Terminsbestimmung, ausgenommen die Ladung zum ersten Verhandlungstermin vor dem Amtsgericht (§ 497 Abs. 1 Satz 1 ZPO), verbunden ist.

B. Zuständigkeit

9 a) Entscheidungen in Prozeßkostenhilfesachen gehören in die Zuständigkeit des Gerichts des ersten Rechtszuges, und zwar auch nach Verkündung der Entscheidung in der Hauptsache, solange ein Rechtsmittel nicht eingelegt worden ist. Wird für ein beabsichtigtes Rechtsmittel um Prozeßkostenhilfe nachgesucht, ist zur Entscheidung hierüber das Rechtsmittelgericht berufen. Dies gilt auch für eine beabsichtigte Beschwerde im verwaltungsgerichtlichen Verfahren (VGH BaWü Justiz 1982, 444). Dies ergibt sich aus dem richtig verstandenen Sinn des § 127 Abs. 1 Satz 2 Halbsatz 2 ZPO; zwar fehlt es bei einem lediglich beabsichtigten Rechtsmittel an einer Anhängigkeit des Verfahrens im höheren

Prozeßkostenhilfe § 127 ZPO

Rechtszug, doch kann es nicht Aufgabe des erstinstanzlichen Gerichts sein, über ein Prozeßkostenhilfegesuch und damit über die hinreichende Erfolgsaussicht eines Rechtsmittels gegen die eigene Entscheidung zu befinden.

b) Im Rahmen der Zwangsvollstreckung entscheidet über Prozeßkostenhilfe-Anträge das Vollstreckungsgericht. Die Entscheidung bleibt lediglich dort dem Prozeßgericht vorbehalten, wo ihm auch die Zwangsvollstreckung obliegt (§§ 887, 888, 890, 930 Abs. 1 Satz 3 ZPO), oder eine sonstige richterliche Handlung erforderlich ist (§§ 758, 761, 901 ZPO). 10

c) Funktionell zuständig ist das Prozeßgericht in voller richterlicher Besetzung, wenn über die Bewilligung, die damit verbundene Anordnung von Zahlungen auf die Kosten sowie die Beiordnung eines Prozeß-, Beweis- oder Verkehrsanwalts zu entscheiden ist; lediglich die Auswahl der Person des Notanwalts obliegt allein dem Vorsitzenden (§ 121 Abs. 4 ZPO). Zuständig ist der Rechtspfleger, soweit er vom Prozeßgericht im Rahmen des § 20 Nr. 4 a RpflG mit der Vornahme von Erhebungen nach § 118 Abs. 2 ZPO oder der Beurkundung eines Vergleichs nach § 118 Abs. 1 Satz 3 ZPO beauftragt worden ist. Sache des Rechtspflegers ist auch der Erlaß von Anordnungen über die Einstellung und Wiederaufnahme von Zahlungen sowie die Änderung und Aufhebung der Prozeßkostenhilfe mit Ausnahme der Aufhebung wegen Täuschung des Gerichts (§ 124 Abs. 1 Nr. 1 ZPO); letztere unterliegt ausschließlich richterlicher Entscheidung. 11

Im Verfahren vor den Verwaltungs-, Finanz- und Sozialgerichten tritt an die Stelle des dort nicht vorhandenen Rechtspflegers der Richter. 12

d) Ist die Sache im höheren Rechtszug (Berufung, Revision, Beschwerde) anhängig, so ist für Entscheidungen in Prozeßkostenhilfesachen das Rechtsmittelgericht zuständig; es hat also auch über die Aufhebung oder Änderung vorinstanzlicher Entscheidungen zum Beispiel über Zahlungspflicht oder Änderung der Rechtsanwalts-Beiordnung zu entscheiden. Gelangt die Akte nach Erledigung des Rechtsmittels an das Gericht des ersten Rechtszuges zurück, wird damit erneut dessen Zuständigkeit begründet. 13

C. Entscheidungsinhalt

Die Entscheidung in Prozeßkostenhilfesachen kann lauten auf
a) Bewilligung der Prozeßkostenhilfe gemäß § 119 ZPO. Diese vollzieht sich nur durch ausdrücklichen Beschluß; 14
b) Ablehnung der Prozeßkostenhilfe. Sie kann auch ohne förmlichen Beschluß bereits darin zum Ausdruck kommen, daß das Gericht seine Entscheidung über einen Zeitpunkt hinausschiebt, in welchem der Antragsteller seine Rechte wird wahrnehmen müssen, zum Beispiel in 15

§ 127 ZPO   Prozeßkostenhilfe

einem Verhandlungstermin, in einem auswärtigen Beweistermin bei Antrag auf Beiordnung eines Beweisanwalts. Das Gericht darf mit seiner Entscheidung indessen solange zurückhalten, als es dem Antragsgegner Gelegenheit zur Stellungnahme geben muß oder in Anwesenheit der Parteien ein Punkt noch zu klären ist; andernfalls ist unterbleibende Entscheidung als Ablehnung zu werten und berechtigt den Antragsteller zur Einlegung der Beschwerde (Celle MDR 1985, 591; LAG Berlin MDR 1984, 258; ferner OLG Düsseldorf FamRZ 1986, 458 für den Fall der Anordnung des Ruhens des Verfahrens, nachdem der Kläger es mangels Entscheidung über das Prozeßkostenhilfegesuch abgelehnt hat, einen Antrag zu stellen).

16 c) Bewilligung der Prozeßkostenhilfe mit der Anordnung von Zahlungen aus dem Vermögen oder aus dem Einkommen des Antragstellers gemäß § 120 Abs. 1 ZPO,

17 d) nachträgliche Zahlungsanordnungen im Wege der Änderung der ursprünglichen Bewilligungsentscheidung entweder auf Antrag oder von Amts wegen (§ 120 Abs. 4 ZPO),

18 e) vorläufige Einstellung der Zahlungen (§ 120 Abs. 3 ZPO),

19 f) Beiordnung eines Rechtsanwalts (§ 121 ZPO), in der Regel verbunden mit der stattgebenden Entscheidung über Prozeßkostenhilfe,

20 g) Aufhebung der Prozeßkostenhilfe (§ 124 ZPO).

D. Kosten des Prozeßkostenhilfeverfahrens

1. Gerichtskosten

21 Für das Verfahren auf Bewilligung der Prozeßkostenhilfe werden Gerichtsgebühren nicht erhoben, denn das Kostenverzeichnis des Gerichtskostengesetzes enthält hierfür keine Gebühr (§§ 1 Abs. 1, 11 Abs. 1 GKG). Gerichtskosten können lediglich in Form von Auslagen für die Vernehmung von Zeugen und Sachverständigen im Verfahren nach § 118 Abs. 2 ZPO entstehen. Sie folgen der Kostengrundentscheidung im Hauptverfahren (§ 118 Abs. 1 Satz 5 ZPO). Fehlt es an einer solchen Kostenentscheidung, richtet sich die Kostenhaftung der Parteien nach einem etwa abgeschlossenen Vergleich oder nach §§ 49, 54, 58 GKG (Antragsstellerhaftung).

2. Rechtsanwaltskosten

22 a) Wird dem Antragsteller ein Rechtsanwalt beigeordnet, so ist er diesem gegenüber zu Zahlungen so lange nicht verpflichtet, als nicht die Prozeßkostenhilfe aufgehoben worden ist (§ 122 Abs. 1 Satz 3 ZPO). Wird die Prozeßkostenhilfe abgelehnt, so schuldet die Partei ihrem anwaltlichen Bevollmächtigten für dessen Tätigkeit im Bewilligungsverfahren eine vom Gegenstandswert der Hauptsache abhängige Gebühr in Höhe von $^{5}/_{10}$ der Regelgebühr nach § 11 Abs. 1 BRAGO (§ 51 Abs. 1

Prozeßkostenhilfe § 127 ZPO

BRAGO), im Rechtsmittelverfahren in Höhe von $^{13}/_{20}$ (§§ 51 Abs. 1, 11 Abs. 1 Satz 4 BRAGO). Für die Tätigkeit im Verfahren der Beschwerde gegen Prozeßkostenhilfeentscheidungen erhält der Rechtsanwalt eine $^{5}/_{10}$ Gebühr der Regelgebühr nach § 11 Abs. 1 BRAGO (§ 61 Abs. 1 Ziff. 1 BRAGO). Auch hier richtet sich der Gegenstandswert nach dem der Hauptsache, wenn sich die Beschwerde gegen die Versagung der Prozeßkostenhilfe überhaupt oder deren Aufhebung richtet (Schleswig SchlHA 1980, 48; Karlsruhe JurBüro 1980, 1853; München JurBüro 1970, 405; Hamm JurBüro 1966, 676). Abweichend hiervon richtet sich der Gegenstandswert für die Gerichtsgebühren im Beschwerdeverfahren nach dem gemäß § 3 ZPO zu schätzenden Kosteninteresse des Antragstellers (BFH BB 1973, 1153; SchleswSchlHA 1958, 231). Siehe hierzu unten Rz 49 ff.

Die im Prozeßkostenhilfeverfahren entstehenden Rechtsanwaltsgebühren sind anzurechnen auf die ggfs. später im Hauptverfahren anfallenden gleichartigen Gebühren, denn die Tätigkeit im Prozeßkostenhilfeverfahren gehört nach der gebührenrechtlichen Vorschrift des § 37 Ziff. 3 BRAGO zum Abgeltungsbereich der Prozeßgebühr des § 31 Abs. 1 Nr. 1 BRAGO. Jedoch gehört das Prozeßkostenhilfegesuch für das Rechtsmittelverfahren, welches der erstinstanzlich tätige Rechtsanwalt fertigt, nicht mehr zum abgeschlossenen Rechtszug; es ist ihm daher gesondert zu vergüten, sofern er nicht für die Partei auch in der höheren Instanz als Prozeßbevollmächtigter tätig wird. **23**

b) Dem Rechtsanwalt ist es standesrechtlich nicht gestattet, im Zusammenhang mit einem Prozeßkostenhilfe-Antrag oder nach einer Beiordnung von der Partei Zahlungen oder Sachleistungen irgendwelcher Art, insbesondere die Differenz zwischen den Prozeßkostenhilfe- und den vollen Gebühren zu fordern oder sich versprechen zu lassen. Ausgenommen sind die Vergütung für das Antragsverfahren (§ 51 BRAGO) und die Auslagen, die der Rechtsanwalt auf ausdrücklichen Wunsch der Partei aufwendet, die ihm die Staatskasse aber nicht ersetzt. Es gilt dies auch dann, wenn die Partei die ausdrückliche Erklärung abgibt, sie verspreche die Leistung freiwillig in Kenntnis dessen, daß sie zur Leistung nicht verpflichtet sei. Wird Prozeßkostenhilfe im Laufe eines Rechtsstreits bewilligt, so ist es standeswidrig, wenn der Rechtsanwalt, solange er beigeordnet ist, wegen der vor der Beiordnung entstandenen Gebühren und Auslagen gegen seinen Auftraggeber gerichtlich vorgeht oder seine weitere Tätigkeit von der Begleichung dieser Kosten abhängig macht. Diese standesrechtlichen Grundsätze, enthalten in §§ 58 ff. der gemäß § 177 Abs. 2 Nr. 2 BRAO von der Bundesrechtsanwaltskammer festgestellten Richtlinien, sind auch unter Berücksichtigung der Entscheidungen des Bundesverfassungsgerichts vom 14. Juli 1987 (NJW 1988, 191) nach wie vor verbindlich. Siehe hierzu auch § 122 ZPO Rz 3 und 8. **24**

171

25 3. Im Verhältnis zum Gegner findet im Falle der Ablehnung eines Prozeßkostenhilfeantrages eine Erstattung außergerichtlicher Kosten, insbesondere von Anwaltskosten nicht statt (§ 118 Abs. 1 Satz 4 ZPO), es sei denn, es ergeht im Hauptsacheverfahren eine Kostenentscheidung zu Lasten der hilfsbedürftigen Partei (§§ 123, 91 ZPO). Siehe hierzu auch § 118 ZPO Rz 22 f.

E. Rechtsmittel in Prozeßkostenhilfesachen

1. Zulässigkeit

26 a) Entscheidungen zu Prozeßkostenhilfesachen erwachsen nicht in Rechtskraft. Bei Versagung von Prozeßkostenhilfe kann daher der Antrag *wiederholt* werden (Köln OLGZ 1989, 67). Im übrigen ist das Rechtsmittel in Prozeßkostenhilfesachen die einfache, unbefristete Beschwerde; in Verfahren vor den *Verwaltungs-, Finanz-* und *Sozialgerichten* ist die Beschwerde eine *sofortige* mit einer Frist von 2 Wochen (§ 147 Abs. 1 VwGO; § 129 Abs. 1 FGO) bzw. 1 Monat (§ 173 SGG), siehe hierzu auch OVG Münster DVBl 1983, 952. Richtet sich das Rechtsmittel gegen eine Entscheidung des Rechtspflegers (s. oben Rz 11), so tritt an die Stelle der Beschwerde die einfache Erinnerung, die bei Rechtspflegerentscheidungen des Berufungs- oder Revisionsgerichts eine befristete Erinnerung ist (§ 11 RpflG).

27 Die Beschwerde gegen die Versagung der Prozeßkostenhilfe ist, sofern der Antrag während des Verfahrens gestellt worden ist, über ihn aber nicht rechtzeitig vor Verfahrensbeendigung entschieden worden ist, auch nach Beendigung der Instanz zulässig (streitig; dafür: Bremen, JurBüro 1987, 767; KG FamRZ 1986, 825; BFH BB 1984, 2249; Kalthoener/Büttner Rz 885 m. w. N.; einschränkend BayObLG FamRZ 1984, 73). Ob in diesen Fällen die Beschwerde ohne Befristung (so Celle FamRZ 1986, 82) oder alsbald, d. h. binnen zwei Wochen nach Bekanntgabe des Prozeßkostenhilfebeschlusses eingelegt werden muß (so LAG Düsseldorf JurBüro 1987, 921 mit Anm. von Mümmler), ist umstritten. In diesen Fällen wird aber eine Beschwerde dann als nicht mehr zulässig angesehen, wenn sie erst eingelegt wird, nachdem auch das Berufungsgericht entschieden hat und eine zulässige Revision nicht mehr eingelegt werden kann (Karlsruhe MDR 1987, 240). Eine zulässige Beschwerde wird indessen dann als unbegründet zurückzuweisen sein, wenn der Antragsteller von der Vorinstanz mit seinem Begehren rechtskräftig abgewiesen worden ist (Frankfurt/M. JurBüro 1982, 1887; BFH BB 1986, 187).

28 Der Rechtszug im Prozeßkostenhilfeverfahren geht grundsätzlich nicht weiter als der der Hauptsache (BGHZ 53, 369 [371]; Schleswig SchlHA 1982, 29; LAG Düsseldorf JurBüro 1986, 127; BFH AnwBl 1984, 48 und AnwBl 1985, 654; Düsseldorf JurBüro 1988, 906). Der Zulässigkeit der

Beschwerde steht es nicht entgegen, daß der höhere Rechtszug erst über eine Nichtzulassungsbeschwerde eröffnet werden kann (BFHE 141, 494; 138, 520); siehe auch BFH BB 1982, 1535. Für Prozeßkostenhilfebeschwerden in einstweiligen Anordnungsverfahren nach §§ 620, 620 b i. V. m. § 620 c Satz 2 ZPO siehe Hamburg FamRZ 1988, 309; Zweibrücken JurBüro 1988, 1380; 1986, 134; Karlsruhe FamRZ 1983, 1253; Schleswig SchlHA 1985, 156; a. M.: Frankfurt/M. FamRZ 1986, 926; LG Hamburg MDR 1984, 1032; Kalthoener/Büttner Rz 873, wenn mit der Beschwerde lediglich die persönlichen und wirtschaftlichen Verhältnisse des Antragstellers überprüft werden sollen. Hat das erstinstanzliche Gericht dem Antragsteller unter Verletzung des rechtlichen Gehörs Prozeßkostenhilfe versagt, soll nach LG Kiel, MDR 1986, 943, auch bei nicht berufungsfähigem Streitwert die Beschwerde zulässig sein. Ebenso LG Mainz Rpfl 1986, 279, wenn sich die Beschwerde auf die Zahlungsmodalitäten der Prozeßkostenhilfebewilligung beschränkt. Die in Asyl- **28 a** sachen nach § 22 AsylVfG vorgesehene Beschränkung des Rechtsmittels der Berufung nimmt der bedürftigen Partei nicht das Recht, im Falle der Versagung von Prozeßkostenhilfe gemäß §§ 146 Abs. 1, 166 VwGO i. V. m. 127 ZPO hiergegen Beschwerde einzulegen. Die von den Instanzgerichten vertretene gegenteilige Auffassung findet nach BVerfG MDR 1988, 750 im Gesetz keine Stütze und verstößt gegen Artikel 19 Abs. 4 GG; siehe auch LSG Berlin Breithaupt 1986, 180; LSG Hamburg SGB 1985, 292; BFHE 144, 407.

c) Zur Versagung der Prozeßkostenhilfe im Verfahren der Verkehrs- **29** wertfestsetzung nach § 74 a Abs. 5 ZVG s. Frankfurt/M. Rpfl 1977, 66.

d) Unzulässig, weil ausdrücklich ausgeschlossen ist die Beschwerde **29a** über Prozeßkostenhilfeentscheidungen in Nebenklagesachen (§ 397 a Abs. 2 StPO).

e) Unzulässig ist jede weitere Beschwerde in Prozeßkostenhilfeverfah- **30** ren (§ 127 Abs. 2 Satz 3 ZPO).

f) Eine Beschwerde gegen die Anordnung der Einholung eines ärztli- **31** chen Gutachtens im Prozeßkostenhilfeverfahren ist nicht statthaft (Zweibrücken FamRZ 1984, 74).

g) Zur Prozeßkostenhilfebeschwerde in FGG-Verfahren s. unten Rz 44. **32**

h) Eine reformatio in peius im Rahmen des Beschwerdeverfahrens ist zu **33** Lasten des Antragstellers nicht zulässig (Köln FamRZ 1987, 616).

2. Systembedingte Einschränkungen

Dem Gesetzgeber ist es nicht gelungen, eine übersichtliche Regelung zu **34** schaffen. Das Rechtsmittelsystem in Prozeßkostenhilfeangelegenheiten ist einerseits gekennzeichnet durch einen weitgehenden *Bestands- und Vertrauensschutz* der bedürftigen Partei. Abgesehen von den Fällen der Aufhebung (§ 124 ZPO) und der Anpassung an spätere wesentliche Änderungen der Verhältnisse (§ 120 Abs. 4 ZPO) ist die Bewilligung der

Prozeßkostenhilfe als solche einer Anfechtung durch den Gegner oder die Staatskasse entzogen. Dem Gegner fehlt die Legitimation, dem Prozeßkostenhilfegesuch der bedürftigen Partei entgegenzutreten schon deshalb, weil sich das Prozeßkostenhilfeverfahren als ein Sonderfall der Gewährung staatlicher Sozialhilfe im Rahmen eines justizinternen Verwaltungsverfahrens zwischen Antragsteller und Gericht vollzieht. Interessen des Prozeßgegners sind hier nicht berührt. Die Vergünstigung des § 122 Abs. 2 ZPO ist lediglich Reflexwirkung (Zöller/Schneider § 127 Rz 31). Wird sie ihm nicht gewährt, hat er ein Beschwerderecht (KG OLGZ 1971, 423). Die Staatskasse kann lediglich in der Frage der Zahlungspflicht des Antragstellers eine Korrektur im Wege der Beschwerde durchsetzen.

35 Andererseits ist die Zulässigkeit von Rechtsmitteln im Prozeßkostenhilfeverfahren nicht zuletzt im Interesse einer Verfahrensbeschleunigung wie folgt eingeschränkt:

36 a) Die *Bewilligung* der Prozeßkostenhilfe als solche sowie die *Beiordnung* eines Rechtsanwalts sind unanfechtbar (für die Verkehrsanwaltsbeiordnung KG JurBüro 1989, 421). Ist die Bewilligungsentscheidung *greifbar gesetzwidrig,* weil sie jeder gesetzlichen Grundlage entbehrt und inhaltlich dem Gesetz fremd ist (BGH NJW 1988, 49 u. FamRZ 1986, 150), etwa weil das Gericht ihm eingeräumte Ermessensgrenzen verkannt hat, indem es Prozeßkostenhilfe rückwirkend bewilligt hat auf Grund eines erst nach Abschluß des Verfahrens gestellten Antrags, so unterliegt die Bewilligungsentscheidung ausnahmsweise der Beschwerde und damit der Aufhebung (BGHZ 1958, 350; Hamm JurBüro 1985, 150; München JurBüro 1984, 937; Koblenz Rpfl 1984, 367; LAG Düsseldorf JurBüro 1987, 1704; LAG Köln EzA § 127 Nr. 12; LAG Bremen AnwBl 1988, 123).

37 b) Soweit es sich um *Zahlungsverpflichtungen* des Antragstellers gegenüber der Gerichtskasse handelt, ist zu unterscheiden:

38 aa) Gegen die Anordnung von Zahlungen oder deren Höhe kann der Antragsteller Beschwerde mit dem Ziel der Herabsetzung oder der völligen Befreiung von Zahlungsverpflichtungen einlegen. Gleiches gilt im Falle der Berücksichtigung künftiger Minderung von Belastungen (§§ 120 Abs. 1 Satz 2, 115 Abs. 1 Satz 3 ZPO).

39 bb) Gegen die unterbliebene Anordnung von Monatsraten oder Zahlungen aus dem Vermögen kann die Staatskasse durch den Bezirksrevisor des Landgerichts oder des zuständigen Rechtsmittelgerichts Beschwerde einlegen (§ 127 Abs. 2 Satz 1, Abs. 3 ZPO), und zwar *ausschließlich* mit der Begründung, es habe der Antragsteller nach seinen persönlichen und wirtschaftlichen Verhältnissen Zahlungen zu leisten. Die Prozeßkostenhilfebewilligung als solche hat die Staatskasse hinzunehmen; sie kann sich zur Begründung ihrer Beschwerde nicht auf fehlende Erfolgsaussicht der Rechtsverfolgung oder Rechtsverteidigung berufen. Sie kann

Prozeßkostenhilfe § 127 ZPO

ihre Beschwerde auch nicht darauf stützen, daß Prozeßkostenhilfe rückwirkend bewilligt (Düsseldorf JurBüro 1988, 1540) oder daß angeordnete Zahlungen zu niedrig bemessen worden sind; nur die unterbliebene Zahlungsanordnung ist für die Staatskasse anfechtbar. Hilft das Erstgericht einer Beschwerde der Staatskasse teilweise ab, indem es eine Zahlungsanordnung trifft, ist die Beschwerde der Staatskasse gegen die Bewilligung von Prozeßkostenhilfe unzulässig (Nürnberg FamRZ 1988, 1079).

Das Beschwerderecht der Staatskasse gegen die zahlungsfreie Bewilligung von Prozeßkostenhilfe ist auf drei Monate befristet (§ 127 Abs. 3 Satz 3 ZPO). Die Frist beginnt mit dem Tage der Verkündung des Bewilligungsbeschlusses, im übrigen in dem Zeitpunkt, an dem die unterschriebene Entscheidung der Geschäftsstelle des Gerichts übergeben wird; die Staatskasse ist von der Bewilligungsentscheidung nicht von Amts wegen zu unterrichten (§ 127 Abs. 3 Satz 4 und 5 ZPO). 40

Zum Beschwerderecht der Staatskasse gegen andere Prozeßkostenhilfeentscheidungen s. unten Rz 42. 41

c) Alle anderen, von Amts wegen oder auf Antrag ergangenen Entscheidungen des Gerichts in Prozeßkostenhilfesachen, zum Beispiel Versagung der Rechtsanwaltsbeiordnung, Ablehnung der Beiordnungsaufhebung (Zweibrücken NJW 1988, 570), Beiordnung eines nicht gewählten Rechtsanwalts, nachträgliche Anordnung von Zahlungen, deren Erhöhung oder Herabsetzung, ferner Aufhebungs- und Änderungsentscheidungen nach §§ 124, 120 Abs. 4 ZPO unterliegen der Beschwerde. Die Staatskasse ist zum Beispiel beschwerdeberechtigt, wenn eine Zahlungsanordnung nach § 120 Abs. 1 ZPO nachträglich wieder aufgehoben wird (LAG Hamm JurBüro 1984, 1419), wenn der Partei günstigere Zahlungsbedingungen eingeräumt werden (LAG RhldPfalz LAGE § 127 Nr. 15) oder ein nicht notwendiger Verkehrsanwalt beigeordnet wird (Düsseldorf JurBüro 1987, 1830; a. M. LG Bielefeld Rpfl 1987, 433). Dem beigeordneten Rechtsanwalt steht ein Beschwerderecht zu gegen die Entscheidung des Gerichts, wonach die Parei Zahlungen aus dem Vermögen zu leisten hat, deren Höhe nicht ausreicht, um die ihm zustehenden Regelgebühren zu decken (Stuttgart AnwBl 1985, 49; Hamm AnwBl 1985, 50; Kalthoener/Büttner Rz 877; a. M. Düsseldorf JurBüro 1984, 936); wenn die bewilligte Prozeßkostenhilfe mit Rückwirkung aufgehoben wird (Zweibrücken JurBüro 1984, 237; a. M. Kalthoener/Büttner Rz 876, wonach der beigeordnete Rechtsanwalt gegen rückwirkende Entziehung verdienter Gebührenansprüche die Erinnerung nach § 128 Abs. 3 BRAGO hat). Ordnet das Gericht die vorläufige Einstellung der Zahlungen nach § 120 Abs. 3 ZPO an, ohne daß bis dahin die ihm zustehenden Regelgebühren durch die Zahlungen der Partei gedeckt sind, kann der beigeordnete Anwalt hiergegen Beschwerde erheben (Schleswig JurBüro 1988, 741; Celle NdsRpfl 1988, 42

217; Frankfurt/M., JurBüro 1985, 1728; a. M.: Düsseldorf FamRZ 1986, 1230). Dem Rechtsanwalt, der für die Partei seine Beiordnung beantragt hat, ist ein Beschwerderecht versagt, wenn das Gericht auf Antrag der Partei einen anderen Rechtsanwalt beiordnet (LAG Köln LAGE ZPO § 127 Nr. 13; Zöller ZPO 15. Auflage § 127 Rz 36). Dies gilt auch zu Lasten des früheren Prozeßbevollmächtigten des Antragstellers (Düsseldorf KostRspr zu § 127 ZPO Nr. 72).

43 d) Die Beschwerde findet nicht statt, wenn die anzufechtende Entscheidung durch das *Berufungsgericht* getroffen worden ist (§ 127 Abs. 2 Satz 2 ZPO). Gemeint sind Prozeßkostenhilfeentscheidungen, die das Berufungsgericht nicht als Gericht der Beschwerde der ersten Instanz getroffen hat, sondern für den Berufungsrechtszug und während seiner Anhängigkeit. Dies gilt auch für eine beabsichtigte Nichtigkeitsklage gegen ein Berufungsurteil (Oldbg. NdsRpfl 1951, 222; KG JR 1963, 387).

44 Der Entscheidung des Berufungsgerichts stehen die Entscheidungen des *Beschwerdegerichts,* insbesondere auch im FGG-Verfahren, gleich. Hat das Beschwerdegericht für das Beschwerdeverfahren eine Prozeßkostenhilfeentscheidung getroffen, ist sie somit unanfechtbar (BGH Rpfl 1970, 238; Hamm AnwBl 1984, 103; KG OLGZ 1973, 159; Schleswig SchlHA 1974, 103; Bassenge, Freiwillige Gerichtsbarkeit § 14 Anm. 2n). Für Fälle, in denen ausnahmsweise eine Erst-Beschwerde an das OLG bzw. an das BayObLG zulässig ist, wollen BayObLG NJW RR 1989, 836 FamRZ 1988, 210 und FamRZ 1984, 73; 1985, 516 m. w. N., Braunschweig OLGZ 1974, 190; Frankfurt/M. Rpfl 1974, 314, auch in Prozeßkostenhilfeverfahren die Beschwerde eröffnen. Indessen bleibt in diesen Fällen eine weitere Beschwerde in Prozeßkostenhilfesachen unzulässig (BayObLG NJW RR 1986, 935; KG OLGZ 67, 84; s. auch BGHZ 1953, 369, wonach in FGG-Sachen eine weitere Beschwerde in Prozeßkostenhilfefragen unzulässig ist).

45 e) Eine *weitere Beschwerde* in Prozeßkostenhilfesachen ist *ausgeschlossen* (§ 127 Abs. 2 Satz 3 ZPO). Es bleibt jedoch stets die Wiederholung eines abgelehnten Gesuchs, eine Gegenvorstellung oder ein Änderungsantrag wegen Vermögensverschlechterung (§ 120 Abs. 4 ZPO) zulässig.

46 f) Die Zulässigkeit der Beschwerde in Fällen versagter Bewilligung (§ 120 ZPO) oder der Aufhebung (§ 124 ZPO) ist nicht abhängig vom Erreichen einer Beschwerdesumme. § 567 Abs. 2 ZPO gilt nicht, da es sich hier nicht um eine Prozeßkostenentscheidung handelt; Prozeßkostenhilfe ist ein Sonderfall der Sozialhilfe (so schon zum Armenrecht Frankfurt/M., Rpfl 1955, 79).

3. Prozeßkostenhilfe im Prozeßkostenhilfebeschwerdeverfahren

Für das Beschwerdeverfahren in Prozeßkostenhilfesachen kann Prozeß- 47
kostenhilfe nicht bewilligt werden (Nürnberg NJW 1982, 288 (h. M.);
a. M.: schon für das Prüfungsverfahren vor dem erstinstanzlichen
Gericht OLG Hamm, NJW 1982, 287).

Für das Verfahren vor dem Bundesfinanzhof ist wegen der dortigen 48
Verfahrensausgestaltung die Bewilligung von Prozeßkostenhilfe im Pro-
zeßkostenhilfebeschwerdeverfahren möglich (BFH BB 1985, 2160 und
DB 1987, 144; s. auch §§ 114–115 ZPO Rz 19).

4. Kosten des Beschwerdeverfahrens

Für das Beschwerdeverfahren werden Gerichtsgebühren erhoben gemäß 49
Nr. 1181 KV zum GKG. Grundlage ist der Wert des Interesses des
Beschwerdeführers, nach § 3 ZPO anhand der voraussichtlichen Prozeß-
kosten frei zu schätzen. Die hilfsbedürftige Partei hat bei Erfolglosigkeit
ihrer Beschwerde ohne besondere Entscheidung kraft Gesetzes die
Gerichtskosten zu tragen (Koblenz JurBüro 1987, 1844). Hinsichtlich der
Anwaltsgebühren s. §§ 51, 61 BRAGO sowie oben Rz 22 f.; BRAGO
§ 122, 5 ff.

Nach herrschender Auffassung besteht hinsichtlich des Beschwerdever- 50
fahrens eine Kostenerstattungspflicht nicht; es ist somit für eine
Kostenentscheidung kein Raum (LAG SchleswHolst MDR 1988, 347;
Düsseldorf MDR 1987, 941 mwN; Zweibrücken JurBüro 1983, 459;
München (5. Sen.) MDR 1982, 761; Karlsruhe FamRZ 1986, 702; Köln
NJW 1975, 1286; Bremen OLGZ 1966, 167; anderer Meinung für den
Fall des Unterliegens der Staatskasse Nürnberg NJW RR 1987, 1201;
München (25. Sen.) MDR 1983, 496; für den Fall der Beschwerderück-
nahme seitens der Staatskasse LAG BadWürttemb. JurBüro 1988, 900
(gegen LAG SchleswHolst MDR 1988, 347; Celle KostRspr ZPO § 127
Anm. zu Nr. 112), sowie bei Notwendigkeit einer Rechtsanwaltsbeiord-
nung Behn AnwBl 1985, 236; unentschieden LG Berlin JurBüro 1988,
647).

Schließt sich dem Prozeßkostenhilfeverfahren ein Prozeßverfahren zur 51
Hauptsache an, können die Kosten des Prozeßkostenhilfeverfahrens
nicht aufgrund der Kostenentscheidung in der Hauptsache gegen den
Gegner festgesetzt werden (so für die Kosten des Beschwerdeverfahrens
München JurBüro 1989, 834). Dem steht bereits § 118 Abs. 1 Satz 4 ZPO
entgegen (Koblenz Rpfl 1975, 99). Nach Auffassung von Frankfurt Rpfl
1979, 111 sollen die Kosten des Bewilligungsverfahrens zugunsten der
bedürftigen Partei aufgrund der Kostenentscheidung in der Hauptsache
gegen den unterlegenen Gegner festsetzbar sein. Karlsruhe AnwBl 1978,
462 will die Parteiaufwendungen im Prozeßkostenhilfeverfahren als
festsetzungsfähige Vorbereitungskosten verstanden wissen, vertritt
jedoch die Auffassung, daß die Gebühr des § 51 BRAGO, weil in der

Prozeßgebühr des § 31 Abs. 1 Nr. 1 BRAGO aufgehend, nicht gesondert festsetzungsfähig ist. Die Entscheidung sieht das Problem, daß im Falle der Vertretung der Partei durch verschiedene Prozeßbevollmächtigte im Prozeßkostenhilfeverfahren und im anschließenden Verfahren zur Hauptsache über die Frage zu entscheiden ist, ob die Inanspruchnahme mehrerer Verfahrens- bzw. Prozeßbevollmächtigter erforderlich gewesen ist. Grundsätzlich gleicher Auffassung ist Schlesw SchlHA 1980, 166. Während diese Entscheidungen davon ausgehen, daß die hilfsbedürftige Partei in der Hauptsache obsiegt, verneint Schlesw SchlHA 1980, 165 für den Fall, daß die hilfsbedürftige Partei den Prozeß verliert, eine Erstattungspflicht bezüglich der Aufwendungen des Gegners im Prozeßkostenhilfeverfahren.

52 Soweit eine Kostenerstattung auf der Grundlage des Prozeßrechts nicht in Frage kommt, bleibt davon die Frage des materiell-rechtlichen Erstattungsanspruchs als Schadensersatz wegen Verzuges unberührt (Schlesw SchlHA 1978, 170); siehe auch § 127 ZPO Rz 25, 51, § 118 ZPO Rz 23.

Prozeßkostenhilfe § 121 BRAGO

§ 121 BRAGO (Vergütung aus der Bundes- oder Landeskasse)

Der im Wege der Prozeßkostenhilfe oder nach § 11 a des Arbeitsgerichts-Gesetzes beigeordnete Rechtsanwalt erhält, soweit in diesem Abschnitt nichts anderes bestimmt ist, die gesetzliche Vergütung in Verfahren vor Gerichten des Bundes aus der Bundeskasse, in Verfahren vor Gerichten eines Landes aus der Landeskasse.

Inhaltsübersicht

I. Allgemeines	1–2
II. Parteiauftrag, Vollmacht	3–4
III. Tätigkeit nach Wirksamwerden der Beiordnung	5
IV. Grenzen des Vergütungsanspruchs	6–10
V. Vorschuß, Fälligkeit, Verjährung	11–16
VI. Abtretung, Pfändung des Vergütungsanspruchs	17–19

I. Allgemeines

Die Tätigkeit des im Wege der Prozeßkostenhilfe beigeordneten und von 1
der Partei beauftragten Rechtsanwalts löst zu Lasten der Staatskasse einen öffentlich-rechtlichen Anspruch aus. Die Staatskasse ist Primär-Schuldner des beigeordneten Rechtsanwalts; es handelt sich nicht um eine Haftung für Zahlungsverpflichtungen der bedürftigen Partei, da der beigeordnete Rechtsanwalt Vergütungsansprüche gegen die Partei nicht geltend machen kann (§ 122 Abs. 1 Nr. 3 ZPO).
Vergütungsschuldner ist in Verfahren vor einem Bundesgericht die 2
Bundeskasse; ist der beigeordnete Rechtsanwalt vor dem Gericht eines Landes tätig geworden, schuldet die Landeskasse ihm die Vergütung, und zwar im Einzelfall die für den Bezirk des beigeordneten Gerichts zuständige Kasse.

II. Parteiauftrag, Vollmacht

Der Vergütungsanspruch entsteht nicht allein mit der Beiordnung des 3
Rechtsanwalts; hinzu kommen muß ein ihm von der Partei erteilter Auftrag (Geschäftsbesorgungs-Vertrag) mit entsprechender Prozeß- oder Verfahrensvollmacht, denn die Beiordnung vermag beides nicht zu ersetzen (BGHZ 2, 227; JurBüro 1973, 629). Siehe hierzu auch § 121 ZPO Rz 37ff. Der Auftrag ist nicht selten schon vor der Beiordnung

erteilt, indem die Partei das Prozeßkostenhilfegesuch nebst Beiordnungsantrag durch den später beigeordneten Rechtsanwalt bei Gericht einreichen läßt. Im übrigen können Auftrags- und Vollmachtserteilung auch stillschweigend auf Grund hierfür sprechender Umstände zustande kommen, indem zum Beispiel dem Rechtsanwalt die Handakten eines in der Sache zuvor tätig gewordenen Rechtsanwalts übersandt werden, oder die Partei zusammen mit dem Rechtsanwalt im Verhandlungstermin erscheint.

4 Schon vor Auftrags- und Vollmachtserteilung kann der Rechtsanwalt auf Grund der Beiordnung verpflichtet sein, für die Partei zwecks Wahrung derer Interessen fürsorgend tätig zu werden, indem er unaufschiebbare Handlungen, zum Beispiel fristwahrende Rechtsbehelfe, vornimmt oder der Partei Hinweise und Belehrungen erteilt, deren Unterlassung ihn schadensersatzpflichtig machen können (BGHZ 30, 226). Derartige Notgeschäftsführung für die Partei begründet für den beigeordneten Rechtsanwalt Aufwandsentschädigungsansprüche aus Geschäftsführung ohne Auftrag oder ungerechtfertigter Bereicherung, und zwar in entsprechender Anwendung der Gebührenvorschriften (BAG ZIP 1980, 804; KG JurBüro 1985, 404; Vergütung einer 5/10 Gebühr gemäß § 32 Abs. 1 BRAGO für Akteneinsicht zwecks Prüfung, ob unaufschiebbare Maßnahmen erforderlich sind).

III. Tätigkeit nach Wirksamwerden der Beiordnung

5 Zur Begründung eines Vergütungsanspruchs gegen die Staatskasse bedarf es einer gebührenauslösenden Tätigkeit des beigeordneten Anwalts nach dem Wirksamwerden der Beiordnung (BGH KostRspr BRAGO 122 Nr. 8; KG JurBüro 1980, 1086; Schlesw. SchlHA 1982, 48 (Vergleichsabschluß vor Beiordnung). Koblenz JurBüro 1985, 235 bejaht einen Erstattungsanspruch des beigeordneten Anwalts für vor der Beiordnung gemachte Auslagen, wenn sie im Zusammenhang mit der von Prozeßkostenhilfe umfaßten Tätigkeit entstanden sind (Schneider MDR 1985, 529). Siehe zum Gebührenrecht ferner § 122 BRAGO Rz 3 ff.

IV. Grenzen des Vergütungsanspruchs

6 War der dem Rechtsanwalt erteilte Auftrag zum Zeitpunkt der Beiordnung bereits erledigt, entsteht kein Vergütungsanspruch gegen die Staatskasse; er kann vielmehr den Auftraggeber auf die Vergütung in Anspruch nehmen. Im Falle fiktiven Fortbestehens des Auftrags gemäß

§ 674 BGB erwirbt der Rechtsanwalt für nach der Beiordnung vorgenommene Handlungen, die erstmals oder wiederholt einen Gebührentatbestand verwirklichen, insoweit einen Vergütungsanspruch gegen die Staatskasse (KG JurBüro 1969, 243).

Wird die Bewilligung der Prozeßkostenhilfe nach § 124 ZPO aufgehoben, so beseitigt dies den bis zur Aufhebung bereits entstandenen Vergütungsanspruch des beigeordneten Rechtsanwalts gegen die Staatskasse nicht (Zweibrücken JurBüro 1984, 237; Düsseldorf JurBüro 1982, 1407). Hat der Rechtsanwalt die ungerechtfertigte Bewilligung durch bewußt unrichtige Sachdarstellung und damit seine Beiordnung erschlichen, entfällt mit der Aufhebung der Prozeßkostenhilfe auch sein Vergütungsanspruch gegen die Staatskasse. 7

Der Umfang des Vergütungsanspruchs bestimmt sich
a) nach dem Umfang der Beiordnung, wie sie das Gesetz und der gerichtliche Beschluß umschreiben; 8
b) hinsichtlich der Gebührenhöhe nach § 123 BRAGO. Er enthält die gesetzliche Vergütung, d. h. die des Wahlanwalts, soweit nicht im 13. Abschnitt der BRAGO (§ 121–130 BRAGO) etwas anderes bestimmt ist. Die Tabelle zu § 123 BRAGO sieht für Gegenstandswerte über DM 5 000,– in Abweichung von der Tabelle zu § 11 BRAGO ermäßigte Gebühren vor und läßt oberhalb eines Streitwertes von DM 50 000,– eine Gebührensteigerung schlechthin entfallen. Soweit der Partei Prozeßkostenhilfe mit Ratenzahlung gewährt worden ist, steht dem beigeordneten Rechtsanwalt, soweit die Zahlungen der Partei an die Gerichtskasse hierfür ausreichen, eine weitere Vergütung bis zur Höhe der Regelgebühren aus der Tabelle zu § 11 zu (§ 124 BRAGO). Siehe hierzu § 120 ZPO Rz 3. Im Verfahren vor dem Sozialgericht erhält der Rechtsanwalt die vollen Rahmengebühren des § 116 Abs. 1 BRAGO, wobei § 12 Abs. 1 BRAGO zu beachten ist. 9
c) Erstattung von Auslagen nach § 126 BRAGO. 10

V. Vorschuß, Fälligkeit, Verjährung

Der beigeordnete Rechtsanwalt ist zur Forderung eines Vorschusses aus der Staatskasse nach § 127 BRAGO berechtigt. 11

Der Gebührenanspruch wird gemäß § 16 BRAGO fällig mit der Erledigung des Auftrags, mit der Beendigung der Angelegenheit, im gerichtlichen Verfahren mit dem Erlaß einer Kostenentscheidung, der Beendigung des Rechtszuges, auch bei Verweisung an ein anderes Gericht, bei dem der Rechtsanwalt nicht zur Vertretung zugelassen ist, wenn das Verfahren länger als drei Monate ruht oder bei Aufhebung der Prozeßkostenhilfe. 12

13 Die Fälligkeit des Vergütungsanspruchs tritt für jede gebührenrechtlich selbständige Angelegenheit gesondert ein. Insbesondere die Fälligkeit nach mehr als dreimonatigem Ruhen des Verfahrens birgt die Gefahr, daß der mit dem Jahresende begonnene Lauf der Verjährung nicht erkannt wird. Als Beispiele seien genannt: Ergeht in einem Schadensersatzanspruch zunächst ein Zwischen-Urteil über den Grund des Anspruchs und wird hiergegen Berufung eingelegt, so wird der Gebührenanspruch der ersten Instanz drei Monate nach Erlaß des Zwischenurteils fällig, sofern nicht über den Anspruch zur Höhe zwischenzeitlich verhandelt wird. Ein sich über mehrere Jahre hinziehendes Berufungsverfahren kann zur Verjährung der Gebührenansprüche erster Instanz führen.

14 Wird in einer Ehesache die Entscheidung über den Versorgungsausgleich abgetrennt und im übrigen entschieden, so sind bis dahin angefallene Gebührenansprüche fällig geworden. Wird mit der Einforderung gegenüber der Staatskasse bis zum Abschluß der Entscheidung über den Versorgungsausgleich gewartet, kann zwischenzeitlich Verjährung eingetreten sein.

15 Ergeht eine einstweilige Anordnung in einer Ehesache, werden für den beigeordneten Rechtsanwalt Gebührenansprüche fällig. Kommt es später zu einem Abänderungsverfahren nach § 620 b ZPO, werden die Fälligkeit und die etwa in Lauf gesetzte Verjährung hierdurch nicht berührt. Wird mit der Abrechnung über die Gebühren im Verfahren nach § 620 ZPO bis zur rechtskräftigen Entscheidung der Hauptsache gewartet, kann Verjährung eingetreten sein.

16 Der Vergütungsanspruch des beigeordneten Rechtsanwalts gegen die Staatskasse unterliegt der Verjährung, beginnend mit dem Ende desjenigen Kalenderjahres, in dessen Verlauf der Vergütungsanspruch fällig geworden ist (§§ 196 Abs. 1 Nr. 15; 201 BGB; KG Rpfl 1988, 122; JurBüro 1985, 76; Frankfurt AnwBl. 1989, 177; München AnwBl. 1985, 596; Celle JurBüro 1983, 699; Gerold/Schmidt/v. Eicken/Madert BRAGO, 10. Aufl. § 121 Rn. 8).

16a Der Vergütungsanspruch erlischt hinsichtlich der weiteren Vergütung bei Nichtanmeldung gemäß § 128 Abs. 2 BRAGO; siehe § 128 BRAGO Rz 3.

VI. Abtretung, Pfändung des Vergütungsanspruchs

17 Der Vergütungsanspruch gegen die Staatskasse kann abgetreten und gepfändet werden. Dabei ist die Forderung hinreichend zu bestimmen, etwa durch Angabe des gerichtlichen Aktenzeichens. Die Benennung des beiordnenden Gerichts ist ungenügend.

Abtretung und Pfändung zukünftiger Vergütungsansprüche aus noch **18** nicht angeordneter Beiordnung ist unwirksam.

Abtretungs- und Pfändungsgläubiger können aus eigenem Recht die **19** Vergütung festsetzen lassen und Rechtsbehelfe einlegen (§ 128 BRAGO).

§ 122 BRAGO (Umfang der Beiordnung)

(1) Der Anspruch des Rechtsanwalts bestimmt sich nach den Beschlüssen, durch die die Prozeßkostenhilfe bewilligt und der Rechtsanwalt beigeordnet worden ist.
(2) Der Rechtsanwalt erhält Vergütung aus der Bundes- oder Landeskasse, wenn er für eine Berufung oder Revision beigeordnet ist, auch für die Rechtsverteidigung gegen eine Anschlußberufung oder eine Anschlußrevision und, wenn er für die Erwirkung eines Arrestes oder einer einstweiligen Verfügung beigeordnet ist, auch für die Vollziehung des Arrestes oder der einstweiligen Verfügung. Dies gilt nicht, wenn der Beiordnungsbeschluß ausdrücklich bestimmt, daß der Rechtsanwalt für die Rechtsverteidigung gegen die Anschlußberufung oder Anschlußrevision oder für die Vollziehung des Arrestes oder der einstweiligen Verfügung nicht beigeordnet ist.
(3) Die Beiordnung eines Rechtsanwalts in einer Ehesache erstreckt sich auf den Abschluß eines Vergleichs, der den gegenseitigen Unterhalt und den Unterhalt gegenüber den Kindern im Verhältnis der Ehegatten zueinander, die Sorge für die Person der gemeinschaftlichen minderjährigen Kinder, die Rechtsverhältnisse an der Ehewohnung und dem Hausrat und die Ansprüche aus dem ehelichen Güterrecht betrifft. In anderen Angelegenheiten, die mit dem Hauptprozeß nur zusammenhängen, erhält der für den Hauptprozeß beigeordnete Rechtsanwalt Vergütung aus der Bundes- oder Landeskasse nur dann, wenn er audrücklich hierfür beigeordnet ist. Dies gilt insbesondere für
1. Die Zwangsvollstreckung (den Verwaltungszwang),
2. das Verfahren über den Arrest, die einstweilige Verfügung und die einstweilige Anordnung;
3. das Beweissicherungsverfahren,
4. das Verfahren über die Widerklage, ausgenommen die Rechtsverteidigung gegen die Widerklage in Ehesachen.

Literatur

Hansens	Die Vergütung des beigeordneten Rechtsanwalts bei Teil-Prozeßkostenhilfe, JurBüro 1988, 145
Mümmler	Prozeßkostenhilfe und außergerichtlicher Vergleich JurBüro 1988, 30
ders.	Abschluß eines Vergleichs im PkH-Prüfungsverfahren oder im Rechtsstreit JurBüro 1988, 1300

Prozeßkostenhilfe § 122 BRAGO

Inhaltsübersicht

	Rz
I. Allgemeines	1
II. Erläuterungen	
1. Voraussetzungen des Vergütungsanspruchs gegen die Staatskasse	2–4
2. Der Vergütungsanspruch im einzelnen	5–17

I. Allgemeines

Die Vorschrift ergänzt § 121 ZPO, indem sie den Umfang der Beiord- 1
nung und damit zugleich die Befreiung der hilfsbedürftigen Partei von
der Inanspruchnahme des beigeordneten Anwalts wegen seiner
Gebühren festlegt. Während § 624 Abs. 2 ZPO eine Erstreckung der
Prozeßkostenhilfebewilligung in Scheidungssachen auf die obligatorischen Scheidungsfolgesachen anordnet, befaßt sich § 122 BRAGO lediglich mit einer Erstreckung des Umfangs der Beiordnung des Rechtsanwalts. Soweit sie negative Abgrenzungen enthält, bestimmen diese
mittelbar auch die Abgrenzung des Umfangs der Prozeßkostenhilfebewilligung.

Zum Anwendungsbereich und Umfang der Beiordnung in sachlicher, 2
zeitlicher und persönlicher Hinsicht, zum Beiordnungsantrag, Beiordnungsverfahren und diesbezüglichen Rechtsbehelfen s. die Erläuterungen zu § 121 ZPO.

II. Erläuterungen

1. Voraussetzungen des Vergütungsanspruchs gegen die Staatskasse

Voraussetzungen eines Vergütungsanspruchs des Rechtsanwalts (Paten- 3
tanwalts, Steuerberaters) gegen die Bundes- oder Landeskasse sind
a) Zulassung als Rechtsanwalt (Patentanwalt, Steuerberater). Der nach
dem Recht der europäischen Gemeinschaften im Inland in Verfahren vor
den Gerichten tätig werdende Rechtsanwalt aus einem der Mitgliedstaaten der europäischen Gemeinschaft ist beiordnungsfähig (s. § 121
ZPO Rz 2);
b) ein Beiordnungsbeschluß nach §§ 121 ZPO, 11a ArbGG;
c) Zustandekommen eines Anwaltsvertrages (s. hierzu § 121 ZPO
Rz 38);
d) Gebührenauslösende Tätigkeit des beigeordneten Rechtsanwalts, seines allgemeinen Vertreters oder eines ihm zur Ausbildung zugewiesenen

185

Referendars (§ 4 BRAGO). Eine Vertretung des beigeordneten Rechtsanwalts durch andere Personen, mögen sie auch hinreichend qualifiziert sein, löst Gebührenansprüche zugunsten des beigeordneten Rechtsanwalts nach dem Gesetz nicht aus. Indessen ist diese Frage sehr umstritten. Die Auffassungen bewegen sich zwischen der Verweigerung jeglicher Ansprüche für einen nicht unter § 4 BRAGO fallenden Vertreter bis zur Anerkennung der vollen Gebühren. Siehe hierzu im einzelnen Gerold/Schmidt/von-Eicken/Madert BRAGO 10. Auflage § 4 Rz 10. Im übrigen wird die Auffassung vertreten, es könne der beigeordnete Rechtsanwalt mit der Partei eine nicht der Schriftform des § 3 Abs. 1 BRAGO unterliegende Vereinbarung dahin treffen, daß er befugt ist, sich in Ausübung des Mandats auch durch andere als die in § 4 BRAGO bezeichneten Personen vertreten zu lassen (Gerold/Schmidt/von-Eicken/Madert BRAGO § 4 Rz 11). Aus der stillschweigenden Zustimmung hinsichtlich der Tätigkeit eines solchen Vertreters wird aber nicht auf den Willen zu schließen sein, für dessen Tätigkeit Gebühren zahlen zu wollen, die nach dem Gesetz nur durch die persönliche Tätigkeit des Rechtsanwalts oder der in § 4 BRAGO genannten Vertreter anfallen.

4 Hinsichtlich der Grenzen des Vergütungsanspruchs, Vorschuß, Fälligkeit und Verjährung sowie Abtretung und Pfändung des Vergütungsanspruchs s. die Erläuterungen zu § 121 BRAGO. Einen Verwirkungstatbestand regelt § 125 BRAGO.

2. Der Vergütungsanspruch im einzelnen

5 a) Für die Bemessung des *Gegenstandswertes* der anwaltlichen Tätigkeit bestehen zwischen Prozeßkostenhilfeverfahren und Hauptsacheverfahren keine Unterschiede. Nach § 51 Abs. 2 BRAGO bestimmt sich im Verfahren über die Bewilligung der Prozeßkostenhilfe der Gegenstandswert nach dem für die Hauptsache geltenden Wert. Der Wert der Hauptsache ist auch dort maßgebend, wo die Bewilligung nur mit der Maßgabe der Verpflichtung zu Ratenzahlungen oder des Vermögenseinsatzes geschieht (Nürnberg JurBüro 1962, 345). Wird im Prozeßkostenhilfeverfahren Beschwerde eingelegt, gilt auch hier der Wert der Hauptsache, wenn die Beschwerde sich gegen die Versagung der Prozeßkostenhilfe richtet (BFH JurBüro 1987, 691; Schleswig SchlHA 1980, 48; Karlsruhe JurBüro 1980, 1853). Indessen gilt § 51 Abs. 2 BRAGO für die Gerichtskosten des Beschwerdeverfahrens nicht. Der Beschwerdewert orientiert sich insoweit am Kosteninteresse des Beschwerdeführers (Nürnberg JurBüro 1989, 87; Schleswig SchlHA 1980, 48).

6 Im Verfahren über die Aufhebung der Prozeßkostenhilfe ist Gegenstandswert der Gerichts- wie der Rechtsanwalts-Gebühren der Betrag der von der Partei zu zahlenden Kosten. Für das Beschwerdeverfahren über die Anordnung von Zahlungen (§ 120 ZPO) gilt Gleiches (Gerold/Schmidt/

von-Eicken/Madert BRAGO § 51 Rz 10, insoweit aber widersprüchlich für das Aufhebungsverfahren).
Wird in Patent-, Wettbewerbs-, Gebrauchsmuster- und Warenzeichen- **6a** sachen ein herabgesetzter Teilstreitwert festgesetzt, so behält der beigeordnete Rechtsanwalt gleichwohl seinen Gebührenanspruch aus § 123 BRAGO nach dem vollen Streitwert (BGH AnwBl 1953, 332).
Eine Erhöhung des Streitwerts über DM 50 000,- hinaus berührt den **6b** Gebührenanspruch des beigeordneten Rechtsanwalts gegen die Staatskasse infolge Ausschöpfung des Höchstwertes der Tabelle zu § 123 BRAGO nicht.
b) Der Rechtsanwalt, welcher die Partei ausschließlich im Prozeßko- **7** stenhilfeverfahren vertritt, weil er zum Beispiel beim Gericht der Hauptsache zur Vertretung nicht zugelassen ist und daher nicht beigeordnet werden kann, oder weil mit der Beendigung des Prozeßkostenhilfeverfahrens, etwa wegen Versagung von Prozeßkostenhilfe seine Tätigkeit endet, erhält die Gebühren der §§ 51 Abs. 1, 31 BRAGO, d. h. eine 5/10 Verfahrensgebühr. Kommt es im Prozeßkostenhilfeverfahren zu einer mündlichen Erörterung vor dem Gericht, und ausnahmsweise auch zu einer Vernehmung von Zeugen und Sachverständigen, entstehen Erörterungs- und Beweisgebühr gemäß §§ 51 Abs. 1, 31 Abs. 1 Nr. 4 und 3 BRAGO mit wiederum je 5/10 der vollen Gebühr. Kommt es zum Abschluß eines Vergleiches im Prozeßkostenhilfeverfahren, entsteht die 10/10 Gebühr aus § 23 BRAGO. Im Beschwerdeverfahren erwächst dem Rechtsanwalt eine 5/10 Gebühr aus § 61 Abs. 1 BRAGO.
Kommt es innerhalb ein und desselben Rechtszuges zu mehreren Verfah- **8** ren über Prozeßkostenhilfe, etwa wegen Aufhebung oder Änderung, von Zahlungsanordnungen, so erhält der Rechtsanwalt die Gebühren des § 51 BRAGO gleichwohl nur einmal (§ 51 Abs. 1 S. 2 BRAGO). Im übrigen gelten die gebührenermäßigend Bestimmungen der §§ 32 und 33 Abs. 1 und 2 BRAGO für die Gebühren im Prozeßkostenhilfeverfahren gemäß ausdrücklicher Bestimmung in § 51 Abs. 1 S. 3 BRAGO nicht.
Wird der Rechtsanwalt anläßlich des Abschlusses eines Vergleichs im **9** Prozeßkostenhilfeverfahrens beigeordnet (vgl. §§ 114–115 ZPO Rz 19, 151), so geschieht dies in der Regel rückwirkend ab Antragstellung; sein Vergütungsanspruch aus §§ 52, 31 Abs. 1, 23 BRAGO gegen die Staatskasse unterliegt in diesem Fall der Ermäßigung im Bereich der Streitwerte über DM 5000,- nach Maßgabe der Tabelle zu § 123 BRAGO.
Wird Prozeßkostenhilfe nicht bewilligt oder die Beiordnung abgelehnt, bleibt es hinsichtlich des Vergütungsanspruchs gegen die Partei bei der Anwendung der Gebührentabelle zu § 11 BRAGO (volle Wahlanwaltsgebühren).
Zur Erstattung der Vergleichsgebühr aus der Staatskasse auch bei außer- **10** gerichtlichem Vergleich siehe § 121 ZPO Rz 49.
c) Schließt sich an ein Prozeßkostenhilfeverfahren das Verfahren der **11**

§ 122 BRAGO   Prozeßkostenhilfe

Hauptsache mit identischem Streitgegenstand an, so muß der Rechtsanwalt sich die Gebühren des § 51 auf die gleichartigen, im Hauptsacheverfahren verdienten Gebühren des § 31 Abs. 1 BRAGO anrechnen lassen (Frankfurt JurBüro 1961, 78; Nürnberg Rpfl 1963, 138; Gerold/Schmidt/von-Eicken/Madert BRAGO § 51 Rz 15).

12 Gleiches gilt für den Verkehrsanwalt (§ 52 BRAGO), den Verhandlungsanwalt (§ 53 BRAGO) sowie den Beweisanwalt (§ 54 BRAGO).

13 d) Wird das Prozeßkostenhilfeverfahren zusammen mit der zur Hauptsache unbedingt erhobenen Klage betrieben, erhält der Rechtsanwalt für seine Tätigkeit im Prozeßkostenhilfeverfahren gesonderte Gebühren nicht, da nach § 37 Nr. 3 BRAGO die Bewilligung und die Aufhebung der Prozeßkostenhilfe zum Rechtszug gehören, soweit es sich um denselben Streitgegenstand und dieselbe Instanz handelt (München Rpfl 1961, 419). Die Fertigung eines Prozeßkostenhilfegesuchs für die höhere Instanz fällt somit nicht unter § 37 Nr. 3 BRAGO, sofern nicht im höheren Rechtszug Rechtsmittel und Prozeßkostenhilfeantrag wiederum miteinander verbunden werden.

14 In den oben zu c) und d) genannten Fällen erstreckt sich die Vergütungspflicht der Staatskasse auf die im Hauptsacheverfahren anfallenden Gebühren der §§ 31 ff., 23 BRAGO, sofern nicht ausnahmsweise ein »Überhang« von (nur) im Prozeßkostenhilfeverfahren entstandenen Gebühren, für die eine Anrechnung auf die Gebühren im Verfahren der Hauptsache nicht stattfindet, vorliegt. In diesem Fall ist von der Staatskasse die im Prozeßkostenhilfeverfahren entstandene, nach § 51 Abs. 1 BRAGO ermäßigte Gebühr, zum Beispiel eine Beweisgebühr, zu erstatten, wenn im Verfahren der Hauptsache eine weitere Beweisaufnahme nicht stattfindet.

15 Zur Verrechnung von Zahlungen der Partei oder Dritter vor und nach Bewilligung von Prozeßkostenhilfe siehe § 129 BRAGO Rz 12 ff.

16 Ist der Partei Prozeßkostenhilfe nur unter *Beschränkung* auf einen Teil des angekündigten Klageantrages oder teilweiser Rechtsverteidigung bewilligt worden, führt die Partei den Rechtsstreit jedoch im vollen Umfang, beschränkt sich der Vergütungsanspruch des beigeordneten Rechtsanwalts gegen die Staatskasse auf den Umfang der Beiordnung; darüber hinaus haftet ihm die Partei in Höhe der Regelgebühren nach § 11 BRAGO. Beispiel: Wird der Partei für eine beabsichtigte Klage über DM 20 000,– Prozeßkostenhilfe nur wegen DM 10 000,– bewilligt, erhält der Rechtsanwalt Gebühren aus der Staatskasse nur nach dem Wert der Bewilligung. Für den weitergehenden Antrag errechnet sich die Vergütung des Rechtsanwalts gegen die Partei nach der Differenz zwischen der Regelvergütung für den gesamten Auftrag und der Regelvergütung für den Teilwert, für den die Beiordnung ausgesprochen ist (KG AnwBl 1989, 174). Der Rechtsanwalt kann von seinem Auftraggeber eine volle Gebühr fordern nach folgender Berechnung:

Prozeßkostenhilfe § 122 BRAGO

Regelgebühr Wert DM 20 000,–	DM 849,–
abzüglich Regelgebühr DM 10 000,–	DM 539,–
Differenz	DM 310,–

(So auch Riedel/Sußbauer Anm. 31 zu § 13 BRAGO; BGHZ 13, 373). Köln JurBüro 1981, 1011, errechnet die vom Auftraggeber geschuldete Differenz zwischen der Wahlanwaltsvergütung nach dem Gesamtwert und der Prozeßkostenhilfe-Anwaltsvergütung nach dem Wert der Beiordnung. München, JurBüro 1969, 514, und JurBüro 1981, 700, berechnet die von der Partei dem Anwalt geschuldete Vergütung nach dem Wert dessen, wofür Prozeßkostenhilfe nicht bewilligt ist (im Beispiel also nach einem Wert von DM 10 000,–, eine volle Gebühr DM 539,–. S. hierzu kritisch von Eicken bei Gerold/Schmidt BRAGO, § 122 Rz 8). Sämtliche Berechnungsmethoden begrenzen den Gebührenanspruch des Rechtsanwalts auf die Regelgebühr aus dem Gesamtwert (München, JurBüro 1981, 700).

Siehe hierzu auch Kalthoener/Büttner Rz 699 ff. welcher bei Streitwerten **17** bis DM 5000,– für die Anwendung der BGH-Teilstreitwertmethode (s. auch Hansens JurBüro 1988, 145) eintritt, d. h. für die Verpflichtung der Staatskasse nach Maßgabe der von der Prozeßkostenhilfe umfaßten Quote aus dem Gesamtstreitwert.

§ 123 (Gebühren des Rechtsanwalts)

Aus der Staatskasse (§ 121) werden bei einem Gegenstandswert von mehr als DM 5 000,– anstelle der vollen Gebühr (§ 11 Abs. 1 Satz 1 und 2 BRAGO) folgende Gebühren vergütet:

Gegenstandswert bis (Deutsche Mark)	Gebühren (Deutsche Mark)	Gegenstandswert bis (Deutsche Mark)	Gebühren (Deutsche Mark)
5 500	295	15 000	440
6 000	310	16 000	450
6 500	320	17 000	460
7 000	330	18 000	470
7 500	340	19 000	480
8 000	350	20 000	490
8 500	360	25 000	500
9 000	370	30 000	510
9 500	380	35 000	520
10 000	390	40 000	530
11 000	400	45 000	540
12 000	410	50 000	550
13 000	420	mehr als	
14 000	430	50 000	560

Erläuterungen

1 Nach § 121 BRAGO erhält der beigeordnete Rechtsanwalt die gesetzlichen Gebühren aus der Bundes- oder Landeskasse, soweit nicht im 13. Abschnitt der BRAGO etwas anderes bestimmt ist. § 123 BRAGO trifft abweichende Bestimmungen für die dem Rechtsanwalt zustehenden Gebühren oberhalb eines Gegenstandswertes von DM 5 000,–.

2 Bei Streitwerten bis zu DM 5 000,– erhält der beigeordnete Rechtsanwalt aus der Staatskasse die Regelgebühren der Tabelle zu § 11 Abs. 1 BRAGO. Bei Gegenstandswerten zwischen DM 5 000,– und DM 50 000,– erhält der Rechtsanwalt aus der Staatskasse die niedrigeren Gebühren der Tabelle zu § 123 BRAGO.

3 Bei Gegenstandswerten von mehr als DM 50 000,– erhält er eine Festgebühr in Höhe von DM 560,–.

4 Erhält der Rechtsanwalt Gebühren aus einem Satzrahmen, zum Beispiel in FGG-Sachen aus § 118 BRAGO mit $5/10$ bis $10/10$ der vollen Gebühr, so ändern sich die im Einzelfall angemessenen Sätze nicht, doch ist die Gebühr aus der Tabelle des § 123 BRAGO zu entnehmen.

Im Berufungs- und Revisionsverfahren erhöhen sich die Gebühren 5
gemäß § 11 Abs. 1 Satz 4 und 5 BRAGO. Die ¹³/₁₀ Gebühr beträgt bei
Werten über DM 50 000,– somit DM 728,– (Bremen Rpfl 1973, 225).
Vertritt der beigeordnete Rechtsanwalt in derselben Angelegenheit meh- 6
rere Auftraggeber, findet eine Erhöhung der Gebühren des § 123
BRAGO um ³/₁₀ je weiteren Auftraggeber gemäß § 6 Abs. 1 Satz 2
BRAGO statt (Hamm AnwBl 1980, 75). Diese Erhöhung kommt nach
Auffassung des BGH in NJW 1981, 2757 auch dem beigeordneten
Rechtsanwalt zugute, welcher mehrere Auftraggeber wegen unterschiedlicher Gegenstände vertritt, wenn und soweit die Streitwertaddition gemäß § 7 Abs. 2 BRAGO wegen der Höchstgebühr des § 123
BRAGO zu keiner Gebührenerhöhung führt.

Der Rechtsanwalt, welcher dem Privat-, dem Nebenkläger oder dem 7
Antragsteller im Klageerzwingungsverfahren im Wege der Prozeßkostenhilfe beigeordnet worden ist, sowie der Prozeßbevollmächtigte im
Sozialgerichtsverfahren erhalten gemäß § 102, 97 ff., 83 ff. sowie § 116
Abs. 1 BRAGO Satzrahmengebühren, die von § 123 BRAGO nicht
berührt werden. Dies ist lediglich hinsichtlich der Gebühr nach § 23
BRAGO der Fall, die beim Abschluß eines Vergleichs über außerstrafrechtliche Ansprüche nach § 94 Abs. 3 Satz 2 BRAGO anfällt.

§ 124 BRAGO (weitere Vergütung)

(1) Gebühren bis zur Höhe der Regelgebühren erhält der Rechtsanwalt, soweit die von der Bundes- oder der Landeskasse eingezogenen Beträge den Betrag übersteigen, der zur Deckung der in § 122 Abs. 1 Nr. 1 der Zivilprozeßordnung bezeichneten Kosten und Ansprüche erforderlich ist. Die weitere Vergütung wird aus der Staatskasse gewährt, an die die Zahlungen nach § 120 Abs. 2 ZPO zu leisten waren.

(2) Der beigeordnete Rechtsanwalt soll eine Berechnung seiner Vergütung unverzüglich zu den Prozeßakten mitteilen.

(3) Die weitere Vergütung wird erst festgesetzt, wenn das Verfahren durch rechtskräftige Entscheidung oder in sonstiger Weise beendet ist und die von der Partei zu zahlenden Beträge beglichen sind oder eine Zwangsvollstreckung in das bewegliche Vermögen der Partei erfolglos geblieben ist oder aussichtslos erscheint.

(4) Waren mehrere Rechtsanwälte beigeordnet, so bemessen sich die auf die einzelnen Rechtsanwälte entfallenden Beträge nach dem Verhältnis der jeweiligen Unterschiedsbeträge zwischen den Gebühren nach § 123 und den Regelgebühren; dabei sind Zahlungen, die nach § 129 auf den Unterschiedsbetrag anzurechnen sind, von diesem abzuziehen.

Inhaltsübersicht

	Rz
I. Differenzgebühren	1–2
II. Mitteilung an die Gerichtskasse	3
III. Anrechnung von Vorschüssen	4
IV. Mehrere Rechtsanwälte	5
V. Vertretung mehrerer Parteien	6
VI. Weitere Befugnisse des Vergütungseinzugs	7–9

Erläuterungen

1 § 114 ZPO gewährt hilfsbedürftigen Parteien in Abhängigkeit von ihrer wirtschaftlichen Lage entweder Befreiung von jeglicher Kostenbelastung für die eigene Prozeßführung durch Gewährung von Prozeßkostenhilfe ohne Zahlungen aus dem Vermögen oder dem Einkommen oder durch Gewährung von Teilzahlungen nach Maßgabe vorhandenen Vermögens und Einkommens mit Begrenzung der Ratenzahlung auf 48 Monatsraten. Bei der Festsetzung von Anzahl und Höhe der Raten hat das Gericht hinsichtlich der Vergütung des beigeordneten Rechtsanwalts von den Regelgebühren der Tabelle zu § 11 BRAGO auszugehen, denn diese sind es, die neben den Gerichtsgebühren und Auslagen sowie den Kosten

Prozeßkostenhilfe § 124 BRAGO

einer Beweisaufnahme den Gesamtaufwand der Prozeßführung bestimmen. Die Gerichtskasse hat daher von der Partei die ihr gewährten Raten solange einzuziehen, bis neben den Gerichtskosten und Auslagen sowie den dem beigeordneten Rechtsanwalt aus der Staatskasse nach § 123 BRAGO zu ersetzenden Gebühren die Anwaltsvergütung bis zur Höhe der Regelgebühren gedeckt sind (Frankfurt/M. JurBüro 1985, 1721; Köln JurBüro 1987, 867; Stuttgart JurBüro 1985, 1724; Hamm JurBüro 1985, 892; Schleswig JurBüro 1984, 1852; a. M.: LAG Hamm Rpfl 1987, 174; LAG Frankfurt/M MDR 1986, 1054 mit abl. Anm. von Eicken und zustimmender Anm. E. Schneider; s. hierzu auch § 120 ZPO Rz 3). Die Anordnung einer Einstellung von Zahlungen nach § 120 Abs. 3 Nr. 1 ZPO setzt somit die Deckung auch der Differenz zwischen Regelgebühren und Gebühren gemäß § 123 BRAGO voraus. Sind die Zahlungen vorzeitig eingestellt worden, ist die Anordnung ihrer Wiederaufnahme geboten, wenn die Regelvergütung des beigeordneten Rechtsanwalts nicht gedeckt ist (Stuttgart Rpfl 1985, 164; München JurBüro 1984, 892).

Solange nicht die Prozeßkostenhilfe nach § 124 ZPO aufgehoben ist, **2** steht dem beigeordneten Rechtsanwalt auch in Höhe der Differenzgebühren ein unmittelbarer Anspruch gegen die Partei im Hinblick auf die Sperre des § 122 Abs. 1 Nr. 3 ZPO nicht zu (Hamburg, MDR 1985, 416; Bamberg JurBüro 1984, 292; Saarbrücken JurBüro 1986, 1876); er bleibt auf die Inanspruchnahme der Staatskasse im Umfange der von ihr seitens der Partei eingezogenen Beträge angewiesen. Vermag die Staatskasse bis zur vollen Deckung der Differenzgebühren Zahlungen nicht beizutreiben oder ist die Beitreibung aussichtslos, bleibt der beigeordnete Rechtsanwalt auf einen Anspruch in Höhe der von der Staatskasse tatsächlich eingezogenen Beträge beschränkt; nur insoweit findet eine Festsetzung seiner weiteren Vergütung statt, vorausgesetzt, daß das Verfahren durch rechtskräftige Entscheidung oder in sonstiger Weise beendet ist und die von der Partei zu zahlenden Beträge beglichen sind oder eine Zwangsvollstreckung der Gerichtskasse in das bewegliche Vermögen der Partei erfolglos geblieben ist oder aussichtslos erscheint (§ 124 Abs. 3 BRAGO). Im Scheidungsverbund ist das Verfahren erst nach Erledigung der abgetrennten Folgesache beendet (Bamberg JurBüro 1986, 236; Düsseldorf JurBüro 1983, 79).

Um dem Gericht eine Berechnung der weiteren Vergütung zu ermögli- **3** chen, hat der Rechtsanwalt diese unverzüglich zu den Prozeßakten mitzuteilen. Vor der Festsetzung der weiteren Vergütung kann der Urkundsbeamte ihn hierzu auffordern. Kommt der Rechtsanwalt der Aufforderung nicht nach, erlöschen seine Ansprüche (§ 128 Abs. 2 BRAGO).

Bei Berechnung und Festsetzung der weiteren Vergütung sind nach **4** § 129 BRAGO anrechenbare Vorschüsse des Auftraggebers und Zahlungen Dritter anzurechnen.

§ 124 BRAGO   Prozeßkostenhilfe

5 Im Falle der Beiordnung mehrerer Rechtsanwälte, sei es gleichzeitig oder nacheinander in derselben Instanz oder in verschiedenen Instanzen, ist die weitere Vergütung diesen im Verhältnis der ihnen erwachsenen Unterschiedsbeträge zwischen Regelvergütung und Vergütung nach § 123 BRAGO nach Abzug von gemäß § 129 BRAGO anzurechnenden Zahlungen zuzuweisen (§ 124 Abs. 4 BRAGO).

6 Vertritt der beigeordnete Rechtsanwalt mehrere Parteien, von denen nur eine Zahlungen auf die Kosten zu leisten hatte, richtet sich die Höhe der weiteren Vergütung nach dem Regelgebührenanspruch jenes Auftraggebers; dabei richtet sich dessen Gebührenschuld nach dem Verhältnis des Teilstreitwerts seiner Beteiligung am Rechtstreit zum Gesamtstreitwert (Saarbrücken JurBüro 1988, 367).

7 Unabhängig von der Geltendmachung der weiteren Vergütung nach § 124 BRAGO gegen die Staatskasse bleibt der beigeordnete Rechtsanwalt berechtigt, diese gemäß § 126 ZPO von dem in die Kosten verurteilten Gegner im eigenen Namen beizutreiben.

8 Dem Rechtsanwalt steht es frei, ob er wegen seiner weiteren Vergütung entweder die Staatskasse oder über § 126 ZPO den Gegner in Anspruch nehmen will. Nach Auffassung von Celle, JurBüro 1984, 1248, ist der Rechtsanwalt gehalten, zunächst weitere Gebührenschuldner in Anspruch zu nehmen, zum Beispiel auch den von ihm mitvertretenen und für die Gebühren mithaftenden Streitgenossen, dem Prozeßkostenhilfe nicht bewilligt worden war. Dem ist unter dem Gesichtspunkt der Subsidiarität staatlicher Sozialleistungen, zu denen die Prozeßkostenhilfe gehört, zuzustimmen.

9 Hat die Partei dem Rechtsanwalt eine die gesetzlichen Gebühren überschreitende Vergütung für eine Mehrzahl von Angelegenheiten gezahlt, darunter auch für solche, für die der Partei ganz oder teilweise Prozeßkostenhilfe bewilligt worden ist, so ist die vereinbarte Gebühr auf die verschiedenen Angelegenheiten aufzuteilen im Verhältnis der im Einzelfall entstandenen gesetzlichen Gebühren. Auf dieser Grundlage ist alsdann die Frage der Anrechnung für die in Prozeßkostenhilfe bearbeitete Angelegenheit zu prüfen. Dies gilt auch für die Mitteilungspflicht gegenüber der Gerichtskasse.

§ 125 BRAGO (Verschulden eines beigeordneten Rechtsanwalts)

Hat der beigeordnete Rechtsanwalt durch schuldhaftes Verhalten die Beiordnung eines anderen Rechtsanwalts veranlaßt, so kann er Gebühren, die auch für den anderen Rechtsanwalt entstehen, nicht fordern.

Inhaltsübersicht

	Rz
I. Allgemeines	1–6
II. Anwaltswechsel	7–9
III. Verschulden	10–16
IV. Umfang des Gebührenverlustes	17–18

I. Allgemeines

Die Vorschrift will die Staatskasse vor unzumutbaren Gebührenbelastungen bewahren, soweit durch mißbilligenswertes Verhalten des beigeordneten Rechtsanwalts ein Anwaltswechsel erforderlich wird und dem anderen Rechtsanwalt im Rahmen seiner Beiordnung nochmals Gebührenansprüche gegen die Staatskasse erwachsen, die schon zugunsten des zunächst beigeordneten Rechtsanwalts entstanden waren und also mehrfach von der Staatskasse zu tragen sind. **1**

§ 125 BRAGO findet keine Anwendung, wenn kein Anwaltswechsel stattgefunden hat. **2**

Wenn der beigeordnete Rechtsanwalt im Rahmen der Beiordnung unzulässige oder völlig überflüssige, gebührenauslösende Maßnahmen trifft, können ihm insoweit Gebührenansprüche gegen die Staatskasse versagt werden. **3**

Entstehen Gebührenansprüche des beigeordneten Rechtsanwalts infolge eines Fehlers des Gerichts, obgleich bei Anwendung größerer Sorgfalt seitens des Rechtsanwalts diese hätten vermieden werden können, so rechtfertigt dies nicht die Versagung der Gebührenansprüche. Beispiel: Das unzuständige Gericht bewilligt Prozeßkostenhilfe gegen einen Beklagten, von dem die Partei vortragen läßt, sein gegenwärtiger Wohnsitz sei unbekannt, während eine Nachfrage beim Meldeamt den richtigen Wohnsitz und damit die Zuständigkeit eines anderen Gerichts ergeben hätte (a. M.: Hamm JurBüro 1967, 137). **4**

Wird vom beigeordneten Rechtsanwalt die Bewilligung von Prozeßkostenhilfe sowie die Beiordnung mit unrichtigen Angaben erschlichen, führt dies zur rückwirkenden Aufhebung der Prozeßkostenhilfe gemäß **5**

§ 125 BRAGO   Prozeßkostenhilfe

§ 124 Nr. 1 ZPO. Für diesen Fall bleibt dem beigeordneten Rechtsanwalt der Vergütungsanspruch gegen die Staatskasse nicht erhalten, anders jedoch, wenn der Vorwurf der Täuschung des Gerichts durch falsche Sachdarstellung sich allein gegen die Partei richtet.

6 Wenn der beigeordnete Rechtsanwalt durch fehlerhafte Sachbehandlung sich gegenüber der Partei schadensersatzpflichtig gemacht hat, stehen der Staatskasse Einreden gegen den Vergütungsanspruch aus dem Recht der Partei nicht zu. Gleiches gilt, wenn die Partei den Einwand unentgeltlicher Übernahme des Auftrages durch den Rechtsanwalt erhebt.

II. Anwaltswechsel

7 Für den Anwaltswechsel können Gründe aus der Person des beigeordneten Rechtsanwalts oder aus der Person der Partei ursächlich sein.
8 1. Aus der Person des Anwalts kommen in Betracht dessen Tod, Aufgabe der Zulassung, Rücknahme der Zulassung durch die Justizbehörde (§§ 14, 15 BRAO), Ausschließung aus der Rechtsanwaltschaft oder Verhängung eines Tätigkeitsverbotes auf bestimmten Rechtsgebieten (§ 114 Abs. 1 Ziff. 4 und 5 BRAO), Niederlegung des Mandats.
9 2. Seitens der Partei kann ein Anwaltswechsel durch Kündigung des Auftrags, also dessen Entziehung, veranlaßt werden.

III. Verschulden

10 Nur der vom Rechtsanwalt verschuldete Anwaltswechsel und die damit verbundene Beiordnung eines anderen Rechtsanwalts können zum Gebührenverlust führen in nachstehenden Fällen:
11 a) Rücknahme der Zulassung nach §§ 14 Abs. 1 Nr. 1–3, 7; 15 BRAO, d. h. wegen im Zeitpunkt der Zulassung nicht bekannt gewesener Zulassungsversagungsgründe, Verwirkung eines Grundrechts nach der Entscheidung des Bundesverfassungsgerichts, Verlust der Fähigkeit zur Bekleidung öffentlicher Ämter infolge strafgerichtlicher Verurteilung, Verlust der Zulassung wegen Verweigerung der anwaltlichen Eidesleistung, Nichterfüllung der Residenz- oder Domizilpflicht, gerichtliche Vermögensverfügungsbeschränkungen, Vermögensverfall des Rechtsanwalts, Ausübung einer mit dem Beruf des Rechtsanwalts oder mit dem Ansehen der Rechtsanwaltschaft nicht zu vereinbarenden Tätigkeit.
12 b) Ausschließung aus der Rechtsanwaltschaft und Verhängung eines Tätigkeitsverbotes auf dem Rechtsgebiet der Beiordnung (§§ 114 Abs. 1 Nr. 4 und 5 BRAO).
13 c) Bestehen eines Hindernisses im Sinne von § 45 BRAO an der Über-

nahme der Vertretung der Partei, z. B. frühere Beratung und Vertretung des Gegners in einer Ehesache, was vom Rechtsanwalt bei pflichtgemäßer Prüfung anläßlich der Übernahme der Vertretung hätte erkannt werden können.

d) Schwerwiegende Verstöße gegen die Pflichten aus dem Mandatsverhältnis, welche das Vertrauensverhältnis zur Partei gestört und zu deren Kündigung aus wichtigem Grund geführt haben. Hierzu zählt auch die grundlose Kündigung des Auftrags durch den Rechtsanwalt. **14**

e) Die freiwillige Aufgabe der Zulassung während bestehender Beiordnung kann im Einzelfall schuldhaft veranlaßt sein, und zwar wenn sie geschieht, um einer ehrengerichtlichen Maßnahme oder einer bevorstehenden Anordnung der Justizbehörde zu entgehen. Wird die Zulassung wegen Alters, anhaltender Krankheit oder aus wirtschaftlichen Gründen aufgegeben, kann dies dem Rechtsanwalt nicht zum Vorwurf gemacht werden, da er nicht verpflichtet ist, angesichts derartiger Umstände an der Zulassung bis zur Beendigung der Angelegenheit, in der er beigeordnet ist, festzuhalten, zumal wenn diese Umstände die ordnungsgemäße Wahrnehmung der Interessen der Partei zu beeinträchtigen vermögen. Es kann daher der Auffassung von Nürnberg, JurBüro 1959, 72, nicht zugestimmt werden, wonach die Aufgabe der Zulassung aus wirtschaftlichen Gründen schuldhaft sei. Wird die Zulassung wegen Übernahme in den Staatsdienst aufgegeben, ist dies nicht schuldhaft, wenn der Zeitpunkt der Übernahme bei der Beiordnung noch unbestimmt war (BGH NJW 1957, 1152; Frankfurt/M. JurBüro 1984, 764; Bamberg JurBüro 1984, 1562). Besteht anläßlich der Beiordnung jedoch die Absicht des Rechtsanwalts, die Zulassung aufzugeben, ohne daß hierfür billigenswerte Gründe gegeben sind und kommt es daher während bestehender Beiordnung zum Anwaltswechsel, gereicht das Verschweigen dieser Absicht dem Rechtsanwalt zum Verschulden. **15**

Anwaltswechsel infolge Selbstmord des Rechtsanwalts kann im Einzelfall schuldhaft sein. **16**

IV. Umfang des Gebührenverlustes

Der beigeordnete Rechtsanwalt verliert Gebührenansprüche gegen die Staatskasse nur insoweit, als der andere Rechtsanwalt nach seiner Beiordnung denselben Gebührentatbestand nochmals verwirklicht und insoweit Vergütung aus der Staatskasse fordern kann. Hat der Rechtsanwalt für die Erwirkung eines Versäumnisurteils, über das nach Einlegung des Einspruchs streitig verhandelt wird, die $5/10$ Sonder-Verhandlungsgebühr des § 38 Abs. 2 BRAGO verdient, so kann diese Gebühr von dem anderen Rechtsanwalt nicht nochmals verdient werden. Sie **17** bleibt ihm erhalten. War bereits eine Beweisaufnahme durchgeführt worden, in der der andere Rechtsanwalt nicht mehr tätig wird, so behält der Rechtsanwalt die Beweisgebühr. Nicht selten wird sich erst mit der Beendigung der Instanz feststellen lassen, welche Gebühren der andere Rechtsanwalt nochmals verdient hat. Es kann daher die Festsetzung der Gebühren des zunächst beigeordneten Rechtsanwalts gegen die Staatskasse bis zur Beendigung der Instanz zurückgestellt werden (Frankfurt/ M. JurBüro 1975, 1613).

18 In entsprechender Anwendung von § 125 BRAGO kann der Rechtsanwalt auch des Anspruchs auf Erstattung seiner Auslagen aus der Staatskasse verlustig gehen (Hamburg Rpfl 1977, 420).

§ 126 BRAGO (Auslagen)

(1) Auslagen, insbesondere Reisekosten, werden nicht vergütet, wenn sie zur sachgemäßen Wahrnehmung der Interessen der Partei nicht erforderlich waren. Nicht zu vergüten sind die Mehrkosten, die dadurch entstehen, daß der Rechtsanwalt seinen Wohnsitz und seine Kanzlei nicht an dem Ort hat, an dem sich das Prozeßgericht oder eine auswärtige Abteilung dieses Gerichts befindet; dies gilt nicht, wenn ein Rechtsanwalt beigeordnet wird, der weder bei dem Prozeßgericht noch bei einem Gericht zugelassen ist, das sich an demselben Ort wie das Prozeßgericht befindet.

(2) Ob eine Reise erforderlich ist, stellt das Gericht des Rechtszugs auf Antrag vor Antritt der Reise fest. Die Feststellung, daß die Reise erforderlich ist, ist für das Festsetzungsverfahren (§ 128) bindend.

Inhaltsübersicht

	Rz
I. Allgemeines	1
II. Erläuterungen	
1. Auslagen im Rahmen der Beiordnung	2
2. Notwendigkeit der Auslagen	3–6
3. Auslagen	7
a) Umsatzsteuer	8
b) Porto-, Telefon-, Telex-, Telefax-, Telegrammauslagen	9
c) Schreibauslagen	10
d) Reisekosten	11–17
4. Mehrkosten infolge Ortsverschiedenheit von Wohnung oder Kanzlei des beigeordneten Rechtsanwalts und Prozeßgericht	18–23
5. Einzelfälle	24–25
6. Feststellungsverfahren bei Reisekosten	26–30
7. Auslagenerstattung bei Teilbewilligung von Prozeßkostenhilfe	31
8. Vorschuß auf Auslagen	32

I. Allgemeines

Nach § 121 BRAGO erhält der beigeordnete Rechtsanwalt aus der Staatskasse die gesetzliche Vergütung. Sie besteht nach § 1 Abs. 1 BRAGO aus Gebühren und Auslagen. Die Gebührenansprüche des beigeordneten Rechtsanwalts sind in § 123 BRAGO geregelt. Der

1

Anspruch auf Erstattung von Auslagen richtet sich nach § 126 BRAGO. Der Absatz 2 der Vorschrift sieht für Reisekosten ein eigenständiges Feststellungsverfahren vor.

II. Erläuterungen

1. Auslagen im Rahmen der Beiordnung

2 Der beigeordnete Rechtsanwalt hat grundsätzlich Anspruch auf Erstattung der von ihm im gegenständlichen und zeitlichen Rahmen der Beiordnung gemachten Auslagen. Sind sie vor der Beiordnung entstanden, so sind sie durch die Beiordnung nicht gedeckt (Düsseldorf JurBüro 1978, 1535; Koblenz Rpfl 1981, 246), es sei denn, die Beiordnung ist rückwirkend auf den Zeitpunkt vor Entstehung der Auslagen angeordnet worden oder es wären die Auslagen sonst auch nach der Beiordnung erforderlich gewesen, wie zum Beispiel die Beschaffung eines Aktenauszugs (LG Bielefeld AnwBl 1979, 185; OVG Lüneburg JurBüro 1988, 1501; Köln Beschl. v. 28. 6. 1984 (10 UF 96/83); Schneider MDR 1985, 529).

2. Notwendigkeit der Auslagen

3 Der beigeordnete Rechtsanwalt bestimmt im Rahmen des ihm erteilten Auftrags grundsätzlich nach eigenem pflichtgemäßen Ermessen, welche Auslagen zur sachgemäßen Wahrnehmung der Interessen der Partei erforderlich sind. Im Streit zwischen dem Rechtsanwalt und der Staatskasse obliegt letzterer der Beweis dafür, daß die Auslagen nicht erforderlich waren (Bamberg JurBüro 1988, 745; OVG Lüneburg JurBüro 1988, 1501; Düsseldorf JurBüro 1984, 713). Im Zweifel sind die Auslagen dem Rechtsanwalt zu erstatten. § 126 BRAGO will lediglich Mißbräuchen zu Lasten der Staatskasse begegnen. Der Urkundsbeamte darf nicht einfach sein Ermessen an die Stelle des Ermessens des Rechtsanwalts setzen. Für die Beurteilung der Notwendigkeit der Auslagen kommt es nicht auf die Rückschau zum Zeitpunkt der Entscheidung über den Erstattungsantrag, sondern auf den der Entstehung der Auslagen an, denn was aus der Rückschau sich als nicht notwendig erweisen mag, erscheint im Zeitpunkt, in dem Aufwendungen getätigt werden, als notwendig.

4 Nicht notwendige Auslagen, die der Rechtsanwalt auf Wunsch der Partei gemacht hat, sind von der Beiordnung nicht gedeckt. Ihretwegen kann der Rechtsanwalt sich im Wege der Erstattung an die Partei wenden. Insoweit ist er ihr gegenüber auch zum Vorschuß berechtigt (Saarbrücken JurBüro 1986, 1213; Schleswig JurBüro 1985, 249). Soweit angefallene Auslagen von der Staatskasse zu erstatten sind, findet eine Kürzung wie bei den Gebühren in § 123 BRAGO nicht statt.

Auslagen, die der Rechtsanwalt im eigenen Interesse zwecks Durchsetzung seines Gebührenanspruchs gegen die Staatskasse tätigt, fallen nicht unter § 126 BRAGO. 5

Von der Partei selbst getätigte Auslagen und solche, die sie selbst aufzuwenden hat, sind aus der Staatskasse nicht zu ersetzen. Indessen gibt es Grenzfälle: Hat der beigeordnete Rechtsanwalt für die Partei derartige Auslagen gemacht, indem er zum Beispiel statt der Informationsreise der Partei zu ihm die Partei in der Wohnung aufgesucht hat, so sind dadurch entstehende Reisekosten aus der Staatskasse nicht zu erstatten (Stuttgart JurBüro 1987, 1376; Bamberg JurBüro 1987, 1676). Anderes gilt ausnahmsweise dort, wo die Partei aus finanziellen Gründen die Kosten einer Informationsreise nicht aufbringen kann, ihr die Informationsreise aus gesundheitlichen Gründen nicht zuzumuten ist oder ihr obliegende Tätigkeiten zum Zwecke der Information, zum Beispiel Einholung von Auskünften bei Behörden oder einem Register mangels hinreichender Sachkunde ohne Wert wären und hier nur der Rechtsanwalt sachgerecht zu handeln vermag. Entsprechendes gilt bei der Beschaffung von Unterlagen (s. hierzu Köln, Justizministerial-Blatt Nordrhein-Westfalen 1973, 225) sowie für die Einholung von Behördenauskünften, etwa beim Meldeamt (vgl. Hamm JurBüro 1967, 137). In diesen Fällen sind Auslagen, die der Rechtsanwalt anstelle der Partei gemacht hat, aus der Staatskasse zu vergüten. Siehe hierzu Schneider Anm. zu KostRspr BRAGO § 126 Nr. 20. 6

3. Auslagen

Im Sinne von § 126 BRAGO sind auch Auslagen die in §§ 25–27 BRAGO bezeichneten Aufwendungen des Rechtsanwalts im Rahmen der Wahrnehmung der Interessen der Partei, nämlich 7
a) die auf die gesetzliche Vergütung entfallende Umsatzsteuer (§ 25 Abs. 2 BRAGO), 8
b) Porti, Telefon-, Telex-, Telefax-, Telegrammkosten nach Maßgabe von § 26 BRAGO, 9
c) Schreibauslagen, nämlich Abschriften sowie Ablichtungen, die der Rechtsanwalt im Einverständnis mit der Partei zusätzlich angefertigt hat. Sind sie aus Behörden- und Gerichtsakten gemacht worden, stehen dem Rechtsanwalt Schreibauslagen hierfür unabhängig vom Einverständnis mit dem Auftraggeber zu, soweit die Abschrift oder Ablichtung zur sachgemäßen Bearbeitung der Sache geboten war. Die Höhe des Auslagenersatzes bestimmt sich nach dem Kostenverzeichnis Nr. 1900 zum GKG, d. h. für die ersten 50 Abschriften mit je DM 1,–, für alle weiteren Abschriften mit je DM 0,30 je Abschrift, 10

11 d) Reisekosten nach § 28 BRAGO, und zwar für Fahrten mit dem PKW in Höhe von DM 0,45 je angefangenem Kilometer des Hin- und Rückweges, bei Benutzung anderer Verkehrsmittel in Höhe der tatsächlichen Aufwendungen, Tage- und Abwesenheitsgeld sowie Übernachtungskosten.
Hinsichtlich des hierfür vorgesehenen Feststellungsverfahrens s. unten Rz 26 ff., ferner Anhang Nr. 6.

12 Im Zweifel enthält bereits der Prozeßkostenhilfebewilligungsbeschluß auch die Bewilligung von Reisekosten (Bamberg, JurBüro 1987, 249).

13 Auch für Reisekosten gilt der Grundsatz der Erstattungsfähigkeit (Riedel/Sußbauer § 126 BRAGO Rz 22 ff.), es sei denn, die Staatskasse erbringt den Nachweis fehlender Erforderlichkeit. Stets erforderlich sind Reisen zur Wahrnehmung von Terminen vor dem Prozeßgericht. Hat der beigeordnete Rechtsanwalt am Sitz des Prozeßgerichts Kanzlei- oder Wohnsitz, fallen Reisekosten nicht an, es sei denn, das Prozeßgericht läßt einen Termin außerhalb des Gerichtssitzes zum Zwecke einer Ortsbesichtigung oder der Vernehmung eines Zeugen an seinem Wohnsitz oder am Krankenbett stattfinden. Diese auswärtigen Termine kann der Prozeßbevollmächtigte wahrnehmen. Reisekosten sind ihm zu erstatten. Finden auswärtige Termine vor einem beauftragten oder ersuchten Richter statt, hat der beigeordnete Prozeßbevollmächtigte auch diese wahrzunehmen. Grundsätzlich ist von der Notwendigkeit der Terminswahrnehmung auszugehen. Die Gefahr, daß infolge Abwesenheit des Prozeßbevollmächtigten der Partei Nachteile entstehen, ist nur selten auszuschließen. Die Partei hat Anspruch darauf, im auswärtigen Termin durch ihren Prozeßbevollmächtigten vertreten zu sein und durch ihn Fragen zu stellen, Vorhaltungen zu machen oder anläßlich eines Ortstermins eigene Feststellungen zu treffen. Dies gilt um so mehr, als die Beweisaufnahme und ihr Ergebnis in der Regel prozeßentscheidend sind, sich hierbei aber auch überraschend neue, entscheidungserhebliche Gesichtspunkte ergeben können, die zu kurzfristigen prozessualen Maßnahmen nötigen.

14 Will oder kann der beigeordnete Rechtsanwalt einen auswärtigen Termin nicht wahrnehmen, wird er zwecks Wahrnehmung der Rechte der Partei die Beiordnung eines Rechtsanwalts für die Wahrnehmung der Beweisaufnahme beantragen müssen. Beauftragt er statt dessen einen Unterbevollmächtigten, so kann er dessen Gebühren als Auslagen nur insoweit geltend machen, als hierdurch keine höheren Aufwendungen entstehen als im Falle der Beiordnung eines Beweisanwalts (Düsseldorf JVBl 1966, 160).

15 Lehnt das Gericht die Beiordnung eines Beweisanwalts mangels Erforderlichkeit ab oder vertritt es die Auffassung, der beigeordnete Anwalt könne den auswärtigen Termin selbst wahrnehmen, muß der Rechtsanwalt, der von sich aus einen anderen Rechtsanwalt mit der Wahrneh-

mung des auswärtigen Termins beauftragt, damit rechnen, daß ihm hierdurch entstandene Auslagen in Höhe der Gebühren des anderen Anwalts mangels Erforderlichkeit aus der Staatskasse nicht erstattet werden. War das Gericht der Auffassung, der beigeordnete Rechtsanwalt könne den auswärtigen Termin selbst wahrnehmen, so sind ihm Kosten des Unterbevollmächtigten in Höhe der ersparten Reisekosten aus der Staatskasse zu ersetzen. Stellt sich die Notwendigkeit der Beauftragung eines anderen Rechtsanwalts für die Wahrnehmung eines auswärtigen Termins erst im letzten Augenblick heraus, ohne daß Zeit verbleibt, dessen Beiordnung als Beweisanwalt zu beantragen, so sind dem beigeordneten Rechtsanwalt die Gebühren des auswärtigen Unterbevollmächtigten bis zur Höhe jener Gebühren zu erstatten, die jener im Falle seiner Beiordnung aus der Staatskasse hätte beantragen können. Dem steht nicht entgegen, daß die Reisekosten des beigeordneten Rechtsanwalts bei persönlicher Terminswahrnehmung niedriger gewesen wären. Zu erstatten sind auch die Reisekosten des Unterbevollmächtigten (Stuttgart JurBüro 1985, 894; Schleswig JurBüro 1985, 247).

Hat sich der beigeordnete Rechtsanwalt durch einen Rechtsanwalt, einen **16** allgemeinen Vertreter oder einen zur Ausbildung zugewiesenen Referendar vertreten lassen (§ 4 BRAGO), so sind dessen Reisekosten in gleicher Weise zu vergüten wie wenn er die Reise selbst unternommen hätte. Eine Vertretung durch andere Personen löst keinen Erstattungsanspruch aus. Siehe hierzu auch § 122 BRAGO Rz. 3.

Die Reisekosten des beigeordneten Rechtsanwalts sind nach Maßgabe **17** der §§ 28, 29 BRAGO aus der Staatskasse zu vergüten. Sie beschränken sich nicht auf die Reisekosten eines am Ort der Beweisaufnahme wohnenden Rechtsanwalts. Bei sehr großer Entfernung des Ortes der Beweisaufnahme vom Wohn- oder Kanzleisitz des beigeordneten Rechtsanwalts können unverhältnismäßig hohe Reisekosten im Vergleich zur Beiordnung eines auswärtigen Beweisanwalts zur Kürzung der Reisekosten auf die Höhe der Vergütung eines auswärtigen Beweisanwalts führen, sofern die Wahrnehmung des auswärtigen Termins durch einen anderen Rechtsanwalt nach Lage der Sache ausreichend gewesen wäre und auch eine nicht hilfsbedürftige Partei sich für die auswärtige Beweisaufnahme eines Unterbevollmächtigten bedient hätte (vgl. hierzu Tschischgale NJW 1963, 1760).

4. Mehrkosten infolge Ortsverschiedenheit von Wohnung oder Kanzlei des beigeordneten Rechtsanwaltes und Prozeßgericht

Entstehen dadurch Mehrkosten, daß der beigeordnete Rechtsanwalt **18** Wohnsitz oder Kanzlei nicht am Orte des Prozeßgerichts oder der auswärtigen Abteilung dieses Gerichts unterhält, so werden diese aus der

Staatskasse nicht vergütet (§ 126 Abs. 1 Satz 2 BRAGO). Dies gilt auch für den Fall der Beiordnung eines auswärtigen Rechtsanwalts in Patentsachen. Siehe hierzu auch § 121 ZPO Rz. 9.

19 Derartige Fälle sind von zunehmender Aktualität, nachdem mit der Eherechts-Novelle 1977 die Zuständigkeit in Ehesachen von den Landgerichten auf die Amtsgerichte übertragen worden ist und die im Bezirk eines Landgerichts zugelassenen Anwälte vor sämtlichen Familiengerichten des Landgerichtsbezirks zur Vertretung im Anwaltsprozeß zugelassen sind. Das Problem ist indessen nicht neu, da früher die Reisen zum Landgericht, also in umgekehrter Richtung unternommen worden sind. Die Rechtsprechung verneint in diesen Fällen überwiegend die Erstattungsfähigkeit der Mehrkosten für Reisen des beigeordneten Anwalts zwecks Wahrnehmung der Termine beim auswärtigen Familiengericht (Schleswig JurBüro 1985, 1662; Zweibrücken JurBüro 1984, 1197; Oldenburg JurBüro 1984, 1095; Düsseldorf JurBüro 1983, 1532; Celle JurBüro 1983, 1054; Bamberg JurBüro 1982, 730; Stuttgart Rpfl 1981, 205; ferner ArbG Hamburg MDR 1988, 434); a. M.: Schneider Anm. zu AG Viechtach KostRsp BRAGO § 126 Nr. 16 sowie München JurBüro 1984, 707 und Zweibrücken JurBüro 1982, 714 für den Fall der Beiordnung eines auswärtigen Rechtsanwalts in einer nicht dem Anwaltszwang unterliegenden Familiensache.

20 Zwecks Feststellung von Mehrkosten infolge der Ortsverschiedenheit von Wohnsitz bzw. Kanzleisitz und Prozeßgericht bedarf es einer Gegenüberstellung der dem beigeordneten Anwalt entstandenen Kosten mit denjenigen Kosten, die einem am Sitz des Prozeßgerichts wohnenden Rechtsanwalt entstanden wären. Zu beachten ist, daß im Falle der Terminswahrnehmung an dem Ort, an dem der auswärtige Rechtsanwalt wohnt, wohin also ein am Sitz des Prozeßgerichts wohnender Rechtsanwalt hätte reisen müssen, dessen Reisekosten somit erstattungspflichtig gewesen wären, diese fiktiven Reisekosten bei der Vergleichsberechnung berücksichtigt werden müssen, so daß im Ergebnis die Staatskasse dem auswärtigen beigeordneten Anwalt Reisekosten zum Prozeßgericht zu erstatten haben wird.

21 Hätte die Partei gegenüber der Staatskasse Anspruch auf Erstattung von Kosten einer Informationsreise zum Rechtsanwalt am Orte des Prozeßgerichts gehabt, oder hätte ihr ein Verkehrsanwalt beigeordnet werden müssen, sind diese Kosten aber durch die örtliche Nähe des auswärtigen Anwalts zur Partei vermieden worden, sind auch diese ersparten Kosten in die Vergleichsberechnung einzubeziehen (Düsseldorf JurBüro 1983, 1532; Frankfurt/M. NJW 1966, 2417).

22 Hat sich der beigeordnete Rechtsanwalt, statt Reisekosten zur Wahrnehmung eines Termins vor dem Prozeßgericht aufzuwenden, durch einen ortsansässigen Rechtsanwalt vertreten lassen, kann er dessen Gebühren als Auslagen insoweit erstattet verlangen, als er durch Wahrnehmung

eines Beweistermins an seinem Wohnort Reisekosten eines Rechtsanwalts mit Kanzlei am Sitz des Prozeßgerichts erspart hat.
Ausnahmsweise sind die Mehrkosten infolge Ortsverschiedenheit von 23
Wohn- oder Kanzleisitz des beigeordneten Rechtsanwalts und Prozeßgericht aus der Staatskasse zu erstatten, wenn das Gericht einen Rechtsanwalt beigeordnet hat, der weder bei dem Prozeßgericht noch bei einem Gericht zugelassen ist, welches sich an demselben Ort wie das Prozeßgericht befindet (§ 126 Abs. 1 Satz 2 Halbsatz 2 BRAGO). Es handelt sich hier um Fälle der Beiordnung auswärtiger Anwälte in Rechtsstreitigkeiten ohne Anwaltszwang, zum Beispiel vor den Amtsgerichten, ausgenommen Ehesachen, vor den Arbeits-, Verwaltungs-, Finanz- und Sozialgerichten (s. hierzu München JurBüro 1984, 707; Zweibrücken JurBüro 1984, 1197; SG Gießen JurBüro 1987, 1374; SG Lüneburg, Beschl. v. 18. 7. 1988, 514 An 92/85). Dies gilt auch für die Beiordnung eines auswärtigen Rechtsanwalts als Vertreter eines Neben- oder Privatklägers.

5. Einzelfälle

Erforderlich können folgende Auslagen sein:
Kosten der Übersetzung eines Protokolls oder einer Entscheidung, auch 24
wenn diese vom Rechtsanwalt selbst angefertigt worden ist (München NJW 1982, 2740; m. w. N.), Kosten eines Dolmetschers, den der Anwalt zur Verständigung mit dem Auftraggeber benötigt (LAG Hamm MDR 1985, 435; LG Bochum Rpfl 1986, 155, m. w. N.), Kosten einer Informationsreise zwecks Beschaffung von Material, dessen Besorgung wegen der Schwierigkeit der Materie der Partei nicht anvertraut werden kann (Hamm Rpfl 1955, 255), Kosten der Beweismittelbeschaffung (Celle KostRspr BRAGO § 126 Nr. 4; Stuttgart AnwBl 1979, 392), der Besichtigung einer Unfall- oder Baustelle (Kalthoener/Büttner Rz 745), evtl. auch Detektivkosten (LG Kiel KostRspr BRAGO § 126 Nr. 10), Kosten einer Ablichtung statt einer Abschrift (Frankfurt/M. NJW 1968, 1736; a. M.: Düsseldorf JurBüro 1970, 1071), Abschriften bzw. Ablichtungen (Düsseldorf VersR 1981, 1131), auch solche für jene Teile der erstinstanzlichen Akte, die der Prozeßbevollmächtigte der Berufungsinstanz benötigt (LG Kleve AnwBl 1974, 87; zusätzliche Abschriften nach § 23 Abs. 3 BVerfGG (BVerfG AnwBl 1961, 21), schon vor der Beiordnung zur Prozeßvorbereitung gefertigte Photokopien (OVG Lüneburg JurBüro 1988, 1501; siehe auch KG NStZ 1989, 187).
Nicht erforderlich sind Reisekosten des Auftraggebers zur Beschaffung 25
von Beweismaterial, soweit man ihm deren Beschaffung selbst zumuten kann (Karlsruhe JurBüro 1975, 487; Hamm NJW 1965, 2123; a. M.: Celle NJW 1962, 1922 für den Fall drohenden Ausschlusses mit einem Beweismittel. S. ferner 1131; Stuttgart VersR 1979, 427) (vorprozessua-

les Gutachten bei schwieriger Beurteilung des Sachverhalts). Nicht erforderlich sind Ablichtungen aus Behörden- und Gerichtsakten hinsichtlich jener Teile, die für die Wahrnehmung der Interessen der Partei nicht erforderlich sind, etwa bei Totalablichtung des Akteninhalts.

6. Feststellungsverfahren bei Reisekosten

26 Für Reisekosten, nicht aber für andere Auslagen (VGH Kassel NJW 1985, 218) sieht § 126 Abs. 2 BRAGO die Möglichkeit vor, daß der beigeordnete Rechtsanwalt oder der Bezirksrevisor des Gerichts die Notwendigkeit der Reisekosten vor Antritt der Reise feststellen läßt. Eine positive Entscheidung des Gerichts beugt späteren Auseinandersetzungen über die Erstattungsfähigkeit von Reisekosten im Kostenfestsetzungsverfahren vor. Der beigeordnete Rechtsanwalt tut daher in Zweifelsfällen gut daran, einen entsprechenden Feststellungsantrag beim Prozeßgericht zu stellen. Eine Verpflichtung hierzu besteht indessen nicht. Lehnt das Gericht die Feststellung der Notwendigkeit der Reisekosten ab, so ist dies für das spätere Festsetzungsverfahren indessen nicht bindend. Dem Rechtsanwalt muß durch den Rechtspfleger oder im Erinnerungsverfahren durch das Gericht nachgewiesen werden, daß die Reisekosten nicht erforderlich gewesen sind. Dies kann aus der Rückschau nach Beendigung des Verfahrens durchaus anders zu beurteilen sein als vor Antritt der Reise.

27 Das Feststellungsverfahren setzt einen Antrag des beigeordneten Rechtsanwalts oder des Bezirksrevisors voraus. Der Auftraggeber des Rechtsanwalts hat kein Antragsrecht. Zuständig für die Feststellung ist das Prozeßgericht, welches auf Grund der Prozeßlage nach Anhörung des Bezirksrevisors, im Falle dessen Antrags nach Anhörung des Rechtsanwalts durch Beschluß entscheidet. Der stattgebende Beschluß deckt die Abweichung von Reiseplänen, die den Zweck der Reise fördern oder notwendig sind, um ihn zu erreichen. Im Interesse einer möglichst unbehinderten Wahrnehmung der Interessen der Partei durch den beigeordneten Rechtsanwalt ist eine kleinliche Beurteilung zu vermeiden (LG Karlsruhe AnwBl 1986, 46). Die Entscheidung des Gerichts kann einschränkend dahin lauten, daß die Reise lediglich in einem beschränkten Umfange erforderlich ist. Der Antrag muß zwecks Erhaltung des Rechtsschutzinteresses vor Antritt der Reise gestellt werden. Die Entscheidung hierüber kann noch nach Beendigung der Reise ergehen.

28 Der Beschluß des Gerichts ist unanfechtbar (München NStZ 1989, 126; KG MDR 1986, 505; Koblenz Rpfl 1976, 331, m. w. N.: Frankfurt/M. [2. StS] NJW 1971, 2185; Gerold/Schmidt/v. Eicken/Madert BRAGO 10. Aufl. § 126 Rz 27; a. M.: Frankfurt/M. [13. ZS] NJW 1974, 2095, welches aus Gründen wirksamen Rechtsschutzes der Partei, Düsseldorf Rpfl 1965, 52, welches unter Hinweis auf § 304 StPO das Beschwerderecht bejaht).

Im Verwaltungsrechtsstreit ist im Hinblick auf § 146 Abs. 3 VwGO gegen Entscheidungen im Feststellungsverfahren nach § 126 Abs. 2 BRAGO die Beschwerde eröffnet (VGH Kassel NJW 1985, 218). **29**

Das Feststellungsverfahren des § 126 Abs. 2 BRAGO gilt auch für die Auslagenerstattung des beigeordneten Rechtsanwalts in Auslieferungssachen und Freiheitsentziehungssachen (§§ 97 Abs. 2, 102, 107 Abs. 2, 112 Abs. 4 BRAGO). **30**

7. Auslagenerstattung bei Teilbewilligung von Prozeßkostenhilfe

Ist der Partei Prozeßkostenhilfe nur teilweise bewilligt worden, sind dem beigeordneten Anwalt die Auslagen nur insoweit zu erstatten, als sie auf denjenigen Teil des Rechtsstreits entfallen, für den Prozeßkostenhilfe bewilligt worden war. Ist eine Trennung der Auslagen nicht möglich, weil zum Beispiel Reisekosten für einen auswärtigen Termin angefallen sind, in dem über den gesamten Anspruch Beweis erhoben worden ist, hat die Staatskasse die gesamten Auslagen zu erstatten (Gerold-Schmidt Rz 30 zu § 126 BRAGO). **31**

8. Vorschuß auf Auslagen

Der Rechtsanwalt kann Auslagenvorschüsse aus der Staatskasse nach § 127 BRAGO fordern. **32**

§ 127 BRAGO (Vorschuß)

Für die entstandenen Gebühren (§ 123 BRAGO) und die entstandenen und voraussichtlich entstehenden Auslagen kann der Rechtsanwalt aus der Bundes- oder Landeskasse angemessenen Vorschuß fordern. § 128 BRAGO gilt sinngemäß.

Inhaltsübersicht

	Rz
Erläuterungen	1–4

Erläuterungen

1 § 127 BRAGO enthält eine Sonderregelung gegenüber der Vorschußregelung des § 17 BRAGO für den Wahlanwalt. Soweit der beigeordnete Rechtsanwalt den Auftraggeber wegen seiner Gebühren in Anspruch nehmen kann, weil die Bewilligung von Prozeßkostenhilfe teilweise abgelehnt worden ist, gilt § 17 BRAGO neben § 127 BRAGO. Die Vorschrift gilt auch für den für die Privat- und Nebenklage, in Auslieferungssachen sowie Freiheitsentziehungssachen beigeordneten Anwalt (§§ 97 Abs. 2, 102, 107 Abs. 2, 112 Abs. 4 BRAGO).

2 Die Bestimmung gewährt dem beigeordneten Rechtsanwalt einen Rechtsanspruch gegen die Staatskasse. Er ist im Wege des Festsetzungsverfahrens nach § 128 BRAGO durchzusetzen.

3 Der Vorschußanspruch wegen Gebühren beschränkt sich auf die bereits entstandenen Gebühren und geht entgegen § 17 BRAGO nicht auf Zahlung eines Betrages in Höhe der voraussichtlich entstehenden Gebühren. Mit der Einreichung der Klage nach Bewilligung von Prozeßkostenhilfe kann der beigeordnete Rechtsanwalt somit von der Staatskasse die Zahlung einer Prozeßgebühr nach Maßgabe des § 123 BRAGO fordern.

4 Für Auslagen kann ein Vorschuß in Höhe bereits entstandener Beträge sowie voraussichtlich entstehender Aufwendungen aus der Staatskasse gefordert werden. Wenn und soweit die Staatskasse Zahlungen für voraussichtlich erforderliche Auslagen verweigert, berechtigt dies den Rechtsanwalt nicht, seine Leistungen gegenüber der Partei zurückzuhalten; er würde sich dadurch pflichtwidrig verhalten und sich schadensersatzpflichtig machen, weil die Wahrung der Interessen des Auftraggebers oberstes Gebot des Mandatsvertrages ist.

§ 128 BRAGO (Rechtsweg)

(1) Die aus der Bundes- oder Landeskasse zu gewährende Vergütung wird auf Antrag des Rechtsanwalts von dem Urkundsbeamten der Geschäftsstelle des Gerichts des Rechtszuges festgesetzt; jedoch setzt eine aus der Landeskasse zu gewährende Vergütung, wenn das Verfahren durch rechtskräftige Entscheidung oder in sonstiger Weise beendet ist, der Urkundsbeamte des Gerichts des ersten Rechtszuges fest. § 104 Abs. 2 der ZPO gilt sinngemäß. Der Antrag hat die Erklärung zu enthalten, ob und welche Zahlungen der Rechtsanwalt von der Partei oder einem Dritten bis zum Tage der Antragstellung erhalten hat; Zahlungen, die er nach diesem Zeitpunkt erhalten hat, hat er unverzüglich anzuzeigen.
(2) Der Urkundsbeamte kann vor einer Festsetzung nach § 124 BRAGO einen Rechtsanwalt auffordern, innerhalb einer Frist von einem Monat bei der Geschäftsstelle des Gerichts, dem der Urkundsbeamte angehört, Anträge auf Festsetzung der Vergütungen, für die ihm noch Ansprüche gegen die Bundes- oder Landeskasse zustehen, einzureichen oder sich zu den empfangenen Zahlungen (Absatz 1 Satz 3) zu erklären. Kommt der Rechtsanwalt der Aufforderung nicht nach, erlöschen seine Ansprüche.
(3) Über Erinnerungen des Rechtsanwalts und der Bundes- oder Landeskasse gegen die Festsetzung entscheidet das Gericht des Rechtszuges, bei dem die Vergütung festgesetzt ist, durch Beschluß. § 10 Abs. 4 gilt sinngemäß.
(4) Gegen den Beschluß ist die Beschwerde zulässig, wenn der Beschwerdegegenstand einhundert Deutsche Mark übersteigt. § 10 Abs. 3 Satz 2, 4 und Abs. 4 gilt sinngemäß. Eine weitere Beschwerde findet nicht statt.
(5) Das Verfahren über die Erinnerung und über die Beschwerde ist gebührenfrei. Kosten werden nicht erstattet.

Literatur:
von Eicken-Lappe-Madert: Die Kostenfestsetzung, Abschnitt H Festsetzung der Vergütung gegen die Staatskasse.

Inhaltsübersicht:

	Rz
I. Allgemeines	1–6
II. Form des Antrags	7
III. Frist	8–9
IV. Inhalt des Antrags	10–11
V. Zuständigkeit	12–18

§ 128 BRAGO   Prozeßkostenhilfe

   VI. Prüfung des Festsetzungsantrags   19–24
  VII. Verfahren – Entscheidung   25–27
 VIII. Erinnerung   28–30
  IX. Beschwerde   31–36
   X. Änderung des Gegenstandswerts   37
  XI. Verwirkung   38–39

I. Allgemeines

1 Die Vorschrift bestimmt das Verfahren, auf Grund dessen die dem beigeordneten Rechtsanwalt aus der Bundes- oder Landeskasse zu erstattenden Gebühren und Auslagen festgesetzt werden. Sie enthält in Absatz 2 besondere Bestimmungen für die nach § 124 BRAGO vorzunehmende Festsetzung der weiteren Vergütung mit einer Ausschlußfrist zu Lasten des Rechtsanwalts, welcher trotz Aufforderung die Differenzgebühren nicht mitteilt. Sie regelt in den Absätzen 3–5 die im Festsetzungsverfahren zulässigen Rechtsmittel. Siehe ergänzend die bundeseinheitlich ergangenen Verwaltungsvorschriften abgedruckt in Anhang Nr. 5.

2 § 128 BRAGO ist auch dort anzuwenden, wo außerhalb der ZPO ein Rechtsanwalt im Wege der Prozeßkostenhilfe, der Verfahrenskostenhilfe oder nach § 11a ArbGG beigeordnet wird. Nach § 128 BRAGO regelt sich auch das Verfahren der Gewährung von Vorschüssen aus der Staatskasse (§ 127 Satz 2 BRAGO) sowie die Festsetzung der Vergütung für Beratungshilfe (§ 133 Satz 1 BRAGO).

3 Für die Festsetzung der Vergütung des beigeordneten Anwalts im Privatklageverfahren, des Nebenklagevertreters sowie in Freiheitsentziehungssachen gilt § 98 BRAGO.

4 Für die Festsetzung der Vergütung des beigeordneten Anwalts gegen die Bundes- oder Landeskasse bedarf es einer Kostengrundentscheidung des Gerichts nicht. Liegt eine solche im Verfahren der Hauptsache bereits vor, ist sie für den Vergütungsanspruch des beigeordneten Rechtsanwalts ohne Bedeutung, denn für seinen Vergütungsanspruch ist Rechtsgrundlage der Beiordnungsbeschluß. Die Befugnis, die dem beigeordneten Rechtsanwalt zustehende Vergütung festsetzen zu lassen, liegt ausschließlich bei diesem selbst sowie bei der Staatskasse, diese vertreten durch den Bezirksrevisor des beiordnenden Gerichts. Anstelle des Rechtsanwalts kann der Antrag auch von seinem allgemeinen Praxisvertreter, nach dem Tode des Rechtsanwalts von dem Praxisabwickler (§ 55 Abs. 4 BRAO) oder den Erben gestellt werden. Antragsberechtigt sind ferner Abtretungs- und Pfändungsgläubiger.

5 Für die durch die Prozeßkostenhilfe begünstigte Partei und den Prozeßgegner besteht ein eigenes Antragsrecht nicht. Soweit mit Zahlung der Vergütung aus der Staatskasse der Anspruch des beigeordneten Rechtsanwalts auf die Staatskasse übergeht und diese nunmehr die Partei auf Zahlung in Anspruch nimmt, besteht zu Lasten der Partei durch das Festsetzungsverfahren keine Bindung. Sie kann vielmehr gemäß § 130 Abs. 2 BRAGO, GKG KV 1906 Einwendungen gegen den übergegangenen Anspruch im Wege der Erinnerung und der Beschwerde nach § 5 GKG geltend machen.

Für den Bereich der Festsetzung der weiteren Vergütung nach § 124 BRAGO kann der Urkundsbeamte der Geschäftsstelle den Festsetzungsantrag des beigeordneten Rechtsanwalts bei Meidung des Anspruchsverlustes erzwingen. Näheres hierzu s. unten Rz 9. 6

II. Form des Antrags

Der Festsetzungsantrag unterliegt keiner Form, auch wenn der Urkundsbeamte der Geschäftsstelle um die Verwendung der von der Justizverwaltung herausgegebenen Formblätter bittet (Hamm AnwBl 1975, 95; LAG Hamm JurBüro 1985, 555). Der in der Regel schriftlich gestellte Antrag kann somit auch mündlich zu Protokoll der Geschäftsstelle des Gerichts oder der Geschäftsstelle jenes Amtsgerichts (§ 129a Abs. 1 ZPO) wirksam gestellt werden. Es besteht kein Anwaltszwang (§ 78 Abs. 3 ZPO). 7

III. Frist

Der Antrag ist an keine Frist gebunden. Ein nach § 127 BRAGO beantragter Vorschuß kann schon alsbald nach der Beiordnung festgesetzt werden. Im übrigen kommt eine Festsetzung der Vergütung vor Beendigung des Rechtszuges bereits dann in Betracht, wenn das Verfahren länger als drei Monate ruht und damit Vergütungsansprüche des Rechtsanwalts nach § 16 BRAGO fällig geworden sind. 8

Der Festsetzungsantrag des Rechtsanwalts ist lediglich insoweit fristgebunden, als der Urkundsbeamte der Geschäftsstelle im Verfahren der Festsetzung einer weiteren Vergütung nach § 124 BRAGO, d. h. bis zur Höhe der Regelgebühren, den Rechtsanwalt auffordert, die ihm noch gegen die Bundes- oder Landeskasse zustehenden Vergütungen im Festsetzungsantrag einzureichen oder sich zu den empfangenen Zahlungen (§ 128 Abs. 1 Satz 3 BRAGO) innerhalb einer Frist von einem Monat zu erklären. Kommt der Rechtsanwalt der Aufforderung nicht nach, erlöschen seine sämtlichen Ansprüche gegen die Staatskasse, und zwar auch insoweit, als es sich nicht nur um die weitere Vergütung (Differenzgebühren) handelt. Hiervon unberührt bleiben indessen seine Gebühren- 9 sprüche gegen den Auftraggeber sowie den nach § 126 ZPO durchsetzbaren Erstattungsanspruch gegen den in die Kosten verurteilten Gegner. Voraussetzung für eine wirksame Fristsetzung ist jedoch, daß der Urkundsbeamte die Aufforderung mit seinem Namen unterschrieben (BGH NJW 1980, 1168) und dem beigeordneten Anwalt förmlich hat zustellen lassen (§ 329 Abs. 2 Satz 2 Halbsatz 2 ZPO).

IV. Inhalt des Antrags

10 Der Antrag hat eine dem § 18 BRAGO entsprechende Berechnung der einzelnen Gebühren und Auslagen unter Angabe der angewandten Gebührenvorschriften, bei Post-, Telegraphen-, Fernsprech- und Fernschreibkosten die Angabe des Gesamtbetrages zu enthalten. Infolge der Verweisung auf § 104 Abs. 2 ZPO in § 128 Abs. 1 Satz 2 BRAGO genügt zur Berücksichtigung von Vergütungsansätzen die Glaubhaftmachung des Rechtsanwalts. Während die einzelnen Gebührentatbestände sich in der Regel aus der Gerichtsakte selbst ergeben, hat der Rechtsanwalt getätigte Auslagen, deren Erstattung er beantragt, glaubhaft zu machen, sei es durch Vorlage von Belegen oder durch Abgabe einer eidesstattlichen Versicherung. Lediglich hinsichtlich Post-, Telegraphen-, Fernsprech- und Fernschreibkosten genügt die einfache Versicherung des Rechtsanwalts, daß diese Auslagen entstanden sind. Soweit im Einzelfall die Entstehung von Auslagen oder deren Notwendigkeit streitig wird, obliegt indessen dem Rechtsanwalt der Nachweis.

11 Der Festsetzungsantrag des Rechtsanwalts hat ferner eine Erklärung darüber zu enthalten, ob und in welcher Höhe er von der Partei oder einem Dritten, zum Beispiel dem Prozeßgegner, Zahlungen erhalten hat. Dies gilt auch für solche Zahlungen, die der Rechtsanwalt behalten darf, weil sie nach § 129 BRAGO nicht anzurechnen sind, denn der Urkundsbeamte muß die Anrechnungsfähigkeit der Zahlungen prüfen können. Erhält er nach der Antragstellung von der Partei oder einem Dritten Zahlungen, hat er sie unverzüglich dem Gericht anzuzeigen. Fordert der Urkundsbeamte den Rechtsanwalt im Verfahren der Festsetzung einer weiteren Vergütung nach § 124 BRAGO auf, sich zu erhaltenen Zahlungen zu erklären und kommt er dieser Aufforderung nicht nach, erlöschen seine Ansprüche gegen die Staatskasse (§ 128 Abs. 2 Satz 2 BRAGO). Vgl. im übrigen oben Rz 9.

V. Zuständigkeit

Für die Festsetzung der Vergütung des beigeordneten Anwalts zuständig ist grundsätzlich das Gericht des Rechtszuges, durch das er beigeordnet worden ist. War er für mehrere Instanzen beigeordnet, ist der Festsetzungsantrag gesondert bei den verschiedenen Instanz-Gerichten zu stellen. Insoweit unterscheidet sich das Festsetzungsverfahren des § 128 BRAGO vom Festsetzungsverfahren nach § 103 Abs. 2 ZPO, wonach das Gericht des ersten Rechtszuges zur Festsetzung der erstattungsfähigen Kosten auch für die höheren Rechtszüge zuständig ist. 12

Nur wenn das Verfahren der Hauptsache durch rechtskräftige Entscheidung oder in sonstiger Weise beendet ist, hat der Urkundsbeamte des ersten Rechtszuges die dem Rechtsanwalt zustehende Vergütung für die Beiordnung im höheren Rechtszug festzusetzen (§ 128 Abs. 1 Satz 1 Halbsatz 2 BRAGO). 13

Hat der Rechtsanwalt den Vergütungsantrag für das Rechtsmittelverfahren bei der Geschäftsstelle des Rechtsmittelgerichts eingereicht, bevor das Verfahren in der Hauptsache abgeschlossen ist, so bleibt der Urkundsbeamte des Rechtsmittelgerichts für das Festsetzungsverfahren nach § 128 BRAGO zuständig, auch wenn vor seiner Entscheidung das Verfahren in der Hauptsache beendet wird (VGH Kassel KostRsp § 128 BRAGO Nr. 41). 14

Die aus der Bundeskasse zu zahlende Vergütung ist in jedem Fall vom Urkundsbeamten des Gerichts des ersten Rechtszuges festzusetzen. 15

Wird das Verfahren der Hauptsache verwiesen oder abgegeben, so wird für die Festsetzung der Vergütung des beigeordneten Rechtsanwalts das Gericht, an das die Hauptsache verwiesen oder abgegeben worden ist, zuständig, wenn der Rechtsanwalt auch nach Verweisung bzw. Abgabe beigeordnet geblieben ist. Endet mit der Verweisung oder Abgabe die Beiordnung und reicht der Rechtsanwalt das Festsetzungsgesuch noch vor Versendung der Akten an das andere Gericht ein, bleibt das bisherige Gericht für die Festsetzung zuständig. Kommt es zu einer Verweisung durch das Rechtsmittelgericht, so ist nach endgültigem Abschluß des Verfahrens das diesem zugeordnete erstinstanzliche Gericht zuständig, auch wenn bei ihm das Verfahren selbst nicht anhängig gewesen ist. 16

Die Vergütung des in der Zwangsvollstreckung beigeordneten Rechtsanwalts ist vom Urkundsbeamten des beiordnenden Gerichts festzusetzen, und zwar ohne Rücksicht auf seine sachliche Zuständigkeit für die Beiordnung (Schlesw. SchlHA 1982, 112; a. M.: München JurBüro 1985, 1841, welches die Zuständigkeit des Vollstreckungsgerichts annimmt, auch wenn das Prozeßgericht zu Unrecht für die Zwangsvollstreckung die Beiordnung ausgesprochen hatte.) 17

Für die Festsetzung der Vergütung des beigeordneten Anwalts ist funk- 18 tionell zuständig der Urkundsbeamte der Geschäftsstelle, nicht der Rechtspfleger. Das Rechtspfleger-Gesetz findet daher im Verfahren nach § 128 BRAGO keine Anwendung, auch wenn der Urkundsbeamte zugleich Rechtspfleger ist. Wird die Frage streitig, ob dem beigeordneten Rechtsanwalt eine Reisekostenentschädigung aus der Staatskasse zu zahlen ist, hat hierüber der Richter (Bamberg JurBüro 1987, 249), über die Höhe der Entschädigung hat der Urkundsbeamte zu entscheiden.

VI. Prüfung des Festsetzungsantrags

19 Der Urkundsbeamte hat die Zulässigkeit oder Begründetheit der Klage etwa unter dem Gesichtspunkt des kostengünstigeren Weges (Saarbrükken AnwBl 1988, 420) oder die Rechtswirksamkeit der Beiordnung des Rechtsanwalts nicht zu prüfen, wohl aber, ob die zur Festsetzung angemeldeten Gebühren und Auslagen im sachlichen und zeitlichen Rahmen des Beiordnungsbeschlusses entstanden sind, ob Gebühren überhaupt entstanden und richtig berechnet, ob Auslagen entstanden und zur sachgemäßen Wahrnehmung der Interessen der Partei erforderlich gewesen (§ 126 BRAGO) sowie ob und wieweit Zahlungen der Partei, des Gegners oder sonstiger Dritter auf die Vergütungsansprüche anzurechnen sind. Soweit dem beigeordneten Rechtsanwalt Rahmengebühren zustehen, hat der Urkundsbeamte die Prüfung der Angemessenheit des Gebührenansatzes unter Berücksichtigung der Kriterien des § 12 Abs. 1 BRAGO festzustellen. Im Rahmen des von dem Rechtsanwalt gestellten Antrags ist der Urkundsbeamte nicht an die einzelnen rechnerischen Ansätze gebunden; eine fehlerhaft bezeichnete Gebühr kann er indessen durch die richtige Gebühr ersetzen. Er kann den beigeordneten Rechtsanwalt auch dazu anregen, übersehene Gebühren zwecks Erstattung anzumelden.

20 Im Verfahren nach § 128 BRAGO besteht keine Bindung an den Inhalt vorangegangener Entscheidungen im Kostenfestsetzungsverfahren zwischen den Parteien nach § 104 Abs. 2 ZPO oder nach § 19 BRAGO.

21 Über den Gegenstandswert kann der Urkundsbeamte entscheiden, solange nicht eine ihn bindende gerichtliche Festsetzung nach §§ 9, 10 BRAGO vorliegt.

22 Hat der Urkundsbeamte Zweifel hinsichtlich der Notwendigkeit von Auslagen, kann er den Rechtsanwalt zu weiteren Erklärungen und zur Glaubhaftmachung auffordern. Der Rechtsanwalt ist indessen nicht verpflichtet, seine Handakten vorzulegen, um nicht seine Verschwiegenheitspflicht zu verletzen (LG Hannover JurBüro 1986, 241 AG Braunschweig AnwBl 1985, 538, 539; a. M.: LG Göttingen JurBüro 1986, 242).

Über die Notwendigkeit einer Reise hat der Richter zu entscheiden; im 22a
Prozeßkostenhilfebeschluß ist im Zweifel bereits die Bewilligung von
Reisekosten enthalten (Bamberg JurBüro 1987, 249). Über die Frage, ob
und in welcher Höhe Reisekostenauslagen zu erstatten sind, entscheidet
der Urkundsbeamte der Geschäftsstelle (Bamberg aaO).
Entgegen dem Festsetzungsverfahren nach § 104 ZPO wird eine Verzin- 23
sung der festgesetzten Vergütung nicht ausgesprochen (BVerwG NJW
1982, 1113; Stuttgart Rpfl 1974, 34).
Der Vergütungsanspruch des beigeordneten Rechtsanwalts gegen die 24
Staatskasse ist nicht davon abhängig, daß ein Übergang auf die Staatskasse gemäß § 130 BRAGO stattfindet (Bremen NJW 1965, 1027).

VII. Verfahren – Entscheidung

Soweit der Urkundsbeamte im Festsetzungsverfahren eine Stellung- 25
nahme des Bezirksrevisors herbeiführt, ist dem Rechtsanwalt Gelegenheit zu geben, hierzu Stellung zu nehmen. Wendet sich der Rechtsanwalt
gegen einen Antrag des Bezirksrevisors, so hat umgekehrt dieser
Anspruch auf Gewährung rechtlichen Gehörs.
Die Entscheidung über die festgesetzte Vergütung ergeht durch 26
Beschluß. Dieser bedarf einer Begründung nur insoweit, als sie zu
seinem Verständnis sowie seiner Nachprüfbarkeit erforderlich ist
(BVerwGE 6, 44; Bamberg JurBüro 1978, 1360; Koblenz NJW 1974,
2055). Sie ist somit entbehrlich, wo dem Antrag des Rechtsanwalts
vollen Umfangs entsprochen (BVerwGE NJW 1957, 289) oder von allen
Beteiligten auf Rechtsmittel verzichtet worden ist (Köln MDR 1971,
225). Fehlt einem ablehnenden Beschluß die Begründung, ist sie spätestens im Rahmen der Nichtabhilfe einer Erinnerung nachzuholen (KG
NJW 1974, 2010; Koblenz NJW 1974, 2010 und Rpfl 1975, 109;
m. w. N.: LG Berlin JurBüro 1976, 1542).
Der Festsetzungsbeschluß wird dem Rechtsanwalt in der Regel nicht 27
bekannt gegeben, wenn seinem Antrag ohne Änderung entsprochen
worden ist; er erfährt dies durch die Überweisung der Vergütung. Im
übrigen wird der im ganzen oder teilweise nicht stattgebende Beschluß
dem Rechtsanwalt formlos zugestellt, da er keinem fristgebundenen
Rechtsbehelf unterliegt. Bis zu einer etwaigen Änderung bleibt der
Beschluß für die Beteiligten inhaltlich verbindlich. Eine Änderung der
Festsetzung von Amts wegen ist abweichend von §§ 25 Abs. 1 Satz 3, 31
Abs. 1 Satz 2, 3 GKG unzulässig (Hamm JurBüro 1982, 255 unter
Hinweis auf die Absicht des Gesetzgebers in BT-Drucksache 7/2016
Seite 107; München Rpfl 1981, 412 m. w. N., Hamburg MDR 1979, 413;
Gerold/Schmidt/v. Eicken/Madert BRAGO 10. Auflage § 128 Rz 18 f.;

Lappe in Anm. zu KostRspr BRAGO § 128 Nr. 19; a. M. Stuttgart JurBüro 1979, 383; KG Rpfl 1976, 110; Riedel/Sußbauer BRAGO 5. Auflage § 128 Rz 37, weil die Festsetzung ein grundsätzlich rücknehmbarer Justizverwaltungsakt sei, solange nicht ein Vertrauensschutz des Begünstigten entgegenstehe (§ 6 GKG, jetzt § 7 GKG). Zur Änderung der Gebührenfestsetzung im Falle geänderter Streitwertfestsetzung siehe § 128 BRAGO Rz 37.

27a Im Fall der rückwirkenden Aufhebung der Prozeßkostenhilfe gemäß § 124 ZPO ist eine rückwirkende Aufhebung der Gebührenfestsetzung gegen die Staatskasse nicht zulässig (Zweibrücken JurBüro 1984, 237).

VIII. Erinnerung

28 Gegen den Festsetzungsbeschluß des Urkundsbeamten der Geschäftsstelle können der Rechtsanwalt und ihm gleichstehende Antragsberechtigte (vgl. oben Rz 4) sowie die Staatskasse die an keine Frist gebundene Erinnerung einlegen. Der Partei und dem kostenpflichtigen Gegner steht der Rechtsbehelf nicht zu. Die Erinnerung kann gemäß § 128 Abs. 3 Satz 2 i. V. m. § 10 Abs. 4 BRAGO durch Erklärung zu Protokoll der Geschäftsstelle oder schriftlich ohne Mitwirkung eines Rechtsanwalts eingelegt werden. Hilft der Urkundsbeamte ihr nicht ab, wozu er berechtigt ist, entscheidet über die Erinnerung das Gericht des Rechtszuges, bei dem die Vergütung festgesetzt worden ist. Es handelt sich um keine Durchgriffs-Erinnerung (Frf/M JurBüro 1988, 481; Celle NdsRpfl 1982, 218; München JurBüro 1980, 1051; SchlHA 1978, 165).

29 Im Falle der Beiordnung durch das Patentamt in Patent- oder Gebrauchsmustersachen entscheidet über die Erinnerung die für die Bewilligung der Verfahrenskostenhilfe zuständige Stelle.

30 Die Erinnerung ist nach Auszahlung der Vergütung an den Rechtsanwalt seitens der Staatskasse nicht mehr zulässig, wenn mit ihr lediglich eine inzwischen geänderte Rechtsprechung geltend gemacht werden soll (Hamburg AnwBl 1982, 256 m. w. N.). Mit der Erinnerung können im übrigen sowohl einzelne Gebührenansätze, Auslagen und ihre Notwendigkeit geltend gemacht bzw. bestritten werden. Seitens des Rechtsanwalts können auch weitere Gebührenansprüche nachgeschoben werden. Die Entscheidung ergeht in der Regel im schriftlichen Verfahren; mündliche Verhandlung ist dem Gericht freigestellt. Die Entscheidung kann für den Erinnerungsführer auch eine Verschlechterung der ursprünglichen Festsetzung zur Folge haben. Eine Kostenentscheidung ergeht im Hinblick auf die Kostenfreiheit des Erinnerungsverfahrens nicht. Der Beschluß des Gerichts über die Erinnerung ist den Beteiligten formlos zuzustellen.

IX. Beschwerde

Gegen den auf Erinnerung ergangenen Beschluß ist die einfache (unbefristete) Beschwerde nach § 128 Abs. 4 BRAGO zulässig, wenn der Gegenstand der Beschwerde DM 100,– (künftig DM 200,–) übersteigt. Die auf eine streitige Vergütung vom Rechtsanwalt abzuführende Umsatzsteuer ist in den Beschwerdewert einzubeziehen (München Rpfl 1967, 135; Hamburg Rpfl 1962, 234). 31

Beschwerdeberechtigt ist nur, wer auch antrags- und erinnerungsberechtigt gewesen ist. Die Beschwerde kann wie die Erinnerung zu Protokoll der Geschäftsstelle oder schriftlich ohne Anwaltszwang eingelegt werden. Das Beschwerdeverfahren richtet sich gemäß §§ 128 Abs. 4 Satz 2, 10 Abs. 3 Satz 4 BRAGO nach den jeweiligen Verfahrensordnungen, d. h. nach § 567 ff. ZPO, 78 ff. ArbGG, 146 ff. VwGO, §§ 128 ff. FGO, §§ 172 ff. SGG (in den öffentlich-rechtlichen Gerichtsbarkeiten: sofortige Beschwerde, siehe § 127 ZPO Rz 26). In Beratungshilfesachen ist die Frage der Zuständigkeit für Beschwerden über die Festsetzung von Rechtsanwaltsvergütungen streitig. Während München JurBüro 1988, 593; Köln MDR 1985, 945; Braunschweig AnwBl 1984, 514; Schlesw SchlHA 1983, 55 bei Beratungshilfe in Familiensachen den Familiensenat des Oberlandesgerichts zur Entscheidung über die Beschwerde gegen eine Erinnerungsentscheidung des Amtsgerichts für zuständig halten, ist nach BGH FamRZ 1984, 775 auch in familiengerichtlichen Beratungshilfesachen die Beschwerde stets an die Zivilkammer des Landgerichts zu richten. Der Gesetzgeber habe die Zuständigkeit in Beratungshilfesachen ohne Rücksicht auf die Rechtsnatur der Streitsache dem Amtsgericht zugewiesen, das den Berechtigungsschein ausgestellt habe; damit aber werde die Sache nicht zu einer Familiensache, so daß der gewöhnliche Instanzenzug im Beschwerdeverfahren Platz greife. 32

Das Erinnerungsgericht kann der Beschwerde abhelfen. Geschieht dies und sinkt hierdurch der Beschwerdewert unter den Betrag von DM 100,– (künftig DM 200,– ?), wird damit die Beschwerde nicht unzulässig (KG NJW 1958, 2023; a. M. Zöller/Schneider ZPO 14. Auflage Anm. 52 zu § 567; Hamm JurBüro 1982, 582). 33

Unzulässig ist eine Beschwerde an ein oberstes Bundesgericht (§ 128 Abs. 4 Satz 2 i. V. m. § 10 Abs. 3 Satz 2 BRAGO; s. auch § 567 Abs. 3 ZPO). 34

Unzulässig ist eine weitere Beschwerde; dies gilt auch in Angelegenheiten der freiwilligen Gerichtsbarkeit. 35

Im Beschwerdeverfahren gilt das Verbot der reformatio in peius, d. h. das Beschwerdegericht kann die angefochtene Entscheidung zuungunsten des Beschwerdeführers nicht abändern. 36

X. Änderung des Gegenstandswerts

37 Findet nachträglich eine Erhöhung des Gegenstandswerts der Hauptsache statt, bedarf es zu einer entsprechend erhöhten Festsetzung der Anwaltsvergütung eines neuen Antrags. Eine erhöhte Festsetzung der bereits zuerkannten Gebühren von Amts wegen durch den Urkundsbeamten findet nicht statt. Das Rechtsmittelgericht ist zu einer Änderung des Gegenstandswertes nur solange befugt, als das Verfahren wegen der Hauptsache, wegen der Streitwertfestsetzung, des Kostenansatzes oder der Kostenfestsetzung bei ihm anhängig ist. Zu einer Anregung, den Gegenstandswert anderweitig festzusetzen, sind nicht nur der beigeordnete Rechtsanwalt oder die Staatskasse, sondern auch die hilfsbedürftige Partei und der kostenpflichtige Gegner befugt.

XI. Verwirkung

38 Da das Festsetzungsverfahren nach § 128 BRAGO keine der Rechtskraft fähigen Entscheidungen kennt, vielmehr nicht an Fristen gebundene Rechtsbehelfe zuläßt, ist lebhaft umstritten, wieweit unabhängig von der Frage der Verjährung bereits vor deren Vollendung der Vergütungsanspruch ebenso wie das Erinnerungs- und Beschwerderecht – sowohl für den Rechtsanwalt als auch für die Staatskasse – dem Einwand der Verwirkung unterliegt. Grundsätzliche Bedenken gegen die Anwendung des Gesichtspunkts der Verwirkung äußert Hartmann, Kostengesetze BRAGO § 128 Anm. 3 A c, ebenso Celle MDR 1955, 680 (dagegen Koblenz AnwBl 1983, 323). Im übrigen setzt die Rechtsprechung für die Annahme der Verwirkung voraus, es müsse Vertrauen darauf bestanden haben, daß die Sache kostenmäßig abgeschlossen ist und nicht wieder aufgerollt werden wird. Dies sei in der Regel in Analogie zu § 7 GKG dann der Fall, wenn seit der letzten im Festsetzungsverfahren ergangenen Entscheidung oder verfahrensbeendenden Handlung das ihr folgende Kalenderjahr abgelaufen ist (Celle JurBüro 1983, 39; Hamm JurBüro 1982, 877; Braunschweig JurBüro 1980, 713; Stuttgart AnwBl 1978, 462; LG Ulm AnwBl 1978, 263 f.; KG JurBüro 1976, 212). Umstritten ist, ob eine Änderung der Rechtsprechung zugunsten des Rechtsanwalts eine Nachfestsetzung von Gebühren, zugunsten der Staatskasse eine niedrigere Festsetzung mit der Folge der Rückforderung rechtfertigt. Während Gerold/Schmidt BRAGO 10. Auflage § 128 Rz 27 der Auffassung sind, es könne einen besonderen Schutz des Vertrauens in den Fortbestand der Rechtsprechung zu einer bestimmten Rechtsfrage nicht geben, es sei vielmehr bei strittigen Fragen immer mit einer Änderung der Rechtsprechung zu rechnen, so daß eine darauf gestützte Nachliquidation oder ein

Rechtsbehelf nicht treuwidrig sei (Celle JurBüro 1983, 99 und 1981, 497; Köln JurBüro 1983, 97; Hamm JurBüro 1982, 877; Frankfurt JurBüro 1982, 1698, Düsseldorf JurBüro 1981, 1847) wollen Hamburg AnwBl 1982, 255, LG Hamburg AnwBl 1956, 12, LG Oldenburg AnwBl 1954, 219; Schumann/Geißinger BRAGO 2. Auflage § 128 Rz 22, Riedel/Sußbauer BRAGO 6. Auflage § 128 Rz 37 den Rechtsanwalt, dessen Vergütung ordnungsgemäß festgesetzt und ausgezahlt worden ist, bei Änderung der Rechtsprechung gegen eine Rückforderung geschützt sehen. Nach Koblenz, AnwBl 1983, 323 steht dem auf den Gesichtspunkt der veränderten Rechtsprechung gestützten Antrag des Prozeßkostenhilfeanwalts auf Nachfestsetzung von Gebühren, die nach der bis dahin bestehenden Rechtsprechung zurückgewiesen worden waren, nach einem in der Regel mit drei Monaten seit der Zurückweisung zu bemessenden Zeitablauf der Einwand der Rechtssicherheit entgegen. Den Rechtsanwalt in einem derartigen Fall an eine so kurze Frist für eine Nachfestsetzung zu binden und ihn im Vergleich zu anderen Sachverhalten, die zur späteren Korrektur von Vergütungsfestsetzung führen, in seinen Rechten zu beschränken, besteht indessen kein begründeter Anlaß.

Die Rückforderung der Staatskasse gegen den Rechtsanwalt setzt stets einen geänderten Festsetzungsbeschluß aufgrund Erinnerung oder Beschwerde der Staatskasse voraus (Köln JurBüro 1983, 97; Düsseldorf JurBüro 1981, 1847). Wird die Festsetzung zugunsten der Staatskasse geändert, wirkt dies als Feststellung der Rückzahlungsverpflichtung, ohne daß sich der Rechtsanwalt auf einen Wegfall der Bereicherung berufen kann (Zweibrücken JurBüro 1983, 722; Celle Rpfl 1981, 497; Köln Kostrspr BRAGO § 128 Nr. 45). Der Rückerstattungsanspruch wird nach § 1 Abs. 1 Nr. 8 Justiz-Beitreibungs-Ordnung durchgesetzt. Die Staatskasse kann sich jedoch auch der Möglichkeit der Aufrechnung mit dem Rückforderungsanspruch gegen andere Vergütungsansprüche des Rechtsanwalts bedienen. 39

§ 129 BRAGO (Anrechnung von Vorschüssen und Zahlungen)

Vorschüsse und Zahlungen, die der Rechtsanwalt von seinem Auftraggeber oder einem Dritten vor oder nach der Beiordnung erhalten hat, sind zunächst auf die Vergütungen anzurechnen, für die ein Anspruch gegen die Bundes- oder Landeskasse nicht oder nur unter den Voraussetzungen des § 124 besteht.

Inhaltsübersicht

	Rz
I. Allgemeines	1
II. Erläuterungen	2–20
1. Sachlicher Bereich der Anrechnungspflicht	2
2. Anrechnungsumfang	3–17
3. Weitere Vergütung und Anrechnungspflicht	18
4. Vergütungsvereinbarung und Anrechnungspflicht	19–20

I. Allgemeines

1 Der beigeordnete Rechtsanwalt erhält bei Gegenstandswerten über DM 5 000,– aus der Staatskasse eine Vergütung, die nach § 123 BRAGO niedriger ist als die dem Wahlanwalt nach der Tabelle zu § 11 BRAGO zustehenden Regelgebühren. Um diesen Nachteil auszugleichen, gesteht ihm § 129 BRAGO das Recht zu, Zahlungen der Partei, des Gegners oder sonstiger Dritter, die er in derselben Angelegenheit auf seine Vergütung erhält, zunächst auf die Differenz zwischen den Regelgebühren und den niedrigeren Gebühren des § 123 BRAGO zu verrechnen. Nur soweit diese Zahlungen den Differenzbetrag überschreiten, sind sie auf die aus der Staatskasse zu zahlende Vergütung anzurechnen. Um dem Urkundsbeamten der Geschäftsstelle eine Überprüfung der Anrechnungspflicht zu ermöglichen, ist dem Rechtsanwalt nach § 128 Abs. 1 Satz 2 BRAGO die Verpflichtung auferlegt, jegliche Zahlungen der Partei oder Dritter, sei es vor oder nach Stellung des Antrags auf Vergütungsfestsetzung gegen die Staatskasse dem Gericht anzuzeigen. Die Mitteilungspflicht ist durch konkrete Angabe erhaltener Beträge zu erfüllen. Es genügt nicht, die Erklärung dahingehend zu beschränken, anrechnungspflichtige Beträge nicht erhalten zu haben. Den Umfang der Anrechnungs- bzw. der etwaigen Rückzahlungspflicht hat der Urkundsbeamte der Geschäftsstelle zu prüfen und hierüber zu entscheiden.

II. Erläuterungen

1. Sachlicher Bereich der Anrechnungspflicht

Anrechnungspflichtig sind Zahlungen der Partei, auch von Streitgenossen, die der beigeordnete Rechtsanwalt in derselben Sache vertritt, freiwillige oder beigetriebene Zahlungen des Prozeßgegners sowie sonstiger Dritter. Zahlungen können nur insoweit anrechnungspflichtig sein, als sie in derselben Angelegenheit, nicht für eine Vertretung in einer anderen Angelegenheit, an den beigeordneten Rechtsanwalt geleistet worden sind. Eine andere Angelegenheit ist zum Beispiel die einstweilige Anordnungssache neben der Ehesache, das Beweissicherungsverfahren oder das Arrest-/Verfügungsverfahren neben dem der Hauptsache. Hat der Rechtsanwalt Zahlungen für einen bestimmten Rechtszug erhalten, können diese nicht auf die Vergütung für einen anderen Rechtszug angerechnet werden. Zahlungen, die nicht auf seine Vergütung, sondern zur Weiterleitung an einen Verkehrsanwalt oder zwecks Leistung eines Gerichtskostenvorschusses geleistet worden sind, sind nicht anrechnungsfähig. Gleiches gilt für Zahlungen, die im Falle lediglich teilweiser Bewilligung von Prozeßkostenhilfe gezahlt worden sind für denjenigen Teil des Rechtsstreits, für den der Rechtsanwalt nicht beigeordnet worden ist. Hat der Rechtsanwalt einen Vorschuß erhalten, der nicht für eine bestimmte Sache Verwendung finden sollte, ist dieser nach § 366 BGB zunächst auf jene Gebühren anzurechnen, die aus der Erledigung von Aufträgen entstanden sind, für die Prozeßkostenhilfe nicht bewilligt worden war.

2. Anrechnungsumfang

Zum besseren Verständnis sollen nachstehend einige Abrechnungsbeispiele erläutert werden:
1. Der Rechtsanwalt fertigt für einen Rechtsstreit über DM 12000,– ein Prozeßkostenhilfegesuch. Er erhält hierfür von der Partei eine 5/10 Prozeßgebühr nach § 51 BRAGO in Höhe von DM 300,50 nach der Regelgebührentabelle zu § 11 BRAGO. Nach Bewilligung von Prozeßkostenhilfe und Beiordnung reicht der Rechtsanwalt die Klage ein. Nachdem der Beklagte gezahlt hat, ist die Angelegenheit beendet. Der Rechtsanwalt kann eine volle Prozeßgebühr aus der Staatskasse nach § 123 BRAGO in Höhe von DM 410,– fordern. Die Gebühr des § 51 BRAGO ist gemäß § 37 Nr. 3 BRAGO auf die Prozeßgebühr des § 31 BRAGO anzurechnen. Der Rechtsanwalt kann also höchstens eine volle Wahlanwaltsgebühr aus der Regelgebührentabelle zu § 11 BRAGO beanspruchen. Es ergibt sich folgende Berechnung:

Prozeßgebühr als Wahlanwalt (Regelgebühr)	DM 601,–
abzüglich Prozeßgebühr nach § 123 BRAGO	DM 410,–
Summe	DM 191,–

Diese DM 191,– braucht der Rechtsanwalt sich auf die ihm aus der Staatskasse zu zahlende Vergütung nicht anrechnen zu lassen; weitere DM 109,50 sind anrechenbar. Die dem beigeordneten Rechtsanwalt aus der Staatskasse zu zahlende Vergütung beträgt somit DM 410,– abzüglich DM 109,50 = DM 300,50.

5 Hätte der Beklagte nach Bewilligung von Prozeßkostenhilfe und noch vor Einreichung der Klage gezahlt, wäre es zur Beiordnung des Rechtsanwalts nicht mehr gekommen. Ihm wäre ein Gebührenanspruch gegen die Staatskasse nicht erwachsen; mit der Vorschußzahlung in Höhe einer $5/10$ Regelgebühr wäre sein Gebührenanspruch abgegolten gewesen, da er für den erhaltenen Prozeßauftrag höchstens eine $5/10$ Gebühr nach § 32 Abs. 1 BRAGO hätte beanspruchen können, worauf die $5/10$ Gebühr aus § 51 BRAGO anzurechnen gewesen wäre.

6 2. Wird der Rechtsanwalt erst im Laufe des Rechtsstreits beigeordnet, ist ein ihm vorher gezahlter Vorschuß nicht auf eine einzelne Gebühr, etwa die Prozeßgebühr, zu verrechnen, sondern zunächst auf die Differenz zwischen den gesamten Regelgebühren und den gesamten Gebühren aus § 123 BRAGO, und zwar nach folgendem Beispiel:

7 In einem Rechtsstreit über DM 12 000,– zahlt die Partei einen Vorschuß von DM 750,–. Es entstehen

2 Regelgebühren nach § 11 BRAGO	DM 1 202,–
abzüglich 2 Gebühren nach § 123 BRAGO	DM 820,–
Differenzbetrag	DM 382,–.

Aus dem geleisteten Vorschuß von DM 750,– darf der Rechtsanwalt diese DM 382,– behalten; die weiteren DM 318,– muß er sich auf die aus der Staatskasse zu zahlende Vergütung anrechnen lassen, so daß er auf die Gebühren aus § 123 BRAGO

von	DM 820,–
abzüglich	DM 318,–
Summe	DM 502,–.

zu erhalten hat.

8 3. Teilweise Bewilligung von Prozeßkostenhilfe
Dem auf Zahlung von DM 10 000,– in Anspruch genommenen Beklagten ist Prozeßkostenhilfe nur in Höhe von DM 7 000,– bewilligt und ein Rechtsanwalt beigeordnet worden. Der Rechtsanwalt wird im Auftrage der Partei gleichwohl vollen Umfangs tätig. Es entstehen zwei Gebühren. Die Partei leistet einen Vorschuß von DM 800,–, der im vorliegenden Fall auch ohne ausdrückliche Verwendungsbestimmung auf jenen Teil der Rechtsverteidigung zu verrechnen ist, für die Prozeßkostenhilfe nicht bewilligt worden ist. Es ergibt sich folgende Berechnung:

2 Regelgebühren aus DM 10 000,–	DM 1 078,–
abzüglich 2 Regelgebühren aus DM 7 000,–	DM 766,–
Summe	DM 312,–.

Der Vorschuß, sofern nicht ausdrücklich nur für die über die Prozeß- 9
kostenhilfebewilligung hinausgehende Rechtsverteidigung zweckbestimmt, ist auch auf die Gebühr zu verrechnen, für die zwar Prozeßkostenhilfe und Beiordnung bewilligt worden ist, jedoch kein Anspruch gegen die Staatskasse besteht:

2 Regelgebühren aus DM 7 000,–	DM 766,–
2 Gebühren gemäß § 123 BRAGO aus DM 7 000,–	DM 660,–
Summe	DM 106,–.

Der Rechtsanwalt hat den erhaltenen Vorschuß somit zu verrechnen in 10
Höhe von DM 312,– auf den nicht in Prozeßkostenhilfe geführten Teil des Rechtsstreits, in Höhe weiterer DM 106,– auf die Differenzgebühren des mit Prozeßkostenhilfe geführten Teils des Rechtsstreits; restliche DM 382,– des Vorschusses sind ihm auf die Vergütung aus der Staatskasse anzurechnen, die somit DM 660,– minus DM 382,– = DM 278,– beträgt.

Hat die Partei bestimmt, daß der Vorschuß ausschließlich auf den nicht 11
mit Prozeßkostenhilfe geführten Teil des Rechtsstreits geleistet werde, hat der Rechtsanwalt ihr den nicht benötigten Vorschuß in Höhe von DM 800,– abzüglich DM 312,– = DM 488,– zurückzuzahlen.

Im Hinblick auf den unterschiedlichen Zeitpunkt von Vergütungszah- 12
lungen ist zu differenzieren:

Wird der Rechtsanwalt mit der Prozeßführung beauftragt, ohne daß er 13
zugleich um Prozeßkostenhilfe nachsuchen soll, entstehen ihm die Regelgebühren der §§ 11, 31 Abs. 1 BRAGO. Leistet der Auftraggeber hierauf Zahlungen oder Vorschüsse, sind sie auf diese Gebühren zu verrechnen.

Wird der Rechtsanwalt während des Rechtsstreits auf Grund nachträgli- 14
chen Antrags im Wege der Prozeßkostenhilfe dem Auftraggeber beigeordnet, so verbleiben ihm grundsätzlich die Wahlanwalts-Gebührenansprüche gemäß §§ 11, 31 ff. BRAGO im Umfange bereits verwirklichter Gebührentatbestände. Die gesetzliche Forderungssperre des § 122 Abs. 1 Nr. 3 ZPO vermag frühestens mit dem Zeitpunkt der Bewilligung der Prozeßkostenhilfe sowie der Beiordnung des Rechtsanwalts einzugreifen, d. h. frühestens rückwirkend vom Zeitpunkt des Prozeßkostenhilfe- und Beiordnungsantrages (s. §§ 114–115 ZPO Rz 172 ff.) Soweit bereits verwirklichte Gebührentatbestände nach Wirksamkeit der Beiordnung nochmals verwirklicht werden, gehen die damit verbundenen Gebührenansprüche des beigeordneten Rechtsanwalts gegen die Staatskasse seinen zuvor entstandenen Ansprüchen gegen die Partei vor; lediglich in Höhe der Differenz zwischen den Wahlanwaltsgebühren aus § 11 und den ermäßigten Gebühren aus § 123 BRAGO verbleiben dem

Rechtsanwalt Gebührenansprüche gegen die Partei aus der Zeit vor dem Wirksamwerden der Beiordnung, die er auch nach Wirksamwerden der Beiordnung unbeschadet der Forderungssperre des § 122 Abs. 1 Nr. 3 ZPO geltend machen darf. Da die Bewilligung der Prozeßkostenhilfe über den Zeitpunkt ihres Wirksamwerdens keine Rückwirkung entfaltet, vermag sie auch in gebührenrechtliche Positionen des Rechtsanwalts in der Zeit davor nicht einzugreifen (Hamburg MDR 1985, 416; KG MDR 1984, 410; Kalthoener/Büttner Rz 692, 793).

15 Zahlungen, die der Rechtsanwalt von der Partei oder einem Dritten freiwillig nach seiner Beiordnung für die Tätigkeit nach Wirksamwerden der Beiordnung erhält, unterliegen der beschränkten Anrechnung auf seine Gebührenansprüche gegenüber der Staatskasse nach Maßgabe der obigen Ausführungen, und zwar ohne Rücksicht darauf, ob sie ihm vor oder nach Beendigung des Rechtsstreits zufließen. Soweit er bereits aus der Staatskasse Vergütung erhalten hatte, sind Beträge, die über die vollen Wahlanwaltsgebühren hinausgehen, an die Staatskasse zurückzuzahlen (Kalthoener/Büttner Rz 724).

16 Zahlungen, die die Partei an den später beigeordneten Rechtsanwalt leistet in der Zeit, die von der Rückwirkung der Beiordnung umfaßt wird, hat der Rechtsanwalt an die Partei zurückzuzahlen, bevor die Staatskasse an den Rechtsanwalt die Prozeßkostenhilfe-Vergütung auszahlt, sofern diese Zahlungen bei rechtzeitiger Prozeßkostenhilfebewilligung nicht hätten gezahlt werden müssen (LAG Düsseldorf JurBüro 1986, 238; Bamberg JurBüro 1985, 730; Düsseldorf JurBüro 1982, 1210; Zöller/Schneider § 121 Rz 40). Der beigeordnete Rechtsanwalt kann nach dem Beiordnungszeitpunkt erhaltene Zahlungen auch von sich aus der Partei zurückzahlen und Vergütung aus der Staatskasse fordern (BGH KostRspr BRAGO § 130 Nr. 1).

17 Bei Teilbewilligung von Prozeßkostenhilfe sind Zahlungen und Vorschüsse zunächst auf die Gebühren, die durch Prozeßkostenhilfe nicht gedeckt sind, zu verrechnen (Riedel/Sußbauer BRAGO § 129 Rz 19; BGH JurBüro 1963, 533; Bamberg JurBüro 1985, 730; Düsseldorf JurBüro 1982, 1210).

3. Weitere Vergütung und Anrechnungspflicht

18 Stehen dem Rechtsanwalt Ansprüche gegen die Staatskasse auf Zahlung einer weiteren Vergütung gemäß § 124 BRAGO zu, weil die Partei zu Zahlungen aus dem Vermögen oder aus dem Einkommen verpflichtet worden ist und geleistet hat, kann er, solange er die weitere Vergütung nach § 124 BRAGO nicht erhalten hat, Zahlungen auf die Differenzvergütung von der Partei oder Dritten annehmen und behalten, doch hat er den Empfang dieser Beträge dem Gericht anzuzeigen (§ 124 Abs. 4 Halbsatz 2 BRAGO).

4. Vergütungsvereinbarung und Anrechnungspflicht

Hat der Rechtsanwalt mit der Partei, bevor diese Prozeßkostenhilfe 19
beantragt hatte, eine die gesetzlichen Gebühren übersteigende Vergütung vereinbart, darf er Vorschüsse und Zahlungen auf den die gesetzlichen Gebühren übersteigenden Teil der Gebührenvereinbarung nicht anrechnen. Durch eine nach der Beiordnung getroffene Vergütungsvereinbarung wird eine einklagbare Verpflichtung zwar nicht begründet (§ 3 Abs. 4 Satz 1 BRAGO), es kann jedoch nach § 3 Abs. 4 Satz 2 BRAGO eine freiwillig und ohne Vorbehalt, d. h. in Kenntnis fehlender Verpflichtung gezahlte vereinbarte Vergütung von der Partei nicht zurückgefordert werden. Um zu verhindern, daß eine derartige Gebührenvereinbarung zum Nachteil der Staatskasse getroffen wird, muß der Rechtsanwalt auf eine vereinbarte Vergütung geleistete Zahlungen bis zur Höhe des Unterschieds zwischen den gesetzlichen und den von der Staatskasse geschuldeten Gebühren anrechnen.

Zulässig ist es, daß der Rechtsanwalt mit der Partei eine Gebühren- und 20
Auslagenvereinbarung für die Wahrnehmung eines auswärtigen Termins trifft, nachdem das Gericht die Feststellung der Notwendigkeit der Reise zum auswärtigen Gericht abgelehnt hat. Die für die Terminwahrnehmung gezahlte Vergütung ist in diesem Fall nicht auf die aus der Staatskasse zu zahlende Vergütung anzurechnen.

§ 130 BRAGO (Übergang von Ansprüchen auf die Bundes- oder Landeskasse)

(1) Soweit dem Rechtsanwalt wegen seiner Vergütung ein Anspruch gegen die Partei oder einen ersatzpflichtigen Gegner zusteht, geht der Anspruch mit der Befriedigung des Rechtsanwalts durch die Bundes- oder Landeskasse auf diese über. Der Übergang kann nicht zum Nachteil des Rechtsanwalts geltend gemacht werden.

(2) Für die Geltendmachung des Anspruchs gelten die Vorschriften über die Einziehung der Kosten des gerichtlichen Verfahrens sinngemäß.

Inhaltsübersicht

	Rz
I. Allgemeines	1
II. Erläuterungen	
1. Voraussetzungen des Rechtsübergangs	2
2. Wirkungen des Rechtsübergangs	3–9
3. Kostenverquotung	10–15
4. Einschränkungen des Rechtsübergangs	16–19
5. Vorrang des Rechtsanwalts	20
6. Beitreibung übergegangener Ansprüche durch die Staatskasse	21
7. Weitere Folgen des Rechtsübergangs	22

I. Allgemeines

1 Die Vorschrift verschafft der Staatskasse einen Ausgleich für ihre Aufwendungen zugunsten der hilfsbedürftigen Partei, indem sie mit der Zahlung der Anwaltsvergütung im Umfange ihrer Leistungen in die Rechtsstellung des Rechtsanwalts gegenüber der Partei oder einem ersatzpflichtigen Gegner einrückt gleich einem Bürgen, welcher für den Schuldner den Gläubiger befriedigt hat. Ebenso wie dort darf auch hier der Rechtsübergang auf die Staatskasse nicht zum Nachteil des Rechtsanwalts geltend gemacht werden.

II. Erläuterungen

1. Voraussetzung des Rechtsübergangs

Der Übergang der Vergütungsansprüche des beigeordneten Rechtsanwalts auf die Staatskasse knüpft sich nicht bereits an die Festsetzung der Vergütung gegen die Staatskasse, sondern an deren Zahlung an den Rechtsanwalt. 2

2. Wirkungen des Rechtsübergangs

Der Vergütungsanspruch des Rechtsanwalts geht auf die Staatskasse in demjenigen Zustand über, in dem er sich befindet. Da es sich um einen gesetzlichen Forderungsübergang im Sinne von § 412 BGB handelt, sind §§ 399 bis 404, 406 bis 410 BGB anwendbar, wobei die Aufrechnungsbeschränkungen des § 406 BGB sowie der Schutz des gutgläubigen Schuldners nach § 407 BGB besondere Beachtung verdienen. 3

Die Staatskasse erwirbt alle mit der Forderung verbundenen Nebenrechte, insbesondere solche aus der Haftung einer vom ausländischen Gegner geleisteten Sicherheit, für die Vergütungsforderung bestellte Sicherheiten, das Beitreibungsrecht des Rechtsanwalts aus § 126 ZPO mit den damit verbundenen Einredebeschränkungen, z. B. hinsichtlich Aufrechnung, aus der durch den Rechtsanwalt vorgenommenen Zwangsvollstreckung, nach § 126 ZPO erworbene Pfändungspfandrechte am Vermögen des Gegners, ferner Ansprüche des Rechtsanwalts gegen die Partei nach Aufhebung der Prozeßkostenhilfe oder Rechte aus nachträglichen Zahlungsanordnungen gemäß § 120 Abs. 1 und 4 ZPO. 4

Soweit die Staatskasse den Rechtsanwalt, welcher mehrere Streitgenossen vertreten hat, von denen nur einem Prozeßkostenhilfe bewilligt worden ist, einen höheren Gebührenanteil gezahlt hat als es der Kostenlast der hilfsbedürftigen Partei im Innenverhältnis entspricht, erwirbt die Staatskasse einen Ausgleichsanspruch nach § 426 BGB, ohne daß insoweit ein Rechtsübergang stattfindet (Gerold/Schmidt/von-Eikken/Madert BRAGO § 130 Rz 7; a. M. Kalthoener/Büttner Rz 830, wonach die Staatskasse nicht als Gesamtschuldner zahlt). Der Ausgleichsanspruch kann nicht nach § 130 Abs. 2 BRAGO geltend gemacht werden. 5

Die Staatskasse unterliegt mit dem auf sie übergegangenen Anspruch den Beschränkungen und Vorbehalten desselben, wie sie sich aus der vorläufigen Vollstreckbarkeit der Kostengrundentscheidung und deren auflösender Bedingtheit für den Fall ihrer Aufhebung ergibt. Somit hat die Staatskasse für die Vollstreckung des auf sie übergegangenen Beitreibungsanspruchs aus § 126 ZPO ggfs. Sicherheit zu leisten und ist an 6 einer Vollstreckung solange gehindert, als der Gegner von der Befugnis zur Sicherheitsleistung Gebrauch macht.

7 Nach § 9 Abs. 3 Nr. 2 der bundeseinheitlichen Kostenverfügung vom 1. 3. 1976 kann die Staatskasse die auf sie übergegangenen Ansprüche des beigeordneten Rechtsanwalts gegen den unterlegenen Gegner nur auf Grund eines rechtskräftigen Titels geltend machen.

8 Gebührenfreiheit des Gegners hat auf den auf die Staatskasse übergegangenen Erstattungsanspruch des beigeordneten Rechtsanwalts keinen Einfluß (BGH NJW 1965, 538).

9 War auch der Gegenpartei Prozeßkostenhilfe bewilligt worden, so steht dies der Beitreibung der auf die Staatskasse übergegangenen Erstattungsansprüche des beigeordneten Rechtsanwalts gegen den Gegner grundsätzlich nicht entgegen. Dies folgt bereits auf § 123 ZPO (so im Ergebnis auch Hamburg JurBüro 1983, 612; Koblenz KostRspr ZPO § 122 Nr. 21 unter Hinweis auf BT-Drucksache 8/3068 S. 30; so auch Kalthoener/Büttner Rz 821 f.; Mümmler JurBüro 1984, 1046; Lappe Rpfl 1984, 129; a. M. Zweibrücken Rpfl 1989, 114; Frankfurt Rpfl 1969, 217). Nach diesen Entscheidungen ist indessen das Beitreibungsrecht der Staatskasse nach Maßgabe des § 122 Abs. 1 Nr. 1 b ZPO durch den vom Prozeßkostenhilfebeschluß gezogenen finanziellen Rahmen beschränkt. Düsseldorf, Rpfl. 1986, 448 ist hingegen der Meinung, nach §§ 126 ZPO, 130 BRAGO gingen lediglich Vergütungsansprüche des beigeordneten Rechtsanwalts, nicht der Erstattungsanspruch der Partei auf die Staatskasse über mit der Folge, daß diese den Anspruch nach Art einer Prozeßstandschaft geltend machen kann. Die in der BT-Drucksache aaO zum Ausdruck gebrachte Auffassung sei nicht Gesetz geworden, denn in § 122 Abs. 1 Nr. 1 b ZPO sei lediglich bestimmt, die Staatskasse dürfe den Anspruch des Rechtsanwalts gegen die Partei geltend machen, nicht aber die Ansprüche der Partei selbst.

3. Kostenverquotung

10 Sind die Kosten des Rechtsstreits nach Quoten verteilt, ist der Erstattungsanspruch der Staatskasse hinsichtlich der auf sie übergegangenen Anwaltsvergütung von der Kostenausgleichung gemäß § 106 ZPO abhängig. Diese ist zunächst so durchzuführen, als wäre Prozeßkostenhilfe nicht bewilligt. Von dem sich zu Gunsten der bedürftigen Partei ergebenden Erstattungssaldo ist die an den beigeordneten Rechtsanwalt von der Staatskasse gezahlte Vergütung abzuziehen und statt auf den Namen des Rechtsanwalts für die Staatskasse festzusetzen, jedoch nur dann, wenn dieser Saldo den Unterschied zwischen den vollen und den aus der Staatskasse gezahlten Gebühren des Rechtsanwalts übersteigt. Dies berührt den Übergang der Ansprüche auf die Staatskasse nicht, vielmehr wird damit seine Berücksichtigung bis zur Befriedigung der

Prozeßkostenhilfe § 130 BRAGO

Regelgebührenansprüche des Rechtsanwalts ausgeschlossen (vgl. hierzu München JurBüro 1982, 417; Oldenburg JurBüro 1980, 1052 mit Anm. von Mümmler). Der dem beigeordneten Rechtsanwalt aus der Staatskasse zu erstattende Betrag ist also in erster Linie anzurechnen auf den Teil der Vergütung des Anwalts, der von der Gegenpartei nicht zu erstatten ist.

Hat die Partei erstattungsfähige Auslagen für die Prozeßführung gehabt, 11
gehen diese innerhalb des vom Gegner zu erstattenden Bruchteils vor
entsprechend folgendem Beispiel:

Rechtsstreit über DM 15 000,–	
2 Gebühren zu je DM 694,–	DM 1 388,–
eigene Auslagen des Klägers	DM 250,–
Summe	DM 1 638,– .
Die Staatskasse hat gezahlt	
2 Gebühren zu je DM 440,–	DM 880,–
Somit ist ein zunächst ungedeckter Restanspruch des beigeordneten Anwalts von	DM 1 388,–
minus	DM 880,–
gleich	DM 508,–
verblieben.	
Kosten auf Seiten des Gegners ebenfalls insgesamt	DM 1 638,– .
Somit betragen die Gesamtkosten DM 3 276,– .	
Kostenverteilung ⅕ Kläger zu ⅘ Beklagter.	
Beklagter muß tragen	DM 2 620,80.
Seine eigenen Kosten betragen	DM 1 638,–
er hat dem Kläger zu erstatten	DM 982,80.
Dieser Betrag entfällt	
auf den beigeordneten Anwalt des Klägers mit	DM 508,– ,
auf den Kläger selbst mit ⅕ aus DM 250,–	DM 200,– ,
auf die Staatskasse mit dem Rest	DM 274,80.

Diese von Eicken bei Gerold-/Schmidt/von-Eicken/Madert (10. Aufl. 12
§ 130 Rz 12 f.) entwickelte Berechnungsmethode ist jedoch nicht unumstritten. S. hierzu Hessischer VGH JVBl 1964, 145 sowie weitere Ausführungen und Berechnungsbeispiele bei Riedel/Sußbauer Anm. 57 ff. zu BRAGO § 130.

Hinsichtlich der Gerichtskosten ist eine gesonderte Ausgleichung vorzunehmen. 13

Ist nur für eine Instanz eine Kostenverteilung vorgesehen, liegen aber 14
bereits für mehrere Instanzen Kostenentscheidungen vor, so hat das
Gericht des ersten Rechtszuges die Kostenausgleichung für alle Rechts-

züge gleichzeitig vorzunehmen. Sind die Kosten für die verschiedenen Rechtszüge getrennt und bereits rechtskräftig festgesetzt worden, hat die Gegenpartei die Möglichkeit, im Wege der Erinnerung gegen den Ansatz der Kosten des beigeordneten Rechtsanwalts in der Gerichtskostenrechnung nach § 5 GKG Einwendungen zu erheben, da die Rechtskraft der Kostenfestsetzung nur unter den Parteien, nicht im Verhältnis einer Partei zur Staatskasse wirkt.

15 Solange die Kostengrundentscheidung des Urteils noch nicht rechtskräftig ist, hat die Partei die Möglichkeit, über den Kostenerstattungsanspruch gegen den Gegner durch Vergleich zu verfügen und damit den Beitreibungsanspruch des beigeordneten Anwalts und dessen Übergang auf die Staatskasse zu vereiteln (Bamberg JurBüro 1988, 1676 mit Anm. v. Mümmler; Frankfurt NJW 1969, 144; Neustadt Rpfl 1967, 4). Es kann daher die Staatskasse den Übergang von Vergütungsansprüchen des beigeordneten Rechtsanwalts nicht mehr geltend machen, wenn der Abschluß des Vergleichs ihr vor Rechtskraft der Kostengrundentscheidung angezeigt worden ist. Mit der Rechtskraft des Urteils endet das Verfügungsrecht der Partei, ein danach abgeschlossener Vergleich kann der Staatskasse den auf sie übergegangenen Anspruch nicht mehr entziehen (Düsseldorf NJW 1956, 1161; Stuttgart NJW 1956, 1405).

4. Einschränkungen des Rechtsübergangs.

16 Ein Rechtsübergang auf die Staatskasse findet nicht statt, wenn die Gegenpartei die auf den Namen der bedürftigen Partei festgesetzten Kosten an diese bezahlt hat und somit der beigeordnete Rechtsanwalt den Anspruch gegen den Prozeßgegner gemäß § 126 ZPO verloren hat.

17 Die Verpflichtung des Prozeßgegners in einem Vergleich, einen bezifferten Betrag zu den außergerichtlichen Kosten der hilfsbedürftigen Partei beizutragen, der nur für den durch die Haftung der Staatskasse nicht gedeckten Teil der Anwaltsvergütung ausreicht, läßt Vergütungsansprüche des Anwalts auf die Staatskasse nicht übergehen.

18 Der auf die Staatskasse übergegangene Vergütungsanspruch des beigeordneten Anwalts unterliegt nicht den für Gerichtskosten geltenden Vorschriften, insbesondere nicht den Haftungsbestimmungen für Gerichtskosten, denn die übergegangenen Ansprüche sind und bleiben als solche Parteikosten (KG JurBüro 1974, 866; LG Wuppertal JurBüro 1975, 359).

19 Die Übernahme von Gerichtskosten in einem Vergleich hat folglich nicht zugleich die Übernahme der auf die Staatskasse übergehenden Vergütungsansprüche des beigeordneten Anwalts zum Gegenstand (Düsseldorf AnwBl 1954, 182).

5. Vorrang des Rechtsanwalts

Der Rechtsübergang auf die Staatskasse darf nicht zum Nachteil des Rechtsanwalts geltend gemacht werden. Soweit Zahlungen der Staatskasse auf die Vergütung des beigeordneten Rechtsanwalts dessen weitere Vergütung, die er nach § 126 ZPO gegen den in die Kosten verurteilten Gegner durchsetzen kann, nicht deckt, gebührt bei der Konkurrenz der Ansprüche der Staatskasse und des Rechtsanwalts letzterem der Vorrang. Auch kann der Rechtsanwalt die Zahlungen der Staatskasse zunächst auf jene Kosten verrechnen, für die der Gegner nicht erstattungspflichtig ist (Hamburg NJW 1954, 1044). Auch der Prozeßgegner darf sich auf den Vorrang der Ansprüche des beigeordneten Rechtsanwalts berufen, wenn die Staatskasse bei ihm übergegangene Ansprüche beitreiben will. Im übrigen steht es dem beigeordneten Rechtsanwalt frei, zuerst die Staatskasse oder zunächst den erstattungspflichtigen Gegner oder beide teilweise in Anspruch zu nehmen, solange damit nicht der Gesamtbetrag seiner gesetzlichen Vergütung überschritten wird (vgl. hierzu Nürnberg AnwBl 1978, 113). Bei gleichzeitiger Vollstreckung des beigeordneten Rechtsanwalts und der Staatskasse gebührt ersterem der Vorrang der Befriedigung. Dies gilt nicht, wo die Staatskasse neben dem Rechtsanwalt wegen der Gerichtskosten vollstreckt. 20

Aufwendungen der Partei, die nicht nach § 12a ArbGG von der Erstattungsfähigkeit ausgeschlossen und die durch die Beauftragung eines Rechtsanwalts erspart worden sind, sind erstattbar. Dieser Vergütungsanspruch des Rechtsanwalts geht dem auf die Staatskasse übergegangenen Anspruch vor (LAG Nürnberg AnwBl 1988, 181). 20a

6. Beitreibung übergegangener Ansprüche durch die Staatskasse

Die Staatskasse macht auf sie übergegangene Vergütungsansprüche des beigeordneten Rechtsanwalts gemäß § 130 Abs. 2 BRAGO nach den Vorschriften über die Einziehung der Kosten des gerichtlichen Verfahrens geltend, d. h. im Bereich der ordentlichen Gerichtsbarkeit nach der Justizbeitreibungsordnung. Sie bedarf hierzu eines Vollstreckungstitels nicht, sondern vollstreckt auf der Grundlage der Gerichtskostenrechnung. Einwendungen des Kostenschuldners, die dieser im Wege der Erinnerung sowie der Beschwerde gegen die Erinnerungsentscheidung gemäß § 5 GKG geltend machen kann, können sich auch aus dem Verhältnis des Kostenschuldners zum beigeordneten Rechtsanwalt ergeben, sofern diese im Zeitpunkt des Rechtsübergangs bereits begründet gewesen sind. Sie können sich beziehen auf eine fehlerhafte Gebührenberechnung, auf eine zulässige Aufrechnung im Rahmen der Beschränkung nach § 126 Abs. 2 ZPO (vgl. LG Berlin JurBüro 1983, 878) sowie mit 21 den Beschränkungen nach § 8 Justizbeitreibungsordnung, wonach die Aufrechnung nur zulässig ist mit anerkannten und gerichtlich festgestellten Gegenforderungen).

7. Weitere Folgen des Rechtsübergangs

22 Mit dem Rechtsübergang auf die Staatskasse verlieren die begünstigte Partei und der beigeordnete Rechtsanwalt das Recht der Kostenfestsetzung gegen die Gegenpartei, denn beide sind nunmehr insoweit nicht mehr aktiv legitimiert. Hat jedoch nach Aufhebung der Prozeßkostenhilfe (§ 124 ZPO) oder in Befolgung gerichtlicher Anordnungen nach §§ 115, 120 Abs. 4 ZPO die Partei Zahlungen an die Staatskasse geleistet und sind damit die auf die Staatskasse übergegangenen Ansprüche erloschen, kann die Partei in Höhe ihrer Aufwendungen von dem in die Prozeßkosten verurteilten Gegner die Erstattung im Festsetzungsverfahren nach §§ 103 ff. ZPO verlangen (KG JurBüro 1983, 1056).

Anhang

Inhaltsübersicht

1. Verordnung zur Durchführung des § 76 des BundessozialhilfeGesetzes
2. Auszug aus dem Patentgesetz (§§ 129–138)
3. Gesetz über die Beiordnung von Patentanwälten bei Prozeßkostenhilfe
4. Durchführungsregelung zum ProzeßkostenhilfeGesetz
5. Vereinbarung zwischen Bundesjustizministerium und den Landesjustiz-Verwaltungen über die Festsetzung der aus der Staatskasse zu gewährenden Vergütung der Rechtsanwälte
6. Reisekostenentschädigungs-AV

Verordnung zur Durchführung des § 76 des Bundessozialhilfegesetzes

in der Fassung der VO vom 23. November 1976 (BGBl I, 3234)
Auf Grund des § 76 Abs. 3 des Bundessozialhilfegesetzes vom 30. Juni 1961 (BGBl I, 815) verordnet die Bundesregierung mit Zustimmung des Bundesrates:

§ 1. Einkommen

Bei der Berechnung der Einkünfte in Geld oder Geldeswert, die nach § 76 Abs. 1 des Gesetzes zum Einkommen gehören, sind alle Einnahmen ohne Rücksicht auf ihre Herkunft und Rechtsnatur sowie ohne Rücksicht darauf, ob sie zu den Einkunftsarten im Sinne des Einkommensteuergesetzes gehören und ob sie der Steuerpflicht unterliegen, zugrunde zu legen.

§ 2. Bewertung von Sachbezügen

(1) Für die Bewertung von Einnahmen, die nicht in Geld bestehen (Kost, Wohnung und sonstige Sachbezüge), sind die auf Grund des § 160 Abs. 2 der Reichsversicherungsordnung für die Sozialversicherung zuletzt festgesetzten Werte der Sachbezüge maßgebend; soweit der Wert der Sachbezüge nicht festgesetzt ist, sind der Bewertung die üblichen Mittelpreise des Verbrauchsortes zugrunde zu legen. Die Verpflichtung, den notwendigen Lebensunterhalt im Einzelfall nach Abschnitt 2 des Gesetzes sicherzustellen, bleibt unberührt.
(2) Absatz 1 gilt auch dann, wenn in einem Tarifvertrag, einer Tarifordnung, einer Betriebs- oder Dienstordnung, einer Betriebsvereinbarung, einem Arbeitsvertrag oder einem sonstigen Vertrag andere Werte festgesetzt worden sind.

§ 3. Einkünfte aus nichtselbständiger Arbeit

(1) Welche Einkünfte zu den Einkünften aus nichtselbständiger Arbeit gehören, bestimmt sich nach § 19 Abs. 1 Ziff. 1 des Einkommensteuergesetzes.
(2) Als nichtselbständige Arbeit gilt auch die Arbeit, die in einer Familiengemeinschaft von einem Familienangehörigen des Betriebsinhabers gegen eine Vergütung geleistet wird. Wird die Arbeit nicht nur vorübergehend geleistet, so ist in Zweifelsfällen anzunehmen, daß der Familienangehörige eine Vergütung erhält, wie sie einem Gleichaltrigen für eine gleichartige Arbeit gleichen Umfangs in einem fremden Betrieb ortsüblich gewährt wird.
(3) Bei der Berechnung der Einkünfte ist von den monatlichen Bruttoeinnahmen auszugehen. Einmalige Einnahmen sind von dem Monat an

zu berücksichtigen, in dem sie anfallen; sie sind, soweit nicht im Einzelfall eine Regelung angezeigt ist, auf einen angemessenen Zeitraum aufzuteilen und monatlich mit einem entsprechenden Teilbetrag anzusetzen. Satz 2 gilt auch für Sonderzuwendungen, Gratifikationen und gleichartige Bezüge und Vorteile, die in größeren als monatlichen Zeitabständen gewährt werden.
(4) Zu den mit der Erzielung der Einkünfte aus nichtselbständiger Arbeit verbundenen Ausgaben im Sinne des § 76 Abs. 2 Nr. 4 des Gesetzes gehören vor allem
1. notwendige Aufwendungen für Arbeitsmittel,
2. notwendige Aufwendungen für Fahrten zwischen Wohnung und Arbeitsstätte,
3. notwendige Beiträge für Berufsverbände,
4. notwendige Mehraufwendungen infolge Führung eines doppelten Haushalts nach näherer Bestimmung des Absatzes 7.
Ausgaben im Sinne des Satzes 1 sind nur insoweit zu berücksichtigen, als sie von dem Bezieher des Einkommens selbst getragen werden.
(5) Als Aufwendungen für Arbeitsmittel (Absatz 4 Nr. 1) kann ein monatlicher Pauschbetrag von zehn Deutsche Mark berücksichtigt werden, wenn nicht im Einzelfall höhere Aufwendungen nachgewiesen werden.
(6) Wird für die Fahrt zwischen Wohnung und Arbeitsstätte (Absatz 4 Nr. 2) ein eigenes Kraftfahrzeug benutzt, gilt folgendes:
1. Wäre bei Nichtvorhandensein eines Kraftfahrzeuges die Benutzung eines öffentlichen Verkehrsmittels notwendig, so ist ein Betrag in Höhe der Kosten der tariflich günstigsten Zeitkarte abzusetzen.
2. ist ein öffentliches Verkehrsmittel nicht vorhanden oder dessen Benutzung im Einzelfall nicht zumutbar und deshalb die Benutzung eines Kraftfahrzeuges notwendig, so sind folgende monatliche Pauschbeträge abzusetzen:
   a) bei Benutzung eines Kraftwagens   10,- Deutsche Mark,
   b) bei Benutzung eines Kleinstkraftwagens
      (drei- oder vierrädriges Kraftfahrzeug,
      dessen Motor einen Hubraum von nicht
      mehr als 500 ccm hat)   7,20 Deutsche Mark,
   c) bei Benutzung eines Motorrades oder
      eines Motorrollers   4,40 Deutsche Mark,
   d) bei Benutzung eines Fahrrades mit Motor   2,40 Deutsche Mark
für jeden vollen Kilometer, den die Wohnung von der Arbeitsstätte entfernt liegt, jedoch für nicht mehr als 40 Kilometer. Bei einer Beschäftigungsdauer von weniger als einem Monat sind die Beträge anteilmäßig zu kürzen.
(7) Ist der Bezieher des Einkommens außerhalb des Ortes beschäftigt, an dem er einen eigenen Hausstand unterhält, und kann ihm weder der

Umzug noch die tägliche Rückkehr an den Ort des eigenen Hausstandes zugemutet werden, so sind die durch Führung des doppelten Haushalts ihm nachweislich entstehenden Mehraufwendungen, höchstens ein Betrag von zweihundertfünfzig Deutsche Mark monatlich, sowie die unter Ausnutzung bestehender Tarifvergünstigungen entstehenden Aufwendungen für Fahrtkosten der zweiten Wagenklasse für eine Familienheimfahrt im Kalendermonat abzusetzen. Ein eigener Hausstand ist dann anzunehmen, wenn der Bezieher des Einkommens eine Wohnung mit eigener oder selbstbeschaffter Möbelausstattung besitzt. Eine doppelte Haushaltsführung kann auch dann anerkannt werden, wenn der Bezieher des Einkommens nachweislich ganz oder überwiegend die Kosten für einen Haushalt trägt, den er gemeinsam mit nächsten Angehörigen führt.

§ 4. Einkünfte aus Land- und Forstwirtschaft, Gewerbebetrieb und selbständiger Arbeit

(1) Welche Einkünfte zu den Einkünften aus Land- und Forstwirtschaft, Gewerbebetrieb und selbständiger Arbeit gehören, bestimmt sich nach § 13 Abs. 1 und 2, § 15 Abs. 1 und § 18 Abs. 1 des Einkommensteuergesetzes; der Nutzungswert der Wohnung im eigenen Haus bleibt unberücksichtigt.

(2) Die Einkünfte sind für das Jahr zu berechnen, in dem der Bedarfszeitraum liegt (Berechnungsjahr).

(3) Als Einkünfte ist bei den einzelnen Einkunftsarten ein Betrag anzusetzen, der auf der Grundlage früherer Betriebsergebnisse aus der Gegenüberstellung der im Rahmen des Betriebes im Berechnungsjahr bereits erzielten Einnahmen und geleisteten notwendigen Ausgaben sowie der im Rahmen des Betriebes im Berechnungsjahr noch zu erwartenden Einnahmen und notwendigen Ausgaben zu errechnen ist. Bei der Ermittlung früherer Betriebsergebnisse (Satz 1) kann ein durch das Finanzamt festgestellter Gewinn berücksichtigt werden.

(4) Soweit im Einzelfall geboten, kann abweichend von der Regelung des Absatzes 3 als Einkünfte ein Betrag angesetzt werden, der nach Ablauf des Berechnungsjahres aus der Gegenüberstellung der im Rahmen des Betriebes im Berechnungsjahr erzielten Einnahmen und geleisteten notwendigen Ausgaben zu errechnen ist. Als Einkünfte im Sinne des Satzes 1 kann auch der vom Finanzamt für das Berechnungsjahr festgestellte Gewinn angesetzt werden.

(5) Wird der vom Finanzamt festgestellte Gewinn nach Absatz 3 Satz 2 berücksichtigt oder nach Absatz 4 Satz 2 als Einkünfte angesetzt, so sind Absetzungen, die bei Gebäuden oder sonstigen Wirtschaftsgütern durch das Finanzamt nach
1. den §§ 7, 7 b und 7 c des Einkommensteuergesetzes,
2. den Vorschriften des Berlinförderungsgesetzes,

Prozeßkostenhilfe **Anhang Nr. 1**

3. den §§ 76, 77 und 78 Abs. 1 der Einkommensteuer-Durchführungsverordnung,
4. der Verordnung über Steuervergünstigungen zur Förderung des Baues von Landarbeiterwohnungen in der Fassung der Bekanntmachung vom 6. August 1974 (BGBl I S. 1869).

vorgenommen worden sind, dem durch das Finanzamt festgestellten Gewinn wieder hinzuzurechnen. Soweit jedoch in diesen Fällen notwendige Ausgaben für die Anschaffung oder Herstellung der in Satz 1 genannten Wirtschaftsgüter im Feststellungszeitraum geleistet worden sind, sind sie vom Gewinn abzusetzen.

§ 5. Sondervorschriften für die Einkünfte aus Land- und Forstwirtschaft

(1) Die Träger der Sozialhilfe können mit Zustimmung der zuständigen Landesbehörde die Einkünfte aus Land- und Forstwirtschaft abweichend von § 4 und § 7 der Dritten Verordnung über Ausgleichsleistungen nach dem Lastenausgleichsgesetz (3. LeistungsDV-LA) berechnen; der Nutzungswert der Wohnung im eigenen Haus bleibt jedoch unberücksichtigt.

(2) Von der Berechnung der Einkünfte nach Absatz 1 ist abzusehen,
1. wenn sie im Einzelfall offenbar nicht den besonderen persönlichen und wirtschaftlichen Verhältnissen entspricht oder
2. wenn der Bezieher der Einkünfte zur Einkommensteuer veranlagt wird, es sei denn, daß der Gewinn auf Grund von Durchschnittssätzen ermittelt wird.

§ 6. Einkünfte aus Kapitalvermögen

(1) Welche Einkünfte zu den Einkünften aus Kapitalvermögen gehören, bestimmt sich nach § 20 Abs. 1 bis 3 des Einkommensteuergesetzes.

(2) Als Einkünfte aus Kapitalvermögen sind die Jahresroheinnahmen anzusetzen, vermindert um die Kapitalertragsteuer sowie um die mit der Erzielung der Einkünfte verbundenen notwendigen Ausgaben (§ 76 Abs. 2 Nr. 4 des Gesetzes).

(3) Die Einkünfte sind auf der Grundlage der vor dem Berechnungsjahr erzielten Einkünfte unter Berücksichtigung der im Berechnungsjahr bereits eingetretenen und noch zu erwartenden Veränderungen zu errechnen. Soweit im Einzelfall geboten, können hiervon abweichend die Einkünfte für das Berechnungsjahr auch nachträglich errechnet werden.

§ 7. Einkünfte aus Vermietung und Verpachtung

(1) Welche Einkünfte zu den Einkünften aus Vermietung und Verpachtung gehören, bestimmt sich nach § 21 Abs. 1 und 3 des Einkommensteuergesetzes.

(2) Als Einkünfte aus Vermietung und Verpachtung ist der Überschuß der Einnahmen über die mit ihrer Erzielung verbundenen notwendigen Ausgaben (§ 76 Abs. 2 Nr. 4 des Gesetzes) anzusetzen; zu den Ausgaben gehören
1. Schuldzinsen und dauernde Lasten,
2. Steuern vom Grundbesitz, sonstige öffentliche Abgaben und Versicherungsbeiträge,
3. Leistungen auf die Hypothekengewinnabgabe und die Kreditgewinnabgabe, soweit es sich um Zinsen nach § 211 Abs. 1 Nr. 2 des Lastenausgleichsgesetzes handelt,
4. der Erhaltungsaufwand,
5. sonstige Aufwendungen zur Bewirtschaftung des Haus- und Grundbesitzes, ohne besonderen Nachweis Aufwendungen in Höhe von 1 vom Hundert der Jahresroheinnahmen.

Zum Erhaltungsaufwand im Sinne des Satzes 1 Nr. 4 gehören die Ausgaben für Instandsetzung und Instandhaltung, nicht jedoch die Ausgaben für Verbesserungen; ohne Nachweis können bei Wohngrundstücken, die vor dem 1. Januar 1925 bezugsfertig geworden sind, 15 vom Hundert, bei Wohngrundstücken, die nach dem 31. Dezember 1924 bezugsfähig geworden sind, 10 vom Hundert der Jahresroheinnahmen als Erhaltungsaufwand berücksichtigt werden.

(3) Die in Absatz 2 genannten Ausgaben sind von den Einnahmen insoweit nicht abzusetzen, als sie auf den vom Vermieter oder Verpächter selbst genutzten Teil des vermieteten oder verpachteten Gegenstandes entfallen.

(4) Als Einkünfte aus der Vermietung von möblierten Wohnungen und von Zimmern sind anzusetzen

bei möblierten Wohnungen 80 vom Hundert,
bei möblierten Zimmern 70 vom Hundert,
bei Leerzimmern 90 vom Hundert

der Roheinnahmen. Dies gilt nicht, wenn geringere Einkünfte nachgewiesen werden.

(5) Die Einkünfte sind als Jahreseinkünfte, bei der Vermietung von möblierten Wohnungen und von Zimmern jedoch als Monatseinkünfte zu berechnen. Sind sie als Jahreseinkünfte zu berechnen, gilt § 6 Abs. 3 entsprechend.

Prozeßkostenhilfe Anhang Nr. 1

§ 8. Andere Einkünfte

(1) Andere als die in den §§ 3, 4, 6 und 7 genannten Einkünfte sind, wenn sie nicht monatlich oder wenn sie monatlich in unterschiedlicher Höhe erzielt werden, als Jahreseinkünfte zu berechnen. Zu den anderen Einkünften im Sinne des Satzes 1 gehören auch die in § 19 Abs. 1 Ziff. 2 des Einkommensteuergesetzes genannten Bezüge sowie Renten und sonstige wiederkehrende Bezüge. § 3 Abs. 3 Satz 2 und 3 gilt entsprechend.

(2) Sind die Einkünfte als Jahreseinkünfte zu berechnen, gilt § 6 Abs. 3 entsprechend.

§ 9. Einkommensberechnung in besonderen Fällen

Ist der Bedarf an Sozialhilfe einmalig oder nur von kurzer Dauer und duldet die Entscheidung über die Hilfe keinen Aufschub, so kann der Träger der Sozialhilfe nach Anhörung des Beziehers des Einkommens die Einkünfte schätzen.

§ 10. Verlustausgleich

Ein Verlustausgleich zwischen einzelnen Einkunftsarten ist nicht vorzunehmen. In Härtefällen kann jedoch die gesamtwirtschaftliche Lage des Beziehers des Einkommens berücksichtigt werden.

§ 11. Maßgebender Zeitraum

(1) Soweit die Einkünfte als Jahreseinkünfte berechnet werden, gilt der zwölfte Teil dieser Einkünfte zusammen mit den monatlich berechneten Einkünften als monatliches Einkommen im Sinne des Gesetzes. § 8 Abs. 1 Satz 3 geht der Regelung des Satzes 1 vor.

(2) Ist der Betrieb oder die sonstige Grundlage der als Jahreseinkünfte zu berechnenden Einkünfte nur während eines Teils des Jahres vorhanden oder zur Einkommenserzielung genutzt, so sind die Einkünfte aus der betreffenden Einkunftsart nur für diesen Zeitraum zu berechnen; für ihn gilt als monatliches Einkommen im Sinne des Gesetzes derjenige Teil der Einkünfte, der der Anzahl der in den genannten Zeitraum fallenden Monate entspricht. Satz 1 gilt nicht für Einkünfte aus Saisonbetrieben und andere ihrer Natur nach auf einen Teil des Jahres beschränkte Einkünfte, wenn die Einkünfte den Hauptbestandteil des Einkommens bilden.

§ 12. Ausgaben nach § 76 Abs. 2 Nrn. 1 bis 3 des Gesetzes

Die in § 76 Abs. 2 Nrn. 1 bis 3 des Gesetzes bezeichneten Ausgaben sind von der Summe der Einkünfte abzusetzen, soweit sie nicht bereits nach den Bestimmungen dieser Verordnung bei den einzelnen Einkunftsarten abzuziehen sind.

§ 13. Berlin-Klausel

Diese Verordnung gilt nach § 14 des Dritten Überleitungsgesetzes vom 4. Januar 1952 (BGBl I S. 1) in Verbindung mit § 152 des Bundessozialhilfegesetzes vom 30. Juni 1961 (BGBl I S. 815) auch im Land Berlin.

§ 14. Inkrafttreten

Diese Verordnung tritt am 1. Januar 1963 in Kraft.

Auszug aus dem Patentgesetz

Achter Abschnitt. Verfahrenskostenhilfe
§ 129. [Verfahrenskostenhilfe]
[1]Im Verfahren vor dem Patentamt, dem Patentgericht und dem Bundesgerichtshof erhält ein Beteiligter Verfahrenskostenhilfe nach Maßgabe der Vorschriften der §§ 130 bis 138. [2]Angehörige ausländischer Staaten, mit Ausnahme der Mitgliedstaaten der Europäischen Gemeinschaften, erhalten die Verfahrenskostenhilfe nur, soweit die Gegenseitigkeit verbürgt ist.

§ 130. [Patenterteilungsverfahren]
(1) [1]Im Verfahren zur Erteilung des Patents erhält der Anmelder auf Antrag unter entsprechender Anwendung der §§ 114 bis 116 der Zivilprozeßordnung Verfahrenskostenhilfe, wenn hinreichende Aussicht auf Erteilung des Patents besteht. [2]Die Zahlungen sind an die Bundeskasse zu leisten.
(2) [1]Die Bewilligung der Verfahrenskostenhilfe bewirkt, daß bei den Gebühren, die Gegenstand der Verfahrenskostenhilfe sind, die für den Fall der Nichtzahlung vorgesehenen Rechtsfolgen nicht eintreten. [2]Im übrigen ist § 122 Abs. 1 der Zivilprozeßordnung entsprechend anzuwenden.
(3) Beantragen mehrere gemeinsam das Patent, so erhalten sie die Verfahrenskostenhilfe nur, wenn alle Anmelder die Voraussetzungen des Absatzes 1 erfüllen.
(4) Ist der Anmelder nicht der Erfinder oder dessen Gesamtrechtsnachfolger, so erhält er die Verfahrenskostenhilfe nur, wenn auch der Erfinder die Voraussetzungen des Absatzes 1 erfüllt.
(5) [1]Auf Antrag können so viele Jahresgebühren an Stelle einer gewährten oder nach § 18 Abs. 1 zu gewährenden Stundung in die Verfahrenskostenhilfe einbezogen werden, wie erforderlich ist, um die einer Bewilligung der Verfahrenskostenhilfe nach § 115 Abs. 3 der Zivilprozeßordnung entgegenstehende Beschränkung auszuschließen. [2]Die gezahlten Raten sind erst dann auf die Jahresgebühren zu verrechnen, wenn die Kosten des Patenterteilungsverfahrens einschließlich etwa entstandener Kosten für einen beigeordneten Vertreter durch die Ratenzahlungen gedeckt sind. [3]Soweit die Jahresgebühren durch die gezahlten Raten als entrichtet angesehen werden können, ist § 19 entsprechend anzuwenden. [4]Satz 1 ist auf die Einbeziehung der Gebühren nach § 23 Abs. 4 Satz 3 und Abs. 5 Satz 2 in die Verfahrenskostenhilfe entsprechend anzuwenden.
(6) Die Absätze 1 bis 3 sind in den Fällen der §§ 43 und 44 auf den antragstellenden Dritten entsprechend anzuwenden, wenn dieser ein eigenes schutzwürdiges Interesse glaubhaft macht.

§ 131. [Patentbeschränkungsverfahren]
Im Verfahren zur Beschränkung des Patents (§ 64) sind die Bestimmungen des § 130 Abs. 1, 2 und 5 entsprechend anzuwenden.

§ 132. [Einspruchsverfahren]
(1) ¹Im Einspruchsverfahren (§§ 59 bis 62) erhält der Patentinhaber auf Antrag unter entsprechender Anwendung der §§ 114 bis 116 der Zivilprozeßordnung und des § 130 Abs. 1 Satz 2 und Abs. 2, 4 und 5 Verfahrenskostenhilfe. ²Hierbei ist nicht zu prüfen, ob die Rechtsverteidigung hinreichende Aussicht auf Erfolg bietet.
(2) Absatz 1 Satz 1 ist auf den Einsprechenden und den gemäß § 59 Abs. 2 beitretenden Dritten sowie auf die Beteiligten im Verfahren wegen Erklärung der Nichtigkeit oder Zurücknahme des Patents oder wegen einer Zwangslizenz entsprechend anzuwenden, wenn der Antragsteller ein eigenes schutzwürdiges Interesse glaubhaft macht.

§ 133. [Beiordnung eines Patentanwalts oder Rechtsanwalts]
¹Einem Beteiligten, dem die Verfahrenskostenhilfe nach den Vorschriften der §§ 130 bis 132 bewilligt worden ist, wird auf Antrag ein zur Übernahme der Vertretung bereiter Patentanwalt oder Rechtsanwalt seiner Wahl oder auf ausdrückliches Verlangen eine Erlaubnisscheininhaber beigeordnet, wenn die Vertretung zur sachdienlichen Erledigung des Verfahrens erforderlich erscheint oder ein Beteiligter mit entgegengesetzten Interessen durch einen Patentanwalt, einen Rechtsanwalt oder einen Erlaubnisscheininhaber vertreten ist. ²§ 121 Abs. 3 und 4 der Zivilprozeßordnung ist entsprechend anzuwenden.

§ 134. [Hemmung von Gebührenfristen]
Wird das Gesuch um Bewilligung der Verfahrenskostenhilfe nach den §§ 130 bis 132 vor Ablauf einer für die Zahlung einer Gebühr vorgeschriebenen Frist eingereicht, so wird der Lauf dieser Frist bis zum Ablauf von einem Monat nach Zustellung des auf das Gesuch ergehenden Beschlusses gehemmt.

§ 135. [Gesuch um Bewilligung der Verfahrenskostenhilfe]
(1) ¹Das Gesuch um Bewilligung der Verfahrenskostenhilfe ist schriftlich beim Patentamt oder beim Patentgericht einzureichen. ²Im Verfahren nach den §§ 110 und 122 kann das Gesuch auch beim Bundesgerichtshof eingereicht werden, wenn das Patentgericht die Akten diesem vorgelegt hat.
(2) ¹Über das Gesuch beschließt die Stelle, die für das Verfahren zuständig ist, für welches die Verfahrenskostenhilfe nachgesucht wird. ²Jedoch beschließt über das Gesuch im Verfahren nach § 110 das Patentgericht, wenn die Berufung nach § 122 als unzulässig zu verwerfen ist.

(3) ¹Die nach den §§ 130 bis 133 ergehenden Beschlüsse sind unanfechtbar, soweit es sich nicht um einen Beschluß der Patentabteilung handelt, durch den die Patentabteilung die Verfahrenskostenhilfe oder die Beiordnung eines Vertreters nach § 133 verweigert; die Rechtsbeschwerde ist ausgeschlossen. ²§ 127 Abs. 3 der Zivilprozeßordnung ist auf das Verfahren vor dem Patentgericht entsprechend anzuwenden.

§ 136. [Anwendung von Vorschriften der ZPO]

¹Die Vorschriften des § 117 Abs. 2 bis 4, des § 118 Abs. 2 und 3, der §§ 119 und 120 Abs. 1, 3 und 4 sowie der §§ 124 und 127 Abs. 1 und 2 der Zivilprozeßordnung sind entsprechend anzuwenden. ²Im Einspruchsverfahren sowie in den Verfahren wegen Erklärung der Nichtigkeit oder Zurücknahme des Patents oder wegen Erteilung einer Zwangslizenz gilt dies auch für § 117 Abs. 1 Satz 2, § 118 Abs. 1, § 122 Abs. 2 sowie die §§ 123, 125 und 126 der Zivilprozeßordnung.

§ 137. [Aufhebung der Verfahrenskostenhilfe]

¹Die Verfahrenskostenhilfe kann aufgehoben werden, wenn die angemeldete oder durch ein Patent geschützte Erfindung, hinsichtlich deren Verfahrenskostenhilfe gewährt worden ist, durch Veräußerung, Benutzung, Lizenzvergabe oder auf sonstige Weise wirtschaftlich verwertet wird und die hierzu fließenden Einkünfte die für die Bewilligung der Verfahrenskostenhilfe maßgeblichen Verhältnisse so verändern, daß dem betroffenen Beteiligten die Zahlung der Verfahrenskosten zugemutet werden kann; dies gilt auch nach Ablauf der Frist des § 124 Nr. 3 der Zivilprozeßordnung. ²Der Beteiligte, dem Verfahrenskostenhilfe gewährt worden ist, hat jede wirtschaftliche Verwertung dieser Erfindung derjenigen Stelle anzuzeigen, die über die Bewilligung entschieden hat.

§ 138. [Rechtsbeschwerdeverfahren]

(1) Im Verfahren über die Rechtsbeschwerde (§ 100) ist einem Beteiligten auf Antrag unter entsprechender Anwendung der §§ 114 bis 116 der Zivilprozeßordnung Verfahrenskostenhilfe zu bewilligen.
(3) ¹Das Gesuch um die Bewilligung von Verfahrenskostenhilfe ist schriftlich beim Bundesgerichtshof einzureichen; es kann auch vor der Geschäftsstelle zu Protokoll erklärt werden. ²Über das Gesuch beschließt der Bundesgerichtshof.
(3) Im übrigen sind die Bestimmungen des § 130 Abs. 2, 3, 5 und 6 sowie der §§ 133, 134, 136 und 137 entsprechend anzuwenden mit der Maßgabe, daß einem Beteiligten, dem Verfahrenskostenhilfe bewilligt worden ist, nur ein beim Bundesgerichtshof zugelassener Rechtsanwalt beigeordnet werden kann.

Patentanwälte können in Patent-, Gebrauchsmuster-, Sortenschutz- und ab 1. 7. 1988 Geschmackssachen im Verwaltungsverfahren vor dem Patentamt und im patentgerichtlichen Verfahren beigeordnet werden. In Patentstreitsachen und allgemeinen Rechtsstreitigkeiten, soweit die Entscheidung von einer Patentfrage abhängt (entsprechendes gilt für Gebrauchsmuster-, Geschmacksmuster-, Warenzeichen-, Sortenschutz- und Arbeitnehmererfindungs-Streitsachen), kann ein Patentanwalt im Wege der PKH beigeordnet werden. Seine Vergütung regelt sich dann nach dem **Gesetz über die Beiordnung von Patentanwälten bei Prozeßkostenhilfe** vom 5. 2. 1938 (RGBl. I, 116) i. d. Fassung d. Gesetzes vom 7. 9. 1966 (BGBl. I 557) und vom 13. 6. 1980 (BGBl. I 677), zuletzt geändert durch das SortenschutzG v. 11. 12. 1985 (BGBl. I, 270):

§ 1

(1) Wird in einem Rechtsstreit, in dem ein Anspruch aus einem der im Patentgesetz, im Gebrauchsmustergesetz, im Warenzeichengesetz, im Gesetz über Arbeitnehmererfindungen, im Gesetz betreffend das Urheberrecht an Mustern und Modellen (Geschmacksmustergesetz) oder im Sortenschutzgesetz geregelten Rechtsverhältnisse geltend gemacht wird, einer Partei Prozeßkostenhilfe bewilligt, so kann ihr auf ihren Antrag zu ihrer Beratung und zur Unterstützung des Rechtsanwalts ein Patentanwalt beigeordnet werden, wenn und soweit es zur sachgemäßen Rechtsverfolgung oder Rechtsverteidigung erforderlich erscheint.

(2) Das gleiche gilt für sonstige Rechtsstreitigkeiten, soweit für die Entscheidung eine Frage von Bedeutung ist, die ein Patent, ein Gebrauchsmuster, ein Warenzeichen, ein Geschmacksmuster, eine nicht geschützte Erfindung oder eine sonstige, die Technik bereichernde Leistung, einen Sortenschutz oder eine nicht geschützte, den Pflanzenbau bereichernde Leistung auf dem Gebiet der Pflanzenzüchtung betrifft, oder soweit für die Entscheidung eine mit einer solchen Frage unmittelbar zusammenhängende Rechtsfrage von Bedeutung ist.

(3) Die Vorschriften des § 117 Abs. 1, des § 119 Satz 1, des § 121 Abs. 2 und 3, des § 122 Abs. 1 Nr. 1 Buchstabe b und Nr. 3 und der §§ 124, 126 und 127 der Zivilprozeßordnung gelten entsprechend.

§ 2

Auf die Erstattung der Gebühren und Auslagen des beigeordneten Patentanwalts sind die Vorschriften der Bundesgebührenordnung für Rechtsanwälte v. 26. Juni 1957 (BGBl. I S. 861, 907), die für die Vergütung bei Prozeßhilfe gelten, sinngemäß mit folgender Maßgabe anzuwenden)

1. Der Patentanwalt erhält eine volle Gebühr und, wenn er eine mündliche Verhandlung oder einen Beweistermin wahrgenommen hat, insgesamt zwei volle Gebühren in Höhe der in § 123 der Bundesgebührenordnung für Rechtsanwälte bestimmten Beträge.

Prozeßkostenhilfe   **Anhang Nr. 3**

2. Der dem Patentanwalt insgesamt zu ersetzende Gebührenbetrag darf den Betrag einer vollen Gebühr nach § 11 Abs. 1 der Bundesgebührenordnung für Rechtsanwälte nicht übersteigen.

3. Reisekosten für die Wahrnehmung einer mündlichen Verhandlung oder eines Beweistermins werden nur ersetzt, wenn das Prozeßgericht vor dem Termin die Teilnahme des Patentanwalts für geboten erklärt hat.

Durchführungsregelung zum Prozeßkostenhilfegesetz

Bei der Bewilligung von Prozeßkostenhilfe sind die Durchführungsbestimmungen zum Prozeßkostenhilfegesetz zu beachten. Sie sind von den Justizministern der Länder bundeseinheitlich beschlossen und in den jeweiligen Ministerialblättern veröffentlicht. Die nachstehende Fassung beruht auf dem Runderlaß des Hessischen Justizministers vom 10. 12. 1980, HessJMBl 1981 S. 76.

I. Antrag auf Prozeßkostenhilfe

1. Wird ein Antrag auf Bewilligung der Prozeßkostenhilfe vor der Geschäftsstelle zu Protokoll in einem Verfahren gestellt, in dem der Vordruck für die Erklärung über die persönlichen und wirtschaftlichen Verhältnisse bei Prozeßkostenhilfe zu verwenden ist, so soll der Antragsteller auf die Bedeutung der Prozeßkostenhilfe durch Aushändigung des Vorblatts zum Vordruck hingewiesen werden.
2. Hat eine Partei die Bewilligung von Prozeßkostenhilfe beantragt, so sind die Akten dem Gericht vorzulegen.
3. Die in Klageverfahren der ordentlichen Gerichtsbarkeit sowie in Scheidungs- und Folgesachen bei einem normalen Verfahrensablauf voraussichtlich entstehenden Verfahrenskosten, bestehend aus den Gerichtsgebühren (Verfahrens- und Urteilsgebühr) zuzüglich 6 DM Zustellungsauslagen sowie drei Anwaltsgebühren (§ 11 BRAGO) zuzüglich Auslagenpauschale und Umsatzsteuer, können aus der dieser Verwaltungsvorschrift als Anlage beigefügten Tabelle entnommen werden. Voraussichtlich entstehende weitere Auslagen werden dem jeweiligen Kostenbetrag der Tabelle hinzuzurechnen sein.

II. Mitwirkung der Geschäftsstelle

1. Hat das Gericht Prozeßkostenhilfe bewilligt, so vermerkt die Geschäftsstelle auf dem Aktendeckel neben dem Namen der Partei „Prozeßkostenhilfe mit/ohne Zahlungsbestimmung bewilligt Bl. ...".
2. Der Vordruck mit der Erklärung über die persönlichen und wirtschaftlichen Verhältnisse sowie die bei der Durchführung der Prozeßkostenhilfe entstehenden Vorgänge sind in einem Beiheft zu vereinigen. Dies gilt insbesondere für Kostenrechnungen, Beanstandungen, Zahlungsanzeigen und Nachrichten. Zu dem Beiheft sind ferner Durchschriften der die Prozeßkostenhilfe betreffenden gerichtlichen Entscheidungen zu nehmen.
3. Der Geschäftsstelle obliegt die Überwachung des Eingangs der mit Kostennachricht (Nr. IV 5) angeforderten Beträge.

Prozeßkostenhilfe   Anhang Nr. 4

4. Dem Kostenbeamten sind die Akten – unbeschadet der Bestimmungen der Kostenverfügung – vorzulegen, sobald das Gericht Prozeßkostenhilfe bewilligt hat, die Entscheidung über die Prozeßkostenhilfe geändert worden ist, das Rechtsmittelgericht andere Zahlungen als das Gericht der Vorinstanz bestimmt hat, das Gericht die Bewilligung der Prozeßkostenhilfe aufgehoben hat, die Partei mit einem angeforderten Betrag länger als einen Monat im Rückstand ist (IV 5 a), 47 Monatsraten eingegangen sind.
5. Dem Rechtspfleger sind die Akten in folgenden Fällen vorzulegen: nach Absendung der Kostennachricht (Nr. IV 5) zur Bestimmung einer Wiedervorlagefrist zwecks Prüfung der vorläufigen Einstellung der Zahlungen (§ 120 III Nr. 1 ZPO), wenn die Partei, der Prozeßkostenhilfe mit Zahlungsbestimmung bewilligt ist, mit der Zahlung einer Monatsrate oder eines sonstigen Betrages länger als drei Monate im Rückstand ist (§ 124 Nr. 4 ZPO), wenn sich nach einer vorläufigen Einstellung der Zahlungen (§ 120 III Nr. 1 ZPO) Anhaltspunkte dafür ergeben, daß die bisherigen Zahlungen die voraussichtlich entstehenden Kosten nicht decken, bei jeder Veränderung des Streitwertes, wenn der Gegner Zahlungen auf Kosten leistet, wenn eine Entscheidung über die Kosten ergeht oder diese vergleichsweise geregelt werden (§ 120 III Nr. 2 ZPO).

III. Bewilligung von Prozeßkostenhilfe ohne Zahlungsbestimmung

1. Soweit und solange ein Kostenschuldner nach den Vorschriften der Zivilprozeßordnung von der Entrichtung der Kosten deshalb befreit ist, weil ihm oder seinem Gegner Prozeßkostenhilfe ohne Zahlungsbestimmung bewilligt ist, wird wegen dieser Kosten eine Kostenrechnung (§ 27 KostVfg) auf ihn ausgestellt.
2. Waren Kosten bereits vor der Bewilligung angesetzt und der Gerichtskasse zur Einziehung überwiesen, so ersucht der Kostenbeamte die Gerichtskasse, die Kostenforderung zu löschen, soweit die Kosten noch nicht gezahlt sind. Die Rückzahlungen bereits entrichteter Kosten ist nur dann anzuordnen, wenn sie nach dem Zeitpunkt gezahlt sind, in dem die Bewilligung wirksam geworden ist.
3. Der Kostenbeamte hat den Eintritt der gesetzlichen Voraussetzungen, unter denen die Kosten von der Partei, der Prozeßkostenhilfe ohne Zahlungsbestimmung bewilligt ist, und dem Gegner eingezogen werden können, genau zu überwachen. Zu beachten ist dabei folgendes:
a) Zu Lasten der Partei dürfen die außer Ansatz gelassenen Beträge nur aufgrund einer gerichtlichen Entscheidung angesetzt werden, durch die die Bewilligung aufgehoben worden ist (§ 124 ZPO).
b) Zu Lasten des Gegners sind die Kosten, von deren Entrichtung die Partei befreit ist, erst anzusetzen, wenn der Gegner rechtskräftig in die

Prozeßkosten verurteilt ist oder sie durch eine vor Gericht abgegebene oder dem Gericht mitgeteilte Erklärung übernommen hat oder sonst für die Kosten haftet (§ 125 I ZPO, § 54 GKG); dies gilt auch für die Geltendmachung von Ansprüchen, die nach § 130 BRAGO auf die Bundes- oder Landeskasse übergegangen sind. Die Gerichtskosten, von deren Zahlung der Gegner einstweilen befreit ist (§ 122 II ZPO), sind zu seinen Lasten anzusetzen, wenn er rechtskräftig in die Prozeßkosten verurteilt ist oder der Rechtsstreit ohne Urteil oder die Kosten durch Vergleich oder in sonstiger Weise beendet ist (§ 125 II ZPO). Wird ein Rechtsstreit, in dem dem Kläger, Berufungskläger oder Revisionskläger Prozeßkostenhilfe ohne Zahlungsbestimmung bewilligt ist, mehr als sechs Monate nicht betrieben, ohne daß das Ruhen des Verfahrens (§ 251 ZPO) angeordnet ist, so stellt der Kostenbeamte durch Anfrage bei den Parteien fest, ob der Rechtsstreit beendet ist. Gibt keine der Parteien binnen angemessener Zeit eine Erklärung ab, so setzt er auf den Gegner die diesem zur Last fallenden Kosten an. Das gleiche gilt, wenn die Parteien den Rechtsstreit trotz der Erklärung, daß er nicht beendet sei, auch jetzt nicht weiter betreiben oder wenn der Gegner erklärt, der Rechtsstreit ruhe oder sei beendet.

IV. Bewilligung von Prozeßkostenhilfe mit Zahlungsbestimmung

1. Der Kostenbeamte behandelt die festgesetzten Monatsraten und die aus dem Vermögen zu zahlenden Beträge (§ 120 I ZPO) wie Kostenforderungen. Sie werden von der Geschäftsstelle ohne vorherige Überweisung an die Gerichtskasse unmittelbar von dem Zahlungspflichtigen mit Kostennachricht (§ 31 KostVfG) angefordert. Monatsraten, Teilbeträge und einmalige Zahlungen sowie deren Fälligkeitstermine sind sowohl in der Urschrift der Kostenrechnung als auch in der Kostennachricht besonders anzugeben.
2. Sind vor Bewilligung der Prozeßkostenhilfe Gerichtskosten angesetzt und der Gerichtskasse zur Einziehung überwiesen, so ist zu prüfen, ob und gegebenenfalls wann diese bezahlt worden sind. Ist eine Zahlung noch nicht erfolgt, so veranlaßt der Kostenbeamte die Löschung des Kostensolls.
3. Zahlungen vor Wirksamwerden der Prozeßkostenhilfe sollen erst bei der Prüfung nach § 120 III Nr. 1 ZPO berücksichtigt werden, spätere Zahlungen sind auf die nach § 120 1 ZPO zu leistenden anzurechnen.
4. Bestimmt das Rechtsmittelgericht andere Zahlungen als das Gericht der Vorinstanz, so ist eine entsprechende Änderung der Zahlungen zu veranlassen (Nr. IV 1).
5. Für die Behandlung der Kostennachricht gilt § 32 I und II KostVfg entsprechend.

Prozeßkostenhilfe

a) Ist der Zahlungspflichtige mit einem angeforderten Betrag länger als einen Monat im Rückstand, so hat der Kostenbeamte ihn einmal unter Hinweis auf die Folgen des § 124 Nr. 4 ZPO an die Zahlung zu erinnern.
b) Sieht der Rechtspfleger im Falle einer Vorlage nach Nr. II 5 S. 2 davon ab, die Bewilligung der Prozeßkostenhilfe aufzuheben, so hat der Kostenbeamte die zu diesem Zeitpunkt rückständigen Beträge der Gerichtskasse zur Einziehung zu überweisen. Die Gerichtskasse ist durch einen rot zu unterstreichenden Vermerk „ZA" um Zahlungsanzeige zu ersuchen.
6. Zu Lasten des Gegners der Partei, der Prozeßkostenhilfe bewilligt ist, sind die unter die Bewilligung fallenden Kosten erst anzusetzen, wenn er rechtskräftig in die Prozeßkosten verurteilt ist oder sie durch eine vor Gericht abgegebene oder dem Gericht mitgeteilte Erklärung übernommen hat oder sonst für die Kosten haftet (§ 125 I ZPO, § 54 GKG).

V. Gemeinsame Bestimmungen bei Bewilligung von Prozeßkostenhilfe

1. Werden dem Kostenbeamten Tatsachen über die persönlichen oder wirtschaftlichen Verhältnisse bekannt, die eine Aufhebung der Bewilligung der Prozeßkostenhilfe rechtfertigen könnten (§ 124 Nr. 2, 3 ZPO), hat er die Akten dem Rechtspfleger vorzulegen.
2. Hat der Gerichtsvollzieher Berechnungen über Kosten für Amtshandlungen, die er aufgrund der Prozeßkostenhilfe unentgeltlich erledigt hat, zu den Akten mitgeteilt, so sind diese Kosten beim Ansatz wie sonstige Gerichtskosten zu behandeln.
3. Wenn bei einem obersten Gerichtshof des Bundes Kosten der Revisionsinstanz außer Ansatz geblieben sind, weil dem Kostenschuldner oder seinem Gegner Prozeßkostenhilfe bewilligt ist, hat der Kostenbeamte diesem Gericht Nachricht zu geben, sobald sich ergibt, daß Beträge durch die Bundeskasse einzuziehen sind. Dieser Fall kann eintreten, wenn das Revisionsgericht die Sache zur anderweitigen Verhandlung und Entscheidung, auch über die Kosten des Revisionsverfahrens, zurückverwiesen hat und nach endgültigem Abschluß des Verfahrens zu Lasten des Gegners der Partei, der Prozeßkostenhilfe bewilligt ist, Kosten des Revisionsverfahrens gemäß Nr. III 3 b oder IV 5 anzusetzen sind; wenn der für die Revisionsinstanz beigeordnete Rechtsanwalt seinen Anspruch auf Vergütung gegen die Bundeskasse geltend macht, nachdem die Prozeßakten zurückgesandt sind; in diesem Fall teilt der Urkundsbeamte der Geschäftsstelle des obersten Gerichtshofes des Bundes eine beglaubigte Abschrift des Beschlusses, durch den die Vergütung festgesetzt worden ist, zu den Prozeßakten mit; wenn nach Beendigung des Revisionsverfahrens ein Beschluß ergeht, durch den die Bewilligung der Prozeßkostenhilfe aufgehoben wird.

4. In der Nachricht teilt der Kostenbeamte mit, ob und gegebenenfalls in welcher Höhe etwaige Zahlungen, die nach § 120 II ZPO an die Landeskasse entrichtet worden sind, auf die Kosten des Revisionsverfahrens zu verrechnen sind. Sind die Zahlungen nach § 120 II ZPO an die Bundeskasse zu leisten, so sind dem obersten Gerichtshof des Bundes alle die bewilligte Prozeßkostenhilfe betreffenden Entscheidungen, die Kostenentscheidungen und eine Kostenrechnung unter Angabe der Beträge mitzuteilen, die in dem Verfahren von der Landeskasse vereinnahmt worden sind.

VI. Verfahren bei Verweisung und Abgabe

1. Wird ein Verfahren an ein anderes Gericht verwiesen oder abgegeben, so hat der Kostenbeamte des übernehmenden Gerichts erneut eine Kostennachricht zu übersenden (Nr. V 1, 5). Dabei ist darauf hinzuweisen, daß die Kostennachricht des verweisenden oder abgebenden Gerichts gegenstandslos ist.
2. Die Geschäftsstelle des verweisenden oder abgebenden Gerichts hat noch eingehende Zahlungsanzeigen an das übernehmende Gericht weiterzuleiten.

VII. Kostenansatz nach Entscheidung oder bei Beendigung des Verfahrens

1. Ergeht im Verfahren eine Kostenentscheidung, wird ein Vergleich geschlossen oder wird das Verfahren in dieser Instanz auf sonstige Weise beendet, setzt der Kostenbeamte die Kosten an und stellt die Kostenschuldner fest. In die Kostenrechnung sind die Gerichtskosten und die nach § 130 BRAGO auf die Staatskasse übergegangenen Ansprüche aufzunehmen. Sämtliche Zahlungen der Partei sind – erforderlichenfalls nach Anfrage bei der Kasse – zu berücksichtigen. Ist Prozeßkostenhilfe mit Zahlungsbestimmung bewilligt worden, so sind die Akten nach Aufstellung der Kostenrechnung unverzüglich dem Rechtspfleger vorzulegen.
2. Die Kosten der Rechtsmittelinstanz werden von dem Kostenbeamten des Rechtsmittelgerichts angesetzt (§ 41 Nr. 1 GKG). Kann dieser die Zahlungen, die von der Partei geleistet worden sind, der Prozeßkostenhilfe bewilligt wurde, noch nicht abrechnen, weil zu diesem Zeitpunkt die Vergütungen der Rechtsanwälte noch nicht bezahlt sind (§§ 124, 128 BRAGO) oder noch Zahlungen der Partei ausstehen, so hat die endgültige Abrechnung der Kostenbeamte der ersten Instanz vorzunehmen.

VIII. Weiteres Verfahren nach Aufstellung der Kostenrechnung

1. Nach Vorlage der Kostenrechnung (Nr. VII 1 S. 3) prüft der Rechtspfleger, welche Entscheidungen nach § 120 III Nr. 1 oder 2 ZPO zu treffen sind.
2. Ergibt sich eine Restschuld der Partei, der Prozeßkostenhilfe bewilligt ist, so soll der Zeitpunkt der Einstellung der Zahlungen bestimmt werden. War vorher eine vorläufige Einstellung verfügt, so ist ihre Wiederaufnahme anzuordnen. Bei diesen Entscheidungen wird auch die zu den Akten mitgeteilte Vergütung des beigeordneten Rechtsanwalts zu berücksichtigen sein, soweit die Vergütung noch nicht aus der Staatskasse beglichen ist und der Partei ein Erstattungsanspruch gegen den Gegner nicht zusteht. Teilt der Rechtsanwalt seine gesetzliche Vergütung nicht mit oder wird eine notwendige Kostenausgleichung nach § 106 ZPO nicht beantragt, so wird der Rechtspfleger seine Bestimmung ohne Rücksicht auf die Vergütungsansprüche des Rechtsanwalts treffen.
3. Ebenfalls zu berücksichtigen sind bereits bekannte Gerichtsvollzieherkosten (§ 121 I Nr. 1a ZPO).
4. Ergibt sich keine Restschuld der Partei, so ist – unter Berücksichtigung der Vergütung des Rechtsanwalts oder der Kosten des Gerichtsvollziehers – die Einstellung der Zahlung anzuordnen. Zu beachten ist, daß eine endgültige Einstellung der Zahlung unter Umständen erst nach Rechtskraft der Entscheidung verfügt werden kann, weil bei Einlegung eines Rechtsmittels durch die Partei die Raten bis zur 48. Monatsrate weiter zu zahlen sind. Gleiches gilt, wenn die Partei bei Rechtsmitteleinlegung des Prozeßgegners Prozeßkostenhilfe beantragt.

IX. Aufhebung und Änderung der Bewilligung der Prozeßkostenhilfe

1. Hat das Gericht die Bewilligung der Prozeßkostenhilfe aufgehoben (§ 124 ZPO), so berechnet der Kostenbeamte die bis zu diesem Zeitpunkt angefallenen Kosten (gegebenenfalls unter Einbeziehung der nach § 130 II BRAGO auf die Staatskasse übergegangenen Ansprüche der Rechtsanwälte) und überweist sie der Gerichtskasse zur Einziehung. Soweit erforderlich, ist der beigeordnete Rechtsanwalt zur Einreichung seiner Kostenrechnung aufzufordern (§§ 124 II, 128 II BRAGO). Die aufgrund der Bewilligung der Prozeßkostenhilfe bezahlten Beträge sind abzusetzen. Die Löschung der Sollstellung über die vom Gericht gem. § 120 I ZPO festgesetzten Zahlungen ist zu veranlassen.
2. Setzt das Gericht die Zahlungen herab oder hebt das Gericht sie auf, so berichtigt der Kostenbeamte den Ansatz nach Nr. IV 1.

X. Verfahren bei der Verwaltungs-, Finanz- und Sozialgerichtsbarkeit

Bei den Gerichten der Verwaltungs-, Finanz- und Sozialgerichtsbarkeit tritt in den vorstehenden Bestimmungen an die Stelle des Rechtspflegers der Richter.

Prozeßkostenhilfe   Anhang Nr. 5

Festsetzung der aus der Staatskasse zu gewährenden Vergütung der Rechtsanwälte
– auszw –
in bundeseinheitlicher Fassung auf Grund von Vereinbarung zwischen BMJ und den LJVerwaltungen vom 10. 12. 1980

Württemberg AV JM vom 10. 12. 1980 Justiz 1981, 97, Bayern Bek JM 10. 12. 1980 JMBl 1981, 5 (zu BayBSVJu Bd I Abschn D 1), Berlin AV für Justiz vom 10. 12. 1980 ABl 1981, 48, auch AV aaO vom 18. 2. ABl 448, Hamburg AV JBeh vom 1. 2. 1980 JVBl 57/ 10. 12. 1980 JVBl 12. Hessen RdErl JM vom 10. 12. 1980 JMBl 1981, 59/ 15. 3. 1982 JMBl Niedersachsen AV JM vom 10. 12. 1980 NdsRpfl 1981, 13, Nordrhein-Westfalen AV JM vom 10. 12. 1980 JMBl NW 1981, 31/ 19. 11. 1981 JMBl 281, Rheinland-Pfalz VV JM vom 10. 12. 1980 JBl 1981, 9 / 15. 3. 1982 JBl 89, AV MfR vom 10. 12. 1980 GMBl 1981, 254 / 15. 3. 1982 GMBl 170, Schleswig-Holstein Gem AV JM und SozM vom 20. 12. 1980 SchlHA 1981, 28, 3 1981 SchlHA 67 / AV JU 1. 10. 1985 SchlHA 1984;

Siehe dazu auch *Piller-Herrmann* Justizverwaltungsvorschriften (LBl) unter Nr. 10 c
Ergänzende landesrechtliche Bestimmungen bestehen.

A. **Vergütung des beigeordneten oder zum Verteidiger bestellten Rechtsanwalts**

Für die Festsetzung der Vergütung

a) des im Wege der Prozeßkostenhilfe beigeordneten Rechtsanwalts nach § 128 der Bundesgebührenordnung für Rechtsanwälte (BRAGO),

b) des nach § 625 ZPO beigeordneten Rechtsanwalts nach § 36 a Abs. 2 BRAGO,

c) des beigeordneten Patentanwalts nach § 2 des Gesetzes über die Beiordnung von Patentanwälten bei Prozeßkostenhilfe vom 7. 9. 1966 BGBl I 557 in der Fassung von Art. 3 Nr. 5 des Gesetzes über die Prozeßkostenhilfe vom 13. 6. 1980 BGBl I 677,

d) des gerichtlich zum Verteidiger bestellten oder im Strafverfahren oder gerichtlichen Bußgeldverfahren beigeordneten Rechtsanwalts nach §§ 98, 102, 105 Abs. 3 BRAGO.

e) des im Auslieferungsverfahren beigeordneten Rechtsanwalts nach §§ 98, 107 Abs. 2 BRAGO,

f) des im gerichtlichen Verfahren bei Freiheitsentziehungen beigeordneten Rechtsanwalts nach §§ 98, 112 § 4 BRAGO

sowie

für die Festsetzung von Vorschüssen in den Fällen der Buchst. a) und c) bis f) gilt folgendes:

1. **Allgemeine Bestimmungen**
1.1 **Festsetzungsantrag**

Die Geschäftstellen der Gerichte geben die amtlichen Vordrucke für den Festsetzungsantrag unentgeltlich aus. Der Festsetzungsantrag mit der Berechnung der Gebühren und Auslagen (§ 18 BRAGO) ist zweifach bei der Geschäftsstelle einzureichen.

1.2 **Festsetzung**

1.2.1 Die Festsetzung ist den Beamten des gehobenen Dienstes vorbehalten.

1.2.2 Kann Verjährung in Betracht kommen (vgl. § 196 Abs. 1 Nr. 15, § 201 BGB; § 16 BRAGO), so hat der Urkundsbeamte der Geschäftsstelle (UdG) vor der Entscheidung über den Festsetzungsantrag die Akten mit einem entsprechenden Hinweis dem zur Vertretung der Staatskasse zuständigen Beamten vorzulegen (s. Nr. 1.4.4). Sieht der Vertreter der Staatskasse von der Erhebung der Verjährungseinrede ab, so hat der UdG dies auf der Urschrift und der Durchschrift der Festsetzung zu vermerken.

1.2.3 Müssen die Sachakten wegen der Einlegung von Rechtsmitteln oder aus sonstigen Gründen versandt werden, so ist die Vergütung möglichst vorher festzusetzen. Sonst sind Akten, die für längere Zeit versandt sind, kurzfristig zurückzufordern.

1.2.4 Der UdG hat für die Entscheidung über den Festsetzungsantrag die amtlichen Vordrucke zu verwenden; diese sind, soweit erforderlich, anzupassen. Hat ein Rechtsanwalt ausnahmsweise den Vordruck nicht benutzt, so ist je ein Antrag mit Berechnung auf den Vordruck aufzukleben oder in anderer Weise mit ihm zu verbinden. Auch in diesem Fall sind Antrag und Berechnung mit den im Vordruck geforderten Angaben zu versehen; der Inhalt gesonderter Erklärungen des Rechtsanwalts über Auslagen, Vorschüsse usw. ist in der Festsetzung wiederzugeben.

1.2.5 Wird dem Festsetzungsantrag entsprochen, so ist keine Mitteilung erforderlich. Soweit die Entscheidung von dem Antrag abweicht, ist ihr Inhalt dem Rechtsanwalt schriftlich mitzuteilen.

1.2.6 Die Urschrift der Festsetzung ist zu den Sachakten zu nehmen. Auf dem Beiordnungsbeschluß ist neben dem Namen des beigeordneten Rechtsanwalts die Blattzahl der Festsetzung in auffälliger Weise zu vermerken.

1.3 Auszahlungsanordnung

1.3.1 Die Auszahlungsanordnung wird von dem UdG erteilt, der die Vergütung festgesetzt hat oder dessen Entscheidung angefochten worden ist. Hat der Bundesgerichtshof den Verteidiger bestellt und gemäß § 103 BRAGO die Bundeskasse die Vergütung zu zahlen, so hat der UdG des Gerichts des 1. Rechtszugs die Durchschrift der Festsetzung dem Bundesgerichtshof zur Erteilung der Auszahlungsanordnung zu übersenden.

1.3.2 Die Auszahlungsanordnung ist auf der Durchschrift der Festsetzung zu erteilen. War Erinnerung eingelegt oder Beschwerde erhoben, so ist eine Ausfertigung der gerichtlichen Entscheidung beizufügen und dies in der Auszahlungsanordnung zu vermerken. Eine Durchschrift der Auszahlungsanordnung ist zu den Sachakten zu nehmen.

1.3.3 Werden in derselben Sache weitere Auszahlungsanordnungen notwendig, so sind auch dazu die amtlichen Vordrucke zu verwenden; in der Kostenberechnung sind sämtliche Gebühren und Auslagen aufzuführen; bereits gezahlte Beträge sind abzusetzen. Der Tag der früheren Auszahlungsanordnung ist anzugeben. Dies gilt auch, wenn Vorschüsse gezahlt sind (s. Nr. 1.5.3).

1.3.4 Nr. 2.4.4 ist zu beachten.

1.4 Vertretung der Staatskasse, Prüfung der Festsetzung

1.4.1 Die Vertretung der Staatskasse bei der Festsetzung einschließlich des Erinnerungs- und Beschwerdeverfahrens und die Prüfung der Festsetzung richten sich nach den dafür ergangenen besonderen Bestimmungen.

1.4.2 Alle beschwerdefähigen gerichtlichen Entscheidungen, durch die eine Festsetzung zu Ungunsten der Staatskasse geändert wird, hat der UdG vor Anweisung des Mehrbetrages dem zur Vertretung der Staatskasse zuständigen Beamten mitzuteilen.

1.4.3 Erinnerungen oder Beschwerden namens der Staatskasse sind nur zu erheben, wenn es sich um Fragen von grundsätzlicher Bedeutung oder um Beträge handelt, die nicht in offensichtlichem Mißverhältnis zu dem durch das Erinnerungs- oder Beschwerdeverfahren entstehenden Zeit- und Arbeitsaufwand stehen.

1.4.4 Soll nach Auffassung des zur Vertretung der Staatskasse zuständigen Beamten die Verjährungseinrede erhoben werden (s. Nr. 1.2.2), so hat er die Einwilligung des unmittelbar vorgesetzten Präsidenten einzuholen.

1.5 Vorschuß

1.5.1 Für die Festsetzung und Auszahlung des Vorschusses (§ 97 Abs. 4, § 102, § 105 Abs. 3, § 107 Abs. 2, § 112 Abs. 4 und § 127 BRAGO) gelten die Bestimmungen für die Festsetzung und Auszahlung des endgültigen Betrages sinngemäß.

1.5.2 Die Auszahlungen sind als Abschlagzahlung zu leisten und als Haushaltsausgabe zu buchen.

1.5.3 Der UdG überwacht die Fälligkeit der Vergütung und sorgt dafür, daß der Vorschuß alsbald abgerechnet wird (s. Nr. 1.3.3).

1.6 Wiedereinforderung überzahlter Beträge

Überzahlungen an Gebühren, Auslagen oder Vorschüssen sind nach der Justizbeitreibungsordnung einzuziehen.

2. Besondere Bestimmungen für die Vergütung des im Wege der Prozeßkostenhilfe beigeordneten Anwalts

2.1 Zuständigkeit zur Festsetzung im allgemeinen

2.1.1 Die aus der Landeskasse zu gewährende Vergütung (§§ 121, 124 Abs. 1 Satz 2 BRAGO) wird von dem UdG des Gerichts des Rechtszuges, nach Beendigung des Verfahrens durch rechtskräftige Entscheidung oder in sonstiger Weise jedoch von dem UdG des Gerichts des ersten Rechtszuges festgesetzt.

2.1.2 Die aus der Bundeskasse zu gewährende Vergütung (§§ 121, 124 Abs. 1 Satz 2 BRAGO) wird von dem UdG des Gerichts des Bundes festgesetzt.

Prozeßkostenhilfe Anhang Nr. 5

2.2 **Zuständigkeit zur Festsetzung im Falle der Verweisung oder Abgabe eines Verfahrens**

2.2.1 Bei Verweisung oder Abgabe eines Verfahrens an ein Gericht eines anderen Landes gilt die in der Anlage 2 zur Kostenvergütung abgedruckte Ländervereinbarung.

2.2.2 Bei Verweisung eines Verfahrens zwischen den Gerichten für Arbeitssachen und den ordentlichen Gerichten gilt Abschn II der in der Anlage 3 zur Kostenverfügung abgedruckten Ländervereinbarung.

2.2.3 Bei Verweisung oder Abgabe eines Verfahrens an ein Gericht desselben Landes gilt folgendes: Der UdG des verweisenden oder abgebenden Gerichts setzt die aus der Staatskasse zu gewährende Vergütung fest, wenn bereits vor der Versendung der Akten an das Gericht, an das das Verfahren verwiesen oder abgegeben worden ist, der Anspruch fällig geworden und der Festsetzungsantrag eingegangen ist. Andernfalls sind Festsetzungsanträge an die Geschäftsstelle des Gerichts weiterzugeben, an das das Verfahren verwiesen oder abgegeben worden ist.

2.3 **Vergütung des beigeordneten Anwalts und Kostenfestsetzung**

2.3.1 Bei der Festsetzung der vom Gegner an die Partei, der Prozeßkostenhilfe bewilligt ist, oder an deren Rechtsanwalt zu erstattenden Kosten (§§ 103 bis 107, 126 ZPO), prüft der Rechtspfleger, ob der Rechtsanwalt bereits eine Vergütung aus der Staatskasse erhalten hat und ob der aus der Staatskasse gewährte Betrag ganz oder zum Teil auf die im Kostenfestsetzungsbeschluß festzusetzenden Kosten anzurechnen ist. Er stellt zugleich fest, ob und inwieweit der Erstattungsanspruch gegen den Zahlungspflichtigen auf die Staatskasse übergegangen ist (§ 130 BRAGO). Dabei berücksichtigt er, daß ein übergegangener Anspruch der Staatskasse nicht zusteht, soweit die an den Rechtsanwalt gezahlte Vergütung durch Zahlungen der Partei an die Staatskasse gedeckt ist. Den auf die Staatskasse übergegangenen Betrag vermerkt er im Kostenfestsetzungsbeschluß. Nötigenfalls nimmt er eine erläuternde Berechnung auf. Soweit ein Erstattungsanspruch auf die Staatskasse übergegangen ist, nimmt der Rechtspfleger in den Kostenfestsetzungsbeschluß nur den Betrag auf, der an die Partei oder an deren Rechtsanwalt noch zu erstatten bleibt.

2.3.2 Macht der Rechtsanwalt seinen Vergütungsanspruch gegen die Staatskasse erst geltend, nachdem die von dem Gegner der Partei zu erstattenden Kosten bereits nach §§ 103 bis 107 oder 126 ZPO festgesetzt worden sind, so fordert der Rechtspfleger die Ausfertigung des Kostenfestsetzungsbeschlusses von demjenigen, zu dessen Gunsten er ergangen ist, zurück. Nach Festsetzung der aus der Staatskasse zu gewährenden Vergütung vermerkt er auf der Ausfertigung des Kostenfestsetzungsbeschlusses, um welchen Betrag sich die festgesetzten Kosten mindern und welcher Restbetrag noch zu erstatten ist; falls erforderlich, fügt er eine erläuternde Berechung bei. Die gleichen Vermerke setzt er auf die Urschrift des Kostenfestsetzungsbeschlusses; dort bescheinigt er außerdem, daß die Ausfertigung mit denselben Vermerken versehen und zurückgesandt worden ist.

2.3.3 Wird die Vergütung festgesetzt, ohne daß die Ausfertigung des Kostenfestsetzungsbeschlusses vorgelegt worden ist, so hat der UdG den erstattungspflichtigen Gegner zu benachrichtigen.

2.3.4 Bei der Einziehung der auf die Staatskasse übergegangenen Beträge sind § 122 Abs. 1 Nr. 1 Buchst. b ZPO, § 6 Abs. 2 KostVfg und Nr. 3.3.2 Abs. 1 Satz 1, Nr. 4.6 der Durchführungsbestimmungen zum Gesetz über die Prozeßkostenhilfe (DB-PKHG) zu beachten.

2.3.5 Zahlt der erstattungspflichtige Gegner bei der Vollstreckung aus dem Kostenfestsetzungsbeschluß freiwillig auch die nach Nr. 2.3.2 oder 2.3.3 abgesetzte Vergütung, so hat sie der Gerichtsvollzieher anzunehmen und an die Gerichtskasse abzuführen. Zieht der Gerichtsvollzieher nur den Restbetrag der festgesetzten Kosten ein, so hat er dies zu den Gerichtsakten mitzuteilen, damit der auf die Staatskasse übergegangene Betrag eingezogen werden kann (s. Nr. 2.4.1). Waren die einzuziehenden Beträge bereits zum Soll gestellt, so gibt der UdG die Mitteilung an die Gerichtskasse weiter.

2.3.6 Beantragt der beigeordnete Rechtsanwalt nach Aufhebung der Bewilligung der Prozeßkostenhilfe die Festsetzung der ihm gegenüber seinem Auftraggeber zustehenden gesetzlichen Vergütung (§ 19 BRAGO), so sind die Nrn. 2.3.1 bis 2.3.5 entsprechend anzuwenden.

2.4 **Wiedereinforderung von der Partei, der Prozeßkostenhilfe bewilligt worden ist, vom Gegner oder vom Streitgenossen**

2.4.1 Der UdG hat in jedem Fall zu prüfen und nötigenfalls zu überwachen, ob die aus der Staatskasse gezahlte Vergütung vom erstattungspflichtigen Gegner oder von der Partei (§ 130 BRAGO) eingefordert werden kann. Zu diesem Zweck hat er erforderlichenfalls die Parteien aufzufordern, ihre Kostenberechnung dem Gericht zur Ausgleichung mitzuteilen. Kann er die Mitwirkung der Parteien nicht erreichen, so hat er den

Prozeßkostenhilfe   Anhang Nr. 5

Anspruch der Landeskasse nach Aktenlage zu berechnen. Der Anspruch gegen die Partei kann, solange die Bewilligung der Prozeßkostenhilfe nicht aufgehoben ist (vgl. Nr. 3.1, Nr. 5.1 DB-PKHG), nur nach den Bestimmungen geltend gemacht werden, die das Gericht getroffen hat (vgl. § 122 Abs. 1 Nr. 1 Buchst. b ZPO).

2.4.2 Der mit der Festsetzung der Vergütung befaßte Beamte hat Streitgenossen der Partei, die von dem dieser Partei beigeordneten Rechtsanwalt als Wahlanwalt vertreten werden, zur Zahlung des auf sie entfallenden Anteils an der aus der Staatskasse gezahlten Vergütung aufzufordern, soweit dies nicht aus besonderen Gründen, z. B. wegen feststehender Zahlungsunfähigkeit, untunlich erscheint.

2.4.3 Die Zahlungsaufforderung an die ausgleichspflichtigen Streitgenossen kann nicht auf § 130 BRAGO gestützt werden und darf daher nicht in Form einer Gerichtskostenrechnung ergehen. Wird nicht freiwillig gezahlt, so sind die Vorgänge dem unmittelbar vorgesetzten Präsidenten vorzulegen, der gegebenenfalls die Klageerhebung veranlaßt.

2.4.4 Wenn Streitgenossen der Partei, der Prozeßkostenhilfe bewilligt ist, vorhanden sind, ist auf der Auszahlungsanordnung über die Vergütung zu vermerken, ob und für welche Streitgenossen der Partei der beigeordnete Rechtsanwalt zugleich Wahlanwalt gewesen ist und ob ein Ausgleichsanspruch der Staatskasse gegen die Streitgenossen geltend gemacht oder aus welchen Gründen davon abgesehen worden ist.

2.4.5 Die von Streitgenossen der Partei gezahlten Beträge sind bei den vermischten Einnahmen zu buchen. Die für die Buchung notwendigen Kassenanordnungen sind der zuständigen Kasse unverzüglich nach Zahlungseingang zuzuleiten.

2.5 **Festsetzung der weiteren Vergütung (§ 124 BRAGO)**

2.5.1 Vor der Festsetzung der weiteren Vergütung hat sich der UdG davon zu überzeugen, daß

2.5.1.1 das Verfahren durch rechtskräftige Entscheidung oder in sonstiger Weise beendet ist,

2.5.1.2 sämtliche der Partei und, soweit dem Gegner ebenfalls Prozeßkostenhilfe bewilligt und die Partei dem Gegner erstattungspflichtig ist, auch die dem Gegner beigeordneten Rechtsanwälte ihre Vergütung (§§ 121, 123 BRAGO) beantragt haben und daß über diese Anträge abschließend entschieden worden ist,

2.5.1.3 die Schlußkostenrechnung unter Berücksichtigung der gemäß § 130 BRAGO auf die Staatskasse übergegangenen Ansprüche (vgl. Nr. 2.5.1.2) aufgestellt worden ist und ein gegen den

259

Gegner zum Soll gestellter Betrag, für den die Partei als Zweitschuldner haften würde, gezahlt ist, so daß feststeht, welcher Betrag zur Deckung der in § 122 Abs. 1 Nr. 1 ZPO bezeichneten Kosten und Ansprüche erforderlich ist,

2.5.1.4 sämtliche der Partei beigeordneten Rechtsanwälte die weitere Vergütung beantragt haben,

2.5.1.5 die von der Partei nach § 120 ZPO zu zahlenden Beträge beglichen sind oder eine Zwangsvollstreckung in das bewegliche Vermögen der Partei erfolglos geblieben ist oder aussichtslos erscheint,

2.5.1.6 und ggf. in welcher Höhe nach Verrechnung der von der Partei gezahlten Beträge auf den nach 2.5.1.3 berechneten Betrag ein Überschuß verbleibt,

2.5.1.7 in den Anträgen angegeben ist, welche Zahlungen die beigeordneten Rechtsanwälte von der Partei oder einem Dritten erhalten haben.

2.5.2 Haben noch nicht sämtliche der Partei und ggf. die dem Gegner beigeordneten Rechtsanwälte ihre Vergütung beantragt (vgl. Nrn. 2.5.1.2, 2.5.1.4) oder die erhaltenen Zahlungen angegeben (vgl. Nr. 2.5.1.7), so fordert der UdG die betreffenden Rechtsanwälte unter Hinweis auf die Rechtsfolgen (§ 128 Abs. 2 Satz 2 BRAGO) gegen Empfangsbekenntnisse auf, innerhalb einer Frist von einem Monat bei der Geschäftsstelle des Gerichts, dem der UdG angehört, die Anträge einzureichen oder sich zu den Zahlungen zu erklären.

2.5.3 Waren die Zahlungen der Partei an die Staatskasse nach § 120 Abs. 3 ZPO durch das Gericht vorläufig eingestellt und reicht der Überschuß (vgl. Nr. 2.5.1.6) zur Deckung der weiteren Vergütung nicht aus, ist die Akte zunächst dem Rechtspfleger zur Entscheidung über die Wiederaufnahme der Zahlungen vorzulegen.

2.5.4 Verzögert sich die Entscheidung über den Antrag, weil z. B. das Ergebnis der Kosteneinziehung vom Gegner, weitere Zahlungen der Partei oder der Eingang weiterer Anträge abzuwarten ist, hat der UdG den Rechtsanwalt über den Grund der Verzögerung zu unterrichten.

2.5.5 Die weitere Vergütung ist bei dem Haushaltstitel für die Entschädigung beigeordneter Anwälte zu buchen.

2.5.6 Ändert sich nach der Festsetzung der weiteren Vergütung die Kostenforderung gegen die Partei (vgl. Nr. 2.5.1.3), sind die Akten dem UdG zur Prüfung vorzulegen, ob die Festsetzung zu berichtigen ist.

2.6 Die vorstehenden besonderen Bestimmungen für die Vergütung des beigeordneten Anwalts gelten für die unter Buchst. b)

Prozeßkostenhilfe   Anhang Nr. 5

und c) der Vorbemerkungen aufgeführten Anwälte nach Maßgabe der dort genannten Bestimmungen sinngemäß.

B. **Vergütung des Rechtsanwalts für die Beratungshilfe (§§ 131 ff. BRAGO)**
1. Für die Festsetzung der Vergütung des Rechtsanwalts für die Beratungshilfe gilt Teil A Nrn. 1 bis 1.2.2, 1.2.4, 1.2.5, 1.3.3 und 1.4 bis 1.4.4 sinngemäß. Die Urschrift der Festsetzung ist zur Durchschrift des Berechtigungsscheins zu nehmen.
2. Der UdG hat in jedem Fall zu prüfen und nötigenfalls zu überwachen, ob die aus der Landeskasse gezahlte Vergütung vom erstattungspflichtigen Gegner eingefordert werden kann (§ 9 des Beratungshilfegesetzes, § 133 Satz 1 i. V. m. § 130 Abs. 1 BRAGO). Der auf die Landeskasse übergegangene schuldrechtliche Anspruch auf Erstattung der Vergütung ist wie der Anspruch gegen einen ausgleichspflichtigen Streitgenossen geltend zu machen (vgl. Teil A Nrn. 2.4.2 bis 2.4.5).

C. **Vergütung des im Wege der Prozeßkostenhilfe beigeordneten Steuerberaters (§ 46 StBGebV)**
Für die Festsetzung der Vergütung des im Wege der Prozeßkostenhilfe beigeordneten Steuernberaters gilt Teil A sinngemäß.

Reisekostenentschädigungs-AV

Bewilligung von Reiseentschädigungen an mittellose Personen und Vorschußzahlungen an Zeugen und Sachverständige

(Bundeseinheitliche Bestimmungen; vgl. z. B. für Nordrhein-Westfalen AV vom 1. 8. 1977 – JMBl NRW 1977, 182)

A.
I.

Mittellosen Parteien, Beschuldigten oder anderen Beteiligten können auf Antrag Mittel für die Reise zum Ort einer Verhandlung, Vernehmung oder Untersuchung und für die Rückreise gewährt werden. Hierauf soll in der Ladung oder in anderer geeigneter Weise hingewiesen werden. Die gewährten Mittel gehören zu den Kosten des Verfahrens (vgl. Nrn. 1907, 1913 der Anlage 1 zu § 11 GKG, § 137 Nr. 8 KostO).

1. Über die Bewilligung entscheidet das Gericht, bei staatsanwaltschaftlichen Verhandlungen, Vernehmungen oder Untersuchungen der Staatsanwalt. Nach Bewilligung verfährt die Geschäftsstelle, soweit in der Bewilligung nichts anderes bestimmt ist, wie folgt:

a) Die Reiseentschädigung wird durch den für den Erlaß der Auszahlungsanordnung zuständigen Beamten der Geschäftsstelle zur Zahlung angewiesen.

b) Die Reiseentschädigung ist so zu bemessen, daß sie die notwendigen Kosten der Hin- und Rückreise deckt. Zu den Reisekosten gehören neben den Fahrtkosten auch unvermeidbare Zehr- und Übernachtungskosten, ferner Reisekosten für eine notwendige Begleitperson; eine Erstattung von Verdienstausfall kommt nicht in Betracht.

c) Regelmäßig sind Fahrtausweise oder Gutscheine der Deutschen Bundesbahn für den kostenlosen Erwerb von Fahrtausweisen zur Verfügung zu stellen. Eine Barauszahlung kommt – abgesehen von den Zehr- und Übernachtungskosten – nur im Ausnahmefall in Betracht.

d) Eine Durchschrift der Kassenordnung ist zu den Sachakten zu geben. Auf der Kassenanordnung ist dies zu bescheinigen.

e) Wird eine Entschädigung bewilligt, bevor die Ladung abgesandt worden ist, so ist dies nach der Art und, soweit möglich, auch nach der Höhe in auffallender Form in der Ladung zu vermerken. Wird eine endgültige Berechnung der Entschädigung erforderlich, so ist der Antragsteller zu befragen, ob und in welcher Höhe er bereits eine Entschädigung erhalten hat. Das Ergebnis der Befragung ist in der Auszahlungsanordnung zu vermerken. Wird schon vor dem Termin eine Kassenanordnung vorbereitet, so ist der Betrag, sofern er aktenkundig ist, auffällig zu vermerken.

f) Fällt der Grund für die Reise weg, so ist die Rückzahlung der Entschädigung zu veranlassen. Gegebenenfalls ist dafür zu sorgen, daß der Fahrpreis für nicht benutzte Fahrkarten erstattet wird.
g) Ist in Eilfällen die Auszahlung des Betrages oder die Übermittlung einer Fahrkarte bzw. eines Gutscheins an den Antragsteller durch die zuständige Geschäftsstelle nicht mehr möglich, so kann die Geschäftsstelle des Amtsgerichts, in dessen Bezirk sich der Antragsteller aufhält, ersucht werden, die Auszahlung des Betrages oder die Beschaffung der Fahrkarte bzw. des Gutscheins zu veranlassen. Die gewährte Entschädigung ist auf der Ladung auffällig zu vermerken. Die ladende Stelle ist unverzüglich zu benachrichtigen.

2. Ist es in Eilfällen nicht möglich, die Entscheidung des zuständigen Gerichts oder Staatsanwaltes einzuholen, so kann der aufsichtführende Richter des Amtsgerichts, in dessen Bezirk sich der Antragsteller aufhält, im Verwaltungsweg eine Reiseentschädigung bewilligen. Abschnitt I Nr. 1 Buchst. a) bis c) und f) gilt entsprechend. Die gewährte Entschädigung ist auf der Ladung auffällig zu vermerken; die ladende Stelle ist unverzüglich zu benachrichtigen.

II.

Geladenen Zeugen und Sachverständigen ist nach § 14 ZSEG auf Antrag ein Vorschuß zu bewilligen, wenn sie nicht über die Mittel für die Reise verfügen oder wenn ihnen, insbesondere wegen der Höhe der entstehenden Reisekosten, nicht zugemutet werden kann, dies aus eigenen Mitteln vorzuschießen. Hierauf soll in der Ladung oder in anderer geeigneter Weise hingewiesen werden.

1. Für die Bewilligung im Verwaltungsweg gelten folgende Bestimmungen:
a) Die Vorschüsse werden von dem zum Erlaß der Auszahlungsanordnung zuständigen Beamten der Geschäftsstelle bewilligt und zur Zahlung angewiesen.
b) Für die Vorschüsse nach § 14 Abs. 1 ZSEG gilt Abschnitt I Nr. 1 Buchst. b) bis f) entsprechend.
c) Bei der Vorbereitung der Anweisung für die Entschädigung von Zeugen und Sachverständigen vor dem Termin ist die Vorschußzahlung, sofern sie aktenkundig ist, in auffälliger Weise zu vermerken. Zeugen und Sachverständige sind bei der Berechnung ihrer Entschädigung in jedem Fall zu befragen, ob und gegebenenfalls in welcher Höhe sie Vorschüsse erhalten haben, um deren Anrechnung sicherzustellen. Die Befragung ist in der Auszahlungsanordnung zu vermerken.

2. Ist in Eilfällen die Auszahlung des Betrages oder die Übermittlung einer Fahrkarte bzw. eines Gutscheins an den Antragsteller durch die zuständige Geschäftsstelle nicht mehr möglich, so kann auch die

Geschäftsstelle des Amtsgerichts, in dessen Bezirk sich der Zeuge oder Sachverständige aufhält, einen Vorschuß nach § 14 Abs. 1 ZSEG bewilligen. Ist ein Antrag nach § 14 Abs. 3, § 16 ZSEG auf gerichtliche Festsetzung gestellt, so kann in dringenden Fällen auf Ersuchen des nach § 16 ZSEG zuständigen Gerichts ein festgesetzter Vorschuß gezahlt oder die Fahrkarte bzw. der Gutschein für ein bestimmtes Beförderungsmittel zur Verfügung gestellt werden. Der gewährte Vorschuß ist in der Ladung auffällig zu vermerken. Die ladende Stelle ist unverzüglich zu benachrichtigen.

B.

Die Justizhaushalte der Länder haben gegenseitig sowie zugunsten des Bundesgerichtshofes und des Deutschen Patentamtes auf die Erstattung von Reiseentschädigungen, die an mittellose Personen und vorschußweise an Zeugen und Sachverständige gezahlt werden, verzichtet.
Ein weitergehender Erstattungsverzicht besteht nicht.
Soweit in Verfahren vor den Gerichten der Verwaltungs-, Finanz- und Sozialgerichtsbarkeit des Landes Schleswig-Holstein in Eilfällen von den Amtsgerichten in Schleswig-Holstein Reiseentschädigungen gewährt werden, ist von einer Kostenerstattung abzusehen.

Sachverzeichnis

Abänderungsklage ZPO 117, 35; ZPO 119, 25
Abfindung ZPO 114–115, 118 f.
Abtretung ZPO 114–115, 13
Änderung von Belastungen ZPO 120, 6 ff.
Änderung des Gegenstandswertes BRAGO 128, 37
Änderung der Verhältnisse ZPO 120, 6 ff.; 124, 13
Änderungsentscheidungen ZPO 120, 13 ff.
Aktenführung ZPO 117, 28
Anfechtung der Vaterschaft ZPO 114–115, 130
Anfechtung der Ehelichkeit ZPO 114–115, 132
Anhörung des Gegners ZPO 118, 9 ff.
Anklageerzwingungsverfahren ZPO 114–115, 28 a
Anpassung an veränderte Verhältnisse ZPO 120, 7 ff.
Anschlußrechtsmittel ZPO 119, 43
Anwaltsprozeß ZPO 121, 7 ff.
Anwaltswechsel 121, 33
Anwaltszwang ZPO 127, 5; ZPO 118, 12
Anwendungsbereich der Prozeßkostenhilfe
– persönlicher ZPO 114–115, 3 ff.
– sachlicher ZPO 114–115, 14 ff.
– zeitlicher ZPO 114–115, 29 ff.
Anrechnung von Vorschüssen BRAGO 128, 11; BRAGO 129, 2 ff.
Antrag, siehe Prozeßkostenhilfeantrag
Anzeigepflicht BRAGO 124, 3; BRAGO 129, 12
Arbeitsfähigkeit ZPO 114–115, 48, 68
Arbeitsgerichtsverfahren ZPO 114–115, 21; ZPO 120, 5 a; 121, 2 a
Arrestverfahren ZPO 119, 18; ZPO 117, 34
Arzthaftungssachen ZPO 114–115, 169
Asylverfahren ZPO 127, 28 a

Aufhebung der Prozeßkostenhilfe ZPO 123, 7, 11; 124; BRAGO 121, 7
– wegen Irrtums ZPO 124, 10 ff.
– wegen Täuschung ZPO 124, 3 ff.
– unrichtiger Angaben ZPO 124, 6 ff.
– Zahlungsrückstands ZPO 124, 15 f.
Wirkung ZPO 124, 25 ff.
Aufwendungen
– absetzbare ZPO 114–115, 51 ff., 70 ff.
– als Belastungen ZPO 114–115, 51, 72 ff.
– unangemessene ZPO 114–115, 49 f., 53, 74
– zur Unzeit ZPO 114–115, 49 f.
– für Lebenshaltung ZPO 114–115, 78 a
Ausländer ZPO 114–115, 6 ff.; 116, 11, 21
ausländische Gerichte ZPO 114–115, 16
Auslands-Unterhalts-Gesetz ZPO 114–115, 36
Auslagen des Rechtsanwalts BRAGO 126, 24
– Festsetzung BRAGO 128, 22
– Vorschuß BRAGO 127

Barunterhalt ZPO 114–115, 92
Bausparguthaben ZPO 114–115, 103, 116
Bedingungsfeindlichkeit ZPO 117, 2, 12
Bedingte Klage ZPO 117, 12
Bedürftigkeit, siehe Hilfsbedürftigkeit
Befreiung vom Vordruckzwang ZPO 117, 24
Begründungszwang ZPO 119, 42
Belastungen ZPO 114–115, 51 ff., 73 ff.
– künftige Änderung ZPO 120, 6 ff.
– unangemessene ZPO 114–115, 53, 73 ff.
– Prozeßkostenhilfe für ZPO 114–115, 19
Beigeladene ZPO 114–115, 5

265

Sachverzeichnis Prozeßkostenhilfe

Beigetretene ZPO 114–115, 5
Beiordnung des Rechtsanwalts ZPO 121, 3 ff.
– Umfang der ZPO 121, 41 ff.
– Ende ZPO 121, 36
– Wirkung der ZPO, 121, 37 ff.; BRAGO 121
– im Anwaltsprozeß ZPO 121, 7 ff.
– im Parteiprozeß ZPO 121, 11 ff.
– eines auswärtigen Rechtsanwalts ZPO 121, 9 ff.
– eines Beweisanwalts ZPO 121, 24 ff.
– für den Nebenkläger ZPO 121, 24 f.
– in der Zwangsvollstreckung ZPO 121, 20
– im Sozialgerichtsverfahren ZPO 121, 26
– im Revisionsverfahren ZPO 121, 35
– und Auslagen BRAGO 126
– und Gebühren ZPO 121, 55 ff.; BRAGO 122, 3 ff.
– Rechtsbehelfe ZPO 121, 65
– Wahl des Rechtsanwalts ZPO 121, 3
– Wechsel der Beiordnung ZPO 121, 33 ff.
– Auftragsverhältnis, Vollmacht ZPO 121, 37 ff.
Beitreibungsrecht des Rechtsanwalts ZPO 126, 6, 8 ff.
– Einschränkungen ZPO 126, 17 ff.
– Einwendungen ZPO 126, 22
– und Erstattungsanspruch der Partei ZPO 126, 29 ff.
Belegvorlage ZPO 117, 19 ff.
Berufung ZPO 114–115, 130 a; ZPO 119, 42 ff.
Beschleunigung des Prozeßkostenhilfeverfahrens ZPO 118, 16
Beschwerde ZPO 119, 29
– in Prozeßkostenhilfesachen ZPO 127, 26 ff.
– Kosten ZPO 127, 49 f.
Beschwerdesumme ZPO 127, 46
Beschwerdeverfahren ZPO 127, 44; ZPO 119, 29
Beteiligte ZPO 114–115, 5; ZPO 116, 6
– wirtschaftlich ZPO 116, 6 ff.
Betreuungsleistungen der Partei ff. 114–115, 69, 93

Betriebsrat ZPO 116, 14
Beweisanwalt ZPO 121, 24 ff.
Beweissicherung ZPO 114–115, 17, 131; ZPO 119, 25 a
Beurteilungszeitpunkt für die Prozeßkostenhilfeentscheidung ZPO 114–115, 170 ff.
BGB-Gesellschaft ZPO 116, 14
Billigkeit der Prozeßkostenvorschußleistung ZPO 114–115, 112
Blindenhilfe ZPO 114–115, 62 a
Bundessozialhilfegesetz ZPO 114–115, 99 f.; Anhang Nr. 1

Differenzgebühren ZPO 126, 6; BRAGO 124, 1 f.
Drittwiderspruchsklage ZPO 117, 36; ZPO 119, 32
Doppelverdiener ZPO 114–115, 92
Düsseldorfer Tabelle ZPO 114–115, 96

EG-Anwalt ZPO 121, 2; BRAGO 122, 3
Ehegattenprozeß ZPO 114–115, 46
Ehelichkeitsanfechtung ZPO 114–115, 132 f.
Ehescheidung ZPO 121, 47; ZPO 114–115, 145 ff.
Eigenheim, siehe Einfamilienhaus, Hausgrundstück
Eigentum siehe Einfamilienhaus, Hausgrundstück
Eigentumswohnung ZPO 114–115, 101
Einfamilienhaus ZPO 114–115, 74 ff., 88, 101, 103 a, 117
Einstellung der Zahlungen ZPO 120, 16 ff.
Einstweilige Verfügung, siehe Arrestverfahren
Einkommen ZPO 114–115, 54 ff.
– Absetzungen vom ZPO 114–115, 70 ff.
– Arbeitnehmersparzulagen ZPO 114–115, 61
Arbeitsfähigkeit ZPO 114–115, 48, 68
– Bafög-Leistungen ZPO 114–115, 58
– Bar-Unterhalt ZPO 114–115, 63

Prozeßkostenhilfe

– eigenes des Unterhaltsberechtigten ZPO 114–115, 97
– Erziehungsgeld ZPO 114–115, 65 a
– Familieneinkommen ZPO 114–115, 46, 56
– Kindergeld ZPO 114–115, 65
– Kindesunterhalt ZPO 114–115, 66
– nach Lebenszuschnitt ZPO 114–115, 69 a
– Sachbezüge ZPO 114–115, 54, 67
– Sozialhilfe ZPO 114–115, 62
– Wohngeld ZPO 114–115, 57
– verschleiertes ZPO 114–115, 67 b
Einwendungen gegen Beitreibungsrecht ZPO 126, 22 ff.
Entpflichtung des beigeordneten Rechtsanwalts ZPO 121, 7, 40, 42
Entscheidungsbegründung ZPO 119, 42
Entscheidungsreife ZPO 114–115, 170 a ff.
Erfolgsaussicht der Rechtsverfolgung ZPO 114–115, 125 ff.
Erinnerung ZPO 119, 29
Erklärung über die persönlichen und wirtschaftlichen Verhältnisse ZPO 117, 15 ff.
– Vordruckzwang ZPO 117, 15 ff., 24 ff.
Erledigung der Hauptsache ZPO 117, 7
Erlöschen von Vergütungsansprüchen BRAGO 128, 3
Ermittlungen des Gerichts ZPO 118, 16 ff.
Erörterungsgebühr BRAGO 122, 21
Erstreckung der Prozeßkostenhilfe ZPO 114–115, 4, 19
Erstattungspflicht ZPO 126, 29 ff.
– der unterliegenden Partei ZPO 122, 8; ZPO 123, 2, 9 ff.; ZPO 126, 29 ff.
– der Staatskasse
  – für Vorschüsse ZPO 123, 7, 11
  – für geleistete Ratenzahlungen ZPO 126, 30 ff.
  – bei Kostenübernahme ZPO 123, 9
Ersparnisse, siehe Sparguthaben
Erziehungsgeld ZPO 114–115, 65 a
Europäischer Gerichtshof ZPO 114–115, 27 b

Existenzminimum ZPO ff. 114–115 85, 87

Fälligkeit BRAGO 121, 13 f.
Familieneinkommen ZPO 114–115, 46, 56
Familienheim ZPO 114–115, 101 ff.
Familiensachen ZPO 700, 114–115, 144 ff.
Fahrtkosten ZPO 114–115, 70
Ferienwohnung ZPO 114–115, 76
Festsetzung von Zahlungen ZPO 120, 2 ff.
– in Arbeitsgerichtsverfahren ZPO 120, 5 a
Festsetzungsverfahren ZPO 126, 11 ff., 6; BRAGO 126, 26; BRAGO 128
Finanzgerichtsverfahren ZPO 114–115, 23
Finanzierungskosten ZPO 114–115, 74
Folgesachen ZPO 121, 46 f.
Freibeträge ZPO 114–115, 70 ff., 80, 94 ff.
Freiwillige Gerichtsbarkeit ZPO 114–115, 26
Fristgebundene Klagen ZPO 117, 32 a
Fürsorgepflicht
– des Gerichts ZPO 121, 9, 17
– des beigeordneten Rechtsanwalts ZPO 121, 38

Gebrauchsmusterverfahren ZPO 114–115, 25
Geschmacksmusterverfahren ZPO 114–115, 25
Gebühren, Gegenstandswert, siehe Rechtsanwaltsgebühren
Gerichtskosteneinziehung ZPO 125
Gerichtskostenhaftung der bedürftigen Partei ZPO 123, 8 ff.
Gegenstandswert BRAGO 122, 5; BRAGO 128, 37
Gerichtsvollzieherkosten ZPO 122, 7
Gewerkschaftlicher Rechtsschutz ZPO 114–115, 107; ZPO 121, 2 f.; ZPO 124, 11

Haftpflichtprozeß ZPO 114–115, 50 a
Hauptsacheerledigung ZPO 117, 7

Sachverzeichnis

Prozeßkostenhilfe

Hausgrundstück ZPO 114–115, 101 ff.
- Erlös ZPO 114–115, 102
- Miteigentumsanteil ZPO 114–115, 101
Hilfsbedürftigkeit ZPO 116, 5 ff.; ZPO 114–115,, 47 ff.
- bei Unterhaltslasten ZPO 114–115,, 90 ff.
- bei Parteien kraft Amtes ZPO 116, 5 f.
- bei juristischen Personen ZPO 116, 15 f.
- bei Vermögensverbrauch ZPO 114–115, 49 ff.
- verschuldete ZPO 114–115,, 49, 68
Höherer Rechtszug ZPO 119, 42
Honorarvereinbarung ZPO 121, 40

Instanz, siehe Rechtszug
Internationale Vereinbarungen Anhang § 116 ZPO
Irrtum der ZPO 124, 10
Juristische Personen ZPO 116, 12 ff.

Kindergeld ZPO 114–115, 65
Klageänderung ZPO 114–115, 30
Klageerweiterung ZPO 114–115, 30; ZPO 117, 3; ZPO 119, 20; BRAGO 122, 27; ZPO 121, 50
Konkursverwalter ZPO 116, 4 ff.
Kontrahierungszwang ZPO 121, 38
Kommanditgesellschaft ZPO 116, 14
Kostenarmut ZPO 114–115, 47 f.
Kosten des Erinnerungsverfahrens BRAGO 128, 30
Kosten des Prozeßkostenhilfeverfahrens ZPO 118, 22 ff.; ZPO 123, 2; ZPO 127, 21 ff., 49 ff.
Kostenerstattung ZPO 123; BRAGO 130, 20 a
Kostenprognose ZPO 114–115, 37 ff.
Kostenrisiko ZPO 117, 12; ZPO 123
Kostenverquotung ZPO 123, 3; BRAGO 130, 10 ff.
Kreditaufnahmemöglichkeit ZPO 114–115, 48, 115
Kündigungsschutzprozeß ZPO 114–115, 113, 149 a

Landwirtschaftssachen ZPO 114–115, 27
Lasten, siehe Belastungen
Lebenshaltungskosten ZPO 114–115, 78 a
Luxusausgaben ZPO 114–115, 53, 76

Mahnverfahren ZPO 114–115, 18; ZPO 119, 27
Mehrkosten der Beiordnung eines auswärtigen Rechtsanwalts ZPO 121, 9 f.; BRAGO 126, 19
Mietsachen ZPO 114–115, 150
Mißbrauch von Prozeßkostenhilfe ZPO 114–115, 49, 105
Miteigentumsanteil ZPO 114–115, 101
Mitteilungspflicht, siehe Anzeigepflicht
Monatsraten ZPO 114–115, 80 ff.
- Tabelle ZPO 114–115, 81
Musterprozeß ZPO 114–115, 150 a
Mutwilligkeit ZPO 114–115, 167 ff.; ZPO 119, 33; ZPO 121, 2
Mutterschaftsgeld ZPO 114–115, 65 a

Nachlaßpfleger ZPO 114–115, 12
NATO-Angehörige ZPO 114–115, 9
Naturalunterhalt ZPO 114–115, 67, 93
Nebenintervenient ZPO 114–115, 5; ZPO 122, 4
Nebenkläger BRAGO 123, 7; ZPO 114–115, 5; ZPO 121, 21; ZPO 127, 29 a; ZPO 117, 7
Nichtbescheidung als Beschwerdegrund ZPO 114–115, 170; ZPO 118, 16
Nicht rechtshängige Ansprüche ZPO 114–115, 159; ZPO 118, 13; ZPO 119, 38; BRAGO 122, 21 a
Normenkontrollverfahren ZPO 114–115, 27 a
Notanwalt ZPO 121, 30 ff.
Notarsachen ZPO 114–115, 28

Offene Handelsgesellschaft ZPO 116, 14
Opferschutzgesetz ZPO 114–115, 5; ZPO 121, 24 f.
Ortsverschiedenheit ZPO 121, 28

Partei kraft Amtes ZPO 116, 1 ff., 11
Parteifähige Vereinigungen ZPO 116, 14
Parteiprozeß ZPO 121, 15 ff.
Patentanwalt Anhang Nr. 2; BRAGO 122, 8
Patentverfahren ZPO 114–115, 25
Persönliche Angelegenheit, siehe Prozeßkostenvorschuß
Persönliche Verhältnisse ZPO 114–115, 44
– Partei kraft Amtes ZPO 116, 4 ff.
– juristische Personen ZPO 116, 12 ff.
Persönlichkeitsschutz ZPO 117, 27
Privatkläger ZPO 114–115, 5
Prognose, siehe Kostenprognose
Protokollierung, siehe Vergleich
Prozeßkostenhilfe
– beiderseitige ZPO 122, 8; 126, 21
– im Prozeßkostenhilfebeschwerdeverfahren ZPO 127, 47 ff.
– Umfang BRAGO 122, 1
– Voraussetzungen
 – persönliche ZPO 114–115, 37 ff.
 – sachliche ZPO 114–115, 123 ff.
– Wirkung ZPO 122
Prozeßkostenhilfeantrag ZPO 114–115, 31; ZPO 117, 1, 5 ff.; ZPO 119, 42; 121, 9
– Bedingungsfeindlichkeit ZPO 117, 2, 12
– Erledigung der Hauptsache ZPO 117, 7
– Mißbrauch ZPO 114–115, 49
– Verzögerung ZPO 117, 8
– Wirkungen ZPO 114–115, 171; ZPO 117, 31 ff.; ZPO 124
– im Rechtsmittelverfahren ZPO 117, 32
Prozeßkostenhilfeverfahren ZPO 114–115, 19, 151; ZPO 117, 1, 5 ff.; ZPO 118, 9 ff.; ZPO 119, 26; ZPO 127, 3 ff.
– Beschleunigung ZPO 118, 16
– Beweiserhebungen ZPO 118, 16 ff.
– Entscheidungsreife ZPO 114–115, 170 a ff.
– Ermittlungen ZPO 118, 16
– Glaubhaftmachung ZPO 118, 19, 21

– Instanzbeschränkung ZPO 114–115, 86; ZPO 117, 22; ZPO 119, 1 ff.
– Kosten ZPO 118, 22; 127, 21 ff., 47 ff.
– Prozeßkostenhilfe hierfür ZPO 114–115, 19, 151; ZPO 119, 40 f.
– und Rechtshängigkeit ZPO 117, 7 ff.
– Zeugen, Sachverständige ZPO 118, 20
Prozeßkostenvorschuß ZPO 114–115, 108 ff.
– Billigkeit ZPO 114–115, 112
– Darlegungslast ZPO 114–115, 110
– Kündigungsschutzprozeß ZPO 114–115, 113
– im Unterhaltsprozeß ZPO 114–115, 111 ff.
– Persönliche Angelegenheit ZPO 114–115, 111 a, 113
– Wehrdienstsachen ZPO 114–115, 111 a
– Weiterleitung an die Staatskasse ZPO 114–115, 112 a
Prozeßstandschaft ZPO 114–115, 11, 152
Prozeßtrennung ZPO 119, 3; ZPO 121, 51; BRAGO 122, 28
Prozeßverbindung ZPO 119, 3; ZPO 121, 51; BRAGO 122, 28

Ratenverpflichtungen
– aus Krediten ZPO 114–115, 51
– aus Prozeßkostenhilfebewilligung ZPO 114–115, 78, 79 ff.
Ratenzahlungsanordnung ZPO 114–115, 79 ff.; ZPO 120, 2 ff.
– Änderung ZPO 120, 7 ff.
– Einstellung der Zahlungen ZPO 120, 17 ff.
Realisierbarkeit von Vermögen ZPO 114–115, 109, 114
Rechtsanwaltsgebühren BRAGO 122, 3 ff.
– Abtretung BRAGO 121, 17 ff.
– Differenzgebühren (weitere Vergütung) BRAGO 124, 1 ff.
– Erlöschen der Ansprüche BRAGO 124, 3
– Erörterungsgebühr BRAGO 122, 7
– Fälligkeit BRAGO 121, 12 ff.

- Festsetzungsverfahren ZPO 126; BRAGO 128
- Forderungssperre ZPO 122, 3
- Gebührenvereinbarung ZPO 121, 40; BRAGO 129, 13
- Gegenstandswert BRAGO 122, 6
- Grenzen BRAGO 121, 6
- Umfang BRAGO 121, 3 ff.
- Vergleichsgebühr BRAGO 122, 21
- Verjährung BRAGO 121, 16
- Verwirkung BRAGO 125; BRAGO 128, 38
- Vorschuß BRAGO 121, 11; BRAGO 124, 4
- weitere Vergütung BRAGO 124

Rechtsanwaltsverschulden BRAGO 125
Rechtsbehelfe, fristgebundene ZPO 117, 32 a
Rechtsmittel in Prozeßkostenhilfesachen ZPO 127, 26 ff.
Rechtsmittelverfahren ZPO 114–115, 130 a f.; ZPO 117, 32; ZPO 119, 22, 29, 42 ff.; ZPO 127, 9, 13
Rechtsnachfolge ZPO 114–115, 12
Rechtspfleger ZPO 114–115, 165; ZPO 117, 5; ZPO 118, 3 ff.; ZPO 119, 36; ZPO 124, 19; ZPO 127, 11 f.
Rechtsschutz
- gewerkschaftlicher ZPO 114–115, 107
- Versicherung ZPO 114–115, 106

Rechtsverfolgung – Verteidigung –
- Absicht ZPO 114–115, 124
- Einzelfälle ZPO 114–115, 130 ff.
- Erfolgsaussicht ZPO 114–115, 125 ff.
- Kosten ZPO 114–115, 37 ff.; ZPO 120, 3

Rechtszug (Instanz) ZPO 119, 2 ff., 42 ff.
Reederei ZPO 116, 14
Regelgebühren ZPO 120, 3
Reisekosten ZPO 121, 28; ZPO 122, 9; BRAGO 126, 11 f., 26
Revision ZPO 114–115, 130 b
Rückabtretung ZPO 114–115, 13 a
Rücklagen ZPO 114–115, 122 b
Rückstand, s. Zahlungsrückstand, Aufhebung der Prozeßkostenhilfe

Rückwirkende Beurteilung des Prozeßkostenhilfeantrags ZPO 114–115, 170 a
Rückwirkung der Prozeßkostenhilfe s. Prozeßkostenhilfe, Wirkung
Ruhen des Verfahrens BRAGO 121, 13

Sachantrag ZPO 114–115, 29
Sachbezüge ZPO 114–115, 54, 67
Sachverständigenbeweis ZPO 118, 20
Sorgerechtsverfahren ZPO 114–115, 148 a
Sortenschutzverfahren ZPO 114–115, 25
Sozialgerichtsverfahren ZPO 114–115, 24, 155; ZPO 121, 2; BRAGO 121, 9; 123, 7
Sparguthaben ZPO 114–115, 103 f., 116

Schadensersatz ZPO 114–115, 152 a
Scheidung, siehe Ehescheidung
Schiedsgericht ZPO 114–115, 14
Schonvermögen ZPO 114–115, 99 ff.
Schmerzensgeld ZPO 114–115, 54 a, 120, 152 a
Schutzschrift ZPO 114–115, 153 f.

Staatenlose ZPO 114–115, 6
Staatskasse ZPO 126, 5
Standesrechtliche Beschränkungen ZPO 122, 3, 8; ZPO 127, 24
Steuerberater ZPO 121, 42; BRAGO 122, 3
Strafverfahren ZPO 114–115, 28 a; BRAGO 123, 7; siehe auch Nebenkläger
Streitgenossen ZPO 114–115, 3; ZPO 119, 47; ZPO 122, 4; ZPO 126, 10; ZPO 121, 52
Streitwert, siehe Rechtsanwaltsgebühren, Gegenstandswert
Stufenklage ZPO 114–115, 156; ZPO 119, 15; ZPO 121, 53

Tabelle, Düsseldorfer ZPO 114–115, 96
Tabelle über Kostenraten nach § 114 ZPO, ZPO 114–115, 81 ff.

Täuschung des Gerichts ZPO 124, 3 ff.
Teilbewilligung von Prozeßkostenhilfe ZPO 119, 51; ZPO 122, 6; 123, 9; BRAGO 122, 16f.; 126, 31; 127, 1; BRAGO 129, 2, 8
Teilklage ZPO 114–115, 157
Tod der Partei ZPO 114–115, 12

Übergang auf die Staatskasse BRAGO 128, 24; BRAGO 130
Überleitungsanzeige ZPO 114–115, 13a, 152
Unangemessene Belastungen ZPO 114–115, 53, 76
Unrichtige Angaben zu persönlichen und wirtschaftlichen Verhältnissen ZPO 124, 6 ff.
Unterhaltsabfindung ZPO 114–115, 119a
Unterhaltssachen ZPO 114–115, 111, 158
– nach Überleitungsanzeige ZPO 114–115, 151
Unterhaltsleistungen ZPO 114–115, 81 ff., 90 ff.
– an Berechtigte mit eigenem Einkommen ZPO 114–115, 97
Unterkunftskosten ZPO 114–115, 51, 87 ff.
Urkundsbeamter BRAGO 128, 12 ff.

Veränderung, s. Änderung
Verein, Vereinigung ZPO 116, 14
Verfahrenskostenhilfe ZPO 114–115, 25
Verfassungsbeschwerde ZPO 114–115, 27a
Verfügungsverfahren, siehe Arrest
Vergleich ZPO 114–115, 19, 151, 159f.; ZPO 118, 12ff.; ZPO 119, 11, 38ff.; ZPO 121, 49
Vergleichsgebühr BRAGO 122, 21
Vergütungsanspruch des beigeordneten Rechtsanwalts s. Auslagen, Rechtsanwaltsgebühren
Verjährung BRAGO 121, 16
Verjährungshemmung ZPO 117, 37
Verjährungsunterbrechung ZPO 117, 38
Verkehrsanwalt ZPO 121, 27 ff.

Vermögen ZPO 114–115, 98 ff.
– Abfindung ZPO 114–115, 118f.
– Arbeitsfähigkeit ZPO 114–115, 48, 68
– Geldbeträge ZPO 114–115, 105
– Hausgrundstück ZPO 114–115, 99, 101, 103a
– Prozeßkostenvorschußanspruch ZPO 114–115, 108 ff.
– Realisierbarkeit ZPO 114–115, 109, 114
– Rechtsschutzversicherung ZPO 114–115, 106
– Sparguthaben ZPO 114–115, 103
– Zumutbarkeit des Einsatzes ZPO 114–115, 99, 115
Vermögensverbrauch ZPO 114–115, 49f., 102 ff.
vermögenswirksame Leistungen ZPO 114–115, 77
Verquotung der Kosten ZPO 123, 3
Verschlechterungsverbot ZPO 120, 9
Verschleiertes Arbeitseinkommen ZPO 114–115, 67b
Versicherungsbeiträge ZPO 114–115, 51, 70
Verstrickung ZPO 126, 11f.
Verwaltungsgerichtsverfahren ZPO 114–115, 22
Verwirkung von Vergütungsansprüchen BRAGO 125; BRAGO 128, 38
Verzögerung
– der Entscheidung über den Prozeßkostenhilfeantrag ZPO 114–115, 170f.
– des Prozeßkostenhilfeantrags ZPO 117, 8
Vollmacht der Partei ZPO 121, 37 ff.
Vollstreckungsgegenklage ZPO 117, 36; ZPO 119, 32
Voraussetzungen der Prozeßkostenhilfe (s. auch Prozeßkostenhilfe)
– formelle ZPO 114–115, 34; ZPO 117
– materielle ZPO 114–115, 33 ff.
– persönliche ZPO 114–115, 37 ff.
Vordruckzwang ZPO 117, 15 ff.
– Befreiung vom ZPO 117, 24

Vorschuß (s. auch
  Prozeßkostenvorschuß) BRAGO
  127
– Anrechnung von BRAGO 129
Vorsorgeaufwendungen ZPO
  114–115, 70, 79

Waffengleichheit ZPO 121, 18, 22
Wahl des Rechtsanwalts ZPO 121, 1, 3
Wehrdienstfähigkeit ZPO 114–115,
  112a
Werbungskosten ZPO 114–115, 70
Wettbewerbssachen ZPO 114–115, 154
Widerklage ZPO 114–115, 161; ZPO
  117, 3; ZPO 119, 21; BRAGO 122,
  27; ZPO 121, 50
Wiedereinsetzung ZPO 117, 32f., 127,
  8
Wirkung des
  Prozeßkostenhilfeantrages ZPO
  117, 31ff.
Wirkung der Prozeßkostenhilfe
– für die Partei ZPO 122, 3ff.
– für den Gegner ZPO 122, 13ff.
– zeitliche Rückwirkung ZPO
  114–115, 31, 171; ZPO 117, 8; ZPO
  118, 21
Wirkung der Aufhebung der
  Prozeßkostenhilfe ZPO 124, 25ff.
Wirtschaftliche Verhältnisse ZPO
  114–115, 45ff.
Wohngeld ZPO 114–115, 57

Wohnungskosten ZPO 114–115, 74ff.,
  88

Zahlungsanordnung ZPO 120, 2ff.
– Änderung ZPO 120, 7ff.
Zahlungsrückstand ZPO 124, 15f.
Zeitpunkt
– der Beurteilung des
  Prozeßkostenhilfeantrages ZPO
  114–115, 170ff.
– der Wirkung (Rückwirkung) der
  Prozeßkostenhilfeentscheidung
  ZPO 114–115, 31, 172
Zeugenbeweis ZPO 118, 20
Zumutbarkeit des Vermögenseinsatzes
  ZPO 114–115, 99, 115ff.
Zuständigkeit ZPO 114–115, 162;
  ZPO 118, 2ff.; ZPO 120, 19; ZPO
  121, 60; ZPO 124, 17ff.; ZPO 127,
  9ff.
– des Rechtspflegers, siehe dort
– im Rechtsmittelverfahren ZPO 127,
  9, 13
Zustellungskosten ZPO 122, 7
Zwangsversteigerung ZPO 114–115,
  163; ZPO 119, 35ff.
Zwangsvollstreckung ZPO 114–115,
  164ff.; ZPO 118, 7; ZPO 119, 30f.;
  ZPO 121, 44; ZPO 127, 10
Zweifamilienhaus ZPO 114–115, 101
Zwischenstaatliche Vereinbarungen
  Anhang § 116 ZPO